创新思维法学教材

《法律逻辑学导论》作者简介

张斌峰 1962年5月生。哲学博士（南开大学1995届），中南财经政法大学法学院教授、法学理论专业硕士生导师、博士生导师。曾任南开大学哲学系教授、逻辑学专业博士生导师。主要研究方向为法律哲学、法学方法论（尤其是当代德国法哲学、法学方法论）、法律逻辑、符号学（法律符号学、法律语用学）以及人文社会科学方法论等领域或方向，现兼任中国法理学研究会理事、中国逻辑学会理事、中华孔子学会理事、中国墨子学会理事、中国符号学与语言逻辑专业委员会委员、中国经济逻辑专业委员会委员等职务。目前主持2007年度国家社科基金项目——"法律推理研究——语用学与语用逻辑的视角"（07BZX046），主持和承担省部级研究项目多项。已出版的学术专著有《人文思维的逻辑——语用学与语用逻辑的维度》等，合著多部；发表学术论文100余篇；编著有《法律逻辑学基础教程》、《符号学导论》、《中国古典传统与西方现代自由》、《殷海光学术思想研究》、《E时代·新人类·新艺术》等，编有《殷海光文集》等。

李永铭 1950年12月生，湖北省武汉市人，现为中南财经政法大学马克思主义学院教授。硕士生导师，逻辑学硕士生导师组组长。曾任中国逻辑学会经济逻辑专业委员会理事、湖北省逻辑学会常务理事兼秘书长、湖北省逻辑与语言研究会副秘书长。主要论文有：《试论形式逻辑与辩证逻辑的关系》、《关于真值表的哲学思考》、《关于逻辑基本问题的思考》、《普通逻辑三问》、《逻辑矛盾》、《辩证矛盾与悖论》、《逻辑学的走向》、《公孙龙子论"指"》、《兼爱——墨家逻辑的语用观》、《殷海光的逻辑观与80年代中国逻辑界论争》、《关于笛卡尔的逻辑方法论》（合作）等。主要论著有：《新编逻辑学概论》、《经济活动中的逻辑》、《法律逻辑学教程》、《逻辑学原理与应用》、《逻辑引论》、《批判性思维——以论证逻辑为工具》等。

李永成 1969年12月生，安徽霍邱人，哲学博士(南开大学2007届)，法学硕士（西南政法大学诉讼法专业2001届）。现为阜阳师范学院政法学院副教授，法学教研室主任，安徽淮都律师事务所兼职律师，主要研究方向为法律逻辑学与法理学，曾任法官（2001–2003年在江苏省镇江市中级人民法院工作，先后任书记员、助理审判员），1999年通过律师资格考试，2002年通过首次司法考试。在《中国法学》（英文版）、《中南民族大学学报》（人文社会科学版）等刊物上发表论文十几篇，其中《法律论证的逻辑——试论法律逻辑的定位》一文被人大复印资料2007年第3期全文转载，参与国家社科基金项目"法律推理研究——语用学与语用逻辑的视角"（07BZX046）和教育部规划课题"高校学生处分申诉证据与模范程序研究"（FFB080563）的研究工作，参编《法理学》等。

张莉敏 1979年3月生，河南省驻马店人。哲学博士（南开大学2006届）。现为中南财经政法大学哲学学院讲师，主要从事现代逻辑、法律逻辑的教学与研究工作。主持2009年教育部人文社会科学青年项目："时态道义逻辑研究"（项目批准号：09YJC72040003）。曾参与国家社科基金项目两项，省（市）级科研项目两项，著有《道义悖论研究》一书，在《哲学动态》、《中南财经政法大学学报》、《中南民族大学学报》等学术期刊发表论文多篇。

创新思维法学教材
Legal Textbooks of Creative Thinking

法律逻辑学导论

The Introduction of Legal Logic

张斌峰 李永铭
李永成 张莉敏 ▶ 编著

WUHAN UNIVERSITY PRESS
武汉大学出版社

律师受到的训练就是在逻辑上的训练，类推、区分和演绎的诸过程正是律师们最为熟悉的，司法判决所使用的语言主要是逻辑语言。

——Oliver W. Holmesl, Jr. "The Path of Law"（1910）

法律如果要受人尊重，就必须提出理由，而法律论证要被接受，就必须符合逻辑思考的规范。

——亚狄瑟

它（——法律逻辑）既是清晰法律思考的检验表，也是处理案件的指南。

——亚狄瑟

法律寻求的是合理性证明的逻辑而不仅仅是或主要不是发现的逻辑。

——波斯纳

推理的逻辑性，在侦查和审理案件时严格遵守正确的思维规律——对于每一个法律工作者是基本的不可少的要求。

——B. H. 库得里亚夫采夫

每一种法律案件之判决，不外是一种法律逻辑推理的结果。

——苏俊雄

我们需要法律的技术人员，能干和有想象力的技术人员。但是要成为这样一个技术人员，其任务就是要仔细研究技术。在律师们的技术当中主要的就是进行正确和有力的论证技术。

——麦考米克、魏因贝格尔

法律逻辑是供法学家、特别是供法官完成其任务之用的一些工具、方法论工具或智力手段。

——佩雷尔曼

前　　言

　　逻辑学是关于思维的学科，是关于如何正确地进行逻辑思维之学科。所谓正确地进行逻辑思维，就是如何以正确的方式去了解和把握我们所面对的事实世界和行动世界，因此逻辑学又是关于事实世界和行动世界（或规范世界）的逻辑，是研究推理与论证及其有效性的逻辑，是指导人们有效的行为活动或促进行为合理化的逻辑，是促进成功交际的逻辑。

　　当代逻辑学是形式逻辑和非形式逻辑的统一体，是古典逻辑（传统逻辑）和现代逻辑（现代形式逻辑、数理逻辑、哲学逻辑、非形式逻辑或论证逻辑）的统一体，是静态的逻辑和动态的逻辑的统一体，是日常思维的普通逻辑和特殊逻辑（致力于形式化的数理逻辑）的统一体。本书将立足于传统逻辑与现代逻辑的统一、形式逻辑与非形式逻辑的统一、逻辑理论与法律实践的统一、普遍适用性和具体应用性的统一、科学性和适用性的统一的逻辑观来重建"法律逻辑学"。

　　国内法律逻辑教材，长期以来处于逻辑学与法律实践（法律思维、法律方法、法律适用、法律运行、法学研究）相互脱节的状态，而本书既以逻辑学为主体，又直面法律现象本身，基于法律及其实践、司法运行之实践需要，讨论逻辑学在法律思维、法律实践中的具体特点，用法律现象、法律适用过程中的实例，彰显法律逻辑的功能与作用，旨在协助法学专业学生在法律实践、司法活动中养成和提升自己的法律思维能力、法律表达能力和探知法律事实的能力。

　　基于上述宗旨，本书力求吸收国内外相关的（同类教材的优点）新知识、新信息和新素材，力争兼具全面性、系统性、交叉性、整合性、规范性、科学性、新颖性、先进性、实用性、趣味性于一体。

　　全面性、系统性兼具。本书既介绍和讲授逻辑学的基础理论与知识原理，又探讨法律逻辑学以及有关逻辑知识在法学及其实践领域中的应用，即研究逻辑学如何具体适用于法律现象和法律运行（立法、司法、执法和普法）的法律应用逻辑。其逻辑学的基础理论与知识原理既包括概念理论、判断理论、复

1

合命题、规范命题、演绎推理、归纳逻辑、类比推理、假说、论证等传统逻辑（或古典逻辑的基本概念、基本原理和基本方法）的内容，又包括现代逻辑的命题逻辑、模态逻辑为基础的道义规范逻辑，和以非形式逻辑为基础的法律论证逻辑（或法律论辩逻辑）。本书大大强化和扩大了非形式逻辑部分，并且以法律适用中的谬误作为评价法律论证的方法，借鉴和移植了国外法律论证逻辑研究的新成果并注重其本土化。

交叉性与整合性的统一。法律逻辑学是法学和逻辑学的交叉，是逻辑思维与法律思维相互融贯的产物，这是本书的重要特点之一。法律逻辑，不仅仅是在传统逻辑架构中举出一些法律实例，也不仅仅是分析法律案例中所涉及的逻辑问题，而且是法律交往行为活动中（法律现象、法律适用、法律实践等）所体现的逻辑学问题。如前所述，为克服逻辑学与法学的脱节状态，本书的宗旨之一就在于，紧密联系法律实践、法律运行和法律适用（侦查、检察、审判），力图初步推进和实现逻辑学与法学尤其是与法理学和法学方法论之间的对接、连接与统一，尝试突出法律思维的逻辑形式与方法的特殊性，探讨法律概念、法律判断、法律推理和法律论证等法律思维的逻辑形式及其有效性，透过系统的分析与概括，以期为法律思维活动、法学研究、法律实践、司法活动提供有效的逻辑方法。

规范性与科学性的统一。在内容方法上保有逻辑学专业上的准确性和严谨性，层次分明，逻辑严谨，语言规范，表达准确，简明扼要，简练清晰。

力求新颖性和先进性。融通当代非形式逻辑（论证理论、批判性思维和谬误理论），语用学与语用逻辑学，法学尤其是法理学、法律哲学以及研究法律推理、法律论证与法律解释的法学方法与法律方法等领域的一些最新研究成果，力求内容进步，具有新的论题、新的信息、新的语言和新的表述。

集实用性、趣味性于一体。逻辑的生命力在于运用，在于贴近日常生活，合乎法律实践和法律思维的特点，更在于能够从会学、会考到会用逻辑于法律适用、法律实践之中，将自己掌握的逻辑学知识作为手段，以逻辑学理论知识为基础，进而将其延伸到法律实践的环节，使逻辑知识成为培养法律思维能力的前提与必需。因为惟有如此，才能迅速地适应新的情势，做出有效的判断和推理，以理性即思维逻辑解决法律生活中不断发现的新问题。

系统地学习和掌握逻辑学的基本知识、基本理论和基本方法的目的就在于付诸与此相关的实际运用，能够自觉地通过逻辑思维和表述论证的训练，提高思维的准确性和敏捷性，增强论证的逻辑力量；同时，为了提高学习者的法律思维能力，促进有效地掌握和运用法律概念和法律条文，并合乎逻辑地进行法律推理和论证，注重理论联系实际，利用自己掌握的知识、技能进行推理和论证，具体解决实际问题的能力，能够从给定人物、地点和事件等各种相关的信息和综合知识中，通过识别、理解、分析、归纳、综合、比较、削弱、加强、解释、反驳、评价等环节，摆脱烦琐细节和冗余文字的干扰，清理法律问题的逻辑思路，找到解决法律问题的关键，把握其法律现象的逻辑关系结构，并由此做出正确的判断、有效的推理和论证。

在趣味性的关注上，本书以鲜明的理论观点，丰富的思想含量，较高的学术品位，贴近时代、贴近社会，试图在其理论与实践相统一的陈述中，展示法律逻辑学之理性的力量，也兼具经验感性之拥有的吸引力和亲和力，激发学习者的动力和兴趣。法律逻辑分属于法学学科和逻辑学两个学科，这两个学科的发展及其历史积累中，有很多经典的法谚与哲理性的表述，本书取而为"我"所用之，作为各章的引语，增强教材的文化深度和氛围，也摘取鲜活的案例进行解析，增添一些趣味性。

正如亚狄瑟所言："我们的目的是要概括解释逻辑的基础及如何应用在法律推理上，并描述当我们'像个法律人一样思考'时之心智过程。"而我们当下可以做的，就是编写出一本真正适合于法律人（法官、检察官、律师、法学专业大学生等）学习法律逻辑的教材！

上述所言，确为本书全体撰著者之理想追求，而本书还远未实现这样的理想蓝图，但我们会一步一步地迈向我们设定的理想之图的。

本书由以下作者共同撰写而成，其分工如下：

张斌峰教授负责选题论证、全书的统筹与协调工作，并具体承担第一章、第二章和第五章的撰写工作。

李永铭教授承担第三章、第四章、第六章和第七章的撰写工作。

张莉敏博士承担第八章、第九章的撰写工作。

李永成博士承担第十章、第十一章和第十二章的撰写工作。

本书的编著参考和汲取了逻辑学和法学界的许多研究成果，得到了许多专家学者的鼓励和支持，武汉大学出版社的田红恩先生和胡荣女士为本书的出版做了大量的工作，付出了辛勤的劳动，在此我们特向他们表示最诚挚的谢意！

本书的不足与缺点在所难免，祈望读者提出宝贵意见，以便今后修改和完善。

编者

2009 年 9 月

目 录

第一章 绪 论

第一节 逻辑学的对象

"逻辑"一词在汉语世界里有"意见"、"观点","客观事物的规律"、"思维规则"和"研究思维结构、规律和规则的一门学科"等含义，本书是在"研究思维结构、规律和规则的一门学科"的意义上使用"逻辑"一词的。

逻辑学研究的对象及其范围，有广义与狭义之分。广义的逻辑学指的是"方法论"，它所研究的对象是思维的逻辑形式（又叫"思维的逻辑结构"）、逻辑规律（又叫"思维的基本规律"）和逻辑方法；狭义的逻辑学是研究思维的逻辑形式、逻辑规律和逻辑方法的学科，最狭义的界定是指推理与论证及其有效性的学问，它致力于阐释、说明与论证关于正确推理与论证的各种原理，展示它的效用，从而为人们更好地进行理性思考和成功地交际提供帮助。

一、思维的逻辑形式

逻辑学是关于思维的学科，那么什么是思维呢？思维就是人类认识的理性阶段或理性认识，所谓理性认识就是人脑对客观事物的本质的、内在联系的反映，它采取的基本形式就是运用抽象的概念（或词项）、判断（或命题）、推理和论证（或论辩）进行思维活动。

所谓思维的逻辑形式是指任一具体（包含具体思维内容）的判断、推理和论证中所具有的一般的形式结构；或者说，它是对任一具体判断、推理和论证代入概念变项（S、M、P……）或命题变项（p、q、r、s、t……）所得的结果。

例①

凡犯罪行为都是有社会危害性的。

例②

所有的法律都是具有强制性的

刑法是法律

___

刑法是有强制性的

例③

虽然王某某的行为已经构成了受贿罪，但是他的认罪态度很好。

例④

如果佘祥林杀死了妻子张在玉，那么就会有张在玉的尸体

张在玉活着回来了

___

佘祥林没有杀妻

例⑤

铁是导电的

铜是导电的

铝是导电的

铁、铜、铝都是金属

___

凡金属都是导电的

例①中的"犯罪行为"代入变项"S"，"有社会危害性的"代入"P"，便可得到它的逻辑形式："凡 S 是 P"。

例②中的"法律"代入变项"M"，"具有强制性的"代入"P"，"刑法"代入"S"，则可得到它的逻辑形式：

所有的 M 都是 P

S 是 M

___

S 是 P

例③中的"王某某的行为已经构成了受贿罪"代入命题变项"p"，"他的认罪态度很好"代入命题变项"q"，便可得到该复合判断的命题逻辑形式："虽然 p，但是 q"。

例④中的"佘祥林杀死了妻子张在玉"代入命题变项"p"，"有张在玉的尸体"代入命题变项"q"，"张在玉活着回来了"代入命题变项"非 q"（因为前面已经设"有张在玉的尸体"为"q"，因此"张在玉活着回来了"就为"非 q"）。这样，我们就可以得到例④的逻辑形式：

如果 p，那么 q

非 q

___

非 p

例⑤中设"金属"为"S",则"铁"为变项"S1"、"铜"为变项"S2"、"铝"为变项"S3",设"导电的"为"P",最后可得到该推理的逻辑形式的公式:

S1 是 P

S2 是 P

S3 是 P

S1、S2、S3 都是 S
——————————————
凡 S 都是 P

通过对上述各例具体思维的逻辑形式的抽取与表达,我们便可以发现,思维的逻辑形式由两个基本要素构成,即由逻辑变项和逻辑常项组成。所谓逻辑变项是指在思维的逻辑形式中可变的部分。也就是说,它是可以代入具体概念或具体命题的可变部分;或者说,它是可填入特定对象的空位。例如"凡 S 是 P"中的"S"可代入"金属",也可代入"人"等,"P"可代入"导电的",也可代入"有死的"等,所以"凡 S 是 P"中的"S"和"P"就是"逻辑变项"。所谓逻辑常项就是在思维的逻辑形式中不变的部分。例如"凡 S 是 P"中的"凡……是……"就是不变的部分;再例如:"如果 p,那么 q"中的"如果……那么……"就是属于逻辑常项部分。

把握思维的逻辑形式的构成的意义在于,它可以帮助我们理解逻辑学是怎样研究思维的,即它只研究思维的逻辑形式(或思维的形式结构),而不研究思维的具体内容;形式逻辑之所以是形式的,就在于它通过代入概念变项(或词项变项)"S、M、P……"或命题变项"p、q、r、s、t……",即通过代入逻辑变项而撇开了思维的具体内容。在思维的逻辑形式中,逻辑学更重视对其逻辑常项部分的研究,因为逻辑常项决定着思维的逻辑形式的性质、类型或种类,也决定着一种逻辑思维形式与另一种逻辑形式的不同(或区别)。例如"凡 S 是 P"与"如果 p,那么 q"的根本区别在于它们的常项之不同,即前者的常项是"凡……是……"(即表示全称肯定判断的联结词),后者是"如果……那么……"(即表示充分条件假言判断的逻辑联结词),也就是说根据它们之间的常项的不同,它们才分别叫做"全称肯定判断"和"充分条件假言判断"。

现代形式逻辑(不包括非形式逻辑)与传统逻辑(或古典逻辑)的根本区别,就在于它更多地引入人工符号(或人工语言符号)研究思维的逻辑形式。例如"如果 p,那么 q"中的"如果……那么……"这一逻辑常项,在现代形式逻辑中,就是用人工符号"→"表示的(读做"蕴涵"),其逻辑含义非常确定，即"蕴涵"的逻辑含义仅仅在于：前件"p"真，后件"q"就一定为真，前件"p"假，后件"q"真假不定，所以"p 蕴涵 q"。人工语言符号就是人为规定的、没有任何具体语义的抽象符号，它具有人为性、单一性、精确性和严格性的特征；而相对于人工语言符号的符号就是自然语言符号，自然语言符号就是人们日常使用的语言符号，它具有自然性、多义性、模糊性和歧义性的特点。普通逻辑（或传统逻辑）就主要是研究使用自然语言的逻辑形式及其逻辑规律的学科，虽然它也引入人工语言符号来研究，但它主要使用的还是自然语言符号，而现代形式逻辑（数理逻辑、哲学逻辑等）则主要是使用人工语言去研究思维的逻辑形式。

二、逻辑规律

逻辑规律，又叫思维的基本规律。它是指人们在日常思维过程中，也就是在运用概念做出判断、在运用一系列判断去进行推理和论证的过程中，必须遵循的一些共同的思维准则或逻辑规则。逻辑学的逻辑规律有同一律、矛盾律（也称"不矛盾律"）、排中律、充足理由律，这四条基本规律的存在及其合理性，就是为了保证思维的逻辑形式（概念、判断、推理、论证）及其规则与方法在同一思维过程中具有确定性、一贯性、明确性和论证性。同时，这些规律又是具体推理规则的依据。所以，它们被称为逻辑基本规律。在日常生活和交往活动中，这些规则或准则对如何正确地使用概念、判断、推理和论证提出了具体的逻辑要求，乃至制定了具体的逻辑规则；符合逻辑要求和逻辑规则的概念、判断、推理和论证，才有可能正确；不符合逻辑要求，不遵守逻辑规则，概念、判断、推理、论证就必然会出错。

三、逻辑方法

逻辑学还研究思维的逻辑方法。所谓思维的逻辑方法就是人们在日常的思维过程和交往活动中，所形成的明确概念和进行有效推理和论证的方法。它们包括三类：一是明确概念的逻辑方法，如下定义、划分、限制与概括等；二是收集和整理经验材料的方法，例如，观察、实验、分析、综合、统计中的抽样等；三是指简单枚举归纳法、科学归纳法、探求因果联系的"五法"和类比法等。

总之，逻辑学是研究思维的逻辑形式（概念、判断、推理和论证）及其逻辑规律以及逻辑方法的学科。

第二节 法律逻辑学的对象

一、法律逻辑学是研究法律思维的逻辑学科

法律逻辑学是研究法律思维的逻辑学科。具体说来，法律逻辑学是研究法律思维（或主体之间）的基本形式——法律概念、法律判断、法律推理和法律论证的有效性（规则、规律和方法）的学科。

法律人在从事法律交往行为活动中，提出和使用的法律概念必须要明确，做出的法律判断要真实恰当，进行法律推理和做出的法律论证应当合理有效并且被普遍认同，这是现代法治和司法正义的基本要求。

法律概念是构成法律思维的基本的要素，也是连接案件事实与法律规定而建构法律推理的中介环节。在立法活动中，由于有些法律概念的内涵和外延比较模糊或适用范围不清晰，因而在其具体适用中，对法律概念的说明、解释和使用都得依据法律概念的有关逻辑规则与逻辑要求进行；再从法律适用的角度看，由于法律概念本身不能自动将一定的具体案件事实和法律后果连接起来，因此只有具备较高法律思维能力的法律人，通过对具体案件事实进行司法归类，并在此基础上形成法律概念（反映法律规范和法律事实），作为构成法律推理的要素（或前提的中介），进而才能通过法律推理做出有效的司法裁决。

法律判断是构成法律推理的基本要素，是构成法律推理的前提（在司法三段论中是法律推理的大前提、小前提和结论）。法律逻辑学必须研究法律判断的真实性、正确性和恰当性，研究法律推理之大、小前提的选择和确定，使其正确地选择相应的法律规范，更能真实地断定案件的事实情况。如此，才能保证法律推理和法律论证的有效性，保障法律行为活动的公平与正义。

法律推理是法律思维活动的主要形式与类型。法律推理是法律人从一个或几个已知的前提（法律事实或法律规范、法律原则、判例等法律资料）得出某种法律结论的思维过程。法律推理存在于立法、司法、执法和普法等一切法律交往行为活动之中。法律推理的基本类型有演绎法律推理和类比法律推理、形式推理和辩证推理（实质法律推理）；事实推理（事实的推断、推测、推证与推定）、法律推理和判决推理；法律适用推理和法律语用推理（法律会话推理）等。

中国按现行的法律制度，属于制定法国家（继受大陆法系的成文法体系），这决定着主导我们的司法推理的基本类型是演绎推理——即司法三段

论。中国现行的成文法是司法三段论的大前提，而特定的案件事实是其小前提，结论则是将法律规定（大前提）和案件事实（小前提）结合在一起，做出司法判决的结论。但在司法思维活动中，并非仅仅使用（司法）三段论，也使用归纳推理和类比推理等。

由于法律推理具有逻辑方法和审判制度的双重属性，所以法律推理又是一个综合运用法律理由和正当理由的法庭决策过程。法律推理既是在法律论证中运用法律理由的过程，又是将法律解释作为该过程的一个环节，是以正当理由阐释法律理由而获得法律推理大前提的手段。作为研究法律推理、法律论证和法律解释的法学方法论之核心内容是法律推理，只有把法律论证和法律解释都纳入法律推理之法治轨道，才可能使其发挥补充、完善和发展法律的积极作用，否则便可能起到为司法专断辩护和破坏法治的消极作用。我国正处在建设社会主义法治国家的进程之中，从促进司法公正的意义上说，要提高司法人员和律师的法律素质，关键不在于精通司法解释技术，而在于掌握法律推理的理念。

法律逻辑学研究法律论证，于是形成了法律论证逻辑，成为当代非形式逻辑研究的主要内容。我们知道，法律思维是论证的思维、说理的思维，法律的论辩、法官的判决必须遵循"理由优先于结论"的规则，也就是说法律人之思维的最终有效性取决于他们的结论必须是有论证理由的结论，是对当事人以及其他人均具有说服力的结论。也因此，法官如何获得一项"正当的"裁决，这个问题在现代法律论证中占有中心地位。非形式逻辑的先驱者——英国学者图尔敏挑战以演绎逻辑为中心的论证模式的普遍性，提出了论证法学模式，已逐渐发展成为普遍化的论证模式。当代新兴的非形式逻辑或论证逻辑，从论辩实践出发，构造了新的论证理论。这种论证理论不仅可尝试作为法律逻辑的一个新的基本框架，而且它和法律逻辑培养学生批判性思维的最终目标完全契合。运用非形式逻辑的理论研究法律论证、法律论辩的有效性，这就是法律逻辑研究的"非形式转向"。《法国民法总论》认为，这无疑是一项有趣的研究，但不管怎样，法学家感觉他们更接近于另一种思想潮流；这种思想力图在演绎逻辑之外，在用辩论的一种非形式逻辑寻找法律推理的特殊性。加拿大逻辑学者沃尔顿（Douglas Walton）认为，传统上，我们注意到法律推理的（形式的）演绎和归纳的模型，而没有充分有效地处理那种对法律而言最为基本的推理类型。这就是可辩驳的法律推理（defeasible reasoning，又译为"可废止推理"、"假设的推理"等）——一个有例外的规则或概括被应用于一个案件，产生一个似真推论，该推论可能在某些情形下失败，也可能为支持一个结论提供证据。而在非形式逻辑中发展起来的、在人工智能中得到精炼的论证分析和评估工具，可运用于处理可辩驳的法律推理的若干核心问题。这些最初在论辩研究和非形式逻辑中发展的方法，是有助于学生更批判性地思考的工具。沃尔顿的最终回答是，法律逻辑是一种模型化的非形式逻辑，它主要研究的对象是第三种推理类型，即可辩驳的法律推理。①

显然，西方法学家们尤其是法哲学家（基于论证理论和法学方法）提出的"法律论证理论"，既是对非形式逻辑的贡献又是对法律逻辑和法律方法（或法学方法论）的贡献。而当代中国的法律逻辑学对于证据分析的图解方法及计算机辅助方法、法律论辩中对话的类型和特点、论证结构的类型、法官解释法律和律师证明法律事实所运用的多样化论证形式（scheme）的分析和评估等，研究不多也不深。法学、法学方法论、法律方法、法律逻辑和论证逻辑（非形式逻辑）的交叉、互动和统合，势必推进和深化法律论证逻辑的研究。

法律逻辑方法，亦称为法律思维中的逻辑方法，是法律主体（或多主体）在交往行为活动中经常使用的逻辑方法，如比较、分析、综合、抽象、概括、定义、划分、演绎、归纳等逻辑方法。它是指根据案件事实材料和法律规定，遵守逻辑规律、规则，形成法律概念、做出法律判断、进行法律推理和法律论证的逻辑方法。

二、法律逻辑学是法学与逻辑学的交叉

法律逻辑学是法学和逻辑学的交叉，是逻辑思维与法律思维相互融贯的产物。"逻辑学与法学是关系极为密切的学科。由于经常要解决互相对立的诉讼要求，要对案件事实予以揭示和证明，要辨别是非曲直，因此司法过程往往便是一个自觉或不自觉地运用逻辑进行推理和判断的过程。"② 法律逻辑，不仅仅是在传统逻辑架构中举出一些法律实例，也不仅仅是分析法律案例中所涉及的逻辑问题，而且是法律交往行为活动中（法律现象、法律适用、法律实践等）所体现的逻辑学问题。

如前所述，为弥合逻辑学与法学的脱节状态，本书的宗旨之一就在于，紧密联系法律实践、法律运行和法律适用（侦查、检察、审判），力图初步推进

---

① Douglas Walton. Argumentation methods for artificial intelligence in law ［M］. New York：Springer，2005.

② 贺卫方. 司法的理念与制度 ［M］. 北京：中国政法大学出版社，1998.

和实现逻辑学与法学尤其是与法理学和法学方法论之间的对接、连接与统一，尝试突出法律思维的逻辑形式与方法的特殊性，探讨法律概念、法律判断、法律推理等法律思维的逻辑形式及其有效性，透过系统的分析与概括，为法律思维活动、法学研究、法律实践、司法活动提供重要的逻辑方法。

法学是研究法律、法律现象、法律制度、法律问题的学问或理论知识体系，它是以特定的概念、原理来探索法律问题之答案的学问，是一门关于社会共同生活的规范科学。法学的思维方式也是独特的。法学思维是法律人在学习和研究法律现象时所持的思考立场、态度、观点、价值和方法。而法律思维是法律人在法律交往行为活动中的理性活动方式，它包括法律概念和法律体系的建构、法律的获取和判决的证成三个领域。法律思维具有以下特点：第一，法律思维是实践思维，它具有社会性、现实性和务实性的特点。"法学非理论科学，而系应用科学；非徒凭纯粹的理论认识，即足济事，而应统合吾人社会需求，达到社会统制目的。"① 第二，法律思维是以实在法（法律）为起点的思维。法学家的思考始终不能完全游离于各个时代发生效力的实在法。第三，法律思维是问题思维。法律思维总是针对法律问题而进行的思维。这样的法律问题是无处不在的，它既可能是立法问题，也可能是执法问题、司法问题、守法问题，既可能是法律解释问题，也可能是法律推理问题。法学的首要任务就是解决法律问题，为法律问题提供答案。第四，法律思维是论证的思维、说理的思维。法学思考遵循着"理由优先于结论"的规则。也就是说，法学的结论必须是有论证理由的结论，是对法学思考者本人以及其他的人均有说服力的结论。第五，法律思维是评价性思维。法学研究的法律思维所追求的价值目标与其他学问是有所不同的。

既然逻辑学是关于思维规律和规则的科学，那么它必须面对法律思维和研究如何解决法律思维的逻辑有效性问题。于是，法学所研究的法律规范或法律规则、法律运行、法律实践、法律判决、法律程序、法律思维、法律方法等各个方面都与逻辑学相互交叉。

第一，它们有着共同的对象。它们有共同的研究领域：法律规范、法律思维、法律思维形式与方法论、法律推理与法律论证的领域。法学和法律逻辑都研究法律规范，狭义的法律逻辑是研究法律推理及其有效性的学科，它当然研究规范性推理，也即规范推理。所谓规范性推理就是以人们的行为规范为研究对象，法律逻辑学通过分析人们的法律行为，从中抽象出法律规范命题，并把

---

① 杨仁寿. 法学方法论［M］. 北京：中国政法大学出版社，1999：37.

逻辑学的规则修改成为一套专门适用于规范性命题的法律推理。法律是一套关于规范性命题的体系，所以规范性推理是指把逻辑学看做探索真理的手段，使之成为可适用于规范性命题的确证。

法学的研究同样离不开法律规范本身，法理学就视法律规范的研究为法律的本体论研究，它引入逻辑分析法于法律本体论的逻辑建构之中，它认为法律规范的逻辑构成就是行为模式和法律后果两部分。其行为模式是法律规范的主体和前提，也应是法律规范进行逻辑分析的重点。

第二，逻辑学是法学研究的方法和工具。《牛津法律指南》指出："法律研究和适用法律要大量地依靠逻辑。在法律研究的各个方面，逻辑被用来对法律制度、原理、每个独立法律体系和每个法律部门的原则进行分析和分类；分析法律术语、概念，以及其内涵和结论，它们之间的逻辑关系……在实际适用法律中，逻辑是与确定某项法律是否适用于某个问题、试图通过辩论说服他人、或者决定某项争执等相关联的。"① 法学对逻辑分析的运用提高了法学知识的客观性、实在性和普遍有效性。显然法学尤其是法理学就逻辑分析而言不失为"形式科学"，而具有"教义学"的性格。法学的逻辑性格在于，法学将法律当成一个权威的命题（具有拘束性，不得任意修改），以法律规定为前提，作为解决实际问题之基础，再借助于逻辑分析（对不同的法律见解提供分辨优劣之标准）即逻辑推理、逻辑论证导引出解决社会问题的法律见解，使法律知识或法律见解得以体系化，使纠纷是非分明而具有安定性，使法学成为有体系性、一贯性的学科或知识。于是法学渐渐倚仗逻辑学成为一个层次分明的规范，整个法律秩序均须受上一层次的法律理念所支配，也因此法学者的重要任务之一，就是要依循逻辑演绎的方法，分析各层次规范之间的关系以及各种法律概念间之关系。因为法律规范本身就是一个由各种概念所构成并具有严谨逻辑结构的判断和命题。法律是由众多规则所构成的法律制度和法律体系，它并非是一个随机的集群，而是一个具有逻辑一致性的有机整体；其在适用法律规则（法律规范）解决个案纠纷时，也只有遵循法律本身的内在逻辑推导出裁判结论，才可能说服当事人和社会公众。例如，法律概念与法律事实之间的逻辑关系（被告人的行为是否可以合乎逻辑地被归入"不当得利"、

① David M. Walker. The Oxford Companion to Law, Published in the United States of America ［M］. New York：Oxford University Press, 1980.

"合同诈骗"等概念指称的范围之内）；法律规则之间的逻辑关系（任何案件的处理，都可能涉及若干法律规则，理清它们之间的关系是正确适用法律的必备条件）；法律规则与法律原则之间的关系（法律原则对于法律规则的准确适用有重要的指导意义）；法律原则之间的关系（使用不同的法律原则会直接影响司法裁判之间的公正性、合法性和妥当性；在不同的法律制度之间就更加如此）。面对这些看似相互冲突的"不一致性"，法官也能够依据法律逻辑，运用于法律，不能恣意旁求。法官判决的依据是什么？判决是否正当、正确？一个司法判决的合理性标准是什么？以上问题对于任何一个法治社会而言，都有着举足轻重的作用。法律在社会中发挥作用最主要的表现就是立法确定的法律规范和司法得出的法律裁决。那么一个正确合理的法律决定除了必须具备立法上的合法性之外，在实质上究竟应该符合什么样的标准才是合理的呢？这就是法律论证逻辑所研究的内容。法律论证逻辑主要是非形式逻辑所关注的内容。法学家们尤其是法哲学家（基于论证理论和法学方法）提出的"法律论证理论"，既是对非形式逻辑的贡献，又是对法律逻辑和法律方法（或法学方法论）的贡献。

第三，它们有共同的使命和目标。它们都是一门为法制建设服务的工具科学，都是以发挥法的作用为目标的，法的基本原理和价值取向都为法律逻辑学的研究起到规范、指引的作用。

三、法律逻辑学是结合法律制度、法律实践和法律适用的应用逻辑

研究和应用法律逻辑的目的是为了给法律人、司法工作者提供一套有效的智力工具或手段，因此法律逻辑的研究必须从法律制度、法律实践、司法实践的实际出发，不但要注意结合法律制度、法律实践、司法工作中的经验和案例，从中总结和概括法律思维的逻辑形式和思维方法，还要考虑到研究成果能否被法律人所普遍认同、接受和承认。这正如《牛津法律指南》所指出的，法律研究和适用法律均要大量地依靠逻辑。在实际适用法律中，逻辑是与确定某项法律是否可适用某个问题，试图通过辩论说服他人、或者决定某项争执等因素相关联的。根据法律的不同阶段，法律逻辑思维的运用主要存在于立法、侦查、诉讼和审判阶段，而其核心是审判阶段的法律适用，尤其是运用于事实的发现、法律的获取、主张或裁决的证立之中。在这一过程中，各种逻辑推理和逻辑方法都会得到具体的运用。因此，法律逻辑学应该是一门应用逻辑，但又离不开理论逻辑（如道义规范逻辑之规范推理理论）提供的逻辑形式、逻辑规则、逻辑规律和逻辑方法作为基础。

　　法律逻辑学的研究对象与范围应当包括法律应用逻辑，而作为应用逻辑的法律逻辑学所研究的对象与范围包括：

　　（1）逻辑推理理论在法律适用领域的应用。直言三段论在司法判决中的运用研究，即司法三段论的研究，具体包括：司法三段论大前提之选择与确定、小前提的涵摄问题的研究。

　　（2）规范推理理论的应用。规范性推理，又叫规范推理，它是把逻辑学的规则修改成为一套专门适用于规范性命题的法律推理。法律是一套关于规范性命题的体系，所以规范性推理是指把逻辑学看做探索真理的手段，使之成为可适用于规范性命题的确证。其在法理学关于法本体的论证，无可替代。这使得模态逻辑、道义规范逻辑应用于法律之逻辑结构分析和本体论的建构成为可能。

　　（3）法律事实的逻辑认知研究。这包括：科学逻辑和科学方法论的逻辑认知模式探究；法律个案事实的逻辑分析，即事实的发现或事实认定的逻辑环节分析：事实的推断、推测或悬疑、推证或确证、推定以及心证的逻辑，推证及推定模式、推断及逻辑技巧研究等。

　　（4）逻辑方法的应用领域。例如法律定义、法律的类型思维的归类、区分、划分的技术。

　　（5）非形式逻辑的应用。即法律逻辑的非形式逻辑维度。它包括引入论证逻辑及其方法研究证据法学和诉讼法学的逻辑问题。例如，证据排除规则、沉默权的论证、推定、自由心证、合理怀疑标准、"无罪推定"的逻辑合理性研究等。运用非形式的批判性思维理论对司法判决（如判决的论辩过程、判决书的法律推理、法律论证）的评估、评价研究。

　　（6）法律论证的逻辑。非形式逻辑研究对象是日常论证，它关注对日常论证进行逻辑评估；它关注的论证是实质论证而不是形式论证，是结合语境意义对论证进行实质方面的评估；它关注论证的说服力、修辞效果对于论证的有效性的影响。它更关注对论辩式论证的交流性、对话性、互动性，因此对它们的评估要用语用方面的标准。主体间进行讨论的规则是是否被论辩双方都接受、是论辩能否得以进行的前提，在规则上达不成共识，论辩就无法进行，因此论证要具备惯常有效性，即讨论的规则是主体间可接受的。运用非形式逻辑的理论研究法律论证、法律论辩、诉讼主张、司法裁判及其证立或说服的有效性（可接受性、正当性与合理性的评估、尺度和标准）、规律、规则、模式和方法。这就是法律逻辑研究的非形式转向。

　　（7）批判性思维与法律思维的关联研究：反省思维，裁判的反思和批判，确证偏见与批判性思维的关系等。

四、法律逻辑是法学方法论的理论基础和重要的组成部分

法学方法论，从广义上讲，包括法学建构的方法（即从某种目的出发建构法学概念和理论体系的方法）、法学研究的方法（即正确地进行法学研究所应遵循的一套原则、手段、程序和技巧，如哲学的方法、历史考察的方法、分析的方法、比较的方法、社会学的方法）和法律适用的方法；从狭义上讲法学方法，主要是指法律适用的方法，又可以称为"法律方法"。它以事实的认定和法律规范的寻找为中心，这样的法学方法论主要是指研究正确地适用法律所应遵循的一套原则、手段、程序和技巧的理论。它所讨论的主要问题包括：（1）法条的理论；（2）案件事实的形成及其法律判断；（3）法律的解释；（4）法官从事法的续造之方法；（5）法学概念及其体系的形成。这其中又包括法律解释的方法、法律推理的方法、法律论证的方法、体系建构的方法等。

法学方法论是法理学、法律哲学研究的领域，但它又是以逻辑学为主要研究工具，乃至是逻辑学与法学的交叉，甚至在相当程度上讲没有逻辑学的功底就无法深入地研究法学方法论。台湾学者杨仁寿先生说："然则，吾人今日研究法学，又应以何方法为之？一言以蔽之，应以理论认识为基础，为实践的应用。先将'理论认识'与'实践'隔离，以逻辑分析的方法或经验事实的验证方法予以'认识'，再有意识的予以实践，并根据验证的测试作用，以观察此项'认识'是否合乎社会需要。"① 杨仁寿先生的"逻辑分析的方法"就是他自称的"运用形式逻辑"之"形式的推论——直接推论和演绎的推论"，或者是"实质的推论方法"——经验事实的验证方法：事实的归纳和历史的归纳——运用经验科学。何止如此，逻辑学的形式化、模型化、类化、刻画之功能可以广泛地运用于法学尤其是法学方法论的研究过程之中，它可刻画法律的各种可能模式，研究涵摄的各种可能形式与类型，它协助创造解释学的形式分析概念，引入一些逻辑分析技术，如定义、划分、类推与推定等推理模式于法律的理论营造和具体适用之中，使法律由"纸上的法"变成"活法"。所以，我们甚至可以说，法学方法论是法律逻辑在法学领域的具体化，没有逻辑学作为法学方法论的基础，法学方法论的研究就难以深入。

法学方法论与法律逻辑本来就是同一个研究领域，但是由于法律逻辑主要是逻辑学出身的学者的研究领域，法学方法论主要是法理学家或者法律技术专家（主要是民法解释学）的研究领域，且由于历史传统不同，所以构成了两个至今

---

① 杨仁寿. 法学方法论 [M]. 北京：中国政法大学出版社，1999：95.

还没有充分联系的独立群体。这个现象说明了两个问题：法律逻辑的研究由于主流方向的不突出，并没有引起法学家的真正关注，但法学家对法学方法论的研究又在暴露其逻辑、科学方法论的学理空疏和不足——法学方法论的学者很多都是主流的法学家，因此其影响很大，但是这种空疏和不足有可能使法学研究忽略本身就有的逻辑成果，而呈现混乱的局面。事实上，这一局面已经多少存在，改变它的方法是，法学方法论充分地考虑法律逻辑的帮助和借鉴，但情况不能反过来，因为法律逻辑正需要法理学的引导，它不可能引导法理学。

第三节　法律逻辑学的功能

一、掌握和遵循法律逻辑是实行法治的必然要求

"法治"（Rule of Law）又叫"法治国"。亚里士多德认为"法治"就是"已成立的法律获得普遍的服从，而大家服从的法律又应该本身是制定得良好的法律"①。法治的要义是法律至上，这就必须要求法律具有极大的权威性。其重点和关键是依法治权，即国家、政府在行使权力时必须受到法律规则的约束。依法治国的价值取向是保障公民权利。其核心问题就在于司法法治化，即公正的司法程序是正确地选择和适用法律，从而也是体现正义的根本保证。而要通过司法程序实现法律正义，就必须在法律适用中运用法律推理，即理性地而不是经验地（直觉地）适用法律。"法律秩序（即法治——引者注）依赖于三个台柱———一个自治的法律制度、普遍的规则和适用法律的推理过程。"②因此，我们也可以说，没有法律推理，就不可能有真正现代意义的法治（依法治国）。毫无疑问，法治要依靠法律推理来实现。因为公平正义的裁决得有理由说明和正当性的证明，而这只能通过有效的法律推理才能实现，法律逻辑学作为研究法律推理有效性的学问，其在司法判决中的运用显示它是程序正义的体现和实现法治的手段。"按照法治的要求，法官裁判的理由应该是充分、合理、合法以及是否公正，最终体现公正的目标。而衡量裁判理由是否充分、合理、合法以及是否公正的法哲学标准，就是看其案件事实与法律规定是否有内在的逻辑联系，是否能有机地结合在一起。"③ "逻辑推理是普通法传统的

---

① ［古希腊］亚里士多德. 政治学［M］. 北京：商务印书馆，1995：199.
② 杨仁寿. 法学方法论［M］. 北京：中国政法大学出版社，1999：95.
③ 吕忠梅. 法官的思维［M］. 北京：法律出版社，2005：主编的话.

核心。从第一个案例开始接受的普通法的方法学，到后来发展成为世界上最受重视的法律体系，必须获得受其司法判决影响之人民与机构的认可与支持，否则不可能持久。假如普通法的法院判决没有合乎逻辑的解释，法律传统就不可能被人接受；假如没有合乎逻辑的推理过程予以支持，法院判决也不过是一堆恣意的命令而已。"① 法律实践的诸多问题愈来愈聚集在司法领域，如何保证立法上建构的规则在司法上得到统一的、一致的适用，成为法治国家建设的重要问题。现代法治的形式性、普遍有效性，要求经过专业的法律训练具有相当的法律技能的法官当然应当有基本的法律逻辑的推导能力，而且这种能力理所当然地要体现在判决书里。非此，法官的公信力就会受到怀疑；只有我们的法官能够从容不迫地在他们的判决书中把他们对案情的判断、法律的理解娓娓道来并讲求逻辑严谨的时候，我们的法律才可以真正应对民众的呼声和真正的舆论监督。具体到轰动全国的刘涌案，某省高级人民法院在对刘涌的终审判决中，将死刑改判为死缓，此事引起了社会的广泛关注。在终审判决书中，有"不能从根本上排除在侦查过程中存在逼供情况"的字样。难道这就是改判的根据或理由吗？饱受诟病的是某省高级人民法院最后判决书的简单乃至粗陋，特别是其中关于改判原因的说明更是模棱两可。在中国司法中饱受诟病的法院的"无理判决"、"倒置推理"和"省略推理"等问题无一不是法官推理能力、论证说理能力不足的直接表现。

当代德国法哲学家考夫曼说："法律和法学的逻辑规则不是无关紧要的，有足够的证明显示，法官的判决，由于违背了思维规律，背离了受法律而不受逻辑规则约束是不可想象的这一质朴事实，便产生可上诉性。"② 保障司法判决正当性的工具，"谨守逻辑形式并避免谬误只是追求正义的工具，但它们的的确确是论证关键的工具。谨守逻辑形式并避免谬误可以说服别人，并给予司法判决正当性，将迷惑与含糊不清的事物一扫而空"③。法律逻辑在以实现人类公正、解决法律纠纷、稳定社会秩序为价值的法律制度中起着基础性的作用：它不但为人们分析和解决法律问题提供方法论工具，同时也引发人们思考

---

① [美] 鲁格罗·亚狄瑟. 法律的逻辑 [M]. 唐欣伟，译. 北京：法律出版社，2007：10.

② [德] 阿图尔·考夫曼. 当代法哲学和法律理论导论 [M]. 郑永流，译. 北京：法律出版社，2002：316.

③ [美] 鲁格罗·亚狄瑟. 法律的逻辑 [M]. 唐欣伟，译. 北京：法律出版社，2007：18-19.

新的法律问题。随着逻辑、人工智能与法律的发展，以及信息技术在法律实践中的应用范围不断扩大，法律逻辑作为法律和逻辑互动的产物日益受到人们的重视。法律逻辑从逻辑的角度对法律加以研究，在整体上必将推动法制建设的进步，促进司法公正彻底实现。而在具体实施上，必将加深司法工作人员对法律的理解和准确适用。

二、学习法律逻辑学是法律人提高法律思维能力之必需

"成为法律人要旨不在于掌握一定的法律知识，而在于具有法律思维，具有运用法律逻辑观察、思考、判断与解决问题的能力。"① 法律人的基本素质包括法律思维能力、法律表达能力和对法律事实的探索能力。而在这三项之中，法律思维能力是法律素质的核心。而法律思维能力又由以下四个方面的内容构成：第一，准确掌握法律概念的能力。法律概念是对各种法律事实进行概括，抽象出它们的共同特征而形成的权威性范畴。每一法律概念都有其确切的法律意义和应用范围（领域与场合）。第二，正确建立和把握法律命题的能力。命题是推理的前提，建立和把握法律命题的能力实际上就是形式推理的能力。第三，法律推理的能力。法律推理的能力就是法律人把法律规范和法律原则适用于具体的案件，它从解决法律实际问题出发，运用概念、命题、综合法律因素和道德因素、社会情势、当事人具体情况等多重因素所进行的推理，它是最能体现法律人综合素质的法律思维的训练和培养。第四，对即将做出的法律裁决或法律意见进行论证的能力。由于上述四种法律思维能力的构成都紧密地关涉到逻辑的概念、判断、推理和论证四种思维的基本形式，所以说，学好逻辑学尤其是法律逻辑学是提供法律人的法律思维能力的基础。

法律逻辑学在训练人们的法律思维方式和能力上，可具体体现在以下三个方面：首先，法律逻辑学可以培养一个法律人（jurist/lawyer）所特有的观察问题和思考问题的方式，使法律人通过法的基本概念、范畴和方法形成对社会问题的法律（职业）判断和评价，在此点上他/她的立场区别于一个政治（学）家、经济（学）家或道德（学）家的立场。

其次，法律逻辑学可以培养人们对法的存在之源的不断探求精神，提升人们的理性认识能力和法律智慧，使人们不仅知法之其然，而且知法之所以然。

最后，法律逻辑学可以训练人们的法律推理能力和理论抽象能力，使人们能够将一般的原理或法律命题运用于某一具体的法律事件的分析，又能够对具

---

① 吕忠梅：法官的思维 [M]. 北京：法律出版社，2005：主编的话.

体的法律事件做出类型的概括，从中抽象出不同位阶的法律概念和命题。

公安人员的刑事侦查活动总是一种逻辑思维过程，是一种溯因推理的过程（总是先根据结果再推测发生的起因、经过），也可以运用逻辑学的概念限制，还可以运用选言推理或探求因果联系的剩余法。就其运用逻辑学的概念限制而言：即先通过划定"作案人"的外延范围，再现场勘查和了解案情，不断地增加"作案人"这个概念的内涵属性，逐步缩小其外延数量，最后锁定具体的"作案人"。

检察官既得透过逻辑方法进行案件侦查，又得运用论证的逻辑力量，根据相关法律对犯罪嫌疑人进行法庭起诉，其起诉书的论证要经得起法庭辩论的考验，这就要求起诉书的论证必须是强有力的论证，而具有强有力的论证能力的人，就必须具有高水准的逻辑思维能力，也同时具备综合运用各种相关背景知识的能力。

法官的职责，说到底就是依据法律条文和原被告双方的陈述辩解，定罪量刑或裁定处罚。从逻辑角度来看，这就是对法庭上的各种概念、判断、推理和假说、论证做出辨别分析，弄清谁对谁错。"法官作为法律的适用者，并无任意实施法律的权力，更无随意适用法律的自由。他必须遵循法律适用的一般原则、依照法律的逻辑、运用司法的技术，将法律适用于案件，使案件得以公正审理。对这些原则、逻辑、技术的理性认识，就是法官的思维。"① 法官思维主要在于通过对诉讼参与人的证明和反驳做出裁判和评价，并根据充分性原则对争论的法律事实做出认定，引用有关法律规范最终解决争议。内容主要包括认定法律事实、适用法律规范、得出判处结论。基于法官职业的特定性，法官的思维是一种特定的职业思维。法官须以法律及法理来思考和评判一切涉法性的问题，其中就包括法律术语的运用、通过程序进行思考和"注重缜密的逻辑"。这就要求法官在审判过程中的法律思维必须是理性、清晰、严谨的，而不能凭个人法感乃至情感来办案，否则必然导致错案、冤案的发生，违背司法公正的原则。再则，司法活动的功能不仅在于对已经发生的案件做出公正、公平的处理，而且具备教育群众的一般功能。这就对法官断案不仅要求结论公正合法，也要求对结论的说理过程既符合法律，于法有据，也要符合逻辑且说服力强。因此，加强司法能力建设，推进司法理念进步，不能不对法官在审判中的思维逻辑提出要求。即法官在对案件的审判中，不仅要求注重判决、裁定的合法性，而且对判决、裁定的分析、综合、判断、推定、推理的论证过程有着

---

① 吕忠梅：法官的思维［M］. 北京：法律出版社，2005：主编的话.

强有力的逻辑支持，以及结论在结构上存在严谨的逻辑关系。

从某种程度上讲，法官的逻辑思维能力甚至比法律专业知识更为重要。因为法律人常常只懂法律而不懂逻辑，而懂逻辑又会用逻辑于法律的则少之又少；法律专业知识可以随时学习，法律条文可以即时查找，但是要具备合乎逻辑的思维能力却是要依靠长期的专业训练才能形成。过去，我们的法律人未曾受到过严格的法律逻辑的"规训"，不仅缺少法律推理基本技能的系统训练，而且也普遍地缺乏清晰的司法论证，法官和律师既没有也不可能达到更高的理性的、清晰的水平，以至于难以保持理性、严谨和科学的态度，于是在我们的法律思维过程中不仅难以保持思想谦抑的心情，难以抵御形形色色的思想的诱惑和恣意表达思想的冲动；而且还常常可以发现思想链条的中断、思想理路的混乱和思想鸿沟的无理跳跃，缺乏细致入微的分析、论证和说理。何止于前述的"刘涌案"，还有造成社会舆论广为关注的"佘祥林案"、"聂树斌案"、"彭宇案"、"许霆案"，之所以争论很大甚至成为冤假错案的基本原因（除了政治、法律制度之外）就是中国法律人之法律思维能力的不足尤其是逻辑素质的欠缺（无视法律的基本逻辑、基本程序、基本规则，没有清晰可辨的秩序：主题、每个要点以及支持性证据的逻辑秩序模糊，其论辩言辞、诉讼状书、判决书的法律推证与论证难以经得起逻辑的审视和推敲），中国法律人（警官、检察官、法官、律师）必须要通过逻辑学训练自己的职业思维能力，发挥逻辑理性的力量，排除泛伦理化或泛政治化的思维方式的影响，用法律的逻辑去思考并判断法律问题，努力把逻辑理论知识转化为法律思维的技能、法律推理与法律论证的方法，在法律的程序、法律的适用、法律的判决中以理服人。因此，高度重视法律人的法律推理和法律论证能力的训练与培养已经迫在眉睫了。

☞**思考题**

1. 逻辑学的研究对象是什么？
2. 逻辑学是怎样研究思维的？
3. 怎样理解法律逻辑学研究的对象？

☞**练习题**

一、选择题

1. 思维的逻辑形式之间的区别，取决于（　　）。
   A. 思维的内容　　　　　　　　　B. 逻辑常项
   C. 变项　　　　　　　　　　　　D. 语言表达形式
2. "所有 S 是 P" 与 "有的 S 不是 P"（　　）。
   A. 逻辑常项相同但变项不同
   B. 逻辑常项不同但变项相同
   C. 逻辑常项与变项均相同
   D. 逻辑常项与变项均不同
3. 设 x 为联言判断，y 为选言判断，并且 x 与 y 矛盾，则 x 与 y（　　）。
   A. 常项与变项均相同　　　　　　B. 常项相同变项不同
   C. 常项不同变项相同　　　　　　D. 常项与变项均不同
4. "并非如果 p 那么 q" 与 "有 S 不是 P" 这两个判断形式的（　　）。
   A. 常项与变项均同　　　　　　　B. 常项相同变项不同
   C. 常项不同变项相同　　　　　　D. 常项与变项均不同
5. "只有 q 才 p" 与 "如果 q 则 p" 这两个判断形式，它们含有（　　）。
   A. 相同的逻辑常项，相同的变项　B. 不同的逻辑常项，相同的变项
   C. 相同的逻辑常项，不同的变项　D. 不同的逻辑常项，不同的变项
6. "p 当且仅当 q" 与 "要么 p 要么 q" 这两个逻辑形式是（　　）。
   A. 等值式　　　　　　　　　　　B. 矛盾式
   C. 不同的逻辑常项和相同的变项　D. 相同的逻辑常项和变项
7. 下列具有共同逻辑形式的判断组是（　　）。
   A. $\neg$SAP 与 SA$\neg$P　　　　　　B. $\neg$SIP 与 SEP
   C. $\diamond$SOP 与 $\neg\square$SAP　　　　　　D. p$\rightarrow$q 与 r$\rightarrow$s
   E. p$\rightarrow$q 与 $\neg$p$\vee$q

二、将下列语句所具有的逻辑形式用符号公式表达出来，并指出其中哪些是逻辑常项，哪些是逻辑变项。

1. 玩忽职守罪不是故意犯罪。
2. 错误的判决不是由于认定事实有误，就是适用法律不当。
3. 累犯不适用缓刑。
4. 所有出现尸斑都是死后 2~4 小时的尸体。
5. 如果死者背上有自己无法形成的致命伤，那么死者都是被人杀害的。
6. 有的侵权行为是犯罪行为。

7. 某甲或者是法官或者是检察官。

8. 只有法庭允许，辩护律师才能发言。

9. 如果某人未违法，那么某人未犯罪；某人犯罪；所以某人违法。

10. 有的犯罪嫌疑人不是犯罪分子。

11. 并非所有的被告都是有罪的。

三、论述题

[阅读材料]

司法判决与逻辑
贺卫方

逻辑学与法学是关系极为密切的学科。由于经常要解决互相对立的诉讼要求，要对案件事实予以揭示和证明，要辨别是非曲直，因此司法过程往往便是一个自觉或不自觉地运用逻辑进行推理和判断的过程。西方逻辑史学家黑尔蒙曾指出，三段论的逻辑形式早在古埃及和美索布达米亚的司法判决中就已经有所运用了。而在立法文献中，古巴比伦的《汉谟拉比法典》也是用逻辑的对立命题与省略体三段论的论断方式宣示法律规则的。在西方，古希腊哲学家亚里士多德等所发展出的一整套严密的逻辑学体系对于罗马法的发展曾产生了深远的影响，加上罗马的法学家们对于各种法律概念、法律关系的热心探讨和细致阐述，终于使罗马法得以摆脱其他古代法律体系不合理性、不合逻辑的轨道，成为一个博大精深、结构严密的体系。这种讲求逻辑严密的传统对后世西方的立法与司法影响至大。在处理具体案件时，法官要以法律中的相关条文作为三段论的大前提，将案件事实作为小前提，从而推导出一个司法结论。在英国的司法实践中，由于实行的是判例法，因而还要在这个演绎推理之前先进行一番归纳推理，即先要搜集上级法院或本院从前的有关判决，从这些司法先例中归纳出一个一般原则（a general proposition），再以演绎之法将此一般原则应用于具体案件之中。另外，还有一个重要的特点，如同西方的逻辑学很早就走上了科学主义的道路，演化为纯粹逻辑学一样，西方法律上的逻辑推理也可以全凭法律与案件事实之间的逻辑关系，而不受非法律和非逻辑因素的干扰。这方面的一个恰当的例子是莎士比亚剧作《威尼斯商人》里的那起法律纠纷的处理。安东尼奥与犹太人夏洛克签订了一项借贷契约，依此约，如安东尼奥到期不能偿还三千元借款，便要付出在其身上由夏洛克割下一磅肉的代价。对于中国人来说，这是一个难以想象的残忍契约，但是最终却到了必须履行的地步：安东尼奥因破产而未能按期还债，夏洛克要求依照契约（契约即法律）

判决。当人们要求他以慈悲之心，放弃这样的处罚要求时，他对公爵说：我向他要求这一磅肉，是我出了很大的代价买来的；它是属于我的，我一定要把它拿到手里。您要是拒绝了我，那么你们的法律去见鬼吧！威尼斯的法令等于一纸空文。化装成律师的鲍西娅在法庭上明确地承认依据威尼斯法律，夏洛克的诉讼请求是可以成立的。正当夏洛克惊喜交加，摩拳擦掌，准备从安东尼奥胸口割下一磅肉的时候，逻辑的光芒出现了——鲍西娅：且慢，还有别的话呢。这契约上并没有允许你取他的一滴血，只是写明"一磅肉"；所以你可以照约拿一磅肉去。可是在割肉的时候，要是流下一滴基督徒的血，你的土地财产，按照威尼斯的法律，就要全部充公。……所以你准备动手割肉吧，不准流一滴血，也不准割得超过或是不足一磅的重量；要是你割下来的肉比一磅略微轻一点或是重一点，即使相差只有一丝一毫，或者仅仅一根汗毛之微，就要把你抵命，你的财产全部充公。

该案的结局已是众所周知的。战胜夏洛克残忍要求的并非道德与情理，而是逻辑。这个例子虽然出自文学作品，但却非常忠实地体现了西方式法治的精神。回过头来，我们检讨一下中国逻辑学的发展道路。早在春秋战国时期，便有一些类似古希腊智者（Sophists）的人物出现，例如邓析、墨子、公孙龙、惠施等，他们发展的名学达到了很高的成就。但是，这种具有相当科学精神的学说却受到了来自儒道两派的双重攻击。荀子指责邓析"不恤是非，设无穷之辞"；又声称对于辩者所提出的"坚白"、"同异"之分隔等思想"不知无害为君子，知之无损为小人，工匠不知，无害为巧，君子不知，无害为治，王公好之，则乱法，百姓好之，则乱事"。《吕氏春秋》说邓析"以非为是，以是为非，是非无度，而可与不可日变，所欲胜固胜，所欲罪固罪"。邓析终于死于非命。庄子则批评道："……恒团、公孙龙辩者之徒，饰人之心，易人之意，能胜人口，不能服人心，辩者之囿也。"依庄子看来，真知是超越一切逻辑差别之上的，并且所谓的种种差异也是不真实的和虚幻的。"自其异者视之，肝胆楚越也。自其同者视之，万物皆一也。"包含了一定科学精神的名学终于被扼杀了，逻辑学只是萌了个芽，没能开花结果。

我们看到，古代中国法官在判案过程中也继承了儒家的天理人情高于逻辑差异的传统，从不"专决于名而失人情"，明白地主张"官司不当以法废恩"。我们仍以上文所述吴革判阿章诉徐十二房屋纠纷案为例。既然已确认阿章祖孙依据法律不能从事房产买卖，那么符合逻辑的裁定（依矛盾律）便是买卖关系无效，但却又称"阿章一贫彻骨，他无产业，夫男俱亡，两孙年幼，有可鬻以糊其口者，急于求售，要亦出于大不得已也"，从而承认了非法交易的效力；既然指出该房屋依据法律已在不可赎之域，却又以原被告间的叔嫂关系为由，劝被告"念其嫂当来不得已而出卖之意，复幸其孙克自植立，可复旧物，以为盖头之地"云云，通篇充满了逻辑矛盾。但是，如果我们将这种种矛盾放到儒家伦理的大背景之下，便会发现只有这样的矛盾才能达到伦理层面上的大和谐。伦理上的和谐要以司法中的反逻辑为代价正反映了我国传统司法制度的一个重大弊病所在，它使得司法乃至整个法律制度总是处在一个维护礼治秩序工具的从属地位。在这样的结构之下，法律以及司法的独立地位、合理的司法官僚阶层的产生、制度与技术上的渐次完善以及整个法律体系创造性变革等的可能性都不会出现了。同时，要指望这样的司法切实地保障人权也是不可能的。除了儒家的纲常伦理外，传统司法判决的逻辑性又受到另一个因素的伤害，那就是表达判决的语言载体——文言文。汉语是世界上历史最悠久也是最优美的语言之一。与其他语言（如西方诸语言）相比较，它特别长于表达细致的情感和丰富的意象。"中文也特别适合用来激发情感或情绪，无论动之以义愤，动之以怜悯，或动之以仇恨，以中文为文都是很有效的。但如果希望用中文表达比较曲折、精密、处处要加以限定的（qualified）论式，这种工作虽然并不是不可能，但作文的人可就苦字临头了。"由于法律以及司法文书要规定和阐述严格的法律概念和法律关系，严密的逻辑性就成为其本质属性和天然倾向。司法判决正是"比较曲折、精密、处处要加以限定的论式"，而古代中国法官却使用与口头语言相距甚远的文言文来制作判决，又常炫耀法官本人的文采，讲用典，讲对仗，讲节奏，甚至以骈文行之，美则美矣，然而离逻辑的要求却是愈来愈远了。因此，正如中国的诗化语言曾经阻碍了科学技术的发展一样，它也是中国古代法律学进步的一块绊脚石。鉴于司法判决的语言风格还涉及其他一些问题，所以有必要进行专门探讨。

（材料来源于贺卫方. 中国古代司法判决的风格与精神——以宋代判决为基本依据兼与英国比较 [M] // 司法的理念与制度. 北京：中国政法大学出版社，1998.）

阅读上述材料后，试就学习法律逻辑学与实现法治的关系，写出一篇读后感。

第二章　概　　念

法律概念是法律规范和法律制度的建筑材料。只有掌握法律概念及其体系，才能谈得上正确解释和适用法律。

第一节　概念的概述

人类在认识世界、思考问题的过程中，须臾也离不开对概念的理解和使用。概念是人类认识与思维成果的结晶，是人类思维活动中最小的、同时也是最基本的构成单位。概念是构成判断、推理和论证的基本要素（或"细胞"），是人类进行逻辑思维的起点，是做出判断、进行推理和论证的基础。也因此，准确地理解和把握概念的知识与原理：如概念的两大逻辑特征与种类、概念间的外延关系，明确概念的逻辑方法（限制与概括、下定义与划分），不仅有助于我们防止出现混淆概念和偷换概念的逻辑错误，而且是我们正确地做出判断和有效的推理与论证的必要条件。

一、什么是概念

概念是反映思维对象本质属性（或特有属性）的思维形式。

概念反映的思维对象，是指进入我们思维或认识主体视野中的自然界、人类社会和人类思维现象中的任何事物（现象）及其属性。

思维对象的属性，是指事物的性质和事物之间的关系。任何事物都具有许许多多的性质，如形状、体积、功能、善恶、美丑、好坏等性质，事物的性质就是构成事物的那些既相互区别又相互类似的规定性。例如，成熟的香蕉，有不规则的"⌒"（弧形）、黄色、甜味、香气等都是香蕉的性质。此外，任何事物都与其他事物存在着多种多样的关系，如前后、左右、上下、大于、小于、师生、同乡、喜爱、敬佩、帮助等关系，事物的关系是指事物之间的关联性。总之，事物的性质和事物之间的关系统称为事物的属性。

在事物的属性中，有本质属性（或特有属性）和非本质属性的区别（或非特有属性）。事物的本质属性是指一类事物独有而其他类事物都不具有的属性，它决定着一类事物之所以成为该类事物并使其与其他类事物相区别。所谓非本质属性（非特有属性），是指对一事物之所以成为该事物不起决定性作用的属性。例如，"一定的社会危害性、刑事违法性和应受刑事处罚性"是决定"犯罪"之所以成为"犯罪"，并区别于其他违法行为的属性，所以"一定的社会危害性、刑事违法性和应受刑事处罚性"是"犯罪"的本质属性（或特有属性）；至于什么人在什么时间、什么地方、采用什么方法、出于什么动机犯罪等属性，则对"犯罪"之所以成为"犯罪"不起决定性的作用，所以是"犯罪"的非本质属性（非特有属性）。

概念是作为认识主体的人——对事物本质属性（或特有属性）的间接的和概括的反映，作为人类理性认识的基本形式，它相对于人类的感性认识形式——具有表面性、片面性和直观性的感性认识形式而具有抽象性、间接性和概括性的特征。感性认识的感觉、知觉、表象等认识形式反映的是事物的表面现象和直观属性，不能形成对事物本质属性的反映和对事物之间类同、类异的认识。概念则舍去了事物的非本质属性，抽象地反映事物的本质属性。从认识论角度看，人们总是尽可能地认识事物的全部属性，通过比较、分析、综合、抽象等逻辑方法，逐步舍弃事物的非本质属性或非特有属性，只从全部属性中抽出事物的本质属性或特有属性进行反映，经过抽象概括而形成概念。例如，"人"这个概念是这样形成的：首先，将它与其他动物进行比较，考察和分析人这类事物所具有的许许多多的属性：有头口眼嘴鼻耳手足，有黄皮肤黑头发、有白皮肤黄头发、有黑皮肤黑头发，有蓝眼珠的、有黑眼珠的，能两脚直立行走和跑步、吃饭穿衣，能说话、会使用语言符号，有思维能力，能制造和使用工具进行劳动工作，会群居于村镇或城邦，追求善仁义礼智信等属性。然后，对这些属性进行分析、综合：这些属性中有许许多多属性并不必然为人所独有，如有头口眼嘴鼻耳手足，有黄皮肤黑头发、有白皮肤黄头发、有黑皮肤黑头发，有蓝眼珠的、有黑眼珠的，能两脚直立行走和跑步、吃饭等，通过分析、综合、比较、抽象、概括等多种逻辑方法，从对象的所有属性中撇开非本质的属性，而抽取出其本质的属性。于是，从中抽象概括出"人"的本质属性（或特有属性），即"人不仅是能使用语言符号进行沟通和交往、具有抽象理性思维能力的，而且还是能制造工具并使用工具的社会性动物"。

人类的认识是不断发展、不断深化的，正因为概念是反映思维对象的本质属性（或特有属性）的思维形式，人们是不可能一开始就能认识到事物的本质属性（或特有属性），而是在认识发展和深化的过程中完成的，因此人们运用概念对对象本质属性的反映也经历了一个由浅入深、由现象到本质、由感性直观到抽象思维的过程。如"人"这个概念，古代的西方人最早的界定有："人是哈哈大笑的动物"，"人是会走路的动物"，"人是能直立行走且是无羽毛的动物"，随着认识的发展，人们发现这并非是对人的"本质属性"的认识，因为它们并不能将人和其他动物完全区分开来。亚里士多德就较早地认识到"人是城邦的动物"，而中国先秦时代的荀子就指出："人之所以为人者，非特二足而无毛也，以其有辨也。"这已经认识到人是具有（分辨是非、真假或对错）思维能力的动物。以后，随着人类社会的进步和认识能力的提高，人们开始从各种各样的视角，逐步深入地认识到人的本质属性（或特有属性）："人是符号化的动物"（卡西尔语），"人是能制造工具和使用工具而进行生产劳动的动物"，人"就其现实性而言，是各种社会关系的总和"（马克思语）。这样，便逐步形成了"人"的（社会）科学概念了。

二、概念的内涵与外延

概念反映的是思维对象的本质属性（或特有属性），即它有自己的客观内容（事物之质的规定性），同时人们又通过概念反映的本质属性去认识具有这些本质属性（或特有属性）的事物有哪些（事物之量的规定性），即概念有确定的反映对象和对象范围，这两个方面分别构成了概念的内涵和外延。概念的内涵和外延是概念的两个基本逻辑特征。

概念的内涵（又称为概念的含义）是指概念所反映的对象的本质属性。内涵表明概念所反映的一个或一类事物对象"是什么"。任何一个正确反映了客观现实的概念都有其确定的内涵。例如，"商品"这个概念的内涵是指"为交换而生产的劳动产品"。再例如，"过失犯罪是指应当预见自己的行为可能发生危害社会的结果，因为疏忽大意而没有预见，或者已经预见而轻信能够避免，以致发生这种结果的行为"。这就是"过失犯罪"这一概念所反映对象的本质属性（或特有属性）。

概念的外延是指具有概念所反映的对象范围，它表明概念所反映的本质属性（或特有属性）的全部对象，它又表明概念所反映的对象"有哪些"。或者说，概念的外延是概念所反映的思维对象之量的规定性（外延有大小之分）。例如，"故意犯罪"这个概念的外延就是具有"故意犯罪"这个概念内涵的一切犯罪行为，如"背叛国家罪"、"分裂国家罪"、"投敌叛变罪"、"故意杀人罪"、"抢劫罪"、"交通肇事罪"等。再例如，"过失犯罪"这个概念的外延就是具有"过失犯罪"这个概念内涵的所有犯罪行为，如"失火罪"、"过失爆炸罪"、"过失杀人罪"、"过失重伤罪"等。

外延，不仅是概念的基本逻辑特征之一，而且是逻辑学尤其是西方古典逻辑和现代形式逻辑的基本特征。西方逻辑的基本性质，在相当程度上讲，就是二值外延逻辑。这也就是说，外延是逻辑科学体系的基本特征之一。因为对概念外延的断定情况，直接关系到对判断或命题的逻辑特征及其真假关系、推理的类型划分和推理的有效性问题。因此，理解和掌握有关概念外延的知识，对学好逻辑学至关重要。

关于概念的内涵和外延，还有以下问题需要明确：

首先，概念的内涵和外延是主观与客观的统一。概念及其内涵和外延属于人类理性认识领域之主观性的范畴，它不是事物的本质属性（或特有属性）和数量范围本身，而是事物的本质属性（或特有属性）和数量范围在人脑中的反映，是认识的成果。概念的内涵和外延又具有客观性，这是指它所反映的事物的本质属性（或特有属性）和数量范围之本身是客观存在的，是不依人的意志而转移的。所以说，事物的本质属性和数量范围是概念的内涵和外延这两大逻辑特征的客观基础。由于基础是第一性的，反映是第二性的，因此，我们只能称概念的内涵和外延为概念的逻辑特征，而不能说是客观事物的特征。概念的内涵与外延同事物的本质属性和数量范围的关系是反映与被反映的关系，一个事物的本质属性并不是内涵，只有反映这个属性的思想才是内涵；再者，任何事物都可以反映在概念中而成为其外延，但并不是客观事物本身，事物的数量范围本身就是概念的外延。例如，"行星"这个概念，在天王星和海王星发现以前，它的外延就是当时反映在概念中的七大行星。但天王星和海王星发现以后，这个概念的外延就变成了九大行星。可是，行星作为客观存在的天体，它的存在（包括它们的实际数量的多少）并不是以人们的概念是否反映它为转移的。是否在太阳系中就只有九大行星呢？不一定，据有的科学家预测，太阳系还有没发现的行星存在着。然而，根据既有的知识，我们已经知道的"行星"这个概念的外延数量有九个，但2006年8月24号第26届国际天文学联合会大会上，通过举手投票的方式通过了执委会提出的关于太阳系行星定义的决议，按照这个定义，又明确提出了太阳系天体分类的规则：把太阳系中的行星和其他天体分为行星、矮行星和太阳系小天体三类；把矮行星中以冥王星为标志的海外天体区分成一个新的族。于是将距太阳系最远的"行星"冥王星降级为"矮行星"，这意味着冥王星作为太阳系第九颗行星的地位正式终结。

其次，概念的内涵和外延是确定性和灵活性的统一。所谓概念的确定性是指，概念作为人类思想成果的结晶，在人类认识发展的一定阶段上，或在特定的思维过程中，它是从特定方面、特定视角、特定背景和特定关系上，对处于相对稳定性之事物的质的规定性的反映，所以概念具有确定的含义和适用对象，不得随意改变和混淆。概念的灵活性是指，概念的内涵和外延会随人们对客观对象认识的深化和客观事物的变动而变化，如"太阳系的行星"概念的外延，开始人们认为包括六大行星，后来公认有九大行星了，但近年来又正式确认，太阳系里只有八个行星。

再次，概念的内涵和外延是单一性和多样性的统一。概念的内涵和外延的单一性是指在特定的思维过程中，它是从某一方面、某一视角、某一背景和某一方面关系上，对处于相对稳定性之事物的质规定性和数量范围的反映只能是单一性的；而从不同角度认识同一对象就会形成不同的概念内涵与外延，如"水"概念的内涵，从物理学角度看，它的本质属性是无色、无味、透明的液体；而从化学角度看，它的本质属性是氧元素和氢元素组成的化合物……这又向我们表明概念的内涵和外延是多样性的。

最后，概念的内涵与外延是真实性与虚构性的统一。一般来说，人们在日常思维中使用的概念大多是真实的，即有客观存在的反映对象，如"日"、"月"、"山"、"河"等，我们称之为具有真实性的概念。但也有一些概念是人脑对客观事物的歪曲反映或凭主观想象而虚构出来的，如"鬼"、"神"、"孙悟空"、"猪八戒"、"美人鱼"、"以太"之类的概念，这些概念并没有客观存在的反映对象，它们的内涵与外延也是虚假的，我们称其为虚假概念（或虚概念）。

了解和掌握概念的两大逻辑特征的目的就是要明确概念。而逻辑学指出，任何概念都有内涵和外延这两大逻辑特征，就为我们指出了一条明确概念的逻辑途径：我们通常所谓明确概念（或概念要明确），就是要明确概念所反映事物具有什么样的本质属性（或特有属性）和明确概念所指的是哪些对象。因此，只有这两个方面都明确了，概念才是明确的。例如，要明确"违法行为"这个概念，就必须既要明确其内涵是危害社会的、触犯了国家颁布的各种法律、法令、法规的行为，又要明确其外延包括一切犯罪行为和那些情节较轻、没有受到刑罚处罚的但危害社会的行为。只有这两个方面都明确了，才能说真正明确了"违法行为"这个概念，也才能准确地使用它，不至于把它同"犯罪行为"这个概念相混淆。

概念明确是正确思维的必要条件。只有明确了概念的内涵和外延，才能准确地使用概念、恰当地做出判断、合乎逻辑地进行推理和论证。反之，如果概念不明确，就无法向他人准确地表达和传达自己的思想，甚至错误百出，遭人讥笑，20 世纪某军阀韩复榘不学无术而又好附庸风雅，有一次他到某一所大学去演讲说道："今天到会的人十分茂盛，敝人实在很感冒，你们是大学生，懂得七八国的英文，我不懂得这些，今天是鹤立鸡群了。"这段话使用的"茂盛"、"感冒"、"七八国的英文"和"鹤立鸡群"这几个概念都是不明确的。显然，"茂盛"是形容植物长得好，而是不能形容人的；"感冒"是疾病，不可表示人的情绪；"英文"作为一个语种，在世界上只有一种，而某军阀不懂得"英文"的外延只有一种；还用"鹤立鸡群"一词吹嘘自我，这说明他褒贬颠倒，不学无术，愚蠢至极，却还自诩为鸡群中的立鹤，真可谓之"恬不知耻"也。

三、概念和语词

概念与语词有着密切的联系。概念作为反映事物本质属性的思维形式，是语词的思想内容，而语词作为表示概念的表达形式（声音或笔画），思维形式与语言形式是密不可分的，任何概念都是用语词来表达的，即必须要用语词来概括、巩固和表达，没有语词表达的思想是不可能存在的。当然有的概念由一个词表达，有的概念由一个词组表达。

概念与语词之间又有明显的区别：

第一，两者分属于不同的学科所研究的对象范围。概念是思维形式，是思想的基本单位，具有全人类性，属于逻辑学的研究范围；语词是语言形式，具有民族性，是用来表达概念、标志事物的一个或一组符号，属于语言学的研究范围。

第二，任何概念都必须借助于语词表达，但并非所有语词都表达概念。在现代汉语中，语词分为实词和虚词两大类。实词包括名词、动词、形容词、数词、量词和代词等，一般都表达概念；虚词分为副词、介词、连词、助词、叹词等，则一般不表达概念。

第三，同一个概念可以用不同的语词表达。由于语词有民族性，概念没有民族性，因此不同民族是用不同语词表达同一个概念的。不同民族表达同一个概念时，所用的语词是不同的。例如，汉语中的"书"，在英语中用"book"，在俄语中则用的是"книга"表示。再者，即使在同一民族语言中，由于有口语词与书面语词、方言语词与普通话语词的差异，也必然存在同一个概念用不同语词表达的现象，例如"诉讼"与"打官司"、"合同"与"契约"、"死刑"与"极刑"等。

第四，同一个语词在不同的语言环境中可以表达不同的概念。这种语词在语言学中被称为多义词。例如，"拘留"这个语词，在不同的语言环境中，既可以表达行政拘留，也可以表达刑事拘留，还可以表达司法拘留。对这种一词多义现象，必须严格加以区别，以避免在推理、论证中出现逻辑错误。

了解概念与语词的关系，掌握概念的语词表达形式，对于我们在表达和交流思想时避免思想混乱、词不达意现象的发生，以及准确使用概念、恰当灵活用词都具有重要作用。

第二节 概念的种类

逻辑学指出了概念具备内涵与外延两大基本逻辑特征，但它并不具体研究具体概念的内涵和外延的具体内容，而它只是从概念内涵和外延的一般共性去对概念进行分类，以便于进一步明确概念。

一、普遍概念、单独概念和虚概念

根据概念在外延方面的逻辑特征，也就是概念所反映的思维对象数量的多少，我们可将概念分为普遍概念、单独概念和虚概念。

（一）普遍概念

普遍概念是反映一类对象的概念，它的外延所反映的思维对象的数量在两个或两个以上。例如"工人"、"红色"、"诚实"、"法官"、"法规"和"诉讼当事人"等都是普遍概念，它们所反映的思维对象都是由两个或两个以上的"分子"所构成的一个"类"，例如"诉讼当事人"就是指包含"原告、被告、共同诉讼人和诉讼第三人"这一类对象。

普遍概念反映的类和类中的每一具体对象的关系是"类"和"分子"的关系，具有相同本质属性的对象叫做一"类"，构成词"类"中的"每一个具体事物叫分子"，显然在"类"和"分子"之间还有若干层次的子类，如类概念"动物"和分子概念"亚里士多德"之间，还会有"欧洲人"、"希腊人"等子类。

（二）单独概念

单独概念是反映单一对象的概念，它的外延反映的是独一无二的具体事物，其外延数量只有一个，是独一无二的。单独概念一般用语词中的专有名词或摹状词来表达，因为这些概念反映的是具体时间、空间、事件、人物等唯一事物。包括人名、地名、历史事件名、某一具体的时间名等专有名词都是表达单独概念的。例如，"北京"、"中南财经政法大学"、"鲁迅"、"'9·11'事件"、"2008 年 5 月 12 日"等，就都是单独概念，它们所反映的对象都是独一无二的个别事物。另外，某些词组也可以表达单独概念，如"《论法的精神》的作者"、"被告人王某某"、"湖北省高级人民法院"。摹状词即描述、模拟事物状态的词组，如"世界上最长的河流"、"奥运会上跑得最快的人"、"中国古代名著《西游记》的作者"等，也都表达单独概念。此外，普遍概念的前面加上指示代词"这个"、"那个"等限制词的词组也可表达单独概念，如"那位老人"、"这个罪犯"和"这支水芯笔"等。

（三）虚概念

虚概念又叫空概念，它是主观上综合一些其他事物的属性而构成其内涵的概念，其外延所反映的思维对象在客观世界里是不存在的。例如"鬼神"、"美人鱼"等概念，它们的外延数量是零，在客观世界里是不存在的。虽然虚概念所反映的事物对象在现实的世界里是不存在的，其外延数量是零，但它却是有内涵的，只不过其内涵是主观上综合其他事物的属性；另外它在人类知识世界和生活世界中却是不可少的，因为它可以帮助人们克服思维中的障碍，它就像数学中的自然数"0"一样，是数学必不少的一个数。自然科学发展史已经向我们表明，"燃素"是一个虚概念，但由于对所谓"燃素"的研究却提出了一些合理的思想，使人们认识到某一种东西能够从一种物质形式转化为另一种物质形式，这是物质运动的本性使然，而非有什么外因"燃素"。由于这个思想帮助人们解释了许多现象，最终推进了人类的认识，发现了"燃烧"的真正本质就是"燃料"与氧的化合现象，而并非有什么其他的"燃素"在起作用。

二、集合概念与非集合概念

根据概念所反映的对象是否为事物的集合体，我们可以把概念分为集合概念和非集合概念。

（一）集合概念

集合概念是指概念内涵反映的是事物集合体的概念。所谓集合体是指由许多个体（或一类事物）组成的有机整体，其逻辑特征是整体所具有的本质属性并不为其中的每一个体所具有。例如，"书"、"树"、"军舰"并不具有"丛书"、"森林"和"舰队"等集合体整体所具有的属性。再例如"法律体系"（又可称为"法体系"或"法的体系"）就是一个属于集合概念的概念。因为，它所反映的集合体正是由一国现存的全部法律规范按照不同的法律部门分类组合，而形成的一个呈体系化的有机的统一体。

表达集合概念的语词可以是普遍概念，如上述的"丛书"、"森林"、"法律体系"、"法律汇编"等，也可以是单独概念及其专有名词，例如"中国工人阶级"、"长江水系"、"大兴安岭森林"等。用普遍概念表达集合概念时，只有在普遍概念指称的对象为集合体时才能成立。

（二）非集合概念

非集合概念是不反映一类事物构成的集合体的概念。非集合概念是相对于集合概念而言的，凡不反映集合体的概念都属于非集合概念。例如"党员"、"书"、"树"、"工人"、"河"和"法规"都是非集合概念。

区分集合概念和非集合概念时，我们应该注意以下两点：

首先，集合概念反映的"集合体"与其中"个体"的关系，这不同于普遍概念中的"类"与"分子"的关系。由于构成集合体的"个体"不具有集合体整体所具有的属性，所以不能用它去表示集合体，例如我们不能说"中国民法就是中国法律体系"，因为"中国民法"只是构成"中国法律体系"这一集合概念的个体（即"法律部门"），而个体不具有整体所具有的属性；而普遍概念反映的类与子类和分子之间的关系，其个体、子类都具有（所属）类的属性，因此可以用普遍概念的名称去指称其中的分子或子类。例如我们不能用"法律体系"去指称"民法"，说"民法是法律体系"；但可以用"法律"去指称"民法"，说"民法是法律"，因为"民法"、"法律"都是普遍概念并且都是非集合概念，它们反映的都是类与子类和分子之间的关系，子类、分子都具有类所普遍具有的共同属性。

其次，由于同一个语词在不同的语境下可以表达不同的概念，所以我们还必须注意区分同一个语词在不同的语境中是否表达集合概念。例如"许霆盗窃了金融机构"中的"金融机构"是"非集合概念"，因为一般意义上使用的"金融机构"是一个集合概念，但在此语境中，由于许霆无法盗窃整个"金融机构"而只能盗窃属于"金融机构"中的钱，所以我们只能把此"金融机构"理解为非集合概念；而在"ATM是金融机构"这一语句中的"金融机构"却只能解读为"集合概念"，但这又是一个很难证成的命题，因为"ATM"究竟是不是"金融机构"在中国法学界还依然是一个富有挑战性的课题。有人认为"ATM是金融机构"，理由是，"金融机构"不一定非要狭窄地理解为一定有人在那儿办公，关键要看它是否处在金融机构的管理控制之下。也有人认为"ATM不是金融机构"，理由是，金融机构是个有机整体。根据《商业银行法》、《信托法》等相关法律，金融机构必须要有严密的组织系统、运作程序等，必须有工作人员、保安等。ATM 取款机其实只是金融机构下设的机械设备，它在法律地位上，和银行的办公桌、电脑一样，不能称之为"金融机构"。因此，ATM 机肯定不是金融机构。即使说它是金融机构的"延伸"，但某物的"延伸"恰恰就不是该物本身。人的一只手不是人本身，砍掉一只手只能构成伤害，不能构成杀人，就是这个道理。如果金融机构把钱放在柜员机里，这台机器就成了金融机构，那么，把钱放在汽车上，这辆汽车不也成了金融机构吗？这显然是荒唐的。柜员机和车辆都不过是金融机构放钱的外置容器，不是金融机构本身。

但无论如何，我们只有首先结合具体语境才能具体区分集合概念和非集合概念，也才可避免犯"混淆概念"或"偷换概念"的逻辑错误。

三、正概念与负概念

根据概念所反映的对象是否具有某种属性，概念可分为正概念和负概念。

（一）正概念

正概念又称肯定概念，是反映思维对象具有某种属性的概念。由于正概念的内涵是正面地表明概念的思维对象"是什么"，或"具有某种属性"，所以我们才可以说：正概念既可以是反映思维对象本身的概念，也可以是反映思维对象所具有的属性的概念。例如"动物"、"法律"、"正义"、"跑动"等，都属于正概念。因为它们的内涵都揭示思维对象"是什么"或"具有某种属性"。

（二）负概念

负概念又称否定概念，是反映对象不具有某种属性的概念。如"无机物"、"非饮用水"、"非正义战争"、"非法"和"不合理性"都是负概念，因为它们的内涵都揭示思维对象"不是什么"或"不具有某种属性"。正概念的语词表达形式通常并不用否定词"非"、"无"、"不"，但也并不是所有包含"无"、"不"、"非"等语词成分的都表达负概念，如"非洲"、"无锡"、"不丹"等就不是负概念。

在理解和使用正概念与负概念时，还应当注意什么是论域。我们知道，正概念和负概念是相对的。所谓论域就是负概念所对称的范围。一个负概念与其相对的正概念的外延之和，就是这个负概念论域的外延。例如"未成年人"与"成年人"两概念的外延之和是"人"，"人"这个概念的外延就是"未成年人"的论域。

以上对概念种类的划分，是按不同标准进行的，目的在于了解概念各方面的逻辑特征，以做到概念明确并进而正确地使用概念。由于是按三个不同的标准分出的种类，因此，任何一个概念都不只是属于上述三种类别中的某一个种类，而是会因标准的不同而同时属于几个不同的种类。例如，"物权法"既是一个普遍概念，又是一个非集合概念，还是一个正概念。"中国人民"分别是单独概念、集合概念和正概念。

第三节 概念外延间的关系

客观世界的事物之间都是普遍联系的，事物间的普遍联系一般表现为各种各样的关系，这些关系反映到概念中来，就形成了概念之间的关系。逻辑学不研究概念之间在思想内容方面的具体关系，逻辑学只是从概念外延之间关系的视角去研究概念间的关系。

根据概念外延之间是否至少有一部分重合，或者说两个概念所反映的事物的范围是否至少有一部分是共同所有的，我们可以把概念间的外延关系区分为相容关系和不相容关系。相容关系包括同一关系、真包含关系、真包含于关系和交叉关系，不相容关系包括矛盾关系和反对关系。

概念间外延关系可以借助圆圈图形来表示，最早发明这种图示方法的人是英国的数学家欧拉，所以逻辑学者后来便把这种方法叫做"欧拉图解法"，把用这种方法画出的图叫做"欧拉图"。

一、概念间的相容关系

概念外延间的相容关系是指，两个概念的外延至少有一部分是重合的关系。根据外延重合部分的数量范围之多少的不同，相容关系可进一步分为同一关系、真包含关系、真包含于关系和交叉关系。

（一）同一关系

同一关系又叫全同关系。它是指两个概念的外延全部相同、完全重合的关系。例如"中国的首都"和"北京"、"医生"与"大夫"、"宪法"和"国家基本法"、"合同"与"契约"、"等边三角形"和"等角三角形"等，其中每组两个概念之间的关系都是同一关系。

两个概念外延间的同一关系可用右边的欧拉图表示。

由此图我们可以清楚地看出，同一关系的特点如下：

当且仅当所有的 A 都是 B，并且所有的 B 都是 A，才会有 A 和 B 之间的同一关系。应当注意，具有同一关系的两个概念，虽然外延完全重合，内涵却

并不完全相同，因为它们是从不同角度、不同方面
反映同一事物的。例如，"规定国家根本制度的法
律"和"具有最高法律效力的法律"这两个全同关
系的概念，是从不同方面反映同一事物——"宪
法"这一概念的内涵的：前者是从法律解释的内容
方面反映"宪法"的，后者则是从法律效力的程度
方面说明宪法的。正因为如此，在日常语言表达中

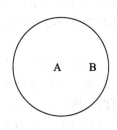

交替运用全同关系的概念，有助于我们从不同方面加深对同一事物的理解和认
识，有助于明确概念，避免用词重复，从而增强修辞色彩和表达效果。

（二）真包含关系

概念间的真包含关系是指，一概念的外延完全
包含另一概念的外延，并且另一概念的全部外延都
在这个概念的外延之中。例如，"法学"和"法理
学"、"公司"和"网络公司"、"美德"和"诚实"
等，这里的每一组的两个概念的外延之间的关系都
属于真包含关系。真包含关系可用右图表示。

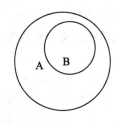

由上图我们可以清楚地看出，具有真包含关系的 A、B 两个概念的外延关
系的特点：

当且仅当所有的 B 都是 A，并且有的 A 不是 B，才会有 A 真包含 B。

（三）真包含于关系

概念间的真包含于关系是指，一个概念的外延完全都包含在另一概念的外
延之中，并且另一概念的全部外延大于这个概念的外延。例如，"人"对于
"动物"、"民法"对于"法律"、"犯罪行为"对于"违法行为"、"法官"对
于"法律人"、"抢劫罪"对于"侵犯财产罪"都属于真包含于关系。真包含
于关系可用右下图表示。

右下图可清晰地向我们表示，具有真包含于关系的 A、B 两个概念的外延
关系的特点：

当且仅当所有 A 都是 B，并且有的 B 不是 A，
才会有 A 真包含于 B。

真包含于关系与真包含关系这两种关系可统称
为从属关系。在具有从属关系的两个概念中，总有
一个外延较大的概念和一个外延较小的概念。外延
较大的概念，叫属概念，又称上位概念；外延较小

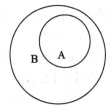

的概念，叫种概念，又称下位概念。真包含关系则是属概念和种概念的关系，故称属种关系；真包含于关系就是种概念和属概念的关系，故称种属关系。

关于从属关系，我们应当注意：

首先，属种关系具有相对性，属概念与种概念的区分是相对的，一个概念既可以是属概念，又可以是种概念。例如，"法律"相对于"民法"是属概念，而相对于"行为规范"则是种概念。

其次，具有从属关系的概念，一般不能并列使用。由于从属关系中的种概念总是真包含在属概念的外延之中，它们是不同层次的概念，因此在思维表达中，属、种概念一般不能并列使用。例如"被告先后盗窃各种机动车、小轿车和电动自行车共20多辆"，这里就把"机动车"和"小轿车"这两个具有从属关系的概念错误地并列使用了，会使人误认为"小轿车"不属于"机动车"。

（四）交叉关系

概念的外延间的交叉关系是指，两个概念的外延有并且仅有一部分重合的关系。如"美国人"和"大学生"、"医生"和"围棋爱好者"、"法官"与"中年人"，这三组中的每两个概念外延之间的关系都属于交叉关系。

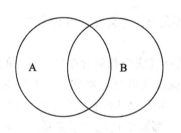

概念外延间的交叉关系可以用如左边的欧拉图表示。

左图可清晰地向我们表示，具有交叉关系的 A、B 两个概念的外延关系的特点：

当且仅当有些 A 是 B，且有些 A 不是 B，且有些 B 是 A，且有些 B 不是 A 时，A 和 B 才会有交叉关系。

二、概念外延间的不相容关系

概念外延间的不相容关系，又称全异关系。它是指两个概念外延间的关系是完全相互排斥的，没有任何部分是重合的。例如，"动物"和"石头"、"英国人"和"亚洲"、"警察"和"珠穆朗玛峰"这三组中的每组的两个概念外延之间的关系都是不相容关系（或全异关系）。概念外延间的不相容关系可以用以下欧拉图表示。

下图可清晰地向我们表示，具有不相容关系，又称全异关系的 A、B 两个概念的外延关系的特点：

凡 A 不是 B，且凡 B 也都不
是 A 时，A 和 B 才会有不相容关
系（全异关系）。

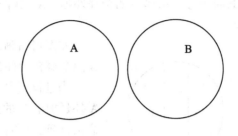

关于不相容关系（全异关
系），根据它们的两个种概念的外
延之和是否等于其最邻近的属概
念的全部外延，我们可以进一步
地将不相容关系分为矛盾关系和反对关系。

（一）矛盾关系

概念外延间的矛盾关系是指两个概念的外延完全不同，并且它们的外延之
和等于其最邻近的属概念的全部外延，则这两个概念之间具有矛盾关系。例如
"饮用水"和"非饮用水"这两个概念是矛盾关系，因为它们两者的外延之和
等于其属概念"水"的全部外延。"合法行为"和"非法行为"、"团员"和
"非团员"也都是矛盾关系，它们的外延之和等于其属概念"行为"和"青年
人"的全部的外延。A、B 两概念外延间的矛盾关系可以用下图表示。

右下图可清晰地向我们表示，具有矛盾关系的
A、B 两个概念的外延关系的特点：

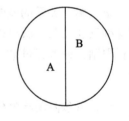

当且仅当凡 A 不是 B，且凡 B 也都不是 A，且
A 外延加上 B 的外延之和正好等于其邻近的属概念
的外延，两者才会有矛盾关系。

矛盾关系的概念一般是由一对正概念和负概念
形成，这是因为一对正概念和负概念的外延之和，
等于它们的属概念的全部外延，即正概念相对应的论域。但也有个别的例外情
况，例如"导体"和"非导体"就不属于矛盾关系（而实际上为反对关系），
由于还存在着"半导体"，所以它们外延之和并不等于属概念"物体"的全部
外延。再例如"男人"和"女人"表面上看似不是矛盾关系，其实他们之间
却恰恰是矛盾关系，因为"女人"就是"非男人"（或"男人"就是"非女
人"），而且在他们两者之间并没有所谓的一类正常存在的"中性人"。

（二）反对关系

概念外延间的反对关系是指两个概念的外延完全不同，并且它们的外延之
和小于其邻近的属概念的全部外延，则这两个概念之间就是反对关系。例如，
"黑色"和"紫色"是反对关系，因为它们的外延之和小于其最邻近的属概念
"颜色"的全部外延。"刑法"和"民法"也是反对关系，它们的外延之和小

于其属概念"法律"的全部外延。A、B 两概念外延间的反对关系可以用下图表示。

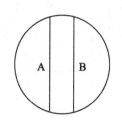

左图可清晰地向我们表示，具有反对关系的 A、B 两个概念的外延关系的特点：

当且仅当凡 A 不是 B，且凡 B 也都不是 A，且 A 外延加上 B 的外延之和正好小于其最邻近的属概念的外延，两者才会有反对关系。

概念外延间的反对关系和矛盾关系，既有共同点，又有不同点。它们的共同点在于都属于不相容关系，都是指外延完全不同的两个概念外延之间的关系。它们的不同之处是，具有矛盾关系的两个概念的外延之和等于其最邻近的属概念的外延，而具有反对关系的两个概念的外延之和则小于其最邻近的属概念的外延。

第四节　概念的限制与概括

概念的限制与概括是明确概念外延的两种逻辑方法。对概念进行限制与概括，是以属种关系的概念内涵与外延的反变关系为基础的。也就是说，我们根据这种反变关系，就可以通过增加概念的内涵来缩小概念的外延，从而对概念进行限制；或者通过减少概念的内涵来扩大概念的外延，从而对概念进行概括。

一、概念内涵与外延间的反变关系

任何概念都有确定的内涵和外延，其内涵有多少之分，其外延有大小之别。在具有从属关系（即属种关系和种属关系或真包含关系和真包含于关系的总称）的概念之间，内涵的多少与外延的大小存在着反变关系：一个概念的内涵越多，则它的外延越小；一个概念的内涵越少，则它的外延越大；反之，一个概念的外延越小，则它的内涵越多；一个概念的外延越大，则它的内涵越少。

例如在"人"—"中国人"—"湖北省人"、"规范"—"法律规范"—"中国的法律规范"这两组属种概念之间，就存在着上述反变关系。先看第一组："人"的内涵比"中国人"的内涵少，"中国人"的内涵比"湖北省人"这个概念内涵少，则"人"的外延比"中国人"的外延大，"中国人"的外延比"湖北省人"这个概念的外延也大；就第二组而言，也同样如此：在具有从属关系的概念系列中，由前到后，内涵越来越多，外延则越来越小；由后至前，内涵越来越少，外延则越来越大。

但应该注意的是，概念内涵与外延的反变关系，仅仅存在于从属关系的系列概念的内涵与外延之间，概念间的其他关系（同一关系、交叉关系、矛盾关系、反对关系等）则不具有内涵和外延的反变关系。

二、概念的限制

概念的限制是由属概念过渡到种概念的逻辑方法，即是通过增加概念的内涵而缩小概念外延的逻辑方法。例如，对"法官"这个概念增加"中国"这一内涵属性，其外延随之缩小，就可以将"法官"限制为"中国法官"；对"照相机"这个概念增加"数码照相机"这一属性，其外延就随之缩小，就由"照相机"这个属概念过渡到了"数码"这个种概念。这种使概念的内涵逐渐增多、外延逐步缩小，即由属概念过渡到种概念的逻辑方法，就是概念的限制。

在自然语言中，概念的限制一般是在表达被限制概念的语词前面加限制词，也有一些概念的限制是直接把表达被限制概念的语词换成另外一个语词来表达限制后的概念，如"中国作家—王蒙"、"侵犯财产罪—抢夺罪"。

对概念的限制是日常思维过程中，经常使用的一种明确概念的逻辑方法，我们在进行有效的限制时，应该注意以下三个方面：

第一，概念的限制只能在具有属种关系的概念间进行。不仅在具有全同关系、交叉关系、矛盾关系和反对关系的概念间均不能进行所谓限制，而且对概念进行限制的过程的实质是由属概念过渡到种概念的思维过程，其从属关系的实质反映的是事物之间的类、子类和分子之间的关系，它不同于集合体与个体、整体与部分的关系。否则，就会犯"限制不当"的逻辑错误。例如，将"法官"限制为"律师"、将"法律体系"限制为"民法"、将"中南财经政法大学"限制为"中南财经政法大学法学院"都是限制不当。因为第一组概念之间是全异关系，第二组概念之间、第三组概念之间则是集合体与个体（整体与部分）之间的关系，它们都不是属种关系，因此也都不是所谓的限制。

第二，对概念的限制要适当。由于概念之间的从属关系是相对而言的，对一个外延较大的属概念，可以进行连续限制。例如我们可以对人进行连续限制："人"—"中国人"—"中国唐代人"—"中国唐代诗人"—"李白"，但我们应该限制到什么样的程度呢？这取决于实际思维的需要。在此例中限制的终点是"李白","限制"也有极限，这个极限就是"单独概念"，因为单独概念的外延只有一个分子，是外延的最小单位，再"限制"下去，其外延已无法再缩小了，也就不再是限制了。例如"伟大、光荣、正确的中国共产党"，就不是对"中国共产党"的限制。

第三，概念的限制的作用。由于对概念进行限制的过程就是由外延大的属概念过渡到外延小的种概念的逻辑思维过程，因此，在实际思维中，对概念进行正确的限制，有助于人们对事物的认识从一般过渡到特殊或具体的认识，从而使认识具体化、精确化。这种作用尤其表现在当需要揭示事物特殊性或需要缩小思考问题的范围时，对概念的限制就尤为重要了。例如在法官判决的思维过程中，如何把握"死刑适用于犯罪分子"这个概念，可谓之"人命关天"！正当而又严密的法官思维必须对"犯罪分子"概念进行限制，增加内涵、缩小外延，因为"犯罪分子"的外延过大，无法具体操作。为此，必须明确"死刑的适用对象"到底是什么。我国《刑法》规定："死刑只适用于罪行极其严重的犯罪分子。"而由于"刘涌涉黑故意杀人的行为是极其严重的犯罪行为"，所以，"死刑适用于刘涌这样的犯罪分子"，通过对"犯罪分子"进行恰当的限制，使我们对"适用死刑的犯罪分子"这一法律概念的具体使用明确，操作精当。

三、概念的概括

概念的概括是从种概念过渡到属概念的逻辑方法，换言之，它就是通过减少概念的内涵而扩大概念外延的逻辑方法。因此其思维方向恰恰与对概念的限制相反。

例如，对"中国人"这个概念减去"中国"这一内涵属性，就可以概括为"人"；对"故意犯罪"这个概念减去其"故意"的属性，就可以过渡到"犯罪"这个属概念。这种使概念的内涵逐渐减少、外延逐步扩大、由种概念过渡到属概念的逻辑方法，就是概念的概括。

在自然语言中，对概念的概括的一般表现形式就是把表达被概括概念的语词前面的限制词去掉，如"法官"—"官"，"思维的逻辑形式"—"形式"；有些则是换用另外一个语词来表达概括后的概念，如"法律"—"行为规范"。

对概念的概括也同样是日常思维过程中，经常使用的一种明确概念的逻辑方法，我们在对概念进行有效的概括时，应该注意以下三个方面：

第一，概念的概括只能在具有属种关系的概念间进行。否则，就会犯

"概括不当"（也称为"虚假概括"或"无限上纲"）的逻辑错误。例如，将"小偷小摸行为"概括为"盗窃罪"、将"台湾省"概括为"中华民国"，都是"虚假概括"。因为前一对概念之间是全异关系，后一对概念之间看似部分与整体的关系，其实它们不仅不是种属关系，而且连部分与整体的关系也不能成立，所谓"中华民国"并不具有合法性，只有"中华人民共和国"才是合法的。

第二，对某一概念的概括要适当，不能越级进行。在日常思维中，对一个概念概括到什么程度，取决于实际思维的需要。例如我们可以把"毛笔"概括为"笔"，把"笔"概括为"文具"，再把"文具"概括为"工具"，最后再把"工具"概括为"东西"（"物质"或"世界"），这样的概括是一步一步地进行的，显然我们不能一下子就越级把"毛笔"概括为"毛笔是一种东西"，实际上我们日常思维中很少需要这样的概括，所以概括不能越级进行。再说，概念的概括也是有极限的，其极限就是外延最大、内涵最少的哲学范畴概念，如物质（东西、宇宙、世界）、意识、规律、规则、矛盾、内容、形式、原因、结果等哲学范畴，由于这些作为哲学范畴的概念都是外延最大、适用范围最广的属概念，所以再也无法找到比它们还要大的属概念了。

第三，概念的概括的作用。概念的概括的逻辑思维过程就是，由减少种概念的内涵属性而扩大其外延的过程，它适用于对事物或事物现象所属的范围进行归类和抽象，以便于把握它们的共同本质。所以，人们在正确的思维活动中，对概念的概括有助于使自己的认识由特殊推进到一般，由具体上升为抽象，从而掌握一类事物所共同具有的本质属性，加深对事物的普遍本质和规律性的认识。

概念的概括在司法实践中也同样被广泛地运用。法官若能依据法律事实和法律规范，对特定的法律概念进行正确的概括，正确地认定案件的性质，就能为准确量刑或民事裁决打下良好的基础。我们还以"许霆案"为例：

在认定许霆是否有罪时，法学界和司法界争论十分激烈，有关对该案的争论众说纷纭，莫衷一是。一种观点认为许霆无罪，理由有五：第一，刑法要有谦抑性，可以用民事方法处理的就不用刑法。第二，属于民法上的不当得利。第三，认为这是有效的债务关系。第四，认为该案适用被害人自我答责的原理。第五，认为判处无期徒刑是一种酷刑，应当禁止。另一种观点认为许霆有罪。即使认定有罪的法律人，在有何罪的问题上却各持己见：有人认为构成诈骗罪，有人认为是信用卡诈骗罪，而绝大多数参与讨论的，倾向于认为许霆的行为构成盗窃罪。问题还在于，即使是盗窃罪，到底是盗窃金融机构还是普通的盗窃，是"数额巨大"还是"数额较小"？该案"一审量刑过重"，并认为，如何在法律条款与复杂的事件中寻求平衡，是目前司法部门应该探讨解决的一道难题。许霆的行为如何定性，如果有罪是不当侵占罪还是盗窃罪？就法律思维而言，这其实就是一个逻辑概括的过程。最后广州市中级人民法院在二审判决中定性为"盗窃罪"，这是一个正确的概括。但其量刑的理由却难以以理服人，因为它并非"数额巨大"，也并非盗窃所谓的"金融机构"。

第五节　概念的定义与划分

一、概念的定义

（一）什么是定义

定义是明确概念内涵的逻辑方法。它是用简明的语句揭示概念内涵所反映的思维对象的本质属性（或特有属性）的逻辑方法。例如：

①　政治权利就是公民依法享有的参与国家政治活动的权利。

②　人是能制造和使用生产工具的动物。

以上例①是概念"政治权利"的定义，它用简明的语言揭示了政治权利这一思维对象的本质属性，明确了"政治权利"概念的内涵，并使之与其他对象之间相区别。例②是给概念"人"所下的定义，它通过揭示人的本质属性，明确了"人"这个概念的内涵，并把人和其他动物做了本质的区别。

概念的定义一般由被定义项、定义项、定义联项三部分组成。

被定义项是定义中被揭示内涵的概念，如上述例①中的"政治权利"、例②中的"人"就是被定义项。

定义项是定义中用来揭示被定义项内涵的概念，如例①中的"公民依法享有的参与国家政治活动的权利"、例②中的"能制造和使用生产工具的动物"都是定义项。

定义联项是联结被定义项和定义项的概念，即例①、例②中的"就是"和"是"，日常语言中的"所谓……即……"、"……是指……"等也可用来表示定义联项。

如果用"Ds"表示被定义项，"Dp"表示定义项，那么定义的逻辑结构可表示为：

Ds 就是 Dp

（二）定义的方法

1. 实质定义

实质定义也称为真实定义，它是揭示概念所反映的思维对象的本质属性的思维形式，所以称之为实质定义。下实质定义的基本方法就是"属加种差"的方法。怎样下"属加种差"定义呢？西方传统逻辑一般分为三步：

第一步是先找出与被定义项所属于的"邻近的属概念"。也就是说找出被定义项的所属，如上述例①、例②中的"权利"、"动物"就是定义中的"邻近的属概念"。

第二步是找出"种差"。所谓种差就是被定义项与其所在属中的其他种概念之间在内涵上的根本差别。"公民依法享有的参与国家政治活动的"、"能制造和使用生产工具的"就是"种差"。

第三步用定义联项将被定义项同种差与邻近的属概念组成的定义项联结起来。

在例①中，政治权利（Ds）是（定义联项）［公民依法享有的参与国家政治活动的（种差）权利（邻近的属概念）］（Dp）。

在例②中，人（Ds）是（定义联项）［能制造和使用生产工具的（种差）动物］（Dp）。

属加种差的定义方法可用公式表示为：

$$被定义项 = 种差 + 邻近的属概念$$

实质定义，可根据其揭示的种差的（内容和方式的）不同可再具体分为：

第一，性质定义。性质定义是以被定义项所反映的思维对象的性质（即本质属性或特有属性）作为种差而下的实质定义。例如：

法人是依法成立并以自己名义行使权利和负担义务的社会组织。

居民身份证就是证明公民身份的法律证件。

第二，发生定义。发生定义是以被定义项所反映的思维对象的产生或形成的情况作为种差而下的实质定义。例如：

圆是一个动点围绕一个定点做等距运动所形成的封闭曲线图形。

第三，关系定义。关系定义是以被定义项所反映的思维对象与其他对象的关系作为种差的定义。例如：

偶数就是能被 2 整除的数。

第四，功用定义。功用定义是以被定义项所反映的思维对象的功能或效用作为种差的定义。例如：

笔是写字和绘画的用具。

2. 语词定义

语词定义是通过规定或解释说明语词的含义的定义方法。语词定义并不是为概念下定义，所以它不同于实质定义，它的被定义项不是概念而是语词，或者说，它不是揭示概念内涵的属加种差定义，而只是一种说明语词词义的"定义"。

语词定义可分为说明的语词定义和规定的语词定义两种。

第一，说明的语词定义。

说明的语词定义，是对已有确定意义的语词加以解释说明的定义方法。例如：

犊就是小牛。

当我们不知"犊"一词的意义时，就会用"犊就是小牛"这一说明的语词定义加以解释和说明。

第二，规定的语词定义。

规定的语词定义，就是对特定的语词的意义做出规定。例如：

"逻辑"一词在汉语世界里有"意见"、"观点"，"客观事物的规律"、"思维规则"和"研究思维结构、规律和规则的一门学科"等含义，本书是在"研究思维结构、规律和规则的一门学科"的意义上使用"逻辑"一词的。

此例中的"逻辑"一词用在不同的场合可能会有不同的意义，而本书特规定它在本书中的意义。

(三) 定义的规则

为保证正确地使用定义方法，下定义必须遵守以下规则：

1. 定义必须相应相称。即 Dp = Ds，或者说，定义项的外延和被定义项的外延必须是同一关系。违反这条规则会导致两种情况出现：

第一，如果是定义项外延大于被定义项外延，就会犯"定义过宽"的错误；例如："犯罪就是违法行为"、"人是会走路的动物"都犯了"定义过宽"的错误。

第二，如果是定义项外延小于被定义项外延，就会犯"定义过窄"的错误。例如，"中华人民共和国公民就是年满十八岁、具有中华人民共和国国籍的人"。

由于其作为定义不包含"未年满十八岁而具有中华人民共和国国籍的人"，所以犯了"定义过窄"的错误。

2. 定义项不得直接或间接包含被定义项。

下定义的目的是用定义项去说明被定义项的内涵是什么，如果定义项中直接或间接地包含了被定义项，就无法达到明确概念内涵的目的。

违反这条规则会导致两种情况出现：

第一，如果定义项直接包含了被定义项，就会犯"同语反复"的错误。例如，"盗窃罪就是因偷盗而构成的犯罪行为"。在这一定义的定义项中实际上直接地包含了被定义项"盗窃"（因为"偷盗"与"盗窃"是具有同一关系的同义词）。

第二，如果是在定义项中间接地包含了被定义项，就会犯"循环定义"的错误。例如："原因就是引起结果的事件"中的定义项"引起结果的事件"却间接地包含了被定义项"原因"的含义，但若问什么是结果？反过来要说"结果就是由原因引起的事件"，这样就造成了"循环定义"的错误。

3. 定义必须清晰明白。即在定义项中不能使用晦涩或含糊的语词，也不能用比喻代定义。如前所述，下定义本来就是要用简明的语句和简单的方式去揭示概念内涵所反映的思维对象的本质属性（或特有属性）的逻辑方法，这就自然要求表述定义的语句必须是清晰明白的。否则，如果下定义所使用的语言晦涩含混，或含有比喻或隐喻，就无法达到明确概念内涵的目的。违反这条规则，就会犯"以比喻代定义"或"定义含混"（或"定义不清"）的错误。

例如，"生命就是内在关系对外在关系的不断适应"。该"定义"就犯了"定义含混"的错误。而"犯罪是自掘坟墓的行为"这一"定义"就犯了"以比喻代定义"的错误。

4. 定义一般不能使用否定形式。由于负概念（或否定概念）只表明与被定义概念（正概念）矛盾的属性，并不能明确概念所反映的本质属性。因此如果定义联项采取否定形式，只能说明概念反映的对象不是什么，而不能说明概念反映的对象是什么。这条规则的具体要求如下：其一，定义项中一般不应使用负概念（或否定概念）；其二，定义联项一般不使用否定形式。违反这条规则，就会犯"定义否定"的错误。

例如，"盗窃罪不是危害公共安全罪"。该定义的定义联项使用了这个否定形式，未能揭示出被定义项"盗窃罪"所反映的本质属性是什么。所以，这句话作为定义，犯了"定义否定"的错误。

但是，如果被定义项本身就是负概念，那么，是可以用否定的形式下定义的，例如，"无效婚姻就是欠缺婚姻成立的法定要件而不发生法律效力的婚姻"。这便是一个有效的定义，因为它的被定义项"无效婚姻"本来就是一个负概念。

二、概念的划分

（一）什么是划分

概念的划分是一种明确概念外延的逻辑方法，它是把一个属概念，按照一定的标准分成若干个种概念的逻辑方法。例如：

①　证据按来源可分为原始证据和派生证据。

②　证据有书证、物证、视听资料、证人证言、当事人的陈述、鉴定结论和勘验笔录。

例①是对属概念"证据"所做的划分，依据其来源，把"证据"分为两种类型。例②是对属概念"证据"所做的划分，它以"证据"不同性质或类型为根据，把证据分成七个类型。

概念的划分一般由划分的母项、划分的子项和划分的根据三部分组成。

划分的母项是被划分的概念，如上两例中的"证据"。

划分的子项是从母项中划分出来的种概念，如上两例中的"原始证据"和"派生证据"，"书证、物证、视听资料、证人证言、当事人的陈述、鉴定结论和勘验笔录"。

划分的根据是把母项分成若干个子项所依据的标准，如上述例①的划分根据为证据的来源。

划分不同于分解。分解是把一个表示对象整体的概念，分成表示该对象部分的概念，其中表示对象部分的概念不具有表示对象整体概念的内涵。例如《中华人民共和国宪法》第30条是关于行政区划的条款：

中华人民共和国的行政区域划分如下：

（一）全国分为省、自治区、直辖市；

（二）省、自治区分为自治州、县、自治县、市；

（三）县、自治县分为乡、民族乡、镇。

此条中的"划分"就不是逻辑学意义上的划分，而实际上就是分解。这表明《宪法》的制定者在逻辑与修辞上都存在毛病：将分解等同于划分。

（二）划分的方法

概念划分的方法主要有：一次划分、连续划分，以及特殊的二分法。

一次划分是根据划分标准仅把母项分成若干个子项的方法。在一次划分中只包含母项和子项两个属种层次。如前述对"证据"的划分，就属于一次划分。

连续划分是在一次划分的基础上，把一次划分出来的子项再作为母项而继续进行的划分，这种划分的母项和子项的层次在三个以上。例如，把"刑罚"分成"主刑和附加刑"，再把"主刑"进一步分为"管制、拘役、有期徒刑、无期徒刑、死刑"，这个划分就是连续划分。

二分法是根据某种属性的有无，把母项分成两个具有矛盾关系的子项的方法。二分法的特点是，子项是一对具有矛盾关系的正概念和负概念。例如：

①　化合物可分为有机化合物和无机化合物。

②　《中华人民共和国物权法》第 2 条：本法所称物，包括不动产和动产。

以上例①、例②中对"化合物"和"物"两个概念所作的划分，使用的就是二分法。

（三）划分的规则

对概念的划分，必须遵守以下规则：

第一，相应相称。划分中各子项的外延之和必须等于母项的外延。如果划分中各子项的外延之和大于母项的外延，就会犯"多出子项"（又称"划分过宽"）的错误；如果划分中各子项的外延之和小于母项的外延，就会犯"子项不全"（又称"划分过窄"）的错误。例如：

①　刑事强制措施分为拘传、取保候审、监视居住、拘留、逮捕、拘役和没收财产。

②　近亲属分为夫、妻、父、母、子、女。

例①犯了"划分过宽"的错误，因为"拘役"和"没收财产"不属于"刑事强制措施"的外延，使得子项的外延之和大于母项的外延，犯了"多出子项"的错误。例②作为划分，它遗漏了"同胞兄弟姊妹"，使得子项的外延之和小于母项的外延，犯了"子项不全"的错误，从而不能准确地揭示出"近亲属"的外延。

第二，根据同一。每次划分必须根据同一标准进行。同一个母项因划分标准的不同而有不同的子项。因此，在每一次划分中只能采用一个标准，否则，划分的子项间的外延界限不清，母项的外延也难以明确。违反这条规则的要求，会犯"混淆根据"或称"划分标准不一"的错误。例如：

法律可以分为公法、实在法、部门法和诉讼法等。

在这划分中采取了法的公私之别、应然实然之别、实体与程序之别等多个标准进行划分，无法明确法律的外延究竟适用于哪些子类。

第三，相互排斥。每次划分中的各个子项的外延应为全异关系。划分后的各子项外延应是不相容的矛盾关系和反对关系（也可叫并列关系），外延之间不能有任何交叉重合。否则，如果子项为相容关系，就可能会造成划分后概念外延的不明确。

违反这条规则，就会犯"子项相容"的错误。例如：

人可分为外国人、男人、白人和黑人等。

此例中的"外国人"和"男人"、"白人"、"黑人"的外延是相容的交叉关系，所以犯了"子项相容"的错误。

上述三条划分的规则有一定的相互联系，如遵守了第二条规则，即"根据同一"才能满足第三条规则而使子项"相互排斥"。而如果违反了第三条规则，犯了"子项相容"的错误，那么也可能同时就违反了第一条规则，犯"多出子项"的错误。

☞思考题

1. 什么是概念？什么是概念的内涵和外延？什么是内涵与外延的反变关系？

2. 逻辑学把概念区分为哪些种类？集合概念和非集合概念有何区别？

3. 概念的外延之间有哪几种关系？如何用图形表示这些关系？

4. 定义与划分是如何明确概念的？它们各有哪些规则？

5. 什么是概念的限制与概括？限制与概括的方法和要求是什么？

☞练习题

一、下列各题中括号内的文字，是从内涵方面还是从外延方面说明标有横线的概念的？

1. 法学是指（以法律现象为研究对象的各种科学活动及其认识成果的总称），它包括（宪法学、行政法学、民法学、刑法学、诉讼法学等不同法学部门）。

2. 法人是（具有民事权利和民事行为能力，依法独立享有民事权利和承担民事义务的组织），它分为（国有型法人、集体型法人、私营型法人和混合型法人四种）。

3. （明知自己的行为会发生危害社会的结果，并且希望或者放任这种结果发生，因而构成犯罪的，是）故意犯罪。

4. 加速器是（用人工方法产生高速运动粒子的装置），包括（静电加速器、回旋加速器、直线加速器、同步加速器等）。

5. 思维形式有（概念、判断、推理等）。

二、指出下列各题中标有横线的概念的种类（是单独概念还是普遍概念？是正概念还是负概念？）

1. 中华人民共和国的公民在法律面前一律平等。

2. 中华人民共和国全国人民代表大会会议每年召开一次。

3. 北京大学是著名的高等学校。

4. 闪光的东西并不都是金子。

5. 超市中卖的旅游鞋有的很漂亮。

6. 有的不合法行为是犯罪行为。

三、下列语句中标有横线的概念是用为集合概念，还是非集合概念？

1. 群众是真正的英雄，而我们自己往往是幼稚可笑的。

2. 鲁迅的书不是一天可读完的，《祝福》是鲁迅的书。

3. 中国人是勤劳勇敢的。

4. 中国女排队员又获得了世界冠军。

5. 只有人民群众才是历史的创造者。

6. 我国的高等院校分布在全国各省市。

四、用图形表示下列各题中的概念间的关系。

1. 法官、法律人、检察官

2. 美国、中国、武汉大学

3. 罪犯、盗窃犯、受贿犯

4. 公安机关、侦查机关、司法机关

5. 思维的逻辑形式、概念、判断、推理

6. 犯罪嫌疑人、罪犯、犯人

7. 一个主项与谓项均不周延的性质判断为真，请用欧拉图表示其主项（S）与谓项（P）可能具有的各种外延关系。

8. 已知：（1）M 与 P 外延不相容　　（2）"所有 M 是 S" 为真
　　请用欧拉图表示 S 与 P 可能具有的各种外延关系。

9. 已知：（1）M 真包含于 P　　（2）"有些 S 是 M" 为真
　　请用欧拉图表示 S 与 P 可能具有的各种外延关系。

10. 已知：（1）"所有 M 不是 P" 为真　　（2）M 真包含 S
　　请用欧拉图表示 S 与 P 可能具有的各种外延关系。

五、对下列概念各做一次限制和概括。

1. 工厂

2. 国家

3. 法律

4. 犯罪

5. 司法机关

6. 违法行为

六、下列语句作为定义是否正确？如不正确请说明理由。

1. 合同就是契约，而契约就是合同。

2. 刑法就是国家的法律。

3. 大国就是比小国大的国家。

4. 共同犯罪是非一个人犯罪。

5. 故意杀人罪就是存心杀人而构成的犯罪。

6. 反应是活体内在感应与外在感应的交互作用。

7. 法律就是人类行为的准绳。

8. 侵犯财产罪就是侵占公共财产的犯罪。

9. 犯罪不是合法行为。

10. 所谓杀人罪就是故意非法地剥夺他人生命的行为。

11. 贪污犯就是侵蚀、破坏社会主义大厦的蛀虫。

七、下列语句作为划分是否正确？如不正确请说明理由。

1. 一年可分为春、夏、秋、冬四季。

2. 近亲属可以分为夫、父、母、子、女。

3. 法的要素包括法律概念、法律规则和法律原则。

4. 法律可以分为应然法、实然法、自然法、实在法、实体法和程序法等。

5. 犯罪可以分为故意犯罪、过失犯罪和危害国家安全罪。

6. 犯罪构成的要件是犯罪主体、犯罪客体、犯罪的主观方面、犯罪的客观方面。

八、论述题

[阅读材料]

"性骚扰"在中国目前还不是一个法律概念

北京市的一项调查显示，接受调查的女性中有70%的人受到过性骚扰，54%的人听过黄色笑话，29%的人遇到过有暴露癖的人，27%的人在不情愿的情况下与他人有过身体接触，8%的人曾被他人偷窥，2%的人遇到过电话骚扰。

性骚扰在生活中越来越多，人们对它的认识却不清晰。有人觉得动手动脚是性骚扰，对漂亮姑娘吹个口哨顶多算开玩笑；有人遇到暴露癖者会大呼"性骚扰"，自己却常常随手转发黄色笑话短信。一般认为性骚扰多是男性对女性的骚扰，于是法律干预对女性被骚扰关注较多，一些地区开始通过地方立法的方式，使得女性被性骚扰对男性行为人进行起诉有法可依了。那么男性遭遇性骚扰之后怎么办？随着重庆市首次对"性骚扰"做出明确的定义之后，不少男性也纷纷发出如此的叫苦声。"给女性讲荤段子属于'性骚扰'，那女性给男性发黄色短讯、打色情电话算不算'性骚扰'呢？"女性肆无忌惮地讲荤段子、发黄色短讯或淫秽图片（不少 QQ 群发出的淫秽图片或黄色短讯比男人还露骨）、穿着过于暴露，对男性造成视觉骚扰（露半个背、露大腿、穿超短裙而大泄春光）——难道这也不是对男性的骚扰吗？

其实，上面提到的这些都是性骚扰的表现形式，正是人们这种模糊不清的意识，成为助长性骚扰事件频发的重要原因之一。

第十届全国人大常委会第十七次会议上，新修订的《妇女权益保障法》顺利通过审议。其中明确规定："禁止对妇女实施性骚扰。受害妇女有权向单位和有关机关投诉。"这是我国首次将性骚扰列入现行法律的框架内。新修订的《妇女权益保障法》因此明确规定："对妇女实施性骚扰或者家庭暴力，构成违反治安管理行为的，受害人可以提请公安机关对违法行为人依法给予行政处罚，也可以依法向人民法院提起民事诉讼。"在《宪法》、《民法通则》和《妇女权益保障法》中，可以找到与"性骚扰"有关的一些规定。但"性骚扰"在中国目前还不是一个法律概念。性骚扰诉讼的法律依据建立在人格权、名誉权这样的法律概念上，原告必须证明被告已经侵犯了他或她的人格权或名誉权，而这两个法律概念的界定是非常含糊而宽泛的。因此，许多受害者都选择保持沉默，担心这样的诉讼会使他们的名誉进一步受到损害。可见，缺乏明确、适当的法律保护给受害者采取法律行动造成了负面影响。因而在最近关于性骚扰的争论中，很多人认为最好就此进行新的立法。但是，也有一些学者提出反对意见，认为"性骚扰"的概念在法律中很难界定，而且，还有很多更重要的问题需要立法解决，比如针对妇女和儿童的家庭暴力。

什么是性骚扰呢？怎样界定才具有合法性、合理性和法律适用性呢？目前的界定众说纷纭，莫衷一是。

第一种见解：它是一种不受欢迎的性注意力或带有性意识的接触。

1. 身体接触

2. 非身体接触（言语，动作，声音）

判断性骚扰的因素如下：

行为持续性；

双方的关系；

对方的性别；

对方的动机；

当时的情况；

当时的感受；

不是经过双方同意而发生的性行为。

第二种见解：性骚扰是性歧视的一种形式，通过性行为滥用权力，在工作场所和其他公共场所欺凌、威胁、恐吓、控制、压抑或腐蚀其他人。

性骚扰表现形式尚无统一界定，一般认为有口头、行动、人为设置环境三种方式。

口头方式：如以下流语言挑逗异性，向其讲述个人的性经历或色情文艺内容；

行动方式：故意触摸、碰撞异性身体敏感部位；

设置环境方式：即在工作场所周围布置淫秽图片、广告等，使对方感到难堪。

第三种见解：公安大学的荣维毅教授认为，性骚扰如何界定是个很重要的问题，应该在法律中予以明确，否则法律执行起来将会有难度。"可以借鉴外国的做法。"荣维毅教授说，在国外，性骚扰分为两类，一类是发生在权力关系中，也就是工作场合，多表现为上司以满足性要求为前提为下属加薪或提职；另一类是发生在公共场合。

第四种见解："判断一种行为究竟是不是性骚扰，可以从主观和客观两方面来考虑。"北京大学法学院妇女法律研究与服务中心的李银律师表示，在主观方面，以受骚扰人的内心感受来衡量；在客观方面，以一般正常人通常理解作为标准。

第五种见解：究竟性骚扰是如何定义的呢？在中国政法大学教授、《妇女权益保障法（修正案草案)》专家组组长巫昌祯看来，强奸之外的性的色彩比较浓的骚扰应该都被列入性骚扰范围，老百姓通常所说的要流氓、调戏、动手动脚等、占便宜等是比较明显的性骚扰，但针对特定人的非直接的、语言的、形体的性暗示和性挑逗也应该算是性骚扰。只要违反对方的意愿，用语言、动作、眼神进行了性方面的侵犯，但未构成强奸，且有特定指向性，都算性骚扰。如果在公共场合讲一个黄色笑话，没有指向某一个人，就不能算性骚扰。

第六种见解：杨立新教授认为"性骚扰侵害的是性自主权"。

第七种见解：四川大学法学院教授王建平称，性骚扰通常是采用眼神、语言或行为对异性提出性要求的明示或暗示，这些行为通常让被骚扰者感到反感和厌恶。对于性骚扰行为，一般按照《治安处罚法》进行行政处罚，但严重的性骚扰行为很可能触犯刑律，就要追究刑事责任。但哪些性骚扰行为属于犯罪，目前我国的法律还没有明确的界定。加上举证困难，导致很多女性被骚扰后得不到保护。

王教授建议立法界定性骚扰，可以将常见的性骚扰行为予以列举，将严重的构成犯罪的性骚扰行为罗列出来，同时适用概括主义，即包含一项"其他情况"的方式，有利于司法机关对此类案件的判断，同时也有利于保护女性的权利。

值得讨论的是，把性骚扰写入《妇女权益保障法》是否合适？严格意义上说，性骚扰的受害者并不仅限于女性，尽管女性受害者占了绝大多数，但男性也有可能受到性骚扰的侵害，为什么男性在受到性骚扰侵害时不能像女性一样得到保护？考虑到公平性，法律规定仅限于保护女性是不够的。在欧洲，性骚扰是强调公平的法律结构的一个自然组成部分，受害者的性别并非影响判决案件的因素。随着现代意义上的两性平等运动的不断发展，我们应当以更加开放的观点来探讨性骚扰问题。

阅读上述材料后，运用概念的理论与方法，尝试对上述的若干见解进行分析和评述。

九、不定项选择题

1. 在"知识分子是国家的宝贵财富"和"大学教师是知识分子"这两个判断中，"知识分子"（   ）。

　　A. 都是集合概念　　　　　　　　B. 都是非集合概念

　　C. 前者是集合概念，后者是非集合概念

　　D. 前者是非集合概念，后者是集合概念

2. 若 x 是划分的母项，则根据划分规则，x 不可以是（   ）。

　　A. 单独概念　　　　　　　　　　B. 普遍概念

　　C. 正概念　　　　　　　　　　　D. 负概念

3. "负命题就是否定命题"这一语句作为定义的错误是（   ）。

　　A. 定义过宽　　　　　　　　　　B. 定义过窄

C. 同语反复 　　　　　　　　D. 循环定义

4. "划分的标准必须是同一的"和"划分的子项应该是互相排斥的"，这两条规则的关系是（　　）。

　　A. 违反前一条规则，必然违反后一条规则

　　B. 违反后一条规则，必然违反前一条规则

　　C. 违反后一条规则，也一定违反前一条规则

　　D. 违反前一条规则，未必违反后一条规则

5. "普遍概念"这个概念属于（　　）。

　　A. 单独概念 　　　　　　　　B. 普遍概念

　　C. 空概念 　　　　　　　　　D. 负概念

6. 若 XY 两概念具有同一关系，则 X 与 Y（　　）。

　　A. 内涵与外延均相同 　　　　B. 内涵相同而外延不同

　　C. 内涵不同但外延相同 　　　D. 内涵与外延均不同

7. 设 S_1 是全称肯定判断的主项，S_2 是特称否定判断的主项，则（　　）。

　　A. S_1 与 S_2 都是普遍概念 　　B. S_1 是普遍概念，S_2 是单独概念

　　C. S_1 与 S_2 都是单独概念 　　D. S_1 是单独概念，S_2 是普遍概念

8. 下列属于逻辑划分的是（　　）。

　　A. 三段论分为大前提、小前提和结论

　　B. 思维形式分为概念、判断和推理

　　C. 关系判断分为关系项、关系者项和量项

　　D. 定义分为被定义项、定义项和定义联项

9. 下列限制或概括有错误的是（　　）。

　　A. "复合判断"限制为"子判断"

　　B. "单独概念"概括为"概念"

　　C. "矛盾关系"概括为"不相容关系"

　　D. "推理"限制为"三段论"

10. 定义可用公式表示为"Ds 就是 Dp"，犯"定义过窄"的错误指的是在外延上（　　）。

　　A. Ds 全同于 Dp 　　　　　　B. Ds 真包含于 Dp

　　C. Ds 真包含 Dp 　　　　　　D. Dp 真包含 Ds

11. 当具有 SIP 形式的判断为真时，概念 S 与概念 P 的外延必然具有（　　）关系。

　　A. 同一 　　B. 交叉 　　　　C. 真包含 　　　D. 非全异

12. 若"有 X 是 Y"、"有 X 不是 Y"、"有 Y 不是 X"都真,则 X 与 Y 具有 ( ) 关系。

    A. 真包含于   B. 真包含   C. 交叉   D. 全异

13. 如 X 与 Y 都是单独概念,则 X 与 Y 的外延关系可能是 ( ) 或 ( ) 关系。

    A. 全同   B. 真包含   C. 真包含于   D. 交叉

    E. 全异

14. 下列判断中,逻辑常项相同的判断是 ( )。

    A. 并非 p   B. p 是假的   C. 并非 q   D. 这个 S 不是 P

    E. 有 S 不是 P

15. 若"X 可以分为 F、G、H"是一正确的划分,则 F 与 G 的外延不能是 ( ) 关系。

    A. 同一   B. 真包含于   C. 交叉   D. 矛盾

    E. 真包含

16. 设 X 是一单独概念,Y 是一普遍概念,则 X 与 Y 的外延不可能是 ( ) 关系。

    A. 全同   B. A 真包含于 B   C. 交叉   D. 全异

    E. A 真包含 B

17. 下列对概念的限制与概括不正确的是 ( )。

    A. "形式正确的推理"概括为"有效推理"

    B. "假言判断"限制为"前件"

    C. "被定义项"概括为"定义的组成部分"

    D. "间接推理"限制为"三段论"

    E. "模态判断"概括为"简单判断"

18. 下列对概念的概括错误的是 ( )。

    A. "结论虚假的推理"概括为"无效推理"

    B. "假言判断"概括为"复合判断"

    C. "特称判断"概括为"全称判断"

    D. "直接推理"概括为"演绎推理"

    E. "判断"概括为"思维形式"

19. 在"中国是世界上人口最多的国家"这一判断中,主项与谓项都是 ( ) 概念。

    A. 单独   B. 普遍   C. 集合   D. 正   E. 负

20. 概念外延间的交叉关系属于（ ）关系。
    A. 既对称又传递　　　　　　B. 对称但非传递
    C. 非对称但传递　　　　　　D. 既非对称又非传递

21. 下列各组概念按箭头所示方向，属于正确概括的是（ ）。
    A. 法院→刑事审判庭→法官　　B. 法官→刑事审判庭→法院
    C. 司法机关→法院→人民法院　D. 人民法院→法院→机关

22. "父母有抚养教育未成年子女的义务"中的"未成年子女"是（ ）。
    A. 单独概念　　　　　　　　B. 普遍概念
    C. 正概念　　　　　　　　　D. 负概念

23. 在"中华民族是伟大的民族"这个判断中，"中华民族"这个概念是
（ ）。
    A. 单独概念　　B. 普遍概念　　　C. 负概念　　　D. 正概念

第三章 简单判断及其推理

推理是从某些陈述出发，这些已经做出的陈述必然要引起对陈述之外的另一些事物加以论断，而且是作为这些陈述的一个结果。

—— ［古希腊］亚里士多德

第一节 判断与推理概述

一、判断及其真值

（一）何为判断

判断是陈述对象情况的语句。

单个的概念，一般并不能反映对象情况，不能表达一个完整的思想。由概念可以组合成语句，但只有表达判断的语句才能表达思想。例如：

①侦查破案离不开逻辑推理。

②如果犯罪可不受惩罚，那么法律的制定就没有任何意义。

③恐怖组织的活动无所不用其极。

上述语句分别陈述或说明了一类特定对象的情况，或者对象之间的关系，都是判断。而下列例子则没有陈述对象情况：

④请保持肃静！

⑤小李参加过全国司法统一考试吗？

⑥啊，天哪！

例④作为祈使句，表达某种命令、要求；例⑤作为疑问句，仅提出了问题；例⑥作为惊叹句，为有感而发，但从语句中得不到具体信息，可见它们不是判断。这表明，判断是语句，而并非任何语句都是判断。只有陈述了对象情况的语句才是判断。在语句中，陈述句都是判断；反问句是用不疑而问的形式来陈述对象情况，也属判断。例如：

⑦难道三资企业不是中国企业，不适用中国法律？

这就是说，三资企业是中国企业，适用中国法律。

当然，自然语言是丰富多彩的，一个判断在自然语言中，可以有多种表达方式。例如：

⑧所有人民法院都是审判机关。

⑨不是审判机关的人民法院是没有的。

⑩难道人民法院不是审判机关吗？

例⑧～⑩尽管表达方式不同，但它们陈述的情况是相同的。对判断作逻辑分析，显然要对自然语言中的语句加以整理，找出典型的判断表述来。

另一方面，同一语句，可能有不同的意义。例如：

某社会团体请一法学家演讲。邀请信中说：除了法学外，还有什么可讲的？法学家在复信中答道：除了法学外，还有什么可讲的？

两封信，一问一答，似乎是同一句话，但两者的含义是不同的。前者希望法学家除了讲法学外，还讲点别的内容；后者则说，除法学外，没什么可讲。要理解它们，不能离开具体的语境。然而这个语句自身容易引起歧义，则是我们必须注意的。消除语句歧义，正是逻辑学的要求。

严格来说，我们在逻辑学里研究的语句，只是一个命题。命题所陈述的对象情况，如果被思想者所断定（肯定它或否定它），这个命题就是判断。可见判断与思想者和思想有关。但是，人们习惯于将一个语句称为判断。特别在法学领域，一个语句就是一个判断。因此，在不太严格的意义上，命题与判断在日常语言里并无区别，本书即使用"判断"一词。

（二）简单判断和复合判断

判断的逻辑形式是逻辑抽象的结果。将判断中的常项（联结词）保留，用符号变项取代判断中的具体内容，就有了判断的逻辑形式。根据变项在判断中替代的对象的不同，判断可分为简单判断和复合判断。

在简单判断中，变项替代判断中的概念。这意味着，它本身在结构上是不能再分解出其他判断的判断，故在现代逻辑中称它为原子命题。我们对简单判断的分析，深入到了它的内部结构，特别是它的谓词。例如：

①合同中记载了双方的承诺。

②市场是商品买卖的场所。

上述两判断的逻辑形式为：

所有 S 是 P

我们的分析，不是把它作为一个整体，而是寻找出其量词和联词，并从中把握它们的逻辑性质。简单判断的变项用大写字母 S、P 等表示，它可代入具体的概念（词项），故称词项变项。简单判断有直言判断与关系判断。

在复合判断中，变项替代的是包含于其中的判断。故复合判断是自身中包含了其他判断的判断。我们对其的分析，到达原子命题为止，不再对原子命题的内部结构进行分析。例如：

③如果王某是作案人，那么，李某不是作案人。

④如果李某不具有作案时间，那么，李某不是本案作案人。

上述两判断的逻辑形式为：

如果 p，那么 q

分析复合判断，就是分析其联结词。与简单判断不同的是，由于变项替代的是原子命题，原子命题是判断，它已对某对象情况有所陈述，我们在后面的叙述中将称其为子判断。子判断与它所在的复合判断的关系是非常密切的。因此，分析复合判断，除把握联结词的逻辑性质外，子判断也是非常重要的。复合判断的变项用小写字母 p、q 等表示，它可代入具体的判断（命题），故称为命题变项。复合判断有联言判断、选言判断、假言判断与负判断。

按传统逻辑的观点，简单判断是判断的基础，故先行分析。复合判断因由简单判断组合而成，故较为复杂。

然而，按现代逻辑的观点，复合判断以原子命题为基本单位，逻辑性质显而易见。而简单判断要分析到其内部结构直到词项，困难较大。而且，谓词逻辑要在命题逻辑的基础上进行，并将命题逻辑作为其一个真子集，因而简单判断的逻辑问题应在一个更广阔的背景下展开。

（三）判断的真值

判断的真值，是判断所陈述的对象情况的真假的逻辑抽象，是判断逻辑形式所具有的真假性质。

判断既然是对对象情况的陈述，就有这一陈述是否与对象符合的问题。一个陈述与陈述对象的情况符合，这个判断就是真的；反之，则判断为假。例如：

①南极是冰雪覆盖的大陆。

②北极极点绿草如茵。

这里，①真②假是人所共知的。

判断的逻辑形式，是抽掉判断的内容的抽象结构，这种结构，无法与现实对照并检验其是否为真。然而，判断的真假以及判断之间的真假关系，在判断的逻辑形式中得到反映，成为逻辑形式的重要内容和特征。这种判断的真假在判断逻辑形式上反映出的判断形式的真假性质，就是真值。一个判断总是或者为真，或者为假。因此，判断的逻辑形式就有了真值和假值这两种值，我们统称之为真值。为了讨论的方便，在讲到真值问题时，我们用"1"表示真，用"0"表示假。

一般而言，简单判断的真假问题，在逻辑范围内是无法解决的，它必须诉诸实践和各门具体学科。复合判断的真假，则可由其子判断的真假来逻辑地判定。

根据判断的真值情况，可将判断分为三类。

永真式，或称重言式，指该判断逻辑形式的变项代进任何有意义的内容，判断总是真的。也即是说，该判断形式的任一解释（符合该判断形式的任一具有具体内容的判断）均为真。比如：

或者 p，或者非 p

永假式，或称矛盾式，指该判断逻辑形式的变项代进任意内容，判断总是假的。也即该判断形式的任一解释均为假。例如：

p 并且非 p

可满足式，指该判断逻辑形式的变项代进某一内容，可满足其为真；而代进另一内容，该判断不为真，也即对该判断形式而言，至少有一解释使之为真。例如：

如果 p，那么 q

广义地说，永真式也是可满足式，只是，它在任何解释下都满足该式为真。

判断的这种划分表明，对于某些判断的真假，我们完全可以从逻辑上予以判定。一个判断，如果其逻辑形式为永真式，该判断恒真。逻辑学的意义，从真值的角度说，就是能判定一个判断的逻辑形式是否为永真式，这就为判定判断本身的真准备了有力的工具。事实上，在某些特定场合，要判定一个判断是否为真，除了借助于逻辑外，别无他法。

二、推理的结构与有效性

（一）何为推理

推理，指由已知判断按一定规则推导出新判断的逻辑思维过程。例如：

①所有食物都是有营养价值的，所以，有的有营养价值的（物品）是食物。

②凡科学知识都是对人们有用的。逻辑知识是科学知识。可见，逻辑知识是对人们有用的。

③松树生长需要水，玉米生长需要水，水稻生长需要水，百日草生长需要

水，爬山虎生长需要水。由此可知，凡植物生长都需要水。

上例可以看出，推理由判断组成。然而，它不是任意判断的组合，而是表现为判断的有序组合。任何推理，都由一定的前提，通过一定的推理形式，按照某种逻辑规则，推出一个结论来。推理的前提，是已知判断，它是推理的出发点。推理的结论，是由前提推导出的新判断，它是推理的归宿。推理形式是表现在推理之中的内在逻辑结构。规则是推理得以进行的依据。在自然语言中，一个推理往往表现为一个句群，其前提与结论之间的推论关系，常常用"……所以……"、"……因此……"、"……由此可见……"等形式呈现出来。"所以"就是表示推论关系的逻辑联结词，它联系前提与结论，使前提与结论之间的推论关系明确确定下来。为使用方便，"所以"在推理或推理形式中，用两种符号表示。在推理竖式中，用间隔线"——"表示；在推理横式中，用蕴涵符号"→"表示。上例推理，用适当变项代替其中内容，就有了推理形式：

①所有 S 是 P
————————
　有的 P 是 S

②所有 M 是 P
　所有 S 是 M
————————
　所有 S 是 P

③S_1 是 P
　S_2 是 P
　S_3 是 P
　……
　S_n 是 P
　S_1—S_n 属 S 类
————————
　所有 S 是 P

例①由一个判断推出一个判断，称为直接推理；例②和例③的前提不止一个，称为间接推理。从另一个角度看，例①和例②的前提比之结论更具有一般性，是由一般推论特殊或个别，称为演绎推理。例③是从个别推论一般，称为归纳推理。

(二) 必然性与或然性

推理形式，可展现其前提对于结论的证据支持关系。

前提对于结论的证据支持关系，是要说明，一个前提为真的推理，它在多大程度上保证其推出的结论为真。用"证据支持度"这一概念对这一问题作量的刻画，能够更精确地表示推理的逻辑性问题。一个推理，其证据支持度为100%，那就意味着，如果推理的前提是真的，则结论必定是真的；如果一个推理的证据支持度小于100%；则即使前提是真的，也不能保证结论必定是真的，结论真实的可能性，随证据支持度的高低而涨落。

一个推理所提供的证据支持度为100%，称这种推理为必然性推理；如果推理所提供的证据支持度小于100%，称这种推理为或然性推理。一般来说，演绎推理是必然性推理，归纳推理是或然性推理。这一思想我们从上述三个例子可体会出来。

（三）有效性与可信性

按证据支持度的不同，我们把推理分为必然性推理和或然性推理。从逻辑推理的目的看，就是要确定一个推理结论的有效性或可信性。那么，什么是推理的有效性和可信性，我们又怎么来判定一个推理的有效性或可信性呢？

一个演绎推理，从前提是否能够合乎逻辑地推得结论，这是推理有效性的问题。一个推理是否有效，是从推理的逻辑形式方面加以考察的。如果用任一概念或判断代入相应的推理结构的变项中，并由此能推出必然结论，则这个推理是有效的；否则为非有效。或者说，如果一个推理形式是有效的，当且仅当此推理形式的任一解释（即符合此形式的任一具有具体内容的推理）都不会出现前提真而结论假的情况。很明显，演绎推理作为有效推理，其证据支持度是100%，即前提对结论的形式有效的证据支持关系，是一种最强的证据支持关系。例如：

为封建社会唱赞歌的理论是难以对现代化起促进作用的，

儒家思想是为封建社会唱赞歌的理论，

_____

儒家思想是难以对现代化起促进作用的。

它的形式可表述为

所有 M 是 P

所有 S 是 M

_____

所有 S 是 P

对于这个形式，我们可以找到一系列解释，说明它是有效推理形式。因为具有这一推理形式的任一具体推理都不会出现前提真而结论假的情况。再如：

所有鸡都是两足直立行走的，

所有羊都不是鸡，

_____

所有羊都不是两足直立行走的。

它的形式可表述为

所有 M 是 P

所有 S 不是 M

所有 S 不是 P

这一推理形式是否有效，从推理本身看不出来，因为该推理从前提到结论，每一判断皆真。然而我们不难找到该推理形式的另一解释：

所有鸡都是动物，

所有羊都不是鸡，

所有羊都不是动物。

这一推理前提真而结论假，因此，该推理形式是非有效的，也即本例的推理关系是不能成立的。

一个推理形式非有效，只要找到一种解释，能说明按该推理形式由真前提推得假结论，就能判定。一个推理形式有效，用解释方法却无法判定，因为对一个推理形式的解释往往是不可穷尽的。逻辑学就是要寻求判定推理有效性的方法，因此，这一问题就成为逻辑学的中心课题。

然而，从归纳推理的形式看，由归纳的前提并不必然得到它的结论，也不是必然得不到它的结论。这意味着，其证据支持度小于100%，其结论是或然的。

按照归纳推理，由真的前提，可或然推得真的结论。对于这一结论，其可信性的依据是，作为推理的前提的证据是充分可靠，经反复验证无误的。因此，推得的结论作为假设是可信的。很明显，由于证据是无限的，反复验证是在经验范围内进行的，因而不能保证结论的必然性。然而可以通过概率的描述刻画其确证度。如果其证据支持度大于50%，甚至接近100%，我们就有理由相信这一结论。如根据江南多春雨的特点，出门必带雨伞，就有"晴带雨伞"的说法。这种认识要求虽不是充分可靠的，但也不是一定不可靠的，而在现实中却是非常需要的。

对于可信性问题的探讨，构成了归纳逻辑的核心内容。

第二节 直言判断及其推理

一、直言判断

（一）何为直言判断

直言判断是陈述对象是否有某种性质的判断，又称性质判断。例如：

①有些传统观念是可经重新解释后发扬光大的。

②所有企业都是独立的商品生产经营者。

③萨达姆不是自杀身亡的。

例①、例②陈述对象具有某性质，例③陈述对象不具有某性质，都属直言判断。

直言判断由主词、谓词、联词和量词四个部分构成。

主词是表示被陈述对象的概念。如例①的"传统观念"、例②的"企业"、例③的"萨达姆"。主词通常用大写字母 S 表示。

谓词是表示被陈述对象具有（或不具有）的性质的概念，也即对主词性质的陈述。如例①的"可经重新解释后发扬光大的"、例②的"独立的商品生产经营者"、例③的"自杀身亡的"。谓词通常用大写字母 P 表示。

联词是表示主词与谓词间肯定或否定联系情况的概念，它是直言判断的质，即表示肯定或者否定的性质。直言判断的联词有两类，一是肯定的，如例①、例②的"是"；二是否定的，如例③的"不是"。在自然语言中，表示肯定的联词"是"常被省略。

量词是表示被陈述对象的数量情况的概念，它是直言判断的量。直言判断的量词有三类，一是全称的，它表示了主词的全部量，如例②的"所有"，还可用"一切"、"凡"等。二是特称的，它表示主词所表示的对象的存在，即至少有一，故又称存在量词。如例①的"有些"，还可有"某些"、"部分"、"少数"等。三是单称的，它表示了主词的单个量。可用"这一"或类似词项表示。在自然语言中，全称量词是对普遍词项的限定，故常常省略。而如果主词是一单独词项，如例③，一般无须量词，可看成是单称量词的省略。

就直言判断的逻辑形式而言，主词、谓词是变项，量词、联词是常项。

自然语言的表达是灵活多样、丰富多彩的。作为直言判断的简单语句，往往与我们所讨论的判断形式很不一致。因此，作判断分析的首要一步，就是将自然语句进行整理，去掉多余的部分，添加必要的常项。严格说，任一直言判断都有主词、谓词、量词和联词。某些部分的省略，是自然语言表达的习惯，不是判断的特征。

（二）直言判断的逻辑形式

根据直言判断联词、量词的不同组合，直言判断共有六种。

全称肯定判断，是陈述对象的全部分子都有某性质的判断。例如：

所有制定法都是成文法。

凡获得岗位技术证书的人都是勤奋努力的人。

全称肯定判断的逻辑形式：

所有 S 是 P

全称否定判断，是陈述对象的全部分子都没有某性质的判断。例如：

所有贪污罪都不是过失罪。

全称否定判断的逻辑形式：

所有 S 不是 P

特称肯定判断，是陈述对象至少有一分子有某性质的判断。例如：

有的合同是违法的。

特称肯定判断的逻辑形式：

有 S 是 P

特称否定判断，是陈述对象至少有分子没有某性质的判断。例如：

有的被告不是有罪的。

特称否定判断的逻辑形式：

有 S 不是 P

单称肯定判断，是陈述某一个别对象有某性质的判断。例如：

《中华人民共和国宪法》是中华人民共和国的国家根本大法。

单称肯定判断的逻辑形式：

这 S 是 P

单称否定判断，是陈述某一个别对象没有某性质的判断。例如：

这份证言不是真实的。

单称否定判断的逻辑形式：

这 S 不是 P

单称判断是陈述单个对象情况的。单个对象的外延为"1"，单称判断也就是对这外延唯一的对象的"全部"分子情况的陈述。就这一点来说，它与全称判断是一致的。基于这一原因，传统逻辑把单称判断看成是全称判断。这样，直言判断实际只剩四种了。为简明起见，一般将这四种判断的常项用符号字母来表示，即

全称、肯定，用 A 表示

全称、否定，用 E 表示

特称、肯定，用 I 表示

特称、否定，用 O 表示

这样一来，直言判断的逻辑形式就成为符号式：

所有 S 是 P，写作 SAP，简称 A

所有 S 不是 P，写作 SEP，简称 E

有 S 是 P，写作 SIP，简称 I

有 S 不是 P，写作 SOP，简称 O

在必要时，单称肯定判断与单称否定判断可分别改写：

这 S 是 P，写作 SA′P，简称 A′

这 S 不是 P，写作 SE′P，简称 E′

(三) 直言判断主谓词的周延问题

直言判断主、谓词的周延问题，是指在直言判断中对主、谓词外延数量的断定情况。在一个直言判断中，如果主词或谓词的全部外延被断定了，这个主词或谓词就是周延的。如果没断定它的全部外延，它就是不周延的。直言判断的主、谓词的周延情况可分析如下。

全称判断的主词周延。

全称判断有 SAP 和 SEP。所有 S 是（或不是）P，主词 S 受全称量词"所有"限制。既然是所有的，S 就被断定了全部外延，故全称判断 SAP、SEP 的主词 S 是周延的。

特称判断的主词不周延。

特称判断有 SIP 和 SOP。有 S 是（或不是）P，主词 S 受特称量词"有"限制，表明 S 是存在的，至少有一 S 有（或没有）P 属性。但在这里，到底断定了多少 S，是不确定的，即该类判断并未断定 S 的全部外延。故特称判断 SIP、SOP 的主词 S 是不周延的。

肯定判断的谓词是不周延的。

肯定判断是 SAP 和 SIP。所有（或有）S 是 P，是说全部（或至少有一个）S 有 P 属性，但 P 属性是否全属于 S，则并未断定。即该类判断没断定 P 的全部外延，故肯定判断 SAP、SIP 的谓词 P 是不周延的。

否定判断的谓词是周延的。

否定判断有 SEP 和 SOP。所有（或有）S 不是 P，是说，所陈述的对象 S（全部或部分外延）与 P 相斥，将 S（全部或部分外延）与 P 对立起来。既如此，P 的全部外延当然与 S 相斥，被排斥于 S（全部或部分外延）之外。P 的外延被全部断定，故否定判断 SEP、SOP 的谓词 P 是周延的。

总结以上情况，可得下表。

判断 周延情况 词项	S	P
SAP	周延	不周延
SEP	周延	周延
SIP	不周延	不周延
SOP	不周延	周延

上述情况表明，一个直言判断的主词是否周延，从量词上可以确定；一个直言判断的谓词是否周延，从联词上可以确定。此外，单称判断主、谓词的周延情况，与全称判断的周延情况完全相同，这里不再赘述。

二、直言判断变形推理

（一）直言判断变形推理的含义

直言判断变形推理，即通过改变直言判断的形式，从一个直言判断得到一新判断的推理。这种变形，是在前提直言判断的基础上，改变其主、谓词的位置，或改变联词的性质，从而逻辑地推出一个直言判断的结论。这种推理的有效性可从直言判断自身的逻辑特征中获得理解。由于改变的内容不同，其基本的推理有两类，即换质推理与换位推理。

（二）换质推理

换质推理是通过改变前提判断的质（即联词）和谓词的性质（肯定或否定），从而得到一个新的直言判断的推理。例如：

有些犯罪不是故意的，所以，有些犯罪是非故意的。

所有大法官都是法律专家，所以，所有大法官都不是非法律专家。

从上述例子可知，进行换质推理，有下述方法和规则：

1. 改变前提判断的联词的性质（肯定判断改为否定判断，否定判断改为肯定判断）。

2. 改变前提判断的谓词为其矛盾概念。

3. 前提的主词和量词不变。

按照上述三规则，得到一个新的直言判断。而这三规则，实质上就是给前提判断加两个否定词，一个加在联词前，一个加在谓词前。当然，如果推理中出现否定词重叠，则同时消去两个否定词。在下述推理形式中，我们约定，一个词项的否定，在该符号上加短横线。

A、E、I、O判断换质推理形式如下：

SAP↔SE$\overline{P}$

SEP↔SA$\overline{P}$

SIP↔SO$\overline{P}$

SOP↔SI$\overline{P}$

上述每一公式，实际上是两个推理形式。比如，从"所有S是P"，按换质规则，加两个否定词，我们推得结论"所有S不是非P"。然而，逆向考虑，以"所有S不是非P"为前提，按换质规则，加两个否定词，我们可得结论"所有S是P"。这表明，推理是双向的。其他公式以此类推。公式中符号"↔"即为双向推理意（此符号在下一章将具体定义）。

（三）换位推理

换位推理是通过改变前提判断主谓词的位置，推出一个新的直言判断的推理。例如：

所有法律都是具有强制性的，所以，有些具有强制性的是法律。

有些法官是法学博士，所以，有些法学博士是法官。

在换位推理中，由于结论改变了前提判断的主、谓词的位置，判断陈述的对象相应改变了，就涉及判断的断定范围，即主谓词的周延问题。因此，在规则中必须考虑不使结论超出前提判断所断定的范围。换位的方法与规则如下：

1. 交换前提判断主词、谓词的位置，但不改变前提判断的质。

2. 前提中不周延的词项（主词或谓词），结论中不得周延。

按照规则，SAP换位推理是限量换位，SEP、SIP则为可逆换位，SOP不能换位。换位推理形式如下：

SAP→PIS

SEP↔PES

SIP↔PIS

SOP→?

（四）换质换位的交替运用

换质推理与换位推理，是直言判断变形推理的基本形式。在实际思维和表达中，可将这两种方法交替运用，得到新的结论。可以对一判断先行换质，再对所得结论换位，这叫换质位推理。例如：

所有成功者都是认真的人。

换质得

所有成功者都不是不认真的人。

换位得

所有不认真的人都不是成功者。

其推理形式即

$$SAP \rightarrow SE\overline{P} \rightarrow \overline{P}ES$$

可以对一判断先行换位，再对所得结论换质，这叫换位质推理。例如：

所有选修统计课的都不是税收专业的学生。

换位得

所有税收专业的学生都不是选修统计课的学生。

换质得

所有税收专业的学生都是不选修统计课的学生。

其推理形式是

$$SEP \rightarrow PES \rightarrow PA\overline{S}$$

事实上，在特定场合，换质、换位可多次连续进行。以前述换质位之例再推下去，换质得

所有不认真的人都是不成功者。

换位得

有的不成功者是不认真的人。

换质得

有的不成功者不是认真的人。

其推理形式是

$$SAP \rightarrow SE\overline{P} \rightarrow \overline{P}ES \rightarrow \overline{P}A\overline{S} \rightarrow \overline{S}I\overline{P} \rightarrow \overline{S}OP$$

这种反复换质、换位推理，由主词"S"如何如何，推得主词"非S"如何如何，称为戾换推理。

交替运用换质、换位推理所要注意的，是每一单个推理必须遵守相应的规则，特别是在换位时必须注意周延问题（换位规则2）。

三、逻辑方阵及其推理

（一）直言判断间的真假关系

直言判断之间的真假关系，又称逻辑对当关系，它是指两个主词和谓词相同（变项表示的内容相同）、量词或联词（常项）不同的直言判断，已知其中一判断的真或假，可逻辑地判定另一判断的真或假。

单称判断之间是矛盾关系

矛盾关系，即两个判断不同真也不同假的关系。

单称判断"这 S 是 P"与"这 S 不是 P"之间的这种关系是易于理解的。例如：

①陈立获得了法学学位。

②陈立没获得法学学位。

当例①陈述的情况真时，例②陈述的情况就假；当①假时，②就真。反之，当②真时，①就假；当②假时，①就真。这表明，两个相对应的单称判断，其中一个判断真，另一个必假；一个判断假，另一个必真。可列表如下：

判断的真假 状态 判断	状态 1	状态 2
SA′P	1	0
SE′P	0	1

A、E、I、O 之间的真假关系，通常用逻辑方阵来表示。

右图中，正方形的四条边和两条对角线，将四个判断两两相连，构成六对判断，这六对判断分别有四种关系。下面给出一组判断，以便说明。

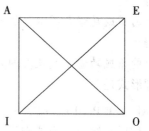

①所有律师都是法学家。

②所有律师都不是法学家。

③有的律师是法学家。

④有的律师不是法学家。

A 与 E 之间是反对关系

反对关系，即两判断不同真、可同假的关系。按上例，当①陈述的情况真时，②陈述的情况是假的；当②真时，①是假的。而当①假时，②真假不定；当②假时，①真假不定。也就是说，两个相对应的全称判断，其中一判断真，另一判断必假；而一判断假，另一判断真假不定。

A 与 O 之间、E 与 I 之间是矛盾关系

矛盾关系已如前述。如上例，当①陈述的情况真时，④陈述的情况是假的；当①假时，④是真的。反之，当④真时，①为假；④假时，①为真。②、③间情况也如此。也就是说，相对应的全称肯定判断与特称否定判断、全称否定判断与特称肯定判断，其中一判断真，则另一判断假；一判断假，另一判断为真。

A 与 I 之间、E 与 O 之间是差等关系

差等关系，即两判断可同真、可同假的关系。如上例，当①陈述的情况真时，③陈述的情况也是真的；当①假时，③真假不定。而当③真时，①真假不定；当③假时，则①假。②、④间情况也如此。这就是说，相对应的两个肯定判断，或两个否定判断，其全称判断真，则特称判断真；特称判断假，则全称判断假。当全称判断假或特称判断真时，相对应的判断真假不定。

I 与 O 之间是下反对关系

下反对关系，即两判断可同真、不同假的关系。如上例，当③陈述的情况真时，④陈述的情况真假不定；当③假时，则④是真的。当④真时，③真假不定；当④假时，则③是真的。这就是说，两个相对应的特称判断，其中一判断为假，另一判断为真；一判断为真时，另一判断真假不定。

上述 A、E、I、O 间的真假关系，可从下表中更直观地表现出来。

判断的真假 ／ 判断形式 ＼ S 和 P 之间的关系	S P	S P	P S	S P	S P
SAP	1	1	0	0	0
SEP	0	0	0	0	1
SIP	1	1	1	1	0
SOP	0	0	1	1	1

在表中，把直言判断本身看成是主词 S 与谓词 P 之间的关系时，S、P 之间的可能关系共五种，我们可由分析某一判断在某一关系下的真假表现，进而了解它们相互之间的关系。

在讨论判断间的关系时，传统逻辑假定直言判断的主词所反映的对象是存在的，这即主词存在问题。因为如果主词不存在，某些关系就不成立。

（二）对当关系的推理

对当关系的推理，是指依据直言判断之间的真假关系进行的推理。前述直言判断的真假关系，可以演化为推论关系。比如，当一判断真而另一判断必假，就意味着，由一判断推出另一判断的否定。再如，一判断假则另一判断必真，就意味着，由一判断的否定，推出另一判断。我们约定，说一判断假，即否定这一判断，在该判断前加"并非"，或在该判断形式前加"¬"符号（"并非"、"¬"将在下章中讨论）。例如，根据矛盾关系，A 真则 O 假，故由 SAP，推出"并非 SOP"是有效的。可看下例：

所有小学生都是天真烂漫的。所以，并非有的小学生不是天真烂漫的。

再如，根据差等关系，E 真则 O 真，故由 SEP，推出 SOP 是有效的。可看下例：

所有语言都不是突然产生的。所以，有的语言不是突然产生的。

下面给出对当关系推理的形式。其中，依据矛盾关系的推理有：

SA′P↔¬SE′P

SE′P↔¬SA′P

SAP↔¬SOP

SEP↔¬SIP

SIP↔¬SEP

SOP↔¬SAP

根据反对关系的推理有：

SAP→¬SEP

SEP→¬SAP

根据下反对关系的推理有：

¬SIP→SOP

¬SOP→SIP

根据差等关系的推理有：

SAP→SIP

SEP→SOP

¬SIP→¬SAP

¬SOP→¬SEP

至于逻辑方阵关于真假不定的说明，本身就不属于推理关系，在此略而不论。

四、三段论

(一) 何谓三段论

三段论是由三个直言判断构成的，它是通过一个共同概念联结两个直言判断作前提，推出一个新的直言判断作结论的推理，例如：

所有无效合同都是没有法律约束力的，

所有违反公平原则的合同都是无效合同，
_____

所有违反公平原则的合同都是没有法律约束力的。

这个推理的前两个直言判断中包含着"无效合同"这个共同概念，由于它在其中的作用，使前两判断逻辑地推出了一个新判断作为结论。

一个三段论有三个直言判断，在三个判断中，仅有三个概念。其中，联结两个直言判断作前提的共同概念（不在结论中出现的概念）叫中词，它是前提中的媒介词，对推出结论至关重要。中词用 M 表示。不包含中词的判断叫结论。结论判断的主词叫小词，用 S 表示。结论判断的谓词叫大词，用 P 表示。大、小词分别在前提中出现一次。包含大词的前提叫大前提，包含小词的前提叫小前提。在上例中，"无效合同"是中词，"违反公平原则的合同"是小词，"没有法律约束力的（合同）"是大词。其大、小前提和结论是合序的。分别用符号代替各词项，该三段论的形式为：

M⎯⎯⎯P

S⎯⎯⎯M
_____

S ⎯⎯ P

三段论是一种重要的演绎推理形式，它充分体现了思维从一般到具体的推移过程。在三段论中，大前提通常是一个表示一般原理、原则的直言判断，小前提通常是一个表示具体情况的直言判断，而结论则是对这一具体情况做出陈述的直言判断。因此，从整个思维进程来看，三段论典型地体现了演绎推理从一般到具体的特征。

(二) 三段论的形式结构

逻辑学研究三段论，是从形式结构方面开始的。它根据上述的一些规定，抽取出三段论式的中词、大词、小词，确定其基本结构。进一步分析每一直言判断的常项（即量词和联词），刻画出其具体形式。这些工作，对于我们分析三段论的逻辑性质，判定一个三段论是否有效，是很有意义的。

三段论的形式结构，可从格和式两方面进行分析。

格，指由于中词在大、小前提中不同的位置所形成的三段论不同的结构。

三段论是由三个直言判断构成的。每个直言判断都有主词和谓词。在三段论的大、小前提中，都包含有中词，这中词，可作主词，也可作谓词。中词在前提中作主词，还是作谓词，这种位置的不同，就使三段论的形式结构有了区别。三段论的中词的位置分布有四种情况，因而，三段论共有四个格。

第一格。中词在大前提中作主词，在小前提中作谓词。例如：

凡瞳孔散大的死者都不是有机磷农药中毒致死的，

本案中死者是瞳孔散大的死者，

————————————————

本案中死者不是有机磷农药中毒致死的。

其形式结构为

$$
\begin{array}{l}
M \diagdown P \\
S \diagdown M \\
\hline
S —— P
\end{array}
$$

第二格。中词在大小前提中都作谓词。例如：

科学都是对客观世界的反映，

神学不是对客观世界的反映，

————————————————

神学不是科学。

其形式结构为

$$
\begin{array}{l}
P —— M \\
S —— M \\
\hline
S —— P
\end{array}
$$

第三格。中词在大小前提中都作主词。例如

商品是用于交换的，

商品是劳动产品，

————————————————

有的劳动产品是用于交换的。

其形式结构为

$$
\begin{array}{l}
M —— P \\
M —— S \\
\hline
S —— P
\end{array}
$$

第四格。中词在大前提中作谓词，在小前提中作主词。例如：

神话小说是小说，

小说是文学作品，

———————

有的文学作品是神话小说。

其形式结构为

$$
\begin{array}{l}
P \diagdown M \\
M \diagup S \\
\hline
S ——— P
\end{array}
$$

分析三段论的格，一般从确定结论开始。知道了结论，也就知道了小词和大词，这样，大、小前提也能确定了。在三段论中，结论的标志是"所以"等类似的词项。然而，自然语言的表达千变万化，我们必须根据具体的推理内容以及语境，进行分析，准确地刻画出三段论的格来。

式，指由于三段论三个直言判断的质和量的不同而构成的不同三段论的形式。

如果在三段论中，我们把单称直言判断 A′ 和 E′ 等同于 A 和 E，那么直言判断就只有 A、E、I、O 四种判断。每一个三段论有三个直言判断，每一个直言判断都必是 A、E、I、O 之一。这样，一个三段论由三个直言判断组成时，就有可能是三个 A 判断、三个 E 判断、两个 A 判断一个 I 判断或一个 A 判断一个 E 判断一个 O 判断组成，等等。我们约定，三段论各个直言判断仅写出该判断中表示质和量的常项，而且按照大前提、小前提、结论的顺序列出该符号，这个符号串就是三段论的式。例如，AEO 表示该三段论大前提为 A，小前提为 E，结论为 O。AAI 表示该三段论大小前提均为 A，结论为 I。

将式放到具体的格中，就是对一个三段论形式结构的更具体的刻画。由于格的不同，同样的式就表现出不同的形式结构。比如 EAO 式，在第一格中的形式结构是

MEP（所有 M 不是 P）

SAM（所有 S 是 M）

———————

SOP（有 S 不是 P）

在第二格中的形式结构是

PEM（所有 P 不是 M）

SAM（所有 S 是 M）

———————

SOP（有 S 不是 P）

在第三格中的形式结构是

MEP（所有 M 不是 P）

MAS（所有 M 是 S）

SOP（有 S 不是 P）

在第四格中的形式结构是

PEM（所有 P 不是 M）

MAS（所有 M 是 S）

SOP（有 S 不是 P）

由于三段论中，大前提作为直言判断有四种情况（A、E、I、O），小前提和结论作为直言判断也各有四种情况，因此，在每个格中，都有 64 种前提与结论的组合（4×4×4），即每个格有 64 个式。然而，64 个式并非都是有效的。排除那些非有效式，仅剩 11 个式，是有可能推得结论的有效式。即 AAA、AAI、AEE、AEO、AII、AOO、EAE、EAO、EIO、IAI、OAO。

然而，上述式并非在任一格中都为有效式。将 11 个式与四个格结合，恰巧每一格有六个有效式。即

第一格　AAA，AII，EAE，EIO，（AAI），（EAO）

第二格　AEE，EAE，EIO，AOO，（AEO），（EAO）

第三格　AAI，AII，EAO，EIO，IAI，OAO

第四格　AAI，AEE，EAO，EIO，IAI，（AEO）

上式中，带括号的式是弱式。弱式是以该前提能得到全称结论却得到特称结论的式。这一点，能从前述差等关系得到说明。如不考虑弱式，三段论四个格中就只有 19 个有效式。

（三）三段论的规则

在讨论三段论的式时，我们看到，三段论每一格有 64 个式，四个格就有 256 个式。显然，这里绝大部分不是有效式。判定一个推理是否有效，当然有很多方法。在三段论中，通常给出一组规则，用规则来检验一个三段论的形式，如果该三段论式是遵守了全部规则的，则该三段论式为有效式；如果该三段论式违反了某一规则，则该三段论式是非有效的。三段论规则分为一般规则和格的特殊规则。一般规则是任何三段论都必须遵守的规则。格的特殊规则是该格三段论必须遵守的规则。对于任一三段论而言，遵守了一般规则，必定遵守了格的特殊规则；违反了格的规则，必定违反了一般规则。

三段论的一般规则有如下 7 条：

1. 一个三段论有且只能有三个概念（词项）。

一个三段论由三个直言判断构成。每一直言判断都有主词和谓词，三个直

言判断有三个主词、三个谓词。但由于在三段论中，中词、大词、小词各出现两次，故只有三个概念。三段论的中词的媒介作用，把大词和小词联系起来，推出结论。如果三段论推理缺少中词，那么就无法使小词和大词联系起来形成结论。如果一个推理仅两个概念，它就无法构成三段论间接推理的形式。如果一个推理有四个概念，那就意味着小词与一个概念相联，大词与另一概念相联，小词和大词没有共同与它们相联系的中词，它们当然联系不起来。违反这一规则的错误，常见的是"四概念"错误。例如：

中国人是勤劳勇敢的，

阿 Q 是中国人，
　　　　　　　　　　　
阿 Q 是勤劳勇敢的。

这个三段论是非有效的。因为，中词"中国人"在大前提中指中华民族整体，在小前提中则指具体的个体，语词虽同一，含义却不同，即同一语词表达不同概念，中词就不是同一概念，因而是"四概念"错误。严格说来，出现"四概念"，该推理就不是三段论。

2. 中词在前提中至少要周延一次。

中词是联系大词和小词的媒介，它必须以其全部外延介入到大、小词的关系中。因此，中词在前提中至少有一次断定了它的全部外延，即至少周延了一次，才可与大词或小词发生某种确定的联系。如果中词在两个前提中都不周延，那就可能发生中词以一部分外延与大词发生联系，以另一部分外延与小词发生联系，小词与大词还是联系不起来。例如：

有的法律是程序法，

所有宪法都是法律，
　　　　　　　　　　　
所有宪法都是程序法。

这个三段论是非有效的。因为在该三段论中，中词"法律"在大、小前提中均不周延。

3. 前提中不周延的概念，在结论中不得周延。

一个三段论是有效的，它的结论是从前提中逻辑地推出的，结论中的小词或大词被断定的范围就不得超出前提中小词或大词被断定的范围，小词或大词在前提中是不周延的，到结论中当然应是不周延的。违反这一规则，会出现"小词扩大"或"大词扩大"的错误。例如：

审判员都是 23 岁以上公民，

审判员都是司法工作者，
　　　　　　　　　　　
司法工作者都是 23 岁以上公民。

前例中，结论的主词"司法工作者"在小前提中是肯定判断的谓词，不周延，而在结论中却成了全称判断的主词，变周延了，扩大了它在前提中被断定的外延范围。这样，推理就没有必然性的依据，推理形式也就不具有有效性，不能保证在前提真的情况下，结论必然真。

4. 至少有一前提是肯定判断。

在三段论的两个前提中，至少应有一个判断是肯定判断，不能两个前提都是否定判断。因为，如果两个前提都是否定判断，则两前提的可能情况为 EE、EO、OO。如两前提为 E，那么，通过换位推理，即可得到 PEM 和 SEM，再换质得到 PA $\overline{M}$ 与 SA $\overline{M}$。以这两判断作前提，中词 $\overline{M}$ 作为肯定判断的谓词是不周延的，故不能逻辑地推得结论。假使 EO、OO 作为前提组合能得结论，由于 O 判断可根据差等关系由相应的 E 判断推得，那就意味着，两个全称否定前提 EE 可得结论。而前面已经证明，EE 作前提不能得结论。可见，EO 作前提或 OO 作前提均不能得结论。所以，两个前提都是否定判断不能得结论。也即，要使三段论推得结论，前提至少应有一个是肯定判断。例如：

贪污罪不是过失犯罪，

有的过失犯罪不是侵害国家财产的行为，
_____

贪污罪不是侵害国家财产的行为。

该三段论包含两个否定前提，因而所得的结论没有逻辑必然性。

未满 18 岁的人不拥有选举权，

有些居民不拥有选举权，
_____

?

该例中，无法推知"有些居民"是或不是未满 18 岁的人。

5. 前提之一为否定判断，结论必为否定判断；而且，结论为否定判断，前提中必有一个否定判断。

由于三段论的两前提不得都为否定判断，故两前提中有一个为否定判断，则另一个必为肯定判断。在这样的两个前提中，中词在肯定的前提中与大词或小词相包容，在否定的前提中与小词或大词相排斥，这就造成了大词与小词的相排斥。所以结论必为否定判断。同样，结论是否定判断，则大词与小词是互相排斥的；反映到前提中，必然是大词与中词相排斥，或小词与中词相排斥，但不能大词和小词都与中词相排斥（两个前提不能同为否定）。因此，前提中总有一个否定判断。例如：

> 所有盗窃罪都是故意犯罪，
>
> 某甲犯罪不是故意犯罪，
>
> ———————————————
>
> 某甲犯罪不是盗窃罪。

这一推理是符合规则的，推理有效。从这一规则以及前一条规则，我们当然可确定：两个前提都是肯定判断，则结论为肯定判断。反之亦然。

6. 两个前提都是特称判断不能得结论。

特称判断即 I、O 判断。两个前提都是特称判断，其前提组合有三种：II、IO、OO。当两前提都是 I 判断，那么其主词、谓词均不周延，相应的中词当然一次也不周延，故推不得结论。当两前提都是 O 判断，由于两前提都是否定判断不能得结论，故由 OO 作前提推不出结论。当前提之一为 I 判断，另一为 O 判断时，由于前提之一为否定，如有结论则结论必为否定判断。这样，该推理必须满足中词至少周延一次与大词在结论中周延，其在前提中也须周延这两个要求。然而，在 IO 组合中，仅 O 判断的谓词是周延的，无法满足上述两个要求。可见，前提都为特称判断，不能获得结论。例如：

> 有的学生是广东人，
>
> 有的学生是四川人，
>
> ———————————————
>
> ?

> 有的钢铁工人是球类爱好者，
>
> 有的工人不是钢铁工人，
>
> ———————————————
>
> ?

上例可知，当三段论的两个前提均为特称判断时，不可得到有效结论。

7. 前提之一为特称判断，结论必为特称判断。

一个三段论，两前提不可均为特称判断。故如有一前提为特称判断，另一前提必为全称判断。这样的前提组合共有四种：AI、AO、EI、EO。EO 组合由于违反规则 4，故应排除，剩下三组。如前提为 AI 组合，由于两判断中，仅 A 判断的主词周延，它必须作中词，否则不能得结论。这样，小词在前提中不可能周延，故在结论中也不能周延。在结论中，小词是主词，故结论只能是特称判断。如前提为 AO 或 EI 组合，每组合中均有两个周延的项（AO 中 A 的主词和 O 的谓词，EI 中 E 的主、谓词），每组合中均有一前提为否定判断，这样，其结论必为否定判断。两个周延的项，可分别满足中词和大词周延的要求，不可能让小词周延。这样，结论中的小词也不得周延。故其结论必为特称判断。这意味着，前提之一为特称判断，如能推得结论，其结论只能是特称判断。例如：

所有小说家都是文学家，

有的青年是小说家，
_____

有的青年是文学家。

这一推理是有效的。需要说明的是，前提之一为特称判断，结论必为特称判断；反之，则不成立。

三段论格的规则。

格的特殊规则是三段论一般规则在各个格中的具体体现。

第一格共有两条规则。

1. 小前提必须是肯定判断。

假定三段论第一格小前提是否定判断，则其大前提必须为肯定判断（至少有一前提为肯定判断），结论必为否定判断（前提之一为否定，结论必为否定）。这样一来，大词在大前提中是肯定判断的谓词，是不周延的；而在结论中，大词是否定判断的谓词，周延。这就违反了"前提中不周延的概念，在结论中不得周延"的规则，犯了"大词扩大"的逻辑错误。可见，假设不能成立，小前提必须为肯定判断。

2. 大前提必须是全称判断。

由于在三段论第一格中，小前提是肯定判断（已证），则中词在小前提中必不周延。按规则，中词至少应周延一次。这样，要使三段论为有效推理，中词在大前提中必须是周延的。中词在大前提中是主词，主词要周延，判断必须是全称的。所以大前提必为全称判断。

第二格共有两条规则。

1. 两前提必有一否定判断。

2. 大前提必须是全称判断。

第三格共有两条规则。

1. 小前提必须是肯定判断。

2. 结论必须是特称判断。

第四格共有五条规则。

1. 如两前提中有一个是否定判断，则大前提必须是全称判断。

2. 如大前提是肯定判断，则小前提必须是全称判断。

3. 如小前提是肯定判断，则结论必须是特称判断。

4. 任一前提都不得为特称否定判断。

5. 结论不得是全称肯定判断。

第二格、第三格、第四格的规则，请读者自证。

有了上述规则，关于一个三段论是否为有效式，就能很方便地得到说明。

而且，前述三段论的式的问题，也能得到解释。

（四）三段论语言表达的省略式

任何三段论都由三个判断构成，大前提、小前提、结论，缺一不可。然而，人们在日常交际过程中，当运用三段论时，常常并不把这三个判断都陈述出来，而是省略其中的某一判断。而一般来说，这种省略，并不会对交际造成困难，仍然能使对方理解和领会。例如：

这些物体没有生命，因为生命都是蛋白体的活动方式。

人们完全可以理解，这个三段论省略了小前提"这些物体没有蛋白体的活动方式"。

三段论的省略式在日常交际与自然语言中应用广泛，几乎随处可见。它使语言在表达思想时简单明了，增强语言的表述效果，也便于人们敏捷地进行推理。

三段论的省略式，只表现在语言表达上，并不是思想上的省略，因此，无论是省略大前提，还是省略小前提、结论，都只看成是表达的简洁，而不能认为该判断是可有可无的。然而，要判定一个三段论省略式是否为有效推理，则必须将省略的部分补充完整，才能用规则去检验。例如：

生物学是自然科学，所以它是有益于生产发展的。

本例中，"所以"之后的"它（即生物学）是有益于生产发展的"是结论，由此我们判明了小词、大词与中词，也知道该三段论省略了大前提，即"自然科学是有益于生产发展的"。稍加整理为：

自然科学是有益于生产发展的，

生物学是自然科学，
_____

生物学是有益于生产发展的。

对照规则，这一个三段论为有效式。故该省略式是有效推理式。再如：

我不需学习外语。因为，和外国人打交道才需学习外语。

本例中，带"因为"的是前提，结论是"我不需学习外语"。由此推知，该三段论省略了小前提，即：

和外国人打交道是需学习外语的，

我不和外国人打交道，
_____

我不需学习外语。

按照规则，前提中不周延的词项，在结论中不得周延，而这个三段论"大词扩大"，可见该三段论的省略式是非有效的。

分析三段论的省略式,揭露隐藏其中的逻辑谬误,是学习三段论的重要目的之一。另外,掌握了省略式的分析方法,那些更加复杂的三段论的有效与否,也就迎刃而解了。

第三节 关 系 判 断

一、关系判断的逻辑形式

关系判断,就是陈述对象间关系的判断。例如:

①澳门与珠海毗邻。

②人才流动优于人员控制。

③有的企业与某些贸易公司是产销互惠的。

例①陈述了"澳门"与"珠海"间的"毗邻"关系。例②陈述了"人才流动"与"人员控制"间的"优于"关系。例③陈述了"有的企业"与"某些贸易公司"间的"产销互惠"关系,故都是关系判断。

关系判断由主词、关系词、量词三部分组成。

关系判断的主词,是表示某关系的承担者的概念,是关系判断陈述的关系的主体。如例①中的"澳门"和"珠海",例②中的"人才流动"和"人员控制",例③中的"企业"和"贸易公司"。由于关系判断是陈述对象之间的关系的,而关系也总是存在于两个或两个以上对象之间的,因此,一个关系判断,一般应有两个或两个以上的主词。关系的主词通常用小写字母 a、b 表示。

关系判断的关系词,是表示主词间确定的关系的概念。如例①中的"毗邻",例②中的"优于",例③中的"产销互惠"。关系词也称为谓词。由于直言判断仅一个主词,故其谓词为一元谓词。关系判断一般有两个(或三个等)主词,故其谓词被称为二元(或三元等)谓词。关系词通常用大写字母 R 表示。

关系判断的量词,是关于关系判断的主词数量情况的概念。量词也有全称、特称和单称三类,每一关系判断的主词,都应受某一量词的限定和制约。如例①中无量词,但可看做单称量词(因主词为单独概念而不必标出),例②可看成是全称量词(全称量词可省略),例③有特称量词"有"、"某些"。在很多情况下,量词可以省略,或忽略不计。本节内容即按这一思想构造。

一个关系判断,陈述 a、b 等对象具有 R 关系,可表示为:

R(a、b⋯)

如果只考虑二元关系（一个关系判断包含两个主词）的关系判断，其逻辑形式可表示为：

aRb

在上述结构中，a、b 是变项，R 是常项。

二、关系的性质

（一）关系的对称性

关系的对称性是指，对象 a 与对象 b 之间，如果 a 对 b 有 R 关系，则 b 对 a 是否也有 R 关系。

关系的对称性有三种情况。

R 是对称的。 即在对象 a 与对象 b 之间，如果 a 对 b 有 R 关系，则 b 对 a 也必有 R 关系。即：

aRb 真，则 bRa 也真

例如：

①甲队与乙队人数相同。

②咨询公司与工贸公司互换协作议定书。

例①中的"相同"，例②中的"互换"都是对称关系。因为既然甲队与乙队人数相同，乙队与甲队人数也必相同。同样，咨询公司与工贸公司互换协作议定书，也即工贸公司与咨询公司互换协作议定书。其他如相等、同学、邻居、朋友等，都是对称的。

R 是反对称的。 即在对象 a 与对象 b 之间，如果 a 对 b 有 R 关系，则 b 对 a 无 R 关系。即：

aRb 真，则 bRa 假

例如：

①在评比中，"玫瑰"系列产品比其他产品得分高。

②该公司产品成本低于其他企业同类产品的成本。

例①中的"比……得分高"，例②中的"低于"都是反对称的。既然"玫瑰"系列产品比其他产品得分高，"其他产品"比"玫瑰"系列产品的得分必不高。既然该公司产品成本低于其他企业同类产品的成本，则其他企业同类产品的成本必不低于该公司同类产品的成本。其他如大于、小于、剥削、侵略等，都是反对称的。

R 是非对称的。 即在对象 a 和对象 b 之间，如果 a 对 b 有 R 关系，则 b 对 a 是否有 R 关系不确定。即：

aRb 真，则 bBa 真假不定

例如：

①陈经理很了解郑工程师。

②石化公司支援电讯公司。

例①中的"了解"、例②中的"支援"，都是非对称的。因为陈经理了解郑工程师，郑工程师却不一定了解陈经理。石化公司支援电讯公司，而电讯公司未必也支援石化公司。其他如认识、喜爱、批评、帮助等，都是非对称的。

（二）关系的传递性

关系的传递性是指对象 a、对象 b 和对象 c（等）之间，如果 a 对 b 有 R 关系，b 对 c 有 R 关系，则 a 对 c 是否也有 R 关系。

关系的传递性有三种情况。

R 是传递的。即在对象 a、对象 b 和对象 c 之间，如果 a 对 b 有 R 关系，b 对 c 有 R 关系，则 a 对 c 必有 R 关系。即：

aRb 真且 bRc 真，则 aRc 真

例如：

供求的变化会影响价格的升降，价格的升降影响到利润的大小。故供求的变化影响利润的大小。

例中，"影响"是传递的。在经济规律的作用下，供求的变化、价格的升降、利润的大小，构成一个因果链条，供求的变化必然对利润的大小产生影响。其他如大于、小于、在前、等于、年长等，都是传递的。

R 是反传递的。即在对象 a、对象 b 和对象 c 之间，如果 a 对 b 有 R 关系，b 对 c 有 R 关系，则 a 对 c 必没有 R 关系。即：

aRb 真且 bRc 真，则 aRc 假

例如：

某甲比某乙大两岁，某乙比某丙大两岁。

"比……大两岁"是反传递的。因为，在上例中，可明确确定，某甲与某丙，显然不是"比……大两岁"的关系了。其他如"父子"、"低一级"等关系，都是反传递的。

R 是非传递的。即在对象 a、对象 b 和对象 c 之间，如果 a 对 b 有 R 关系，b 对 c 有 R 关系，则 a 对 c 是否有 R 关系不确定。即：

aRb 真且 bRc 真，则 aRc 真假不定

例如：

小郑认识王会计，王会计认识刘秘书。

"认识"是非传递的，由上例，我们无法确知小郑与刘秘书之间的关系。即小郑不一定认识刘秘书。其他如喜欢、佩服、近邻等，都是非传递的。

（三）关系的自返性

关系的自返性是指，对象 a 与对象 b，如果 a 对 b 有 R 关系，则 a 与其自身是否也有 R 关系。

关系的自返性有三种情况。

R 是自返的。即对对象 a 与对象 b，如果 a 对 b 有 R 关系，则 a 对 a 有 R 关系。即：

aRb 真，则 aRa 真

例如：

三角形 A 全等于三角形 B。

"全等于"即自返关系，即在平面几何范围内，任一个三角形都与自身全等。其他如相似、全同等都是自返的。

R 是反自返的。即对对象 a 与对象 b，如果 a 对 b 有 R 关系，则 a 对 a 没有 R 关系。即：

aRb 真，则 aRa 假

例如：

线段 p 长于线段 q。

"长于"即为反自返的。因为，任何线段都不能长于自身。其他如重于、剥削等，都是反自返的。

R 是非自返的。即对对象 a 与对象 b，如果 a 对 b 有 R 关系，则 a 对 a 是否有 R 关系不确定。即：

aRb 真，则 aRa 真假不定

例如：

有人很自信。

"自信"就是非自返的。某甲相信某乙，但某甲对自己呢？可能是自信的，也可能是不自信的。其他如批评、鼓励、虐待等，都是非自返的。

关系判断的性质是复杂的，它也必须结合具体的语境来分析。从一定意义上讲，关系的性质的分析，已有推理的含义。读者可以自己进一步分析。

☞**思考题**

1. 何为直言判断？它有哪些类型？

2. 一个直言判断的主词或谓词的周延情况可根据什么来说明？

3. 直言判断变形推理的规则如何理解？

4. 说明对当关系中的各种关系的含义。

5. 何为三段论？有效三段论依什么确认？

6. 三段论的格、式的内容是什么？

7. 如何分析三段论的语言省略式？

8. 何为关系判断？关系判断与直言判断的主要区别是什么？

9. 如何理解关系的对称性、传递性与自返性？

☞练习题

一、分析下列各语句哪些表达判断？哪些不表达判断？为什么？

1. 祝愿你们继续保持光荣传统不断攀登高峰。

2. 沉舟侧畔千帆过，病树前头万木春。

3. 历史潮流不可抗拒。

4. 法律岂能违抗？

5. 你有律师资格证吗？

6. 啊，青春！

7. 没有一个干警不是努力工作的。

8. 请大家回忆一下还遗漏了什么！

二、下列命题中，共有哪几种形式结构？

1. 如果用药过量，药物就会对人的健康产生影响。

2. 这批案件是盗窃案，都是侦破难度非常大的案件。

3. 并非所有证人都是愿意合作的。

4. 只有看过了金庸的小说，才能说了解了"侠"的含义。

5. 否定命题的谓词都不周延。

6. 只有登上长城，才认识到自己的渺小。

7. 如果人死后都变成鬼，这世界早就被鬼挤满了。

8. 说所有证据都对澄清案情有直接作用并不是真实的。

三、下列各推理中，与题1、2形式结构相同的有哪些？

1. 凡审判员都有法学学位，主持审判的老王有法学学位。所以，主持审判的老王是审判员。

2. 如果电动汽车中的电池的电用完了，那么电动汽车就开不动。小刚的电动汽车开不动。所以，小刚的电动汽车中的电池的电用完了。

3. 如果一个推理的前提真且形式有效，那么其结论必然为真。所以，如果一个推理的前提真且结论为假，那么其形式是非有效的。

4. 凡真理都是经过实践检验的，相对论理论是真理。相对论理论是经过实践检验的。

5. 所有的坏人都攻击我，你攻击我。所以，你是坏人。

6. 如果某甲犯罪了，他的指纹可以在现场找到。某甲的指纹在现场找到了，所以某甲犯罪了。

7. 凡年满 18 岁以上并能独立承担民事责任的人都是具有民事行为能力的主体，小王具有神经性疾病不能独立承担民事责任。所以小王不具有民事主体资格。

8. 所有的证据都可被接受除非它被破坏。这个证据不能被接受，可见这个证据被破坏了。

9. 如果学生欣赏古典音乐，则必须先修音乐史。所以，学生已修过音乐史，就能欣赏古典音乐。

10. 凡鲸一定用肺呼吸，海豹可能用肺呼吸，所以，海豹可能是鲸。

四、下列判断各属何种直言判断？其主谓词是否周延？

1. 宪法是国家的根本大法。

2. 在诺贝尔奖金获得者中，有几位是女性。

3. 任何犯罪行为都不是不可被识破的。

4. 没有一部法律不是经反复修改制定的。

5. 国内有的大学教授不是有律师资格证的。

6. 无论什么人都不是不犯错误的。

五、已知下列判断为真，根据直言判断间的对当关系，指出与其主谓词素材相同的其他三种判断的真假。

1. 有些被告是有罪的。

2. 未成年人的父母是未成年人的法定监护人。

3. 这个法庭的审判员都不是不坚持原则的。

4. 少数律师缺乏职业道德。

六、根据对当关系的推理，回答下列问题。

1. 已知"所有商品都有商标"为假，能否推论"所有商品没有商标"为真和"有些商品没有商标"为真？

2. 已知"有的罪犯不是初犯"为假，能否推论"有些罪犯是初犯"为真和"所有罪犯不是初犯"为假？

3. 已知"凡金属都不是液体"为假，能否推论"有些金属是液体"为真和"有些金属不是液体"为真？

4. 已知"有些金属没有光泽"为假，能否推论"所有金属都有光泽"为真和"所有金属都没有光泽"为真？

七、下列判断变形的直接推理是否成立？如能成立，请用公式写出它的推论过程；如不成立，则指出其错在哪里。

1. 道德规范不是法律规范，所以，法律规范不是道德规范。

2. 凡被告都有辩护权，所以，有些被告人有辩护权。

3. 并非所有放火罪都是过失犯罪，所以，所有放火罪都不是过失犯罪。

4. 有些程序法不是国内法，所以，有些国内法不是程序法。

八、分析下列三段论，要求：（1）指出大前提、小前提和结论；（2）指出大词、小词和中词；（3）指出属于哪一格；（4）判别是否有效。如为非有效式，请说明理由。

1. 追求真理的人是实事求是的人，有些实事求是的人是司法工作者，所以，有些司法工作者是追求真理的人。

2. 企业管理人员要学习经济法律，我不是企业管理人员，故我不需要学习经济法律。

3. 民法不是刑法，刑法是法律，所以，民法不是法律。

4. 应当负刑事责任的行为不是合法行为，正当防卫不是应当负刑事责任的行为，所以，正当防卫是合法行为。

九、综合题

1. 证明：大项在前提中周延，在结论中不周延的有效三段论的大前提，只能是全称肯定判断。

2. 证明：结论是否定的有效三段论，其大前提不能为 I 判断。

3. 一个三段论小项、大项、中项能否全部都周延？为什么？

4. 一个正确三段论大前提是否定的，中项在大前提中不周延，试问该三段论是第几格？什么式？写出推导过程。

5. 用选言证法证明：小前提是 O 判断的有效三段论必定是第二格三段论。

6. 用反证法证明：有效的第四格三段论式的大小前提都不能是 O 判断。

7. 试证明：若有效的第四格三段论式的小词在结论中周延，则该三段论必为 AEE。

8. 试证明：第一格三段论有效的充分必要条件：

（1）大前提是全称判断。　　（2）小前提是肯定判断。

（3）小项不得扩大。

（4）大项在前提与结论中的周延情况相同。

9. 若 A、B、C 分别为有效三段论的两个前提和结论，D 是与 B 相矛盾的性质判断。

试证明："D 并且 A→C"不是有效三段论式。

10. 设 ABC 分别为有效三段论的前提和结论，D 是与结论 C 相矛盾的性质判断，试证：ABD 中肯定判断必是两个。

11. 已知：（1）若 P 不真包含于 M，则 S 与 P 全异；

（2）若 S 不与 M 交叉，则 S 与 P 交叉

（3）S 不与 P 全异，也不与 P 交叉

试证明：S 真包含 P。

十、分析下列各关系判断中关系的性质。

1. 小王推选老刘任卫生督察人。

2. A 蕴涵 B。

3. 扫黄打非受到大众的拥护。

4. 张晶很喜爱摄影。

十一、单项选择题。

1. 经过资格审查，有的参赛者因超过规定的年龄而被取消了复赛资格。

如果上述陈述是真的，则下述（　　）不能确定其真假。

（1）经过资格审查，有的参赛者没因超过规定的年龄而被取消复赛资格。

（2）经过资格审查，所有的参赛者都没因超过规定的年龄而被取消复赛资格。

（3）经过资格审查，没有参赛者没因超过规定的年龄而被取消复赛资格。

（4）经过资格审查，所有的参赛者都因超过规定的年龄而被取消了复赛资格。

　　A.（1）（2）（3）　　　B.（1）（2）（4）　　　C.（1）（3）（4）

　　D.（2）（3）（4）　　　E.（1）（2）（3）（4）

2. 对于第二格的三段论，其（　　）判断。

（1）大前提必为全称　　（2）小前提必为肯定

（3）结论必为否定　　　（4）小前提必为否定

A.（1）（2）　　　　　B.（1）（3）

C.（2）（4）　　　　　D.（1）（4）

3. 三段论的 AAA 式在第（　　　）格中是有效的。

    A. 一　　　　　　　　　B. 二

    C. 三　　　　　　　　　D. 四

4. 有的哺乳动物是有尾巴的。因为老虎是有尾巴的。

以下哪项与上述推论的形式最为相似？（　　　）

    A. 神学不是对客观世界的反映。因而神学不是科学。

    B. 所有的建筑物都是由人设计建造的。所以，有的由人设计建造的是为了满足人们的精神或物质生活的需要。

    C. 苏格拉底是有自己的爱好的。因为苏格拉底是人。

    D. 鸟类不是哺乳动物。因为卵生动物都不是哺乳动物。

    E. 有的大学生是勤奋学习的。因为所有学生都是勤奋学习的。

5. 某甲指着一幅画像介绍说：我没有兄弟姐妹，这男子的父亲是我的父亲的儿子。

根据这一介绍，该画像是（　　　）的像。

    A. 某甲的父亲　　　　B. 某甲本人　　　　　　C. 某甲的儿子

    D. 某甲的堂兄　　　　E. 某甲的表妹的丈夫

6. 在桌子上有三张扑克牌，排成一排。现在，我们已经知道：K 右边的两张中至少有一张是 A，A 左边的两张中也有一张是 A；方块左边的两张中至少有一张是红桃，红桃右边的两张中也有一张是红桃。

问：从左至右这三张牌分别是（　　　）。

    A. 红桃 K，方块 A，红桃 A

    B. 方块 K，红桃 A，红桃 A

    C. 红桃 A，红桃 A，方块 K

    D. 红桃 K，红桃 A，方块 A

    E. 方块 K，红桃 K，红桃 A

7. 灾害的全球性是指灾害在全球每一角落都可能发生，有人类居住的任何一块地方都不能逃脱灾害的袭击；灾害的区域性是指灾害发生范围的局限性，从空间分布上看，任何一种灾害，其发生和影响的范围都是有限的。这表明（　　　）。

    （1）任何一个地方都有可能发生灾害。

    （2）任何一个地方都会发生所有的灾害。

    （3）单个的灾害种类总是发生于一定地方。

    （4）水灾不会发生于所有的地方。

A.（1）（2）（3）　　　B.（2）（3）（4）

C.（1）（3）（4）　　　D.（1）（2）（3）（4）

8. 有些新生进校就当上了学生会干部。在学生会的改选中，所有法学院的学生都支持王宏任学生会主席，而所有学生会干部都反对王宏任学生会主席。可见，（　　）。

　　A. 所有新生都是法学院的学生

　　B. 有些法学院学生是学生会干部

　　C. 有些新生不是法学院的学生

　　D. 有些新生是法学院的学生

9. 程刚每门课的成绩都在85分以上。

上述判断可从下述哪项中逻辑地推出来？（　　）

　　A. 三好学生的平均成绩应在85分以上，程刚多次被评为三好学生。

　　B. 如果每门课都在85分以上，就能被评为三好学生。程刚被评为三好学生。

　　C. 只有每门课都在85分以上的学生，才能申请免修课程。程刚有一门课被批准免修。

　　D. 每门课都在85分以上的学生就能免试读研究生。程刚有可能被推荐免试读研究生。

　　E. 每门课都在85分以上的学生都是很聪明的，程刚是很聪明的。

10. 某学术会议正举行分组会议。某一组有8个人出席。分组会议主席问大家原来互相认识否。结果是全组中仅有一人认识小组中的三个人，有三人认识小组中的两个人，有四人认识小组中的一个人。

若以上统计属实，则最能得出以下哪项结论？（　　）

　　A. 会议主席认识小组中的人最多，其他的人相互认识的少。

　　B. 此类学术会议是第一次举行，大家都是生面孔。

　　C. 有些成员所说的认识可能仅是电视上或报告会上见过而已。

　　D. 虽然会议成员原来的熟人不多，但原来认识的都是至交。

　　E. 通过这次会议，小组成员都相互认识了，以后见面就能直呼其名了。

11. 一个身体健壮的年轻人穿着运动服从体育学院校门走出来。

由上述情况能推出下面哪项为最恰当的判断？（　　）

　　A. 这个年轻人一定是体育学院的学生。

　　B. 这个年轻人可能是该校教工的子弟。

　　C. 这个年轻人一定不是该校的学生。

D. 这个年轻人并非一定不是该校的学生。

E. 这个年轻人或许是来该校办事的。

12. 陈莉认识刘刚，刘刚认识陈莉所认识的所有的人，而没有人认识所有的人。

如果上述陈述为真，则下述（　　）不可能是真的。

（1）至少有这样一个人，他不认识任何人。

（2）一个人总会认识某些人。

（3）每个人都认识陈莉。

A. 仅（1）　　　　B. 仅（2）　　　　C. 仅（3）

D. 仅（1）（2）　　E. 仅（2）（3）

13. 从"有些遗嘱在法律上是无效的"，推出"有些遗嘱在法律上不是非无效的"，应用了（　　）法推论。

A. 换位　　　B. 换质　　　C. 换质位　　　D. 换位质

14. 美国联邦贸易委员会近日向德国拜尔公司提出指控，说该公司声称"定期服用阿斯匹林有助于民众预防心脏病和中风"缺乏充分依据。为了取得和解，拜尔公司投资 100 万美元实施消费者教育计划，并在刊登的广告中注明："阿斯匹林不适合每个人，服用前，一定要先征询医生意见。"

哪项是对题干内容的正确理解？（　　）

A. 美国联邦贸易委员会认为阿斯匹林根本不能预防心脏病和中风。

B. 美国联邦贸易委员会要求拜尔公司提供阿斯匹林预防心脏病和中风的证据。

C. 美国联邦贸易委员会由于得到拜尔公司的 100 万美元而缓解了两家之间的紧张关系。

D. 拜尔公司在广告中称有的人不适合服用阿斯匹林。

E. 拜尔公司认为，有的人在服用阿斯匹林前应征询医生的意见。

15. 有些能歌善舞的人穿印花长裙。所以有些朝鲜族姑娘穿印花长裙。

要使上述论证成立，必须加上（　　）。

A. 有些能歌善舞的人是朝鲜族姑娘

B. 所有能歌善舞的人都是朝鲜族姑娘

C. 有些朝鲜族姑娘是能歌善舞的

D. 所有朝鲜族姑娘都是能歌善舞的

16. 由"小陈不是运动健将，而没有一个世界冠军不是运动健将"，要得到"小陈不是湖北籍网球运动员"这一结论，还得增加（　　）为前提。

A. 没有世界冠军是湖北籍人

B. 所有湖北籍运动员都是网球运动员

C. 所有网球运动员都是湖北籍人

D. 没有湖北籍网球运动员是运动健将

E. 所有湖北籍网球运动员都是世界冠军

17. "H 班上不少同学是共青团员,有些共青团员学习很好,所以,有些学习很好的是 H 班上的同学。" 这个三段论错在(   )。

(1) 四概念　　　　　　(2) 中词(M)不周延

(3) 大词(P)扩大　　　(4) 两前提都是特称命题

A. (1)(2)　　　B. (1)(3)　　　C. (2)(3)　　　D. (2)(4)

18. 三段论 EAE 式在第(   )格中是有效式。

(1) 一　　　　(2) 二　　　　(3) 三　　　　(4) 四

A. (1)(2)　　　　　B. (2)(3)

C. (3)(4)　　　　　D. (1)(4)

19. 人们发现,在 B 大学,所有艺术系的学生都温文尔雅,所有文学系的学生都热情狂放。但没有发现既温文尔雅又热情狂放的人。陪同我们采访的小 M 热情狂放。

从上述材料,可以推出(   )。

A. 小 M 是艺术系的学生　　　B. 小 M 不是艺术系的学生

C. 小 M 是文学系的学生　　　D. 小 M 不是文学系的学生

E. 小 M 是 B 大学的学生。

20. 一切有效的管理者都关心员工的福利,所有关心员工福利的管理者都慷慨地允许员工有个人自由支配的时间。

如果上述前提为真,则下列哪项结论必然也为真?(   )

A. 没有一个有效的管理者允许员工有个人自由支配的时间。

B. 一些有效的管理者允许员工有个人自由支配的时间。

C. 没有一个无效的管理者关心员工的福利。

D. 一切有效的管理者都允许员工有个人自由支配的时间。

E. 有效的管理者允许员工支配自己所有的时间。

21. 所有逻辑学会的成员都知道金岳霖先生。S 大学物理系的毕业生都没写过逻辑方面的论文。有些辽宁人是逻辑学会的成员。除非写有逻辑方面的论文,否则不能参加逻辑学会。

如果上述各命题是真的,则下面各项都能从上述陈述中推得,除了(   )。

A. S 大学物理系的毕业生都不是逻辑学会的成员

B. 有的辽宁人写过逻辑方面的论文

C. S 大学物理系有的毕业生知道金岳霖先生

D. 有的辽宁人知道金岳霖先生

E. 有的知道金岳霖先生的人是逻辑学会的成员

22. 在下述括号中填入（　　），三段论是有效的。

P　E　M

S（　）M

────────

S　E　P

A. A　　　　　B. E　　　　　C. I　　　　　D. O

23. 在下述括号中依次填进（　　），三段论是有效的。

（　）　（　）　（　）

S　　　O　　　M

S　　（　）　　P

A. PIMO　　　　　　B. MAPO

C. PAMO　　　　　　D. MEPO

24. 按逻辑方阵，当"有些律师是学生"为假，则（　　）为真。

A. 所有律师是学生　　　　B. 有些律师是学生

C. 有些律师不是学生　　　D. 所有律师不是学生

25. 下列三段论式中，（　　）是非有效式。

（1）AIA　　　（2）AEO　　　　（3）EIO　　　　（4）IEO

A. （1）（2）　　　　B. （2）（3）

C. （3）（4）　　　　D. （1）（4）

26. 一个有效的三段论，其结论是 I 判断，因而，前提中（　　）判断。

（1）肯定有 I　　（2）至少有一 A　　（3）不可能有 E　　（4）不一定有 I

A. （1）（2）（3）　　B. （2）（3）（4）

C. （1）（3）（4）　　D. （1）（2）（3）（4）

第四章　复合判断及其推理

推理的真理是必然的，其反命题是谓不可能；即事实的真理是偶然的，其反命题是可能的。

——［德］莱布尼茨

第一节　联言判断及其推理

一、联言判断

联言判断是陈述若干对象情况共存的判断，也称合取判断。例如：

①本案中，既要认定该事件的性质，也要适用准确的法律规范以确定责任原则，还得依据责任原则的指引确定责任的承担。

②产销直接见面不仅减少了商品流通环节，而且提高了企业的经济效益。

例①陈述"认定该事件的性质"、"适用准确的法律规范以确定责任原则"、"依据责任原则的指引确定责任的承担"等情况同时存在。例②陈述"产销直接见面减少了商品流通环节"、"产销直接见面提高了企业的经济效益"两情况同时存在，都是联言判断。

在联言判断中，对某一对象情况的陈述，即表示为一原子命题，或称子判断。联言判断的子判断间由"并且"等联结词联系。在自然语言中，"也"、"虽然……但是"、"不但……而且"等，也常用做联结词，用 p、q 等分别表示子判断，联言判断的形式结构可表示为：

p 并且 q

通常，用符号"∧"（合取）表示"并且"这一常项，联言判断的形式结构为：

p∧q

在自然语言中，一些复句形式，如并列句、递进句、转折句、连贯句，从逻辑上讲都属于联言判断。因此，联言判断的具体表达是相当复杂的。实际上，完整、规范的"p∧q"形式并不多见，人们常见到的是它的省略形式。例如：

①第一、第二、第三产业劳动者的劳动，都是为创造价值进行的劳动。

②农业商品经济的发展，改变着农村经济结构，也改变着农民传统的经济意识。

③会计凭证、会计账簿、会计报表和其他会计资料必须真实、准确、完整，并符合会计制度的规定。

例①中，几个子判断的谓词是共同的，因而作了省略。例②中，几个子判断的主词是共同的，故仅陈述一个主词；例③中子判断的几个主词共同有几个谓词，因而先陈述主词，再陈述谓词，其子判断更复杂，故作此种省略表述。只有熟悉了联言判断语言表述的特点，我们才能理解和把握它们。

由于联言判断是对若干对象情况的陈述，因而，只有当陈述的各个对象情况为真，这个联言判断才是真的。例如：

①我们既要抓产品数量，又要抓产品质量。

②我们要抓产品数量，但不需抓产品质量。

③我们不需抓产品数量，而只需抓产品质量。

④我们既不需抓产品数量，也不需抓产品质量。

从直观上，我们能确定，例①真，因为其子判断都是真的；而其他例均为假的，因为例②的后一子判断假；例③的前一子判断假；例④的两个子判断都假。上述关于联言判断与其子判断的真假关系，可用下表表示。

p	q	p∧q
1	1	1
1	0	0
0	1	0
0	0	0

这个表叫联言判断的真值表。判断 p∧q，有变项 p、q，其真假组合有"真真"（11）、"真假"（10）、"假真"（01）、"假假"（00）四种，在这四种组合中，仅"真真"组合时，p∧q 是真（1），而在其他三种组合下，p∧q 都为假（0）。这表明，联言判断的真假与其子判断的真假有着直接的联系，或者说，子判断的真假逻辑地决定联言判断的真假（事实上，任一复合判断，

其真假都取决于其子判断的真假）。一个联言判断，只有当其子判断所陈述的对象情况为真，它才为真。而只要有一个子判断为假，该判断就是假的。

关于变项的真假组合，可按 2^n 确定，"2" 指任一个子判断有真、假二值。"n" 即判断中的变项数。一个判断有一个子判断，则其有真、假两种真值；一个判断有两个子判断，则其有四种真值组合；一个判断有三个子判断，则其有八种真值组合，余类推。

二、联言推理

联言推理是前提或结论为联言判断，并根据联言判断的逻辑性质进行推演的推理。它或者前提是一联言判断而结论是该联言判断的子判断，或者结论是一联言判断而前提是该联言判断的各个子判断。

根据由前提获得结论方式的不同，联言推理有两种形式，即联言推理的合成式与分解式。

联言推理的合成式，即由全部前提组合为一个联言判断作为结论的推理。前提通常为若干个原子命题，通过推理，得出的结论为一联言判断。例如：

一切法律不得与宪法相抵触，

一切法令不得与宪法相抵触，

一切法律和法令都不得与宪法相抵触。

其推理形式为：

$$\frac{\begin{array}{l}p\\q\end{array}}{p \wedge q}$$

或表示为

$(p，q) \rightarrow (p \wedge q)$

合成式的实质，是由子判断的真推出联言判断的真，其有效性是易理解的。

人们在表述某种思想时，开始进行分述，最后做出总结，往往是运用这种推理形式得出一个结论来。比如："基于上述理由，我们认为，工人、农民、知识分子都是劳动者。"

联言推理的分解式，是以联言判断为前提，推出该前提的某一子判断作为结论的推理。例如：

犯罪时不满十八岁的人和审判时怀孕的妇女不适用死刑，

犯罪时不满十八岁的人不适用死刑。

其推理形式为：

$$\frac{p \wedge q}{p}$$

或表示为：

（p∧q）→p

分解式的逻辑依据是，当一个联言判断为真，则该判断的任一子判断都真。分解式是有效的。

在思维和表达中，我们从对象的总体认识出发，突出、强调对象的某个侧面或方面，就要应用到联言推理的分解式。

第二节　选言判断及其推理

一、选言判断

选言判断是陈述在若干可能的对象情况中至少有一对象情况为真的判断，也称析取判断。例如：

①王某致人重伤的行为或者是故意的，或者是过失的。

②本案目前的焦点在于，到底是单独作案，还是团伙作案。

例①陈述，"故意的"，"过失的"，这两种可能的对象情况中，至少有一对象情况为真。例②陈述，"单独作案"和"团伙作案"，这两种可能情况中总有一情况为真。

在自然语言中，选择复句常对应于选言判断。它表示对象所具有的不同发展状况，或用来表示人们对对象情况的估计。一个选言判断，由若干可能情况构成。其中每一可能情况表达为一原子命题，即子判断。一个选言判断有若干子判断，"选择"的意义也就在此。

根据选言判断的子判断是否相斥，可将选言判断分为相容选言判断和不相容选言判断。

（一）相容选言判断

相容选言判断，通常即称为析取判断，它是至少有一个子判断为真的判断。例如：

①本案的作案人或者是李山或者是王石。

②城市交通紧张，或是道路狭窄，或是车辆流量过于频繁，或是人们忽视交通规则。

上例表明，子判断陈述的对象情况，可能同时存在，并不相斥，它至少有一子判断真，不排除若干子判断甚至全部子判断为真的可能。

相容选言判断的联结词一般用"或者"表示。在自然语言中，也用"或许"、"可能"等。有时为了强调联结词"相容"的性质，甚至加上说明性内容"或者兼而有之"。这种说明的内容不能看成一个子判断。用 p、q 等表示子判断，它的形式结构可表示为：

p 或者 q

通常，用符号"∨"（析取）表示"或者"这一常项，相容选言判断的形式结构即为：

p∨q

依据相容选言判断至少有一个子判断为真的性质，在一具有两个子判断的相容选言判断中，当子判断都为真，或有一个子判断为真，这个选言判断是真的；而当子判断都假时，这个选言判断就是假的。这个特征可用下表表示。

p	q	p∨q
1	1	1
1	0	1
0	1	1
0	0	0

这个表所规定的真值形式，叫析取式，它说明，一个相容选言判断为真，则至少有一个子判断为真。

（二）不相容选言判断

不相容选言判断，也称严格析取判断，它是只有一个子判断为真的判断。例如：

①侦查工作要么继续深入下去，要么半途而废。

②或者是故意犯罪，或者是过失犯罪，二者必居其一。

上例表明，子判断陈述的对象情况，不可能同时存在，它们之间是相斥的，只能有一个子判断为真。

不相容选言判断的联结词一般用"要么"表示。在自然语言中。也用"或者"、"不是……就是"等。有时为了强调联结词"相斥"的性质，常常加上说明性的语句"两者不可兼得"等。用 p、q 等表示子判断，它的形式结构可表示为：

要么 p，要么 q

在本书中，用符号"∨̇"（严格析取）表示"要么"这一常项，不相容选言判断的形式结构为：

p∨̇q

依据不相容选言判断只有一子判断为真的性质，在一不相容选言判断中，当仅有一子判断为真，则该判断为真，其他情况均为假。这个特征可用下表表示。

p	q	p∨̇q
1	1	0
1	0	1
0	1	1
0	0	0

这个表所规定的真值形式，叫严格析取式，它说明，一个不相容选言判断为真，则仅有一子判断为真。

对于性质不同的选言判断，一般从联结词上区分，然而，不相容选言判断有时也用相容选言判断的联结词"或者"，如上例②。因此，确定一个选言判断的类型，必须特别小心，不能脱离具体的语境去随意认定。因为它会直接影响到下面将要讲到的选言推理的有效性问题。一旦我们了解了这些情况，在使用选言判断时，就应根据表述内容的不同要求，选用适当的联结词，尽可能不用相容选言判断的联结词去表述一个不相容选言判断，更不得用表示不相容关系的联结词去表述相容关系的选言判断。

二、选言推理

选言推理是指前提中包含一个选言判断，并依据选言判断的子判断间的逻辑关系进行推演的推理。

由于选言判断有两类，相应的选言推理也有两类，即相容选言推理与不相容选言推理。

（一）相容选言推理

相容选言推理是以相容选言判断作第一前提的推理。由于相容选言判断至少有一个子判断为真，不排除子判断都真，故其有效式是**否定肯定式**，即第二前提否定选言前提的一部分子判断，结论肯定另一部分子判断。例如：

这类事故或为天灾，或为人祸；

这次事故不是天灾，

————————————

这次事故是人祸。

其推理形式为：

或者 p，或者 q

非 p

————————————

q

或表示为：

$((p \vee q) \wedge \neg p) \rightarrow q$

对一个相容选言判断来说，由于它真时，即至少有一个子判断为真，因此，否定其一部分子判断，必能肯定另一部分子判断。

相反，如肯定一部分子判断，由于不排除子判断都真的可能（子判断并不相斥），因而，无法对另一部分子判断做出肯定或否定的推断。由此可见，相容选言推理必须符合下述规则：

①前提否定一部分子判断，结论就应肯定另一部分子判断。

②前提肯定一部分子判断，结论不能否定另一部分子判断。

根据上述规则，我们将上例稍作修改：

这类事故或为天灾，或为人祸；

这次事故是天灾，

————————————

这次事故不是人祸。

很明显，前提中选言判断的两个子判断"这类事故为天灾"和"这类事故为人祸"相容，天灾有时与人祸交织，肯定一子判断，不能否定另一子判断。它违反了相容选言推理的规则，故推不出结论（即推出结论是非有效的）。

作为相容选言推理的第一前提选言判断，其子判断在三个或三个以上时，推理会出现两类情况。一是第二前提否定了除一个以外的全部子判断，则结论肯定为余下的那唯一一个子判断。其形式为：

或者 p，或者 q，或者 r

非 p，非 q

————————————

r

二是第二前提否定了一个子判断，则结论仍为一个选言判断。其形式为：

> 或者 p，或者 q，或者 r
>
> 非 p
> _____
>
> 或者 q，或者 r

对于上述情况，需注意选言判断的某些性质，主要是选言判断也满足交换律和结合律。这表明，在选言判断中，子判断的次序是无关紧要的。例如：

> 或者 p，或者 q

可表述为：

> 或者 q，或者 p

又如：

> 或者 p，或者 q，或者 r

可表述为

> 或者 p，或者（q 或者 r）

知道了这一原理，在推理中分析问题就方便了。

（二）不相容选言推理

不相容选言推理是以不相容选言判断作第一前提的推理。由于不相容选言判断只能有一个子判断为真，其子判断不可能都真，因此，在推理中，就以这一个真的子判断作为分析的中心，即在第二前提中，或在结论中，出现对一个子判断的肯定，则对其余子判断均需予以否定。这样，其有效式就有两个：肯定否定式和否定肯定式。

肯定否定式是第二前提肯定一个子判断，结论否定其余子判断。例如：

> 某甲的收入要么是合法的，要么是违法的；
>
> 某甲的收入是合法的，
> _____
>
> 某甲的收入不是违法的。

其推理形式为：

> 要么 p，要么 q
>
> p
> _____
>
> 非 q

或表示为：

$$((p \veebar q) \wedge p) \rightarrow \neg q$$

对一个不相容选言判断来说，由于它只有一个子判断为真，因此，在前提中肯定一个子判断，就意味着其他子判断都不会为真，推出否定其余子判断作为结论，当然是有效的。

否定肯定式是第二前提否定除一个以外的全部子判断，结论肯定这一未被否定的子判断。例如：

嫌疑人的行为要么是故意的，要么属于过失；

本案中嫌疑人的行为不是故意的，

本案中嫌疑人的行为属于过失。

其推理形式为：

要么 p，要么 q

非 p

q

或表示为：

$((p \lor q) \land \neg p) \rightarrow q$

对一个不相容选言判断而言，由于它只有一个子判断为真，因而，当否定了一系列的子判断后，剩下的那一个子判断当然是真的，得到肯定一子判断的结论是有效的。

从上述情况可以看出，不相容选言推理必须符合下述规则：

1. 前提肯定一个子判断，结论就应否定其余子判断。

2. 前提否定除一个以外的其他全部子判断，结论就应肯定那个未被否定的子判断。

作为不相容选言推理的第一前提不相容选言判断，其子判断在三个或三个以上时，推理稍稍复杂点。但只要严格按规则思考，推理的有效与否是能判定的。一般有三类情况。就肯定否定式来说，第二前提肯定一个子判断（只能肯定一个子判断），结论否定其余子判断。其形式为：

要么 p，要么 q，要么 r

p

非 q，非 r

就否定肯定式而言，如果否定了其他各子判断，则结论肯定那唯一真的子判断。其形式为：

要么 p，要么 q，要么 r

非 p，非 q

r

如果仅否定了一个子判断，则结论仍是一不相容选言判断。其形式为：

要么 p，要么 q，要么 r

非 p
———————————————
要么 q，要么 r

对这类选言推理的分析，同样适用交换律和结合律。

第三节　假言判断及其推理

一、假言判断

（一）假言判断与蕴涵条件

假言判断是陈述对象情况之间的条件联系的判断，也称蕴涵判断或条件判断。例如：

①如果要提高食品工业的加工精度和深度，就需对现有企业进行技术改造。

②只有认识了这一系列错误产生的原因，才能真正改正错误。

例①陈述的是"要提高食品工业的加工精度和深度"与"需对现有企业进行技术改造"之间的条件联系；例②陈述的是"认识了这一系列错误产生的原因"与"真正改正错误"之间的条件联系。很明显，这类判断仅由两个原子命题即子判断组成。一般而言，在"如果"或"只有"之后的子判断表示条件，称为前件；后一子判断则为由条件导致的结果，称为后件。这种判断表明，对象情况之间存在着这样的关系：有某种条件，即导致某情况出现；或无某条件，即导致无某情况出现。对象情况之间的这种关系，即为蕴涵条件联系。具体的条件联系是复杂多样的，而从逻辑角度来说，蕴涵条件可归纳为三类：

充分条件，表示由某一条件必然导致某现象的关系。p 是 q 的充分条件，即有 p 必有 q。

必要条件，表示由无某条件必然导致无某现象的关系。p 是 q 的必要条件，即无 p 必无 q。

充要条件，表示由某一条件必然导致某现象，且无某条件必然导致无某现象的关系。p 是 q 的充要条件，即有 p 必有 q 且无 p 必无 q。

一般来说，自然语言中的条件句、假设句，都可整理成假言判断。我们可从条件联系和具体的联结词标志上去确定。然而，有些情况是需注意的。例如：

①如果说价格改革背后是整个国家经济管理、控制职能的根本变革，那么政企分开意味着包括经营者与生产者、党与政、政与企以及它们之间交叉关系在内的整个社会结构的一次重新组合。

②想研究个别国家的发展前景，必须了解整个世界的经济动向。

例①有"如果……那么……"这种特定联结词的语言标志，但其子判断之间并无条件联系，它只是前后两种情况的对照，故它不是假言判断。在这类复合句开头，往往不是"如果"，而是"如果说"。例②没有明显的表示联结词的语言标志，但其子判断间联系紧密，有一种显著的条件联系。可以把这种复合句看成是省略了联结词的假言判断。

(二) 假言判断的种类

依据假言判断的前后件之间所含有的条件关系的不同，假言判断可分为三类。

充分条件假言判断，通常即称为蕴涵判断，是陈述对象情况之间含有充分条件关系的判断，或者说是前件蕴涵后件的判断。在充分条件假言判断中，前件是后件的充分条件，后件即为前件的必要条件。例如：

①如果 m^2 是偶数，那么 m 是偶数。

②假如语言能够生产物质资料，那么夸夸其谈的人就会成为世界上最富有的人。

在上面两例中，前件为后件的充分条件，有前件，必有后件；而后件为前件的必要条件，无后件，必无前件。如例①，"m^2 是偶数"真，"m 是偶数"必真；"m 是偶数"假，"m^2 是偶数"必假。例②类此。

充分条件假言判断以"如果……那么……"联系前件和后件。如以 p、q 分别表示前、后件，其形式结构为：

如果 p，那么 q

通常，用符号"→"（蕴涵）表示"如果……那么……"这个常项，充分条件假言判断的形式结构为：

p→q

在自然语言中，"假如……则"、"要是……就"、"只要……则"等，也常用做充分条件假言判断的联结词。

充分条件假言判断既然陈述前件是后件的充分条件，它就确定了，p 真，q 必真；而相应的，p 假，q 并不一定假，而是可真可假。显然，在充分条件假言判断真的情况下，p 真而 q 假是不允许的。这一真值特征可见下表。

p	q	p→q
1	1	1
1	0	0
0	1	1
0	0	1

从上表可见，一个充分条件假言判断，只有当其前件真而后件假时，判断为假；在其他情况下，判断均为真。这即蕴涵判断最基本的逻辑特征。

必要条件假言判断，是陈述对象情况之间含有必要条件关系的判断，或者说是前件反蕴涵后件的判断。在必要条件假言判断中，前件是后件的必要条件，后件即为前件的充分条件。例如：

①公民只有年满十八岁，才有选举权。

②除非抓好技术设备的更新，企业不能在竞争中取胜。

在上述两例中，前件是后件的必要条件，无前件，必无后件；而后件为前件的充分条件，有后件，必有前件。如例①，"公民年满十八岁"假，"公民有选举权"必假；"公民有选举权"真，"公民年满十八岁"必真。例②类此。

必要条件假言判断以"只有……才"联系前件和后件。如以 p、q 分别表示前、后件，其形式结构为：

只有 p，才 q

在本书中，用符号"←"（反蕴涵）表示"只有……才"这个常项，必要条件假言判断的形式结构为：

p←q

在自然语言中，"必须……才"、"除非……不"等，也常用做必要条件假言判断的联结词。

必要条件假言判断既然陈述前件是后件的必要条件，它就确定了，p 假，q 必假；相应的，p 真，q 并不一定真，而是可真可假。显然，在必要条件假言判断真的情况下，p 假而 q 真是不允许的。这一真值特征可见下表。

p	q	p←q
1	1	1
1	0	1
0	1	0
0	0	1

从上表可知，一个必要条件假言判断，只有当其前件假而后件真时，判断为假；在其他情况下，判断均为真。这即是反蕴涵判断最基本的逻辑特征。

充要条件假言判断，是陈述对象情况之间含有充分必要条件关系的判断，或者说是前件等值蕴涵后件的判断。在充要条件假言判断中，前件是后件的充要条件，后件即为前件的充要条件。例如：

①当且仅当人们的行动符合客观规律，那么人们的行动就对经济发展起推动作用。

②如果死者是砒霜中毒而死的，那么死者的牙根就会呈现青黑色。

在上述两例中，前件是后件的充要条件，有前件，必有后件；无前件，必无后件。而后件是前件的充要条件，有后件，必有前件；无后件，必无前件。如例①，"人们的行动符合客观规律"真，"人们的行动对经济发展起推动作用"也真；"人们的行动符合客观规律"假，"人们的行动对经济发展起推动作用"也假。反之也一样。例②类此。

充要条件假言判断以"当且仅当……则"联系前件和后件。如以 p、q 分别表示前、后件，其形式结构为：

当且仅当 p，则 q

通常，用符号"↔"（等值蕴涵）表示"当且仅当……则"这个常项，充要条件假言判断的形式结构为：

p↔q

在自然语言中，"如果而且仅仅如果……那么"、"如果而且只有……才"等，也常用做充要条件假言判断的联结词。

充要条件假言判断既然陈述前件是后件的充要条件，它就确定了，p 真，q 必真；p 假，q 必假。也即 p、q 或者同时为真，或者同时为假。这意味着，在充要条件假言判断真的情况下，p 真而 q 假或 p 假而 q 真是不允许的。这一真值特征可见下表。

p	q	p↔q
1	1	1
1	0	0
0	1	0
0	0	1

从上表可知，一个充要条件假言判断，当其前后件之间真值一致（即同真或同假）时，判断为真。这即等值蕴涵判断最基本的逻辑特性。

二、假言推理

假言推理是包含一个假言判断和该判断之一子判断作为前提，按照假言判断的前后件之间的逻辑关系，推演出该假言判断的另一子判断为结论的推理。

根据假言判断的不同，假言推理可分为：充分条件假言推理、必要条件假言推理、充要条件假言推理。

（一）充分条件假言推理

充分条件假言推理是前提中包含一个充分条件假言判断，并根据充分条件假言判断前后件之间的条件联系进行推演的推理。由于充分条件假言判断的前件是后件的充分条件，有前件必有后件；后件是前件的必要条件，无后件必无前件。因此，充分条件假言推理就有两个有效式，即肯定前件式、否定后件式。

肯定前件式，即第二前提肯定充分条件假言判断的前件，结论肯定充分条件假言判断的后件。例如：

如果现场留有小秦的指纹，则他到过该现场；

现场留有小秦的指纹，
_____

小秦到过该现场。

其推理形式为：

如果 p，那么 q

p
_____

q

或表示为：

$((p \rightarrow q) \wedge p) \rightarrow q$

对于一个充分条件假言判断来说，由于其前件是后件的充分条件，前件真，后件必真。因此，在前提中肯定前件，结论肯定后件，具有必然性。

否定后件式，即前提之一否定充分条件假言判断的后件，结论否定充分条件假言判断的前件。例如：

如果他是一个好的律师，则他必精通法律业务；

他不精通法律业务，
_____

他不是一个好的律师。

其推理形式为：

如果 p，那么 q

非 q

非 p

或表示为：

$$((p\rightarrow q)\wedge\neg q)\rightarrow\neg p$$

由于充分条件假言判断的后件是其前件的必要条件，后件假，前件必假。因此，在前提中否定后件，在结论中就能否定前件。

从上述情况可以看出，充分条件假言推理必须符合下述规则：

1. 肯定前件就能肯定后件，否定后件就能否定前件。

2. 肯定后件不能肯定前件，否定前件不能否定后件。

违反上述规则，在前提中肯定后件或否定前件，显然是非有效式。例如：

如果两角是同位角，那么两角相等；

这两角不是同位角，

?

两角不是同位角，推不出这两角"相等"还是"不等"，这是由该推理的形式结构所决定的。再如：

如果两角是同位角，那么两角相等；

这两个角相等，

?

两角相等，并不能说明这两个角是同位角还是其他什么关系。该推理不符合规则的要求。

（二）必要条件假言推理

必要条件假言推理是前提中包含一个必要条件假言判断，并根据必要条件假言判断前后件之间的条件联系进行推演的推理。由于必要条件假言判断的后件是前件的充分条件，有后件必有前件；前件是后件的必要条件，无前件必无后件，因此，必要条件假言推理就有两个有效式，即肯定后件式和否定前件式。

肯定后件式，即前提之一肯定必要条件假言判断的后件，结论肯定必要条件假言判断的前件。例如：

王某只有是国家审判人员，才能从事审判工作；

王某能从事审判工作，

王某是国家审判人员。

其推理形式为：

　　只有 p，才 q

　　q
　　─────
　　p

或表示为：

　　$((p \leftarrow q) \wedge q) \rightarrow p$

　　对于一个必要条件假言判断来说，由于其后件是前件的充分条件，后件真，前件必真。因此，在前提中肯定后件，结论就能肯定前件。

　　否定前件式，即前提之一否定必要条件假言判断的前件，结论否定必要条件假言判断的后件。例如：

　　只有尊重知识，才能尊重人才；

　　某单位不尊重知识，
　　─────────────
　　某单位不尊重人才。

其推理形式为：

　　只有 p，才 q

　　非 p
　　─────
　　非 q

或表示为：

　　$((p \leftarrow q) \wedge \neg p) \rightarrow \neg q$

　　由于必要条件假言判断的前件是其后件的必要条件，前件假，后件必假。因此，在前提中否定前件，在结论中就能否定后件。

　　从上述情况可以看出，必要条件假言推理必须符合下述规则：

　　1. 肯定后件就能肯定前件，否定前件就能否定后件。

　　2. 肯定前件不能肯定后件，否定后件不能否定前件。

　　违反上述规则，在前提中否定后件或肯定前件，不能得到有效结论。例如：

　　只有温度适当，鸡蛋才能孵出小鸡来；

　　孵蛋中温度适当，
　　─────────────
　　?

　　仅温度适当，并不意味着必然能使鸡蛋孵出小鸡。该推理的形式结构非有效，无法得出结论。再如：

只有温度适当,鸡蛋才能孵出小鸡来;

鸡蛋未能孵出小鸡来,
_____

?

鸡蛋未孵出小鸡,不一定就是因为温度不适当。该推理违反规则,推不出有效结论。

(三)充要条件假言推理

充要条件假言推理是前提中包含一个充要条件假言判断,并根据充要条件假言判断前后件之间的条件联系进行推演的推理。由于充要条件假言判断的前件是后件的充要条件,有前件必有后件,无前件必无后件;后件是前件的充要条件,有后件必有前件,无后件必无前件,因此,充要条件假言推理就有四个有效式:肯定前件式、肯定后件式、否定前件式、否定后件式。例如:

当且仅当被告人犯罪的证据充分确实,才可认定该被告人有罪;

被告人犯罪的证据充分确实,
_____

被告人是有罪的。

在这个推理中,第一前提是一个充要条件假言判断,第二前提肯定充要条件假言判断的前件,结论肯定其后件。这个推理即肯定前件式。下面给出充要条件假言推理的形式结构。

肯定前件式

当且仅当 p,则 q

p
_____

q

或表示为:

$((p \leftrightarrow q) \wedge p) \rightarrow q$

否定前件式

当且仅当 p,则 q

非 p
_____

非 q

或表示为:

$((p \leftrightarrow q) \wedge \neg p) \rightarrow \neg q$

肯定后件式

当且仅当 p,则 q

q
_____

p

或表示为：

$$((p \leftrightarrow q) \wedge q) \rightarrow p$$

否定后件式

当且仅当 p，则 q

非 q

———————————

非 p

或表示为：

$$((p \leftrightarrow q) \wedge \neg q) \rightarrow \neg p$$

从充要条件假言推理的有效形式可以看出，充要条件假言推理必须符合下述规则：

1. 肯定前件就能肯定后件，肯定后件就能肯定前件。

2. 否定前件就能否定后件，否定后件就能否定前件。

由于充要条件假言判断子判断真值的一致性，因而，只要在推理中第一前提是充要条件假言判断，第二前提与结论在肯定或否定上一致，总能得到一个有效的结论。

三、包含假言判断的其他推理

（一）假言易位推理

假言易位推理是通过变换假言判断前后件的位置，推演出一个假言判断作结论的推理。这种推理，依据假言判断前后件间的条件联系，由一个假言判断推出另一个假言判断，可看做假言判断的直接推理。常见的假言易位推理有充分条件假言易位推理和必要条件假言易位推理。

充分条件假言易位推理是以充分条件假言判断为前提的假言易位推理。例如：

如果一个企业采用科学管理方法，就能提高劳动生产率；

————————————————————————————

如果一个企业未能提高劳动生产率，那么该企业未采用科学管理方法。

其推理形式结构为：

如果 p，那么 q

————————————

如果非 q，那么非 p

或表示为：

$$(p \rightarrow q) \rightarrow (\neg q \rightarrow \neg p)$$

对于充分条件假言判断而言，后件是前件的必要条件，可见，如后件为假，则前件也假。因此，充分条件假言易位推理的形式是有效的。

必要条件假言易位推理是以必要条件假言判断为前提的假言易位推理。例如：

> 国家只有发展生产，才能改善人民的生活；
>
> 如果国家要改善人民的生活，就要发展生产。

其推理形式结构为：

> 只有 p，才 q
>
> 如果 q，那么 p

或表示为

> （p←q）→（q→p）

由于必要条件假言判断的后件是前件的充分条件，可见，如果后件真，则前件也真。因此，该推理形式是有效的。

（二）假言联锁推理

假言联锁推理是由若干具有联锁关系的假言判断作前提，推演出一个假言判断作结论的推理。联锁，指在前提中，前一假言判断的后件，又是后一假言判断的前件，前提间首尾相连，环环相扣，互为条件联系。因此，其结论由假言判断的联结而推演得出。根据假言前提的不同，假言联锁推理也有不同的形式。

充分条件假言联锁推理是以若干具有联锁关系的充分条件假言判断作前提推得结论的联锁推理。它有肯定式和否定式两种形式。

肯定式是由肯定第一前提的前件到肯定最后一前提的后件得到结论的。例如：

> 如果被告具有颠覆国家的目的，那么被告犯颠覆国家罪；
>
> 如果犯颠覆国家罪，那么被告是故意犯罪，
> _____
> 如果被告具有颠覆国家的目的，那么被告是故意犯罪。

其推理形式结构为：

> 如果 p，那么 q
>
> 如果 q，那么 r
> _____
> 如果 p，那么 r

或表示为：

> （（p→q）∧（q→r））→（p→r）

由于在前提中，p 是 q 的充分条件，q 是 r 的充分条件，因而，如果 p 真，则 q 真；而 q 真，则 r 真。因此，得到结论"如果 p，那么 r"是有效的。

否定式是由否定最后一前提的后件到否定第一前提的前件得到结论的。例如：

如果物体受摩擦，那么物体会生热；

如果物体生热，那么物体体积膨胀，

如果物体体积未膨胀，那么物体未受摩擦。

其推理形式结构为：

如果 p，那么 q

如果 q，那么 r

如果非 r，那么非 p

或表示为：

$((p{\to}q)\wedge(q{\to}r)){\to}(\neg r{\to}\neg p)$

这种推理是从 r 是 q 的必要条件、q 是 p 的必要条件推得结论的。

必要条件假言联锁推理是以若干具有联锁关系的必要条件假言判断作前提推得结论的联锁推理。它有肯定式和否定式两种形式。

肯定式是由肯定最后一前提的后件到肯定第一前提的前件得到结论的。例如：

只有尊重知识，才有科技的高速发展；

只有科技的高速发展，才有四化的实现，

如果要有四化的实现，就要尊重知识。

其推理形式结构为：

只有 p，才 q

只有 q，才 r

如果 r，那么 p

或表示为：

$((p{\leftarrow}q)\wedge(q{\leftarrow}r)){\to}(r{\to}p)$

由于在前提必要条件假言判断中，r 是 q 的充分条件，q 是 p 的充分条件，故 r 真则 q 真，q 真则 p 真，即由 r 真得到 p 真。故得到"如果 r，那么 p"是有效的。

否定式是由否定第一前提的前件到否定最后一前提的后件得到结论的。例如：

只有刻苦学习，才能打好理论基础；

只有打好理论基础，才能掌握现代科学技术，

如果不刻苦学习，那么不能掌握现代科学技术。

其推理形式结构为：

只有 p，才 q

只有 q，才 r

如果非 p，那么非 r

或表示为：

$$((p \leftarrow q) \land (q \leftarrow r)) \rightarrow (\neg p \rightarrow \neg r)$$

这种推理是从 p 是 q 的必要条件，q 是 r 的必要条件推得结论的。

此外，假言联锁推理还可以有不同假言判断（主要是充要条件假言判断与另一假言判断组合成前提）混合在一起进行推理的。在这种推理中，主要是要调整好前提之间的条件联系，即使"联锁"真正表现出来。以下述推理形式结构为例：

当且仅当 p，则 q

只有 q，才 r

如果非 p，那么非 r

在这个推理中，首先把该充要条件假言判断看成是必要条件假言判断，那么前提就一致了。然后按照必要条件假言联锁推理的推理形式来分析，该推理形式是有效的。

（三）反三段论

前面讲过，一个有效的三段论，当其大前提为真，并且小前提也为真时，其结论一定为真。反过来说，一个有效的三段论，如果其结论为假并且其前提之一为真，则另一前提一定是假的。反三段论就是以一个类似三段论结构的、前件为联言判断的充分条件假言判断作前提，通过否定假言判断的后件并肯定其前件中的一个子命题，进而否定其前件中的另一个子命题的推理。例如：

如果一个人学习刻苦，并且学习方法得当，那么他的成绩就很好；

如果一个人学习刻苦，但成绩却不好，那么他学习方法不当。

如果一个人既爱好文学艺术，又爱好体育活动，那么他的业余生活不会单调；

如果一个人爱好体育活动，业余生活仍是单调的，那么他不爱好文学艺术。

这两例推理稍有不同，其推理形式结构分别为：

如果 p 并且 q，那么 r

如果 p 并且非 r，那么非 q

或表示为：

$$((p \land q) \rightarrow r) \rightarrow ((p \land \neg r) \rightarrow \neg q)$$

如果 p 并且 q，那么 r

如果 q 并且非 r，那么非 p

或表示为：

$$((p \wedge q) \rightarrow r) \rightarrow ((q \wedge \neg r) \rightarrow \neg p)$$

在结论中，作为前提的三段论中有两个原子命题被否定了，故称为反三段论。它的逻辑思维基础是，当几个对象情况组合起来构成某一对象情况的充分条件，且当该对象情况不出现，就表明作为条件的几个对象情况中至少有一个对象情况不具备。它的有效性，事实上是由后件是前件的必要条件推得的，当后件假，则前件之一必假。

（四）二难推理

二难推理是由充分条件假言判断和选言判断作前提构成的推理。通常，以两个充分条件假言判断和一个两子判断的选言判断作前提，推演出一个结论。例如：

> 如果某人是老实人，那么他说自己只讲真话；
> 如果某人是说谎者，那么他说自己只讲真话；
> 某人或者是老实人，或者是说谎者；
> ────────────────────────
> 某人说自己只讲真话。

上述推理中，两充分条件假言判断分别假设对象的两种情况，选言判断是对两充分条件假言判断的某部分子判断的陈述，结论则对另一部分子判断做出陈述。这类推理应用到论辩中，说理有较强的逻辑性，反驳有较强的针对性，常使对方陷入进退维谷、左右为难的困境。因此这类推理常在日常交际过程中使用。

根据结论的不同形式及结论与前提的关系，二难推理可按简单或复杂、构成或破坏两类标准进行划分。综合两标准，则有四种形式。

简单构成式是由选言前提肯定假言判断的不同前件而推得肯定假言判断的相同后件的简单判断结论的推理。结论是前提中的一个子判断，即简单判断，故称"简单式"；结论是对前提中某子判断的肯定，故称"构成式"。例如：

> 如果上帝能造出一块他搬不动的石头，那么上帝不是全能的
>   （有一块石头他搬不动）；
> 如果上帝造不出一块他搬不动的石头，那么上帝不是全能的
>   （有一块石头他造不出）；
> 上帝或者能造出一块他搬不动的石头，或者造不出一块他搬不动的石头；
> ────────────────────────
> 上帝不是全能的。

其推理形式结构为：

如果 p 那么 r

如果 q 那么 r

p 或者 q

r

或表示为：

$((p{\rightarrow}r)\land(q{\rightarrow}r)\land(p\lor q)){\rightarrow}r$

简单构成式的充分条件假言前提的前件不同，后件相同，选言前提肯定假言前提的前件，结论肯定其后件。该推理的有效性可以从假言判断前后件的条件联系得到解释。换句话说，可把二难推理看成是假言推理的扩展和变形。

复杂构成式是由选言前提肯定假言前提的不同前件而推得肯定假言前提的不同后件的选言判断结论的推理。由于结论是复合判断，故称"复杂式"；结论是对前提中不同子判断以选言的形式的肯定，故称"构成式"。例如：

如果你打人的行为触犯了法律，那么你将受到法律的制裁；

如果你打人的行为没有触犯法律，那么要受到社会舆论的谴责；

你打人的行为或者触犯了法律，或者没有触犯法律。

你或者受到法律的制裁，或者要受到社会舆论的谴责。

其推理形式结构为：

如果 p 那么 r

如果 q 那么 s

p 或者 q

r 或者 s

或表示为：

$((p{\rightarrow}r)\land(q{\rightarrow}s)\land(p\lor q)){\rightarrow}(r\lor s)$

复杂构成式的假言前提的前后件均不相同，这就导致结论为一选言判断。但其推理原理则与简单构成式是一致的。

简单破坏式是由选言前提否定假言前提的不同后件而推得否定假言前提的相同前件的简单判断结论的推理。结论是简单判断，故称"简单式"，结论是对前提中某子判断的否定，故称"破坏式"。例如：

如果张三是杀人犯，那么他有作案时间；

如果张三是杀人犯，那么他有作案动机；

张三或者没有作案时间，或者没有作案动机；

张三不是杀人犯。

其推理形式结构为：

如果 p 那么 q

如果 p 那么 r

非 q 或者非 r
_____

非 p

或表示为：

$((p \rightarrow q) \wedge (p \rightarrow r) \wedge (\neg q \vee \neg r)) \rightarrow \neg p$

简单破坏式的假言前提的前件相同而后件不同，故否定后件导致否定前件，即得到一个否定其相同前件的简单判断。其推理是以假言判断后件是前件的必要条件这一条件联系为基础的。

复杂破坏式是由选言前提否定假言前提的不同后件而推出否定假言前提的不同前件的选言判断结论的推理。结论是选言判断，故称"复杂式"，结论是对前提中的子判断的否定，故称"破坏式"。例如：

如果他基础好，则学习就很轻松；

如果他肯努力，则学习就能克服困难；

他或者学习不轻松，或者不能克服困难；
_____

他或者基础不好，或者不肯努力。

其推理形式结构是：

如果 p 那么 r

如果 q 那么 s

非 r 或者非 s
_____

非 p 或者非 q

或表示为：

$((p \rightarrow r) \wedge (q \rightarrow s) \wedge (\neg r \vee \neg s)) \rightarrow (\neg p \vee \neg q)$

复杂破坏式的假言前提的前后件均不相同，故结论以选言方式对不同前件加以否定。其推理原理与简单破坏式是一致的。

前面我们曾讨论过二难推理的意义。作为一种推理，它在针对论敌时，确能以论证的逻辑力量，致敌于死地。然而，这并不意味着二难推理是无懈可击的。面对利用二难推理进行诡辩的诡辩者，有针对性地进行反驳是必要的。

反驳二难推理中的诡辩，一般有三种方法。

一是指出其前提中包含的谬误（即前提内容虚假）。一个推理是有效的，是说由真前提不会得假结论。而如果前提假，则另当别论。诡辩常常以有效的推理形式兜售那些貌似真实实则荒谬的观点。比如有人认为，没有任何诚实的律师会为被指控的人辩护。因为如果他是有罪的，他便不应得到保护；如果他是无罪的，这显然会为法官所了解，因而不需要得到保护。这个论述中，包含以下的推理：

如果被告是有罪的，那么不必律师保护他（法律应对他惩罚）；

如果被告是无罪的，那么不必律师保护他（法官自然知道他无罪）；

被告或者有罪，或者无罪；

律师不必保护被告（不需为被告辩护）。

论者把为被告辩护等同于"保护"显然是错误的。因此，两个假言判断均是不能成立的（假）。对于这个二难推理，我们应揭露其中所暗含的虚假内容，这就使其所证明的论点失去依据。

二是指出其推理形式的非有效。二难推理，事实上是满足假言推理的规则的。即它是由肯定前件推出后件，或由否定后件推出前件的否定。如违反规则，推理非有效。例如：

如果一个人是盗窃犯，那么他有作案时间；

如果一个人是盗窃犯，那么他有作案动机；

某人或者有作案时间，或者有作案动机；

所以，他是盗窃犯。

对于这个推理，我们只需指出，推理形式不符合推理规则，推理是非有效的，该结论当然不能成立。

三是依据对方二难推理的某些前提条件，构造一个新的二难推理，推出一个与对方结论相反的判断，达到反驳的目的。我们先看下例：

如果我身体健康，那么我不必锻炼身体（不锻炼身体也好）；

如果我身体不健康，那么我不必锻炼身体（体弱使我不能坚持锻炼）；

我的身体或者健康，或者不健康；

我不必锻炼身体。

针对这一错误的推理，我们可针锋相对地指出：

如果你身体健康，你必须锻炼身体（通过锻炼保持身体的健康）；

如果你身体不健康，你必须锻炼身体（通过锻炼使身体恢复健康）；

你的身体或者健康，或者不健康；

你必须锻炼身体。

这个推理的结论，依据于被反驳推理的前提中的主要条件，而结论正好与被反驳推理的结论相反。因此，由该判断真，驳倒了前一推理的结论。由于前提条件是借自被反驳者，这正好起到了以子之矛攻子之盾的作用。当然，如要用此法进行反驳，最好用简单式而慎用复杂式。因为复杂式是以选言判断作结论，它与对方结论不一定构成矛盾关系，反驳力就不强。

第四节 负判断与等值推理

一、负判断与判断的等值

(一) 负判断的含义

负判断是否定某个判断的判断。例如：

①并非所有公司都是营利性组织。

②如果现场留有某人的足迹，某人就是作案者。这话不对。

例①否定一个简单判断"所有公司都是营利性组织"，例②否定一个复合判断"如果现场留有某人的足迹，某人就是作案者"。

负判断是包含判断的判断，即复合判断。它所包含的判断也就是它所否定的判断，即它的子判断。这表明，负判断作为复合判断，它的特殊性之一是，它仅有一个子判断。当然这个子判断可以是一个原子命题，如例①；也可以是一个复合判断，如例②。对子判断加以否定的词项，是负判断的联结词，如例①的"并非"、例②的"这话不对"。

在自然语言中，不仅表示对判断否定的联结词是多种多样的，负判断的语言表达方式也是多种多样的。例如：

①并非如果天下雨，则路上泥泞。

②说这种商品价廉物美，是睁眼说瞎话。

③不，我啥时候爱过你？

④怎么能够说 A 公司账目是日清月结的呢？

⑤人的正确思想是从天上掉下来的吗？不是。

⑥不可能刘备在三顾之前已认识诸葛亮。

⑦我并没说我认识王刚。

⑧他说昨天下过雨是假话。

⑨不能说王队长强调的要抓紧工作是一句假话。

还可举出很多类似语句。上述例句，尽管表达的内容、表达的方式差异极大，但一个共同点就是，都对某一判断进行了否定。否定词在不同的语言环境中表现出很大的差别，但其逻辑含义则是一致的。以"并非"作其基本联结词，p 作子判断，负判断的形式结构为：

并非 p

通常，以符号"¬"表示负判断的常项，负判断就表示为：

¬p

与前述各种判断相对应，负判断的子判断可以是直言判断，可以是联言判断、选言判断、假言判断，也可以是负判断（如"并非'非 p'"，即双重否定判断¬¬p）。

由于负判断是对整个子判断的否定，因此，子判断 p 的真或假，对于负判断来说，至关重要。当 p 真时，对 p 的否定"非 p"是假的；当 p 假时，对 p 的否定"非 p"是真的。例如：

①昨天的球赛打成了平局。

②并非昨天的球赛打成了平局。

当例①真，例②作为负判断就假；当例①假，例②就真。反之亦然。这种负判断的真值情况，可用下表表示。

p	¬p
1	0
0	1

这即负判断的真值表。由于负判断¬p 仅一个变项，故该表比前述各复合判断的真值表简洁些，变项 p 只有真、假二值，真值表就仅二行。从表中我们可以看出，负判断¬p 与其子判断 p，既不同真，也不同假，二者是矛盾关系。

(二) 判断的等值与等值判断

等值是一种关系，一般意义上，它指两个不同表述的判断，思想内容上具有一致性。所谓两判断的等值，是指两判断在真值上或者同真、或者同假的关系。如果 p 与 q 等值，即有下表：

p	q
1	1
0	0

p、q 这两个判断，尽管其形式不一致，但其思想陈述是一致的，即其真值是一致的，或者同时为真，或者同时为假，不出现第三种情况，我们就称 p、q 具有等值关系。用符号"↔"表示等值，p、q 的等值关系可记做

p↔q

p 与 q 即为等值判断。

负判断是对其子判断的否定，表明子判断陈述的对象情况是假的。然而，对于负判断本身的含义，则容易出现误解歧义。如果我们能为负判断找到一个等值判断，那个等值判断的意义就是该负判断的含义，该等值判断事实上就成为负判断的定义，或可看做对负判断的否定词的消去，也可看做是负判断的化简。可见"等值"对于负判断的理解是非常有意义的。

二、等值推理

（一）等值推理的含义

等值推理，即依据判断的等值关系进行推演的推理。

两判断具有等值关系，意味着其中一判断真，则另一判断必真。从推理的角度来说，两判断等值，以其中之一作前提，推演出另一判断，其推理一定是有效的。因此，我们可以把判断的等值关系看成是推理关系。当然，这种推理是可逆的。例如：

所有微生物是生物；
_____
所有微生物不是非生物。

由于"所有微生物是生物"与"所有微生物不是非生物"是等值的，因此，上述推理是有效的。而下述推理：

所有微生物不是非生物；
_____
所有微生物是生物。

当然也是有效的。

（二）负判断的等值推理

负判断的等值推理，即以负判断为前提，推演出一个与其真值完全相同（即等值）的新判断的推理。

任何负判断，都有与其等值的判断。一旦确定了两者的等值关系，推理的有效性就得到说明。以下我们分别就以直言判断和复合判断作子判断的负判断的等值关系与推理形式作一简要分析。

1. ¬A 的等值判断是 O

¬A 是陈述 SAP 假。根据直言判断之间的真假关系和负判断与其子判断间的关系，当 A 真时，¬A 必假，O 必假；当 A 假时，¬A 必真，O 必真。即¬A 与 O 二者等值。有推理公式如下：

¬A↔O

例如：

并非所有动物都是肉食动物；
_____
有的动物不是肉食动物。

2. ¬E 的等值判断是 I

根据上述关系，当 E 真时，¬E 必假，I 必假；当 E 假时，¬E 必真，I 必真，即¬E 与 I 二者等值。有推理公式如下：

¬E↔I

例如：

并非所有科技成果都不属于高技术领域；
_____
有的科技成果属于高技术领域。

3. ¬I 的等值判断是 E

因为当 I 真时，¬I 必假，E 必假；当 I 假时，¬I 必真，E 必真。即¬I 与 E 二者等值。有推理公式如下：

¬I↔E

例如：

并非有的美人鱼是人；
_____
所有美人鱼都不是人。

4. ¬O 的等值判断是 A

因为当 O 真时，¬O 必假，A 必假；当 O 假时，¬O 必真，A 必真，即¬O 与 A 二者等值。有推理公式如下：

¬O↔A

例如：

并非有的植物在生长中不需要空气；
_____
所有植物在生长中都是需要空气的。

5. ¬A′ 的等值判断是 E′

由于单称判断 A′ 与 E′ 是矛盾关系，因此，否定 A′，就得到 E′，反之也一样。即 ¬A′ 与 E′ 二者等值。其推理形式如下：

¬A′↔E′

例如：

并非武汉长江大桥是长江上的唯一大桥；

武汉长江大桥不是长江上的唯一大桥。

6. ¬E′ 的等值判断是 A′

¬E′ 与 A′ 是等值的，理由已如上述，其推理形式如下：

¬E′↔A′

例如：

并非珠穆朗玛峰不是世界第一高峰；

珠穆朗玛峰是世界第一高峰。

7. ¬（p∧q）的等值判断是 ¬p∨¬q

¬（p∧q），意即 p∧q 为假。按真值表，p∧q 为假，其子判断 p、q 在真值上就应有三种情况，即 p 真 q 假，p 假 q 真，p 假 q 假。而要符合这一真值组合集，只有 ¬p∨¬q。故这两判断等值。这表明，否定一个联言判断，只能得到选言判断，不能得联言判断。其推理形式如下：

¬（p∧q）↔（¬p∨¬q）

例如：

并非该商店所有商品物美价廉；

该商店的商品或者不是物美，或者不是价廉。

8. ¬（p∨q）的等值判断是 ¬p∧¬q

¬（p∨q），意即 p∨q 为假，按真值表，p∨q 为假，即 p 假 q 假，这即判断 ¬p∧¬q。可见，¬（p∨q）与 ¬p∧¬q 是等值的。其推理形式如下：

¬（p∨q）↔（¬p∧¬q）

例如：

这场循环赛并非或者美城队第一，或者神枪队第一；

这场循环赛美城队未得第一，神枪队也未得第一。

上述所列出的两个推理形式，即德·摩根定律，它表述为：否定选言（析取）得联言（合取）；否定联言（合取）得选言（析取）。

9. ¬（p∨̇q）的等值判断是（p∧q）∨（¬p∧¬q）

¬（p∨̇q），意即p∨̇q假。按真值表，p∨̇q假，在子判断的真假组合上，就有p、q同真和p、q同假两种组合，只要出现该情况之一，判断即假。可见，¬（p∨̇q）与（p∧q）∨（¬p∧¬q）二者等值。其推理形式如下：

¬（p∨̇q）↔（（p∧q）∨（¬p∧¬q））

例如：

并非刘宁要么是慈善家，要么是企业家；
————————————————————————
或者刘宁既是慈善家又是企业家，或者刘宁既不是慈善家又不是企业家。

10. ¬（p→q）的等值判断是p∧¬q

¬（p→q），意即p→q假。按真值表，p→q假，即p真q假，这即判断p∧¬q。可见，¬（p→q）与p∧¬q二者是等值的。其推理形式如下：

¬（p→q）↔（p∧¬q）

例如：

并非如果明天下雨，逻辑课就停上；
————————————————————
明天下雨，逻辑课也不停上。

11. ¬（p←q）的等值判断是（¬p∧q）

¬（p←q），意即p←q假。根据真值表，p←q假，即p假q真，这即判断¬p∧q。可见，¬（p←q）与¬p∧q是等值的。其推理形式如下：

¬（p←q）↔（¬p∧q）

例如：

并非只有买卖股票，才能致富；
————————————————
不买卖股票，也能致富。

12. ¬（p↔q）的等值判断是（p∧¬q）∨（¬p∧q）

¬（p↔q），意即p↔q假。按照真值表，p↔q假，其子判断p、q的真假组合有两种可能，即p真q假，或p假q真。这即判断（p∧¬q）∨（¬p∧q）。可见，¬（p↔q）与（p∧¬q）∨（¬p∧q）是等值的。其推理形式如下：

¬（p↔q）↔（（p∧¬q）∨（¬p∧q））

例如：

并非当且仅当罪犯是累犯就置以重刑；
_____
罪犯是累犯但未置以重刑，或者不是累犯却置以重刑。

13. ¬¬p 的等值判断是 p

¬¬p，意即¬p假。而按真值表，¬p假，则p真。可见，¬¬p与p是等值的。其推理形式为：

¬¬p↔p

例如：

指责经营者通过竞争获得利润错误是不对的；
_____
经营者通过竞争获得利润。

（三）其他等值推理

判断间的等值关系是多种多样的，因此，等值推理的有效式是不可穷尽的，下面介绍的关于以复合判断为前提的等值推理，我们仅给出形式和例示，读者可以试作证明。

1. p↔¬¬p

例如：

正当防卫不负刑事责任；
_____
不能说正当防卫不负刑事责任也错了。

2. （p∧q）↔¬（p→¬q）

例如：

老张既是教师，又是人民陪审员；
_____
并非如果老张是教师，他就不是人民陪审员。

3. （p∨q）↔（¬p→q）

例如：

王成或者是足球爱好者，或者是歌迷；
_____
如果王成不是足球爱好者，那么他是歌迷。

4. （p∨̇q）↔（p→¬q）∧（¬p→q）

例如：

诸葛亮南阳躬耕之地要么在湖北，要么在河南；
_____
如果诸葛亮南阳躬耕之地在湖北,则不在河南;如果不在湖北,则就在河南。

5. （p→q）↔（¬p∨q）

例如：

如果一个人做坏事，他就会受到惩罚；

一个人或者不做坏事，或者受到惩罚。

6. （p←q）↔（p∨¬q）

例如：

只有搞好田间管理，才能获得丰收；

或者搞好田间管理，或者不能获得丰收。

7. （p↔q）↔（p→q）∧（¬p→¬q）

例如：

本次赛事规定，当且仅当累计进球数最多的队，才能获得冠军；

如果累计进球数是最多的队，就能获得冠军；如果累计进球数不是最多的队，不能获得冠军。

第五节　真值表的作用

一、真值表的赋值

前述四节，我们分别讨论了合取、析取、蕴涵、否定几个联结词的特征以及各种复合判断与推理的形式结构，这种分析是必要的。它事实上是命题逻辑的基础。

为了说明一个复合判断的逻辑性质，我们给出了复合判断的真值表。它以表格的直观形式，说明一个复合判断与它的子判断之间的真值关系。其实，任意复合判断形式都可以通过真值表来直观说明其逻辑性质，这种说明对于复合判断的逻辑分析是非常有意义的。

根据前述各复合判断的真值表，可以给任意复合判断形式作一真值表。这种作真值表的过程，称为赋值过程。

下面以（p∨q）→（p∧q）为例，说明赋值的具体步骤：

p	q	p∨q	p∧q	（p∨q）→（p∧q）

第一步：将命题公式（p∨q）→（p∧q）由简而繁进行分解，依次列入表中；由于该公式的变项有两个，按前述，它的真假组合为4，这就确定了这个表格的行列。

p	q	p∨q	p∧q	（p∨q）→（p∧q）
1	1			
1	0			
0	1			
0	0			

第二步：给左起两列中的变项 p、q 赋值。

p	q	p∨q	p∧q	（p∨q）→（p∧q）
1	1	1	1	1
1	0	1	0	0
0	1	1	0	0
0	0	0	0	1

第三步：按 p、q 的真值给左边第三列起各公式赋值。

从表中我们看到，最后一列的真值就是（p∨q）→（p∧q）的真值。当 p 真 q 真、p 假 q 假时，该公式为真；p 真 q 假、p 假 q 真时，该公式为假。

下列公式((p→q)∧¬q)→¬p 的赋值过程，读者可以稍作说明。

p	q	¬q	¬p	p→q	（p→q）∧¬q	((p→q)∧¬q)→¬p
1	1	0	0	1	0	1
1	0	1	0	0	0	1
0	1	0	1	1	0	1
0	0	1	1	1	1	1

再如公式（p→q）∧（p∧¬q）的赋值：

p	q	¬q	p→q	p∧¬q	（p→q）∧（p∧¬q）
1	1	0	1	0	0
1	0	1	0	1	0
0	1	0	1	0	0
0	0	1	1	0	0

其实，熟悉了赋值过程，上述的步骤完全可以简化。又如公式((p∨q)∧¬p)→q：

p	q	((p∨q)	∧¬p)	→q
1	1	1	0　0	1
1	0	1	0　0	1
0	1	1	1　1	1
0	0	0	0　1	1

这并没有改变赋值过程的顺序，只是除基本变项外，将赋值结果写于相对应的常项之下罢了。

二、真值表的作用

真值表在前面出现，用以说明一个复合判断的真值性质，实质上是定义了复合判断的逻辑联结词。如联言判断（合取）就是子判断均为真的判断；相容选言判断（析取）就是至少有一个子判断为真的判断；充分条件假言判断（蕴涵）就是前件真而后件假时取值为假的判断；必要条件假言判断（反蕴涵）就是前件假而后件真时取值为假的判断，等等。

真值表更是判定推理形式是否为有效式的最直观的方法。

前面我们已经说明，命题可分为三类，即永真式、永假式、可满足式。上面给公式((p→q)∧¬q)→¬p、((p∨q)∧¬p)→q赋值，这两个公式的真值表的最后一列赋值全部为真（1），即变项在任意取值下，该公式都为真，这

127

就是永真式。公式(p→q)∧(p∧￢q)的真值表则说明，该公式在变项的任意取值下，该公式都为假（0），这就是永假式。公式（p∨q）→（p∧q）通过赋值说明，它是可满足式，因为它在变项 p 真 q 真、p 假 q 假时，赋值为真。

一个推理如果是有效的，其前提蕴涵结论，就是说，它不会由真前提推出假结论。如果一个推理是复合判断的推理，可将其转化为蕴涵式的多重复合判断，这个蕴涵式就不会出现前件真而后件假的状况。这样，永真式的判定就与有效推理的判定结合在了一起。也就是说，当一个复合判断推理的逻辑形式是永真式时，该推理就是一个有效式。因此，真值表赋值法也就成了判定推理是否有效的方法。或者说，判断一个复合判断推理是否有效，可将其改写成符号公式，通过真值表赋值来判定。只要这个符号公式是永真式，该推理就是有效的。这就意味着，可以不用任何规则，仅用真值表，就能判定任一复合判断推理的有效与否。

真值表还可用来判定判断之间的逻辑关系。

在直言判断部分，我们讲述了命题间的真假关系，其中有反对关系、矛盾关系、下反对关系、差等关系。复合判断部分又讲过等值关系。所有这些关系，在复合判断之间是普遍存在的。当考察多重复合判断时，我们看到，复合判断形式具有多样性，它的形式是无穷的。这就使判断间的关系不可能像直言判断那样简单。然而有了真值表，这个问题也能非常简单地解决。例如，￣(p∧q) 与￢p∨￢q，即德·摩根定律，前面曾用说明法给出：

$$￢(p∧q) ↔ (￢p∨￢q)$$

现在可用真值表加以判定：

p	q	￢(p∧q)	￢p∨￢q
1	1	0 1	0 0 0
1	0	1 0	0 1 1
0	1	1 0	1 1 0
0	0	1 0	1 1 1

在真值表中，我们看到，￢(p∧q) 与￢p∨￢q，在子判断 p、q 的各种真假组合下，它们的真值总是或者同真，或者同假，故二者是等值关系。

再如，p→q 与 p∧￢q 的关系，用真值表判定如下：

p	q	p→q	p∧¬q
1	1	1	0　0
1	0	0	1　1
0	1	1	0　0
0	0	1	0　1

由表中可看出，p→q 与 p∧¬q，在子判断 p、q 的各种真假组合下，既不同真，也不同假，故二者是矛盾关系。

☞思考题

1. 联言判断的真值与其子判断的真值之间是何种关系？

2. 联言推理有哪些形式，其有效性如何理解？

3. 选言判断与联言判断有何不同（从真值角度）？

4. 不同的选言判断的特征是什么？

5. 如何理解选言推理的有效性及其规则？

6. 如何理解假言判断的子判断间的条件联系？

7. 学习了符号"→"在判断中的含义后，再说说它用在"所以"意义上时二者的异同。

8. 假言推理的逻辑依据是什么？

9. 用真值表来说明复合判断推理的规则。

10. 什么是假言易位推理？

11. 假言联锁推理有何特征？

12. 如何理解二难推理各形式的有效性？

13. 如何对诡辩的二难推理有针对性地反驳？

14. 如何理解负判断的真值含义？

15. 什么是等值关系？在负判断中研究等值关系有何意义？

16. 等值推理与一般推理有何区别？

17. 除本章所列之等值推理式，你能再列出一些等值推理式来吗？

18. 真值表在逻辑上有哪些作用？

☞**练习题**

一、指出下列判断是什么判断，并写出它们的逻辑形式结构。

1. 公安机关、检察机关和国家安全机关都具有侦查权。

2. 本案凶手可能是撬门入室，也可能是翻窗入室，还可能是叫门入室。

3. 如果这个数不是以两个零结尾，则它不能为 100 所除尽。

4. 身体虽然残废了，可是思想不能残废。

5. 现场提取的字条，不是死者的笔迹，就是凶手的笔迹。

6. 天下雨，运动会就延期。

7. 困难不但没有吓倒他，反而更加坚定了他的信心。

8. 不是鱼死，就是网破。

9. 只有被告人口供，没有其他证据的，不能认定被告人有罪和处以刑罚。

10. 理无可恕，情有可原。

11. 报告的记录有错误，或是报告人说错了，或是记录人记错了，或者二者兼而有之。

12. 领导现代化建设，不努力学习和掌握科学，是无法胜任工作的。

二、根据联言判断、选言判断的真值，回答下列问题。

1. 设 p 为一子判断，对任何子判断 q 而言，要使"p∧q"为假，那么，p 应取真值还是假值？

2. 设 p 为一子判断，对任何子判断 q 而言，要使"p∨q"为真，那么 p 应取真值还是假值？

3. 已知 q 为任意值，要使"p∧q"为假，p 应取何值？

4. 已知 q 假，要使"p∨q"为真，p 应取何值？

三、下列推理属于何种类型？是否有效？如非有效，说明违反了什么规则？

1. 从着装上看林敬是一位军人，而林敬本人告诉我，他是医务工作者，故我推论林敬是位军医。

2. 只有熟悉法律才能当律师，他没能当律师，可见，他不熟悉法律。

3. 某人无法领导好某厂不外乎两个原因：或是他水平有限，或是他工作作风不踏实。据工人们反映，某人水平不高。可见他并非工作作风不踏实。

4. 如果海港结了冰，轮船就不能进港。现在轮船不能进港，可见海港结了冰。

5. 一种行为，要么是合法的，要么是非法的。现查明，张某的行为是合法的，故其行为不是非法的。

6. 或者 SAP 假，或者 SEP 假；SEP 假，所以，SAP 真。

7. 或者 SAP 真，或者 SOP 真；SOP 真，所以，SAP 假。

8. 如果不给幼苗浇水，幼苗会枯萎。他已给幼苗浇了水，因而幼苗不会枯萎。

9. 因为自然规律和社会规律都是不以人们的意志为转移的；所以，自然规律是不以人们的意志为转移的。

10. 如果实行密植，水稻可丰产，故如要水稻丰产，则只有实行密植。

11. 只有一个三段论的中词周延，这个三段论式才是有效的，某三段论中词周延，故这个三段论式是有效的。

12. 只有一个人满十八岁，他才有选举权；只有一个人进行了选民登记，他才有选举权；因此，如果一个人满十八岁且进行了选民登记，他就有选举权。

四、请运用推理的有关知识，回答下列问题：

1. "张曼倩在我校外文系读书，她是女生，会拉小提琴。所以，怎么能说我们外文系四年级学生中没有女生会拉小提琴？"这个结论能否必然地从前提推出，为什么？

2. 由前提"这份统计表的错误是由于材料不可靠，或者计算有差错，或者抄写有错误"进行选言推理：

加上①："这份统计表的错误是由于材料不可靠"，能推出什么结论？

加上②："这份统计表的错误不是由于计算有差错"，能推出什么结论？

加上③："这份统计表的材料不是不可靠的，而且没有抄写的错误"，能推出什么结论？

3. 以"p 或 q 或 r"为一前提，加上"p"这一前提，能推出结论吗？如加上前提"非 p"，能推出什么结论吗？说明理由。

4. 某甲正在进行一项新产品试验，同学某乙来看望他，并约他星期天小酌。甲推辞道：事情太忙。且说，如果这次试验不成功，星期天要到图书馆去查资料。隔天，乙得知甲的新产品试验成功了。星期天上午，乙到甲家表示祝贺，可甲留条说：到图书馆去了。过了几天，乙路遇甲，就责怪甲食言。甲笑了笑说："我并未食言，是你的思考不合逻辑。"

问题在于甲还是在于乙，是何问题？

5. 交通部二航局工人吕多翠患了一种奇怪的病，她打个喷嚏就震断了三根肋骨；她爱人背她上医院，两条大腿骨和左胳膊也从中折断了。她曾被四家医院诊断为不治之症，某医院诊断她患的是炬骨细胞瘤和破骨性细胞瘤，只能再活三个月。就在这三个月的最后几天，她偶然遇到了武汉同济医科大学骨科教授王泰仪。王泰仪诊断后提出这是可治之症，他对原来的诊断提出了三个疑点：①患者气色尚好，能吃能喝，不像癌症晚期；②炬骨细胞瘤骨折较为集中，而且往往断在关节处，不会从中间折断；③炬骨细胞瘤病灶必然会往胸部转移，而患者胸部却没有病变。因此他推断吕多翠患的是甲状旁腺机能亢进症。后来，经过各种医疗手段反复检查，证实了王教授的诊断是正确的。经医院开刀治疗，病人终于痊愈。

请从逻辑上分析王教授诊断中包含的推理。

6. 你对下列争论的问题如何理解？

甲：你买的新彩电是什么牌子的？

乙：莺歌牌。

甲：效果怎么样？

乙：（沉思片刻）我看并非物美价廉。

丙：不见得吧？我以为莺歌彩电质量是不错的。

甲：噢！你们的看法分歧在哪里呢？

丙：乙认为莺歌彩电既贵，质量又不好，我认为质量可以，只是贵了点。

甲：（对乙）是这样吗？

乙：不，我跟他是一个意思。

丙：可刚才你明明说……

甲：不必争了，你们的意思我懂了。

五、整理下列文字所包含的假言推理。

1. 某甲病重。其母请来医生诊治，又忙着打点香烛，求神保佑。某甲反感，又不好直说，只好埋怨其母请医白花了钱。

2. 我县"一号"要案中的三个嫌疑人，经查，都没有作案时间。可见，他们都不是作案人。

3. 根据经验，自缢身亡，则绳迹淤血，也就是说，如果死者绳迹不淤血，说明他不是自缢身亡的。

4. 如果海水由蓝变绿，就有高度密集的海藻；而如果海藻高度密集，就有鱼；一种鱼又会引来别种鱼。可见，如果海水由蓝变绿，则有许多鱼。

5. 当初苏伊士运河问题发生时，美国助理国务卿乔治·艾伦奉杜勒斯之命，送一封措辞强硬的信给埃及总统纳赛尔，但纳赛尔也预先做好了必要的准备。据消息灵通人士透露，艾伦感到很为难——如果他去见埃及总统，纳赛尔会将他赶出办公室；如果他拒绝杜勒斯之命，杜勒斯也会将他赶出办公室。

6. 如果客观条件已经成熟，而主观方面也作了充分的努力，那么工作一定能够成功。所以，如果客观条件已经成熟，而工作却没有能成功，那问题不是很清楚吗？

六、简要说明下列各组命题形式是否等值。如不等值，说明是何种关系。

1. 并非（如果 p，那么 q；而且只有 p，才 q）
   p 而且非 q，或者非 p 而且 q

2. 只有 p，才 q
   如果非 p，那么非 q

3. 如果 p，那么 q
   只有非 p，才非 q

4. 并非（p 并且 q）
   非 p 并且非 q

5. 非 p 或者 q
   并非（p 并且非 q）

6. 当且仅当 p 则 q
   并非（要么 p，要么 q）

七、请用真值表方法解答下列问题。

1. 已知下列 A、B、C 三个判断中，恰有两个为真。试问：甲是否懂英语？乙是否懂英语？

   A：如果甲懂英语，那么乙不懂英语。　B：甲懂英语或乙不懂英语。
   C：甲懂英语但乙不懂英语。

2. 列出 A、B、C 三判断的真值表，并回答：当 A、B、C 中恰有两假时，能否断定甲村所有人家有彩电，能否断定乙村有些人家没有彩电？

   A：只有甲村有些人家没有彩电，乙村所有人家才有彩电。
   B：甲村所有人家有彩电并且乙村所有人家有彩电。
   C：或者甲村所有人家有彩电或者乙村所有人家有彩电。

3. 用真值表方法解答：丁的话能否成立？为什么？

   甲：如果小王第一，那么小李第二。
   乙：只有小王不是第一，小李才是第二。
   丙：小王第一，当且仅当小李不是第二。
   丁：甲、乙、丙三人的话都不对。

4. 用真值表方法解答：在什么情况下，丁的话能成立？

甲：李平是大学生或者王卫是大学生。

乙：如果李平不是大学生，那么王卫也不是大学生。

丙：如果李平是大学生，那么王卫不是大学生。

丁：甲、乙、丙的话都对。

5. 用真值表方法解答：在什么情况下，丁的话不能成立。

甲：小陈是木工并且小李不是电工。

乙：小陈是木工或者小李不是电工。

丙：如果小陈是木工，那么小李不是电工。

丁：甲、乙、丙的话并非都真。

6. 用真值表方法解答：是否有一方案可同时满足甲、乙、丙三位领导的要求。

甲、乙、丙三位领导对是否选派小丁与小马去疗养发表如下意见：

甲：如果小丁去，那么小马也去。　　乙：只有小丁去，小马才去。

丙：或者小丁去，或者小马去。

八、综合题

1. 下述甲、乙、丙的猜测各对了一半，试问：A、B、C中谁是律师、谁是法官、谁是检察官？请写出推导过程。

甲：A是律师，B是法官。

乙：A是法官，C是律师。

丙：A是检察官，B是律师。

2. 下面A、B、C三公式两真一假，试推出 $\neg r \vee \neg s$ 的取值情况。

A：$r \rightarrow p$　　　　B：$s \rightarrow q$　　　　C：$p \wedge q$

3. 假设下列四句中只有一句为真，问：小周、小陈、小刘是否学日语？写出推导过程。

（1）或小周不学日语，或小陈不学日语。

（2）只有小周学日语，小陈才学日语。

（3）小刘学日语，小陈也学日语。

（4）小周不学日语。

4. 假设下面三句话一真两假，问：甲、乙、丙、丁的一至四名的名次如何排定？

（1）若乙是第二，则甲是第一。　　　（2）若丙是第三，则甲是第一。

（3）甲不是第一。

5. 已知：（1）只有破获 03 号案件，才能确认甲、乙、丙三人都是罪犯；（2）03 号案件没有破获；（3）如果甲不是罪犯，则甲的供词是真的，而甲说乙不是罪犯；（4）如果乙不是罪犯，则乙的供词是真的，而乙说自己与丙是好朋友；现查明（5）丙根本不认识乙。

问：根据上述已知情况，甲、乙、丙三人中，谁是罪犯？谁不是罪犯？请写出推导过程。

九、单项选择题

1. 与"并非所有犯罪分子都是青年人"这个命题等值的是（　　）。

　　A. 所有犯罪分子都不是青年人

　　B. 犯罪分子中有青年人

　　C. 有的犯罪分子不是青年人

　　D. 没有一个犯罪分子不是青年人

2. 与"并非该犯罪团伙的成员都是北方人并且都是惯犯"这个负命题等值的命题是（　　）。

　　A. 该犯罪团伙的成员都不是北方人，并且，该犯罪团伙的成员都不是惯犯

　　B. 该犯罪团伙的成员都不是北方人，或者，该犯罪团伙的成员都不是惯犯

　　C. 该犯罪团伙的成员不都是北方人，并且，该犯罪团伙的成员不都是惯犯

　　D. 该犯罪团伙的成员不都是北方人，或者，该犯罪团伙的成员不都是惯犯

3. 与"如果王某是该案作案人，那么王某就有作案的时间"等值的命题是（　　）。

　　A. 如果王某有作案时间，那么王某就是该案作案人

　　B. 如果王某不是该案作案人，那么王某就没有作案时间

　　C. 或者王某不是该案作案人，或者王某有作案时间

　　D. 或者王某是该案作案人，或者王某没有作案时间

4. 下列选项（　　）中，p 不是 q 的充分条件。

　　A. p：认识错误；q：改正错误

　　B. p：有选举权；q：年满 18 岁

　　C. p：不熟悉法律；q：不能担任律师

　　D. p：获得比赛名次；q：到达比赛现场

E. p：被推选为三好学生；q：学习成绩好

5. 甲、乙二人在楚河汉界上激战。面对甲的"将军"，乙发现自己的下一步：要么出车，要么走炮，要么跳马；若出车，则马被吃掉；若不出车，则炮走不得；绝对不能丢失马。乙的下一步如何走呢？（　　）

    A. 出车　　　　B. 进卒　　　　C. 跳马

    D. 走炮　　　　E. 上士

6. 若"如果张某不是肇事者，那么刘某就是肇事者"为假，则下列命题中必然为真的命题是（　　）。

    A. 只有张某是肇事者，刘某才不是肇事者

    B. 如果张某是肇事者，那么刘某就不是肇事者

    C. 或者张某是肇事者，或者刘某是肇事者

    D. 虽然张某不是肇事者，但刘某是肇事者

7. P、Q、R 三人参加录用公务员考试。不久，就有有关三人考试结果的传言：

    (1) 这三人中至少有一人将被录用

    (2) 如果 P 被录用而 Q 不被录用，那么 R 也被录用

    (3) Q 与 R' 或者都被录用，或者都不被录用

    (4) 如果 Q 被录用，那么 P 也被录用

如果上述传言属实，则下述（　　）最有可能是这三人考试的结果。

    A. P、R 被录用，Q 未被录用

    B. R 被录用，P、Q 未被录用

    C. P、Q 被录用，R 未被录用

    D. 三人均被录用

    E. 三人均未被录用

8. 如果一名律师在陈词时抓不住要点，那么他肯定没学过逻辑学。

若要上述论断成立，必须以下列哪一项为前提？（　　）

    A. 该案胜诉也难获大利，律师陈词时就会胡言乱语。

    B. 律师的被代理人本身违法，律师陈词时当然抓不住要点。

    C. 要当好一名律师，确实需要学好逻辑学。

    D. 运用逻辑知识于诉讼活动中，就能使法庭陈词条理分明，重点突出。

    E. 不学逻辑学也能当好律师，打赢官司。

9. 如果 M 和 N 的计算机通级考试都未过关，那么 P 一定过了关。

以上述命题为前提，若增加下述哪一项为前提，可以推出"M 的计算机通级考试过了关"的结论？（   ）

    A. P 没过关   B. P 过了关   C. N 没过关

    D. N 和 P 都没过关 E. N 和 P 都过了关

10. 在一次刑侦行动开始之前，在一名组长人选问题上争论激烈，最后由刑侦队长主持投票决定。队长提醒大家："今天必须选出这名组长。按照大家提名，要么选 A，要么选 B。请各位不要投弃权票。"

以下选项中，由队长的话中推不出的结论是（   ）。

    A. 或者选 A，或者选 B

    B. 如果选 A，就不能选 B

    C. 在 A、B 二位候选人中，能且只能选一位

    D. 或者选 A，或者不选 B

    E. 选票上不能同时填上 A、B 二人的姓名

11. "并非只要陈某是法律系毕业的，他就能成为优秀律师"，这个命题等值于（   ）。

    A. 虽然陈某不是法律系毕业的，但他已成为优秀律师

    B. 陈某是法律系毕业的，并且，他已成为优秀律师

    C. 陈某不是法律系毕业的，并且，他也没有成为优秀律师

    D. 陈某是法律系毕业的，但他却没有成为优秀律师

12. 命题：（1）只有甲组有的学生没学过逻辑，乙组所有学生才学过逻辑；（2）甲组所有学生学过逻辑并且乙组所有学生学过逻辑；（3）或者甲组所有学生学过逻辑，或者乙组所有学生学过逻辑。

已知上述命题中有两个为假，可推得以下哪项一定为真？（   ）

    A. 甲组所有学生学过逻辑，乙组所有学生学过逻辑

    B. 甲组所有学生没学过逻辑，乙组有的学生没学过逻辑

    C. 甲组有的学生没学过逻辑，乙组所有学生学过逻辑

    D. 甲组有的学生学过逻辑，乙组有的学生学过逻辑

    E. 甲组有的学生没学过逻辑，乙组有的学生没学过逻辑

13. 与"并非如果你来他就不来"等值的命题是（   ）。

    （1）或者你来，或者他不来   （2）并非只有你不来他才来

    （3）只有你来他才来   （4）你来他也来

    A. （1）（2）   B. （2）（3）

    C. （2）（4）   D. （3）（4）

14. "p 或 q"与"如 q 则 p"这两个命题形式,它们包含着下述内容:(   )。

    A. 相同的逻辑常项、相同的变项

    B. 相同的逻辑常项、不同的变项

    C. 不同的逻辑常项、相同的变项

    D. 不同的逻辑常项、不同的变项

15. 某人涉嫌某案件而受到指控,法庭辩论中,控辩双方有如下辩论:

公诉人指控:如果被告人作案,他必有同伙。

律师辩护:这不可能。

律师辩护的本意是想说明他的当事人不是作案人,但当事人自己则认为辩护律师的辩护是愚蠢的,这是因为(   )。

    A. 辩护律师没有正面反击检察官的指控

    B. 辩护律师承认他的当事人既是作案人又有同伙

    C. 辩护律师不承认他的当事人作案,却承认他有同伙

    D. 辩护律师承认他的当事人作案,但不承认他有同伙

16. "光是有质量的。因为光对它射到的物质产生了压力。如果光没有质量,它就不会产生这种压力。"分析下列各段中包含的推理的形式,说明哪一项与题干推理形式是相同的。(   )

    A. 一大佬致仕后,每日与门客饮宴。一日,面色不乐。客问为何。大佬答,每日宴赏,自然快乐,但不知死后是否快乐?一客对道,死后一定快乐。问何故,客回答,如人死后不快乐,那死人早就跑回来了;可我们没见一个死人跑回,可见人死后一定快乐。

    B. 一个有效的三段论,或者大前提是全称命题,或者小前提是全称命题。已知小张陈述的这个三段论的大前提是全称命题。可见小张陈述的这个三段论的小前提不是全称命题。

    C. 如果一个推理的前提真且形式有效,那么其结论必然为真。所以,如果一个推理的前提真且结论为假,那么其形式是非有效的。

    D. 这个推论形式是非有效的。因为一个推论只有形式有效,其结论才真实可靠。而这个推论的结论不是真实可靠的。

    E. 唐太宗曾对他的大臣们说:"夫欲盛则费广,费广则赋重,赋重则民愁,民愁则国危,国危则君丧矣。朕常以此思之,故不敢纵欲也。"

17. "如果给我支点,我将撬动地球。"这一命题不能由(   )推得。

    A. 只有我撬动地球,才给我支点

B. 如果我撬动地球，就给我支点

　　C. 除非不给我支点，我才不撬动地球

　　D. 要是我不撬动地球，就没给我支点

18. 以"如果甲乙都不是作案者，则丙是作案者"为一前提，再增（　　）为另一前提，可得到"乙是作案者"的结论。

　　A. 甲是作案者　　　　　　B. 丙不是作案者

　　C. 甲和丙都不是作案者　　D. 甲和丙都是作案者

19. 从前，某海岛上有一个奇怪的风俗：凡是漂流到这个岛上的外乡人都要作为祭品被杀掉，但允许被杀的人在临死前说一句话，然后由这个岛上的长老判定这句话是真的还是假的。如果说的是真话，则将这个外乡人在真理之神面前杀掉；如果说的是假话，则将这个外乡人在谬误之神面前杀掉。一天，一位逻辑学家漂流到了这个岛上，他说了一句话，结果，守信用的岛民没有办法杀掉他。从此，岛上的这个风俗被废除了，逻辑学家被推为岛上的酋长。

　　这位逻辑学家必定说了下面哪一句话？（　　）

　　A. 你们这样做不合乎理性。　　B. 我将死在真理之神面前。

　　C. 你们还讲不讲道德良心。　　D. 我将死在谬误之神面前。

　　E. 要杀要剐，由你们决定，但上帝会惩罚你们的。

20. I 命题与 O 命题至少有一为真。因为如果 A 命题为真，则 I 命题为真；如果 A 命题为假，则 O 命题为真；而 A 命题或者为真，或者为假。

　　以下哪项与上述论证在方法上最为接近？（　　）

　　A. 如果银行银根吃紧，那么储户就踊跃存款。因为如果银行银根吃紧，那么存款利息就会上升，如果利息上升，那么储户就踊跃存款。

　　B. 某甲既能认识错误，又能改正错误。因为如果一个人态度好，他就能认识错误；如果一个人道德高尚，他就能改正错误。某甲态度好且道德高尚。

　　C. 如果一个人爱好体育活动，业余生活仍是单调的，那么他不爱好文学艺术。因为如果一个人既爱好文学艺术，又爱好体育活动，那么他的业余生活不会单调。

　　D. 专业干部或者具有各种应变能力，或者具有解决专业问题的能力。因为专业干部或者知识面宽广，或者专业知识精深。而一个人如果知识面宽广，那么他就具有各种应变能力；一个人如果专业知识精深，那么他就具有解决专业问题的能力。

E. 如果一部作品既是戏剧又是相声，那么它就既有故事情节，又轻松活泼引人发笑。因为如果一部作品是戏剧，则它有故事情节；如果一部作品是相声，则它轻松活泼引人发笑。

21. 美国人在审讯阿富汗战俘时遇到很多麻烦。阿富汗战俘的不合作，使审讯人员心力交瘁。一位审讯官说："只要他们愿意开口，哪怕让我倒立着要猴给他们看都行。"

这位审讯官其实是告诉我们，（　　　）。

A. 这位审讯官是一位会要猴的人

B. 这位审讯官想运用要猴这种方式取悦战俘

C. 这些战俘最喜欢看要猴

D. 为了让战俘开口说话，审讯人员需尽力向他们表示友好

E. 审讯战俘的工作已经不得不停止

22. 一僧人称：儒教虽正，不如佛学之玄。如僧人多能读儒家之书，而儒生却读不懂佛家经典。

以下哪项是对僧人论述的最恰当的机敏的反驳？（　　　）

A. 佛教理论玄而又玄，又有多少人能读得懂？

B. 儒、佛两家各有千秋，无所谓更高深。

C. 儒教在中国已有两千多年，是中国的正教。

D. 譬如饮食，人可食者，狗亦能食也；狗可食者，人决不食之。

E. 所有僧人都能读儒家之书吗？

23. 在一起投毒案中，警方认定：甲、乙、丙、丁四人中有一人是投毒者。询问时，

甲说："丙是投毒者。"

乙说："我没投毒。"

丙说："我也没有投毒。"

丁说："只有乙投毒，我才没投毒。"

后查明，上述四句话中仅有一句话是假话，据此，可以确定以下哪项成立？（　　　）

A. 是甲投毒　　　　　　　　B. 是乙投毒

C. 是丙投毒　　　　　　　　D. 是丁投毒

24. 如果生产下降，或者人口过多，那么物资短缺。如果物资短缺，那么或者通货膨胀，或者物价上涨。如果物价上涨，那么群众就会抱怨政府。

从以上条件出发，要得出"生产没有下降"这一结论，还必须加上下述

何种条件？（　　）

    A. 群众没有抱怨政府，当且仅当没有通货膨胀

    B. 要么没有通货膨胀，要么群众没有抱怨政府

    C. 或者没有通货膨胀，或者群众没有抱怨政府

    D. 没有通货膨胀，并且群众没有抱怨政府

    E. 如果没有通货膨胀，那么群众就不会抱怨政府

25. 要是美国接受安南计划，英国、加拿大、沙特阿拉伯三国将都接受安南计划。

    如果上述陈述是真的，那么以下哪项也是真的？（　　）

    A. 要是美国不接受安南计划，英国、加拿大、沙特阿拉伯三国中至少有一国不接受安南计划

    B. 只要沙特阿拉伯不接受安南计划，美国和英国将不会都接受安南计划

    C. 只要美国不接受安南计划，英国、加拿大、沙特阿拉伯就都不接受安南计划

    D. 要是英国、加拿大、沙特阿拉伯都接受了安南计划，美国也就接受安南计划

    E. 如果沙特阿拉伯不接受安南计划，那么英国、加拿大不会都接受安南计划

26. 某商场的货物全部来自湖南、广东、浙江和山东，分别属于三个类别，即食品、化妆品和文化用品。现已知：在货物中，文化用品全是山东货；浙江货不是化妆品；广东货与另外一个省份的商品在同一个类别中；湖南货与广东货不是同一类别商品。

    根据上述条件，广东货是哪一种类的商品呢？（　　）

    A. 食品

    B. 化妆品

    C. 文化用品

    D. 化妆品与文化用品

    E. 食品与化妆品

27. 拿破仑曾说，不想当元帅的士兵一定不是一个好士兵。

    以下各项除了（　　），都与上述拿破仑的观点一致。

    A. 如果一个士兵是一个好士兵，那么他是想当元帅的

    B. 一个士兵，除非他想当元帅，否则他不是一个好士兵

C. 只有想当元帅的士兵才是一个好士兵

D. 只有一个士兵是一个好士兵，他才想当元帅

E. 如果一个士兵不想当元帅，那么这个士兵不是一个好士兵

28. 记者：作为一个政治家，必须具备什么样的才能？

首相：政治家要有准确预测的才能。如果预测之事没有发生，也必须有巧妙说明的本领。

根据首相的观点，下述（   ）是推不出来的。

A. 政治家可能做出错误的预测

B. 政治家可能没有巧妙说明的本领

C. 政治家可能既没有准确预测的才能，又没有巧妙说明的本领

D. 政治家如果没有巧妙说明的本领，就必须有准确预测的才能

29. P 说这家商场的商品物美且价廉。如果 P 说的不真实，则实际上这家商店的商品（   ）。

A. 如果物不美就价廉   B. 或者物不美或者价不廉

C. 如果价不廉物就美   D. 物不美价也不廉

30. 侦查员甲、乙、丙、丁通过调查了解，对"10·23"案件的嫌疑犯李某、赵某作了如下的断定：甲："我认为赵某不是凶犯。"乙："或者李某是凶犯，或者赵某是凶犯。"丙："如果李某是凶犯，则赵某不是凶犯。"丁："我看李某和赵某都是凶犯。"

破案后证实上述断定中只有一句是假的。据此，就可推知（   ）。

A. 李某和赵某都是凶犯

B. 甲说假话，并且李某不是凶犯

C. 李某是凶犯，且丙说真话

D. 赵某是凶犯，但李某不是凶犯

31. 如果这趟列车不晚点，那么，旅客均可顺利到达。

下面哪项是对上述命题的逻辑性质的最为准确的分析？（   ）

A. "这趟列车不晚点"与"旅客均可顺利到达"都为真

B. "这趟列车不晚点"真，而"旅客均可顺利到达"为假

C. 如果"旅客均可顺利到达"真，则"这趟列车不晚点"也真

D. 如果"旅客均可顺利到达"假，则"这趟列车不晚点"也假

E. "这趟列车不晚点"与"旅客均可顺利到达"都假

32. 从"如 p 则 q，如 q 则 r"，可推得（   ）。

（1）如 p 则 r   （2）如 r 则 p

（3）如非 p 则非 r　　（4）如非 r 则非 p

A.（1）（2）　　　B.（2）（3）　　　C.（3）（4）　　　D.（1）（4）

33. 某地有两座城，城里人有些很有趣的言语现象：甲城的人在每周的一、三、五必说谎；乙城的人在每周的二、四、六必说谎。在其他时间，两城的人都是实话实说。外地一位哲人知道当地的这一习惯。这一天，他到了这两座城的附近，碰到了两位当地居民。他分别向他们提出关于日期的问题，结果那两位居民都说："前天是我说谎的日子。"

如果被问的那两个人恰好分别来自甲城和乙城，以下哪一项最可能为真？
（　　）

　　A. 这一天是星期五或星期一

　　B. 这一天是星期二或星期四

　　C. 这一天是星期一或星期三

　　D. 这一天是星期四或星期五

第五章 逻辑的基本规律

受人尊重的法律必须有其理由，而且只有符合逻辑思考规律的法律推理才能被接受。

——［美］亚狄瑟

第一节 概　述

一、什么是逻辑的基本规律

逻辑的基本规律是关于思维的逻辑形式的规律，是运用各种逻辑形式的总原则，人们正确思维的基本前提和必须遵守的共同准则，是人们运用概念、做出判断、进行推理和论证时所必须遵守的最起码的思维准则，也是认识真理、准确地表达思想和理性的交谈能够进行下去的必要条件。

逻辑的基本规律包括同一律、矛盾律、排中律、充足理由律。这些规律是保证人们的思维具有确定性、一贯性、明确性和论证性的，从而做到概念明确、判断恰当、推理正确和论证有效。如果违反逻辑基本规律，思维就会出现混乱，人们就不能正确地认识事物和准确地表达思想。逻辑基本规律对人们的思维具有强制性和普遍有效性。这四条规律是人类长期思维活动、思维经验的概括和总结，概括地表现了逻辑思维的一般特点。它对概念、判断、推理和论证等各种思维形式都有约束力，对各种逻辑形式的正确运用具有普遍性的指导意义。其他诸如下定义的规则、划分的规则、各种推理的具体规则等，都是由逻辑基本规律派生出来的。因而，同一律、不矛盾律、排中律和充足理由律是逻辑思维的基本规律。从逻辑的基本规律同具体的各种思维形式结构的规则的关系来说，后者只适用于对某一思维形式的要求，并且都要受逻辑基本规律的制约。

二、逻辑的基本规律的地位与作用

逻辑的基本规律的地位与作用在于，它们是人类思维的基本规律，制约着人类思维过程的全部过程。其理由在于：

第一，这些规律是正确思维的必要条件，或者说，是正确思维的起码要求。逻辑的基本规律是思维的规律，它对思维的基本要求是思想的确定性。同一律、矛盾律、排中律和充分理由律——这些思维的基本规律都是从不同方面体现了正确思维的主要特征——确定性，并服务于正确思维之确定性的实现。什么是正确思维的确定性？如果一个思想是有意义的、有真假的，我们就说它是确定的；反之，如果没有意义，也无所谓真假，我们就说它是不确定的。逻辑的基本规律的逻辑要求是人们（根据这些规律的内容）为保证推理、论证的确定性、一贯性、明确性和论证性而提出的，思维的确定性具体表现为同一性（在同一思维过程中，概念或判断要有确定性）、一贯性（在同一思维过程中，一个概念或判断不能既是什么，又不是什么）、明确性（在同一个思维过程中，一个概念或判断是什么或不是什么，必须是明确的）和论证性（在同一思维过程中，如果一个论断是真的，必须要有相关的充足理由予以支持）。只有遵守这四条规律，思想才会有确定性。违反这几条规律，思想就会出现偷换概念、转移论题、含糊不清、自相矛盾（"两可"）、"模棱两不可"和"推不出"等错误。所以，逻辑的基本规律是正确思维必须遵守的起码准则，是运用概念、做出判断、进行有效推理和论证的必要前提。

第二，思维的确定性是客观事物的质的规定性与相对稳定性的反映，也就是说逻辑的基本规律有着自己的客观基础。逻辑规律虽是思维规律，但它跟事物规律一样，也具有不以人们意志为转移的客观必然性。唯心主义者否认逻辑思维规律的客观性，他们或者认为这些规律是思维本身所固有的先验范畴，或者认为思维规律是人们根据约定建立起来的规则。辩证唯物主义者则认为，逻辑的基本规律不是先验的，也不是约定俗成的；逻辑的基本规律是以客观事物的质的规定性和相对稳定状态为基础，它是人类在长期的实践中对思维活动的概括和总结。客观事物在自己的运动与发展过程中，也存在着相对静止的状态，才使自己具有质的规定性。在同一时间、同一关系下，一个事物是什么就是什么，不能同时既是又不是什么。客观事物这种不依人的意志为转移的、相对稳定的内在规定性，是人们区分事物、认识事物的基础。每一事物这种相对的、自我同一的性质，亿万次反映到人们的意识中，就逐步形成了同一律、不矛盾律、排中律这些基本思维规律。因而，逻辑的基本规律虽然不是客观事物本身的规律，但它们却有着自己的客观基础，它是关于客观事物的质的规定性和相对稳定状态在人们主观意识中的反映。也就是说，具体事物在一定时间、一定条件下总是有质的规定性。正是这种质的规定性决定了在同一思维过程中的思想是什么就是什么；是 A，就不是非 A；如果不是非 A，那就是 A。这种质的规定性反映到人的思维中，就要求人的思想具有同一性、不矛盾性、明确性和论证性。反映客观世界的质的规定性和相对稳定性的——思维确定性是逻辑思维的基本特征，它要求我们的思维和表达思维的语言具有确定性。这就是逻辑的基本规律的客观基础。

第二节 同 一 律

一、同一律的基本内容

在同一个思维过程中，每一思想都要保持与自身的同一性。

"在同一个思维过程中"是指"三同一"：即就同一对象、同一时间（思维对象处于相对稳定的阶段，未发生质变）和同一关系（同一方面或同一视角）；所谓"每一思想"指任何一个概念或判断或命题。

同一律内容所要求的"都要保持与自身的同一性"，是指在同一对象、同一时间、同一关系的条件下，每一思想都具有确定性，都与其自身保持同一。

二、同一律的逻辑表达式

A 是 A；或：A→A。

"A"表示的是任何一个概念或判断。所谓"A 是 A"是指：在同一过程中，一个概念、判断或命题所反映的或所断定的内容是始终不变的，是确定的。

从真假值来看，同一律公式中的前后两个"A"是等值的，它们同真同假。它所表达的含义是，如果 A 这个概念或判断是真的，那么，A 这一概念或判断必定是真的；如果 A 这个概念或判断是假的，那么，A 这一概念或判断必定是假的。即两者相互蕴涵，同真同假。

三、同一律的逻辑要求

在同一思维过程中，它要求每一个概念、判断或命题必须保持自身的同一，即必须保持自身的确定性。

1. 体现在概念（或词项）上，在同一思维过程中，任何一个概念（或词项）都有其确定的内涵和外延，它反映什么对象就只能反映什么对象，前后是一致的。例如，《中华人民共和国刑法》第 20 条对"正当防卫"的法律规定："为了使国家、公共利益、本人或者他人的人身、财产和其他权利免受正在进行的不法伤害，而采取的制止不法侵害的行为，对于不法侵害人造成损害的，属于正当防卫，不负刑事责任。"在司法实践中尤其在法律适用中，只有严格保证谨守法条所规定的这一概念的内涵与外延，绝不能把属于正当防卫的行为判定为非正当防卫；也同样不能把不属于正当防卫的行为裁定为正当防卫。

2. 在同一思维过程中，体现在判断（或命题）上，任何一个判断（或命题）都有其确定的断定内容（或真值），它是真的就是真的，它是假的就是假的；它肯定什么就肯定什么，否定什么就否定什么。形式逻辑研究判断的真假关系。例如，"并非'所有的人都是自私自利的'"（A）与"有的人不是自私自利的"（O），两个判断尽管属于不同的种类，但在真假关系上却是等值的。也因此，在同一思维过程中，这两个判断可以互用，这在于这两个判断之间的真假关系是等值的，这种确定性才是保持判断同一性的重要条件。

四、违反同一律的逻辑错误

（一）混淆概念或偷换概念

在同一思维过程中，没有保持概念的同一，所犯的逻辑错误叫"混淆概念"或"偷换概念"。所谓"混淆概念"是指在同一思维过程中，由于认识不清，无意地把有某些联系或有某些表面相似之处的不同概念，当做相同的概念来使用；出现这种逻辑错误多半是由于思想模糊，认识不清，或者是由于缺乏逻辑修养而导致不善于准确地使用概念或判断来表达思想所造成的。例如：

另一种奇珍异品是雪莲。如果你从山脚往上爬，在天山雪线以上，就可以看见在青凛凛的寒光中挺立着一朵朵玉琢似的雪莲。它惯于生长在奇寒环境中，根部扎入岩隙，汲取着雪水，承受着雪光，洁白晶莹，柔静多姿。

这段文章前两次用了"雪莲"，后一次用了代词"它"也实指"雪莲"。第一个指"雪莲"这种草本植物，第二个"雪莲"前面加了"一朵朵玉琢似的"限制词，显然指"雪莲花"。接着一个"它"字，照理指代上句的"一朵朵玉琢似的雪莲"，然而"它"的实际内容却是指这种草本植物。三处"雪莲"没有保持同一内容，混淆了"雪莲"和"雪莲花"两个概念，违反了同一律，犯了"混淆概念"的错误。

所谓"偷换概念"是指故意把同一个概念放在不同的含义下使用,把本来不同的概念混同起来,从而破坏了概念或判断的同一所造成的逻辑错误。例如:"被告曾立过三等功,根据刑法规定,凡立功者可减轻或免予处罚,请法庭考虑。"句中所说"曾立过三等功",是指被告个人历史上的荣誉,而后面所说刑法中的"立功",是指在法庭审理本次案件中的立功表现,两者虽语词相同,却不容混淆。这段表述实际是在故意偷换概念,违反了同一律。再例如:

古时候,有个县令上任伊始,便在自己的官府大堂上高悬一副对联:"得一文,天诛地灭;徇一情,男盗女娼。"打官司的富贵人家相信"有钱能使鬼推磨",于是把金钱玉帛送给这位县令。这位"清官老爷"照收不误。有人不平,当面问县令:"你接受贿赂,怎对得起对联上的誓言呢?"县官非但不觉羞耻,反而振振有词:"我没有违背誓言,因为我所得的不是一文钱,受贿徇情也非一次呀!"

这个县官在写对联时就存心玩弄诡辩,蓄意欺骗世人。从逻辑上看。这个县令的诡辩违犯了同一律——偷换概念。

如何区分"偷换"还是"混淆"呢?对二者进行严格的区分是困难的。但从主观方面看,我们可以把凡是出于某种目的故意地自觉地视为"偷换";而把无意中违反了同一律的要求所造成的概念、判断不同一,视为"混淆"。二者的不同点在于,混淆概念是无意的,偷换概念则是有意的。

(二)混淆论题或偷换论题

1. 混淆论题(又叫做转移论题)是指在同一思维过程中,由于认识不清而无意地把不同的命题混为一团,或者因思维能力的欠缺而由答非所问、文不对题而引起的转移论题。例如:王某找律师李某为其代理民事案件,虽然李律师根据王某提供的证据判定案件不能胜诉,但为了谋取代理业务却仍然向王某保证:"你这案子交给我了,没问题,肯定胜诉。"事后李律师代理的此案果真胜诉但仍然受到批评,因为根据我国《律师职业道德和执业纪律规范》:"律师不得为谋取代理或辩护业务而做虚假承诺。"李律师无视职业道德而向批评者抗议道:"我向委托人作的是事实的保证,怎么能说是'虚假承诺'呢?"李律师在接案前的承诺是"肯定胜诉",这是一个肯定的模态命题,而最后"实际上胜诉了"则是一个非模态的实然命题(或事实命题),两者显然不同,而李律师就犯了混淆论题的错误。

转移论题主要有如下几种情形:(1)转移论题;(2)答非所问;(3)文不对题;(4)说明或论证过程中转移论题。避免此类错误主要应注意在同一思维过程中保持判断的确定性。说话要注意与话题保持同一，写文章要注意与论题保持同一。尤其在一段较长的说明或论述中，要注意前面提出的论点，后面不得转移，始终保持同一。在行文中或问题讨论中，要防止中间插入与主题无关的论题。对故意转移论题的做法，要及时发现并予以揭露。

2. 偷换论题，它是指在同一思维过程中，故意用一个完全不同的判断（或命题）去替换原来的判断（或命题）。这就犯了"偷换论题"的逻辑错误。例如：

审判员问被告："人证、物证俱在，你还不认罪吗？"

被告回答："我知道坦白从宽，抗拒从严。"

审判员又问："你为什么要干坏事？"

被告回答："我父亲也是公安干部，他管教我很严。"

显然，被告两次对审判员问题的回答，都是故意答非所问，犯了"偷换论题"的逻辑错误。

生活中，违反同一律的要求的情况是常见的，写文章下笔千言，离题万里；作报告口若悬河，漫无边际；与人谈话，答非所问……都是违反同一律的表现。这些都是我们应当尽力避免的。

五、同一律的作用及其作用范围与适用条件

1. 同一律的作用是在于保证思维的确定性：同一律是保证思想确定性的一条规律，它要求在同一思维过程中，通过要求概念、判断的自身同一，从而保证推理、论证的确定性。而只有具有确定性的思维才可能是正确的思维，才能正确地反映客观世界，人们也才能进行思想交流。否则，如果自觉或不自觉地违反同一律的逻辑要求，混淆概念或偷换概念、混淆论题（转移论题）或偷换论题，那就必然会使思维含混不清，不合逻辑，既不能正确地组织思想，也不能正确地表达思想。只有遵守同一律，一篇文章，一个讲话，才能使主题明确，思路连贯，有条理，首尾照应，从而构成一个有机整体；只有遵守同一律，会话、演讲才有中心，写作、辩论才能不离题目。总之，遵守同一律，是正确思维和表达思想的必要条件。

同一律在法律活动的作用在于以下两方面：

第一，在立法上的首要作用在于，它能够确保立法的质量，立法是法律适用、法律运行或法律实践的基础，而法律概念是法律条文、法律命题的基础，只有法律概念（的内涵和外延）和（由法律概念所构成的）法律命题是清晰、明确、规范的，才能保证所立之法的权威性、法定性、普遍有效性。

第二，在司法和执法上的作用在于，遵守同一律是保障和实现司法公正的必要条件。尤其是在司法判决中，公正的司法活动必须贯彻"有法必依，执法必严"和"以事实为依据，以法律为准绳"的原则。司法机关在司法过程中，必须严格按照法律规定行事，把法律作为处理案件和执法的唯一标准和尺度，这也就势必要遵守同一律：司法裁决，所做出的法律判断、法律推理和法律论证的首要前提、理由和依据都得首先依据法律规范、法律条文进行，因此必须正确地选择、理解法律规范或法律条文，并且依据和保持法律规范或法律条文的内容与规定的自身同一，不能随意曲解、混淆和篡改，也只有如此才能保障依据法律的有关规定确定案件性质，区分合法与违法、一般违法和犯罪等，最后根据案件性质，做出恰当的正确的司法裁决。例如，杭州发生的胡斌"飙车致死人命案"究竟认定为"交通肇事罪"还是"危害公共安全罪"起诉胡斌，法官必须对这两个罪名的法律条文的内容、含义以及其构成要件做出十分明确的理解和把握；根据胡斌的犯罪行为的动机、目的、认知能力、行为、手段和危害后果（如是否主观故意、是否无证驾驶、是否酒后或醉酒驾车、是否超速），也就是法官必须坚持"以事实为依据，以法律为准绳"的司法公正原则，依据事实和证据来判断所发生的事件究竟是不是犯罪，是什么犯罪，需要使用哪条法律。在缺少事实和证据的情况下，司法机关不能妄下判断。究竟认定胡斌的飙车致死人命的行为犯了什么罪，需要确切的事实和证据。在我国《刑法》中，交通肇事罪和其他方法危害公共安全罪都是危害公共安全罪中的具体罪名，它们都具有危害公共安全的特点，但是程度有所不同，犯罪故意有所不同。要证明飙车撞人案究竟构成何罪，必须严格依据《刑法》关于"交通肇事罪"和"危害公共安全罪"的内容、含义以及其构成要件（也就是保持法律概念和法律命题的同一性），以及充分的事实和证据（也就是保持法律判断或对法律事实认知的客观性和确定性）进行定夺，不能主观想象、主观分析，更不能情绪化地主观臆测和任意拔高。

2. 同一律的适用条件和作用范围并不是绝对的、无条件的。同一律只要求在同一思维过程中，即在同一时间、同一关系下和对同一对象而言，应该保持概念、判断的同一。如果脱离了这些条件，同一律就不起作用了。它要求概念、判断在同一思维过程中保持自身同一，但它并不认为事物和思维是一成不变的。也因此，同一律并不是绝对的、无条件的。它并不否认事物的发展变化以及反映这些事物的概念和判断的变化。它只是要求在同一时间、同一关系下（或从同一方面）对同一对象的认识是同一的。时间变了，反映事物的概念、判断发生变化并不违反同一律。如果把同一律理解为"A 在任何情况下都是

A",否认事物的发展,从而也否认反映事物的思想的发展变化,那就是机械的、静止的、绝对化的形而上学的观点了。

综上所述,同一律作为人们认识事物、表达思想的思维规律,是以承认客观事物具有质的规定性和相对稳定性为前提的。"A 是 A"只表示在同一时间、同一关系下,关于同一对象的概念、判断的意义不变。一旦超出"三同一"的思维过程,概念、判断发生变化,则不算违反同一律。比如,小李说,"我现在是中国政法大学的学生",这是对的,这是就他目前的情景而言;但过了20 年之后,小李说,"我现在是法官",这也是对的,并不违反同一律(没有犯"转移论题"或"混淆论题"的错误)。因为相对地,时间、空间、身份已经发生了变化。可见,同一律丝毫不包含客观事物和思维永恒不变的含义。同一律所要求的只是有条件的、相对的确定性,并不否认思维对象的发展变化。

第三节 矛 盾 律

一、矛盾律的基本内容

在同一思维过程中,互相否定的判断(相互矛盾或反对关系)不可能都是真的,其中必有一个是假的。

在同一思维过程中,作为思维对象的客观事物在确定的时间、条件下,其确定的属性不可能同时存在又不存在,因此,作为思维反映(思维对象)的相互否定的判断也就不能同时成立。例如,在逻辑方阵图(表示 A、E、I、O真假关系)中所言的真假关系中,属于矛盾关系(不可同真也不可同假)和反对关系(不可同真但可以同假)的一对判断,就不可能同时为真。

矛盾律是同一律的进一步展开和反面论证。它是对客观事物质的规定性和相对稳定性的反映,只不过是反面的反映。它表明,在确定的时间、条件下,客观事物相反性质的不同时存在和相反命题的不同时成立。如亚里士多德对矛盾问题的论述:事物不能同时存在而又不存在(《形而上学》996b29-30)。这表明他已经接近于矛盾律的表述了。

二、矛盾律的逻辑表达式

矛盾律的逻辑表达式:

A 不是非 A;或:$\neg(A \wedge \neg A)$

在这个公式中,"A"表示任何一个确定的判断,"非 A"则表示对"A"

判断的否定。因此，这个公式"¬（A∧¬A）"（读做："并非'A 而且非 A'"）表示：在同一个思维过程中，A 和非 A 这两个互相否定的判断（或命题）不能同真，亦即其中必有一个命题是假的。具体说来：

第一，从真假值来看，矛盾律公式中的（A∧¬A）是永假式。那么，对它的否定¬（A∧¬A）就是永真的了。

第二，从适用范围看，矛盾律公式中的"A"与"非 A"是矛盾关系。我们说相互否定的判断不能同真，主要指矛盾判断不能同真，但矛盾律公式也适用于逻辑方阵中的上反对关系（不可同真，可以同假）。例如：

①所有的子女都有继承权；

②所有的子女都没有继承权；

③所有的除涉外及涉港澳台公证外，合同类、证据保全类、现场监督类公证书都必须使用要素式公证书；

④除涉外及涉港澳台公证外，合同类、证据保全类、现场监督类公证书并不都必须使用要素式公证书。

①与②是一组反对的命题，不可同真，两个命题都是假的；③与④是一组矛盾的命题，其中一真一假。因此①与②、③与④都适用于矛盾律：不可同真，至少有一个是假的。

三、矛盾律的逻辑要求

矛盾律的逻辑要求在于：在同一思维过程中，任何一个判断都必须保持前后一致，不允许自相矛盾。例如，认定"一个人犯了法就要被判刑"和"一个人犯了法但没有被判刑"这两个命题是不可同真的，这就是合乎矛盾律的逻辑要求的；相反，就是违反矛盾律的逻辑要求的。

再例如，《今日说法》中有一个案例：

证人说，他是最后一个来的，没有看到案件的过程；但过几天后他又改口说，他看见当事人与案件无关。

正是由于他的证词违反了矛盾律的逻辑要求（犯了"自相矛盾"的错误），结果被查出是作了伪证。

四、违反矛盾律的逻辑错误

违反矛盾律逻辑要求所犯的逻辑错误一般表现为"自相矛盾"（或"两可"，即认为两者都是可以同真的）。"自相矛盾"的"矛盾"一词出自于

《韩非子·难一》中的一则寓言：

楚人有鬻盾与矛者，誉之曰："吾盾之坚，物莫能陷也。"又誉其矛曰："吾矛之利，于物无不陷也。"或曰："以子之矛，陷子之盾，何如？"其人弗能应也。夫不可陷之盾与无不陷之矛，不可同世而立。

这则寓言讲的是，当时的楚国，有一个卖长矛和盾牌的人，先吹嘘他的盾如何坚固，说："吾盾之坚，物莫能陷。"过了一会，他又吹嘘他的矛是如何锐利，说："吾矛之利，于物无不陷。"这时旁人讥讽地问："以子之矛，陷子之盾，何如？"卖矛与盾的人无言以对了。因为他在对自己的矛和盾的吹嘘中，等于同时确认两组相互矛盾的判断为真，使自己陷入了自相矛盾的境地。这两组矛盾关系的判断为：

（1）A：吾矛之利，于物无不陷；非 A：吾矛不利，有物不能陷；

（2）B：吾盾之坚，物莫能陷；非 B：吾盾不坚，有物能陷。

不难看出，这两组矛盾关系判断不能同真。矛利（A 真），则盾不坚（非 B 真，即非 A 假）；盾坚（B 真），则矛不利（非 A 真，即非 B 假）。事实上，正如韩非所说："不可陷之盾与无不陷之矛，不可同世而立。"或矛利，或盾坚，二者不能同真。

关于"矛盾"这一典故的逻辑解读，还有一种更为通俗的方式。当他说，"我的盾任何东西都不能刺穿"时，实际上是断定了"所有的东西都是不能够刺穿我的盾"这个全称否定命题；而当他说"我的矛可以刺穿任何东西"时，实际上又断定了"有的东西是能够刺穿我的盾的"这一特称肯定命题。这样，由于他同时肯定了两个具有矛盾关系的命题，因而就陷入了"自相矛盾"的境地。

"自相矛盾"是每个人都有可能犯的错误。它在日常生活中主要有以下四种表现：（1）自相矛盾的概念；（2）自相矛盾的判断；（3）自相矛盾的思想体系；（4）自相矛盾的言行。

（1）自相矛盾的概念

当 A 表示一个概念时，"A 不是非 A"表示 A 与非 A 不是同一概念。在同一思维过程中，是 A，就不是非 A，二者不可同真，人们不能用 A 与非 A 指称同一对象。例如：在同一案件中，人们不能用"原告"和"被告"这两个相互矛盾的概念指称同一个人。因为，这个人在同一案件中如果是"原告"（A），就必然不是"被告"（非 A），不可能既是"原告"，又是"被告"，二者必有一假。关于"自相矛盾的概念"也可以称之为"概念自毁"（或"自毁概念"），它是指有意地用两个相互矛盾或相互反对的概念组合成一个实质上不能成立的新概念，用以指称同一思维对象。例如：

①圆月当空的重阳节之夜。

②被释放的在押犯。

不难看出，这两例本身均包含着逻辑矛盾，是不能成立的。因为，在例①中，实际上包含了两个相互矛盾的判断："这是农历十五的夜晚"；"这又不是农历十五的夜晚"（即"这是九月初九的夜晚"，因为重阳节是农历九月初九）；而例②中，如果思维对象是"被释放的"人，就当然不是"在押犯"。再例如：福尔摩斯侦探案的"蓝色红宝石的奇遇"，其中"蓝色红宝石"就是一个自相矛盾的概念。因为从科学的角度看，红宝石绝无蓝色之理。诸如"过失贪污罪"、"方而又圆的桌子"和"万能溶液"等都是自相矛盾的概念。

（2）自相矛盾的判断

自相矛盾的判断是指一个判断自身直接或隐含地包含着有不可调和的逻辑矛盾。

例如，某文章中有一句话："它是牺牲者中的唯一幸存者。"这一判断中就包含了相互矛盾的两个判断：（1）"它是牺牲者"；（2）"它又不是牺牲者"（它同时是幸存者），而这两个判断不能同时成立或同时为真。

再例如：一方面断定①某案所有的材料都是可信的；另一方面又断定②某案有的材料不是可信的。

或者：③某案所有的材料都不是可信的。

④某案有的材料是可信的。

或者：⑤某案所有的材料都不是可信的。

⑥某案所有的材料是可信的。

显然，同时断定①与②、③与④这两对具有矛盾关系（不可同真也不可同假）的判断为真；同时断定⑤与⑥这样一对具有反对关系（不可同真可以同假）的判断，都违反了矛盾律的逻辑要求，形成了自相矛盾的判断。

（3）自相矛盾的思想体系

自相矛盾的思想体系指在一个思想体系中既肯定一种思想，同时又在否定这种思想。例如，在 20 世纪 70 年代末的关于真理的大讨论中，有人论证说："虽然'实践是检验真理的唯一标准'没有错，但并非任何事情都能经过实践检验，因此，马克思主义也是检验真理的标准。"这种论证就是在肯定"实践是检验真理的唯一标准"的同时，又在否定这种"唯一标准"。

（4）自相矛盾的言行

自相矛盾的言行指一个人说的是一套，做的则与自己所说的矛盾。

例如，据《墨子·公输》载，公输盘说自己"吾义固不杀人"。于是墨子通过他帮助楚国攻打宋国的行为，指责他"义不杀少而杀众，不可谓知类"。人们在日常沟通交际中，经常是说到后面忘了前面，刚才肯定（或否定）的事情，结果一会儿工夫就给否定（或肯定）了。如果是平常的沟通交际还无所谓，但在特殊的场合，也许就会造成麻烦。

五、矛盾律的作用及其作用范围与适用条件

1. 矛盾律的主要作用在于排除同一思维过程中的逻辑矛盾，保证同一思维过程中的无矛盾性和首尾一贯性。而保持思维的无矛盾性和前后一贯性，乃是正确思维和科学思维的一个必要条件。任何正确的思想、言论，任何科学理论，都应当具有逻辑一致性和无矛盾性。任何科学理论体系中，如果出现逻辑矛盾，那么这种学说就不能自成一体而自圆其说。矛盾律的作用还具体表现在：

（1）发现并排除科学理论中的逻辑矛盾，是推进科学理论发展的重要途径。例如，生物学以前有一种论断："哺乳动物都是胎生的"。当发现鸭嘴兽是卵生的之后，这个论断就被打破了，也就推进了生物学的发展。

（2）从论证或论辩的角度讲，根据矛盾律揭示对方的逻辑矛盾，是驳倒谬误的有利武器。例如，有一份判决书中这样写道："顾××为了达到个人私欲的目的，以放火为手段盗窃山芋干，致使集体的大量财物被毁，严重危害公共安全，已构成放火罪。"我们知道，放火罪与失火罪是不同的，前者出自故意，后者出自过失，放火的目的在于烧毁，然而烧毁了又怎么盗窃？既然是为了盗窃，怎么又会把东西烧毁？因此，说被告人以放火为手段进行盗窃，这是不妥当的。显然，类似这样的自相矛盾，如果不借助于相关的科学知识，不从内容方面分析，那是难以看出的。

（3）矛盾律是有效论辩的逻辑基础。例如，我们通过电影、书刊等描述的国外的审案过程，经常可以看到"狡猾的"被告人如何在庭上被问得理屈词穷、张口结舌，或者面红耳赤、哑口无言。到这里，我们就知道控诉方获胜了，被告人要认罪了，正义得以伸张了。控诉方得以成功的力量，正是得益于运用逻辑规律（尤其是矛盾律）推翻了被告方说法。

（4）矛盾律在司法活动中的应用。矛盾律在司法活动中起着非常重要的作用。凡事实清楚的案件绝无矛盾，凡事实不清楚的案件就可能有矛盾。例如：

关于孩子的抚养问题，被告现劳动教养，无抚养能力，应由原告抚养，由被告负担一定的抚养费。

这是一份民事判决书上的部分判决。既然前面说"被告无抚养能力",后面又让"被告负担一定的抚养费",就等于说"被告有抚养能力",这就自相矛盾了。凡违反矛盾律的判决,都没有说服力,也不合情理,更不便执行。

在司法裁决中,必须坚持"以事实为依据"。面对复杂的法律事实、法律行为时,我们该怎样贯彻这一原则呢?显然,逻辑推理(事实推理)是案件事实推理的基本方式,符合逻辑规律,是证据具有可采性的前提条件。判断和甄别证据时如何发现和排除矛盾?当证据之间存在不一致的地方,根据矛盾律,就可以知道这两个以上的证据(或者说法)不可能同时为真,要么部分为假,要么都为假;而对于司法工作而言,在判断、甄别证据的过程中,经常会使用"矛盾"这一说法,例如说某被告人的供述前后矛盾、某两个证言之间存在矛盾、某证言与现场提取的物证存在矛盾等。所谓"矛盾"大而言之就是证据之间不一致的地方,细而言之"不一致"包括有:①差异,如盗窃金额1万元与10万元之差,作案时间白天与晚上之差,作案工具蓝色摩托车与红色摩托车在颜色上之差等;②一般的相反,如交通肇事的是"黑色的汽车"与"白色汽车"之差,驾驶的快与慢之差等;③唯一两极的相反,如故意还是过失、自愿与非自愿、到过现场与没到过现场等。对于①②而言,应当按照"矛盾律"的要求,将其部分排除或全部排除。以犯罪金额为例,如果被告人交代前后矛盾,一时说1万元,一时说10万元,可判断必定其中一次为假或两次都假,而不可能两个数额都肯定。如果是被告人所说的与证人所说的出现这种差异,也应作这样的判断,否则相关的事实就无法认定。发现证据中的矛盾后,运用逻辑规律作判断的过程就是排除矛盾的过程,这一过程也就是做出肯定性或否定性的判断,使被肯定的证据与证据之间不再存在矛盾。如果必须排除的矛盾无法排除,就无法认定相关事实。应当弄清楚的是,排除矛盾是为了确定事实。案件中有需要确定的事实,也有不需要确定的事实,因此就有需要排除的矛盾和不需要排除的矛盾。如果这些相关事实是要素性的,对整个案件的认定具有决定性的影响,这样的矛盾必须予以排除才能定案,如犯罪金额、作案时间、犯罪的客观行为等。而一些对认定案件不构成决定性影响的事实,则不一定要排除矛盾,如证人对被告人的描述可能个别地方有差异,但总体上一致,这些个别地方的差异就不需要排除。

2. 矛盾律只是关于思维确定性的规律,它只要求在同一时间、同一关系下对同一对象不能做出两个自相矛盾的断定。因此,矛盾律排除的只是同一思维过程中的逻辑矛盾,不否认辩证矛盾。所谓逻辑矛盾,是指人们在同一思维过程中，违反矛盾律而造成的"自相矛盾"。它仅存在于思维之中，并非客观对象自身的矛盾（即辩证矛盾）。由于思维中的自相矛盾影响人们正确地反映客观事物，所以，矛盾律要求必须予以排除。如果不是同一思维过程，或者给不同的对象做出不同的判断，就不构成逻辑矛盾。例如，臧克家的诗《有的人》："有的人活着，他已经死了；有的人死了，他还活着。"这两句诗看似自相矛盾，其实它们是就不同对象而言的：即从生命同精神对照入手，写"虽生犹死"和"虽死犹生"两种不同的人，其中的"死"与"活"均有"肉体"与"精神"的多重含义。从不同的角度肯定"一个人死了"和"一个人活着"是不矛盾的，所以并不构成逻辑矛盾。显然，矛盾律只要求在同一思维过程中，保持思维的前后一贯性，不要自相矛盾；一旦超出了"三同一"的思维范围，在不同的时间，或者从不同的方面对同一思维对象做出相反的判断，则并不构成逻辑矛盾，也不违反矛盾律的要求，因此，矛盾律也不是绝对的、无条件的。

矛盾律并不否定辩证矛盾（客观矛盾）的存在。所谓辩证矛盾，是指客观事物自身固有的矛盾，是事物内部的诸方面之间的互相依赖又互相排斥的关系，即对立统一。因此，它包括现实（客观事物）矛盾和正确反映现实矛盾的思维的辩证矛盾。辩证矛盾普遍存在于自然、社会和思维中，是受自然、社会以及思维的最普遍规律——对立统一规律制约的。例如，"运动本身就是矛盾，甚至最简单的机械运动的位移之所以能够实现，也只是因为物体在同一瞬间既在一个地方又在另一个地方。这种矛盾的连续产生和同时解决正好就是运动"。这是对运动的矛盾性质的辩证认识。清代学者方以智就曾说过："设教之言惟恐矛盾，而学天地者不妨矛盾。"唯物辩证法认为，辩证矛盾是一切客观对象存在和发展的内在根据。正因为如此，辩证矛盾不可能人为地排除，它是客观的，是不依人的意识而转移的，它普遍地存在于自然界、人类社会和思维领域中，是从动态的角度来反映事物的。例如，"昔日的贫穷汉，今朝的大富翁"中的贫穷汉、大富翁是具有反对关系的概念，但因为是对不同时间同一对象的说明，所以并不违反矛盾律。总之，矛盾律只是在思维领域内起作用，它排除的只是逻辑矛盾，而不是辩证矛盾。逻辑矛盾是同一思维过程中出现的矛盾，而辩证矛盾是现实的、客观的矛盾。

3. 矛盾律与"悖论"问题。悖论是一种特殊的逻辑矛盾，它之所以是一种特殊的逻辑矛盾（就同一思维过程而言），就在于它既是逻辑矛盾，但又不可能简单地用矛盾律就可以排除或加以解决的。表面上看来，一个论断无懈可击，可按照这一论断进行合乎逻辑的推理，却一定导致逻辑上的自相矛盾。即由此命题真，可推知它假；由它假，又可推知它为真。如逻辑史上最古老的悖论"说谎者悖论"以及后来的"理发师悖论"就是如此。"说谎者悖论"可以简单地表述为：我正在说谎。从这句话引出了一个问题：说自己正在说谎这句话本身是不是谎话？如果他所说的"我正在说谎"是真话，那么他就正在说谎话，那么"我正在说谎"这话就是假的；如果他所说的"我正在说谎"是谎话，那么他就没有说谎，那么"我正在说谎"这句话就是真的。而"理发师悖论"讲的是，一个乡村理发师出了一个通告：本理发师只为本村所有不给自己理发的人理发。这里引出的问题是，该理发师给不给他自己理发？如果他不给自己理发，他就属于该村不给自己理发的人，那么，按他的通告，他就得给自己理发；如果他给自己理发，他就不属于该村不给自己理发的人，按他的通告就不能给自己理发。

显然。悖论是一种自相矛盾的永假命题，是矛盾律要加以排除的。一般因语句涉及自身而产生，"说谎者悖论"的产生就是因为涉及"我正在说谎"这句话本身，理发师悖论也是因为涉及理发师本人，所以避免悖论的一个方法就是避免涉及自身这种情况。在历史上，悖论曾经长期地被认为是一种无聊的诡辩。但由于在逻辑学和数学等学科的研究中不断出现悖论，于是悖论的研究逐渐引起逻辑学家和数学家们的重视，他们通过对悖论产生根源及解决方法的深入研究，极大地推动了现代逻辑学和数学的发展。

第四节 排 中 律

一、排中律的基本内容

在同一思维过程中，两个互相否定（具有矛盾关系或下反对关系）的判断，不可能都是假的，其中必有一个是真的。

排中律是对客观事物确定性的反映。客观事物在确定的时间、条件下，是什么和不是什么，也总是确定的。也就是，说此要么是此，要么不是此（是彼），不可能非此也非彼，必须要有所断定。例如，"我是中国人"和"我不是中国人"。如果对这一对矛盾命题，既不承认这个，也不承认那个。那么，我到底是哪一国的人呢？再例如："彼，不可两不可也。"（《墨子·经上》）"辩，争彼也。辩胜当也。"（《墨子·经上》）"或谓之牛，或谓之非牛，是争彼也。是不俱当。不俱当，必或不当。不当若犬。"（《墨子·经说上》）这说明在中国古代墨家那里，就已经认识到，对一个对象（"彼"）的争论，如具体针对"牛"这个对象的争论,它要么是牛(犬),要么不是牛(犬),不可能两者都不是(即"不俱当,必或不当")。若要辩胜,就必须遵守排中律(即排除"不俱当")。

二、排中律的逻辑表达式

排中律的逻辑表达式为:

A 或者非 A;或:A∨¬A

"A"与"非 A"是相互否定的两个判断,通过选言判断的形式来表述。"A 或者非 A"的逻辑特征,其重点不在于"A"与"非 A"的矛盾关系,而是表示"A"与"非 A"所提供选言判断的选言支已经穷尽。由于"A"与"非 A"已经穷尽了一切可能判断,两者之外不存在第三者,因此,排中律的根本逻辑特征就在于它排除了中间可能性。由于穷尽了一切可能判断的"A"与"非 A"不可能都是假的,因此,"A"与"非 A"两判断之间必有一真,不能同假。

排中律适用于逻辑方阵中的矛盾关系和下反对关系(不能同假,可以同真)。从真假值来看,穷尽了一切可能判断的"A"与"非 A"不可能都是假的;从适用范围看,排中律中的"A"与"非 A"是矛盾关系,因此,排中律适用于逻辑方阵中的矛盾关系。由于在否定的逻辑推演中,逻辑方阵中的下反对关系也不能同假,因此,排中律也适用于下反对关系。例如:

①A:这个盗窃案是内盗。(这个 S 是 P)

　非 A:这个盗窃案不是内盗。(这个 S 不是 P)

②A:我国的检察院不是国家的审判机关。(SEP)

　非 A:我国有的检察院是国家的审判机关。(SIP)

③A:有些犯罪分子得到了应有的惩罚。(SIP)

　非 A:有些犯罪分子没有得到应有的惩罚。(SOP)

上述这三组判断中,前面的①、②两组为矛盾关系判断。它们的两个判断均不能同假,其中必有一真。第③组为下反对关系判断,它们所断定的情况也不能同假,其中至少必有一真。

三、排中律的逻辑要求

排中律的逻辑要求是对于两个互相矛盾或具有下反对关系的判断,必须明确地肯定其中之一是真的,不能对两者同时都加以否定。排中律,顾名思义就是要排除是非之外的第三种可能。

排中律要求人们在是非面前，对问题要做出明确的回答。遵守排中律的要求，就是为了消除人们认识中的不确定性。因此，排中律从明确性的角度，进一步要求了概念、判断、推理和论证的确定性。

四、违反排中律的逻辑错误

违反排中律要求的逻辑错误是"两不可"（指对两者都加以否定，没有明确哪一个是真的）。如果在同一思维过程中，对两个具有矛盾关系的概念，以及具有矛盾关系或下反对关系的判断都同时予以否定，或含糊其辞、不置可否，那么就陷入了我们习惯所说的"模棱两可"之中（实际上应该叫做"模棱两不可"）。"模棱两可"一词来自《旧唐书·苏味道传》。据说唐朝武则天统治时有一位宰相，名叫苏味道。他对问题的正反两方面意见，从来都是不表示任何明确的态度。他曾对别人说："处事不欲决断明白，若有错误，必贻咎谴。但模棱以持两端可矣。"为此，当时的人给他起了个外号叫"苏模棱"。因此，"模棱两可"即指对事物的认识这样也可以，那样也可以，含含糊糊，没有明确的态度，或主张"似乎此，似乎彼"。在生活中，"模棱两可"（即"模棱两不可"）是一种常见的违反排中律要求的逻辑错误。例如：

①报纸曾登载一封读者来信，批评某餐馆饭菜中有苍蝇。餐馆答复说："也许有这种情况。"

这种在鲜明的是非面前含糊其辞，采取似是而非的态度，就犯了"两不可"的错误。

②说"某甲犯故意杀人罪"不对，说"某甲犯过失杀人罪"也不对。

这也犯了"两不可"的错误。因为这两个判断穷尽了关于某甲犯"杀人罪"的两种可能（某甲肯定是杀人犯，已经无须质疑），即"故意杀人"和"过失杀人"，两者为矛盾关系，非此即彼，必有一真，不能全部确认为假。

③被告人的行为介于罪与非罪之间，确有严重错误，如宣告无罪太便宜他了。

这种提法违反了排中律。因为罪与非罪、有罪与无罪，这是两个相互矛盾的命题。不是有罪就无罪，非此即彼，非彼即此，两者必居其一，所以上述说法既不符合事实，也不合乎逻辑。

五、排中律的作用以及作用范围与适用条件

1. 排中律的作用是排除两个相互否定的思想的中间可能性，保证了思维的明确性。而思维的明确性也是正确思维的一个必要条件。既然，当我们面对

两个互相矛盾的思想的时候，根据排中律即可断定二者必有一真，那么排中律就是相容选言推理的否定肯定式、不相容选言推理的肯定否定式、否定肯定式以及间接证明的基础。

2. 排中律并不要求人们对任何存在矛盾观点的问题都做出明确表态，如对某些问题，人们还尚未深入了解，对是非界限还不清楚，这时不表态是允许的。这与在同一思维过程中对两个相互否定的思想不承认其中必有一真是不相同的。但是，只要表态，就应该有个明确的态度。同时，排中律也并不否认客观事物在发展过程中有中间的过渡状态。因此，排中律只在当问题只有两种可能——非此即彼、两者必有一真而不能同假时，它才起作用。

3. 排中律的作用只在于提出两个相互否定的思想必有一真，以供人们选择，但它并没有指明两个判断中哪一个是真的。判断的真要靠实践确定。

4. 对于复杂问语，排中律也不要求采取简单的"是"或"非"的回答。因为，复杂问语隐含着一个对方没有承认或根本不接受的假设，对它的肯定回答与否定回答都将承认这个假设。复杂问语隐含着一个预设的问句，对它的肯定回答与否定回答并不构成相互否定的思想，它们并非必有一真。典型的复杂问语是"你头上长角了吗?"这一复杂问语暗含着对方所不具有的或不能接受的预设——你头上曾经长过角。司法人员在审讯犯罪嫌疑人时，运用复杂问语进行诱供，例如："你偷到别人的雅阁车后马上就销赃了吧?"这就是一个复杂问语。无论被问的人回答是与否，都得承认自己偷过别人的雅阁车——这个预设。显然，以如此方式获取的口供是不可靠的。

六、同一律、矛盾律、排中律的联系和区别

（一）联系

1. 它们作为思维的基本规律，都有着共同的客观基础——即都是对客观事物的质规定性和相对稳定性的间接反映。同一律是对客观事物一定的时间、条件下的质的确定性的反映；矛盾律是同一律的进一步展开，仍然是对客观事物在一定的时间、条件下质的规定性和相对稳定性的反映，只不过是反面的反映；排中律则是对确定的客观事物之间区别性（或明确性）的反映。

2. 它们都是保证思维的确定性，只是侧重点不同。从逻辑要求的侧重点看，同一律是从正面要求概念、判断、推理和论证的确定性，矛盾律则是从反面要求它们都不能自相矛盾，排中律则进一步要求它们所应当具有的明确性。

3. 它们三者的逻辑公式的表达式都是等值的。从复合判断之间的关系看，同一律、矛盾律、排中律这三者的逻辑公式的表达式都是等值的，都是可以互相推出。我们可以用真值表方法判定 A→A、¬(A∧¬A)、A∨¬A 的真值情况。

A	A→A	¬(A∧¬A)	A∨¬A
1	T	T	T
0	T	T	T

按这个真值表的判定情况，无论 A 取值是真还是假，A→A、¬(A∧¬A)、A∨¬A 的真值情况都是真的。因此，这三个表达式都是"永真式"，也就是命题逻辑的"重言式"。而一个"重言式"总是表现着命题逻辑中的一条逻辑规律。

（二）区别

1. 逻辑内容、逻辑形式不同。首先，它们在内容各不相同：同一律的内容是在同一个过程中，每一思想都要保持与自身的同一性；矛盾律的内容是在同一思维过程中，互相否定的判断（相互矛盾或反对关系）不可能都是真的，其中必有一个是假的；排中律的内容是在同一思维过程中，两个互相否定（具有矛盾关系或下反对关系）的判断，不可能都是假的，其中必有一个是真的。其次，在逻辑形式上也各不相同：即它们的逻辑形式的表达式分别为："A→A"、"¬(A∧¬A)"和"A∨¬A"。

2. 逻辑要求不同。同一律的逻辑要求是在同一思维过程中，要求每一个概念、判断或命题必须保持自身的同一，即必须保持自身的确定性；矛盾律的逻辑要求是在同一思维过程中，任何一个判断都必须保持前后一致，不允许自相矛盾；排中律的逻辑要求是对于两个互相矛盾或具有下反对关系的判断，必须明确地肯定其中之一是真的，不能对两者同时都加以否定。

3. 违反逻辑规律要求的表现不同，也就是所犯的逻辑错误不同。违反同一律的逻辑错误是"混淆概念"或"偷换概念"、"混淆论题"或"偷换论题"；违反矛盾律逻辑要求所犯的逻辑错误一般表现为"自相矛盾"（或"两可"，即认为两者都是可以同真的），它又有以下四种表现："自相矛盾的概念"、"自相矛盾的判断"、"自相矛盾的思想体系"和"自相矛盾的言行"；违反排中律的逻辑错误是"两不可"（指对两者都加以否定，没有明确哪一个是真的）或"模棱两可（实际上应该叫做"模棱两不可"）。

4. 适用范围不同。同一律适用于同一概念或同一判断或命题；而矛盾律和排中律都只适用于成对的（具有相互矛盾关系、反对关系或下反对关系）概念、判断或命题。尽管矛盾律和排中律都适用于矛盾关系，但在适用范围上又有进一步的区别：矛盾律只适用反对关系而不适用于下反对关系；而排中律只适用下反对关系而不适用于反对关系。

5. 作用不同。矛盾律可以由真推假，用于反驳，即经常被用来揭露自相矛盾思想的虚假性。论证中的间接反驳就是依据矛盾律进行的。而排中律可以由假推真，用于论证（或证明），即经常被用来要求人们在两个相互矛盾的判断中选择其一，承认两者必有一真。在间接证明中，先论证作为反论题的判断为假，从而证明原论题为真，这正是排中律的作用之所在。

第五节 充足理由律

一、充足理由律的基本内容

在思维过程中，任何一个正确的真实的思想总有它的充足理由。

充足理由律是思维必具论证性要求的具体体现，也是客观事物之间的因果联系在思维活动中的反映。因为充足理由律说的不仅仅是"有因便有果、有果便有因"、"一切事情都是有原因的"，而且还说不仅有原因，而且有充足的原因。

充足理由律的提法源于17世纪末、18世纪初的德国哲学家莱布尼茨。他在《单子论》中说："我们的推理是建立在两个大原则上，即是：（1）矛盾原则……（2）充足理由原则，凭着这个原则，我们认为：任何一件事如果是真实的，或实在的，任何一个陈述如果是真的，就必须有一个为什么这样而不那样的充足理由，虽然这些理由常常总是不能为我们所知道的。"不过，莱布尼茨本人并未把充足理由原则当做逻辑规律。后来的德国哲学家康德认为，矛盾律与充足理由律都是真理的逻辑标准或形式标准。在他看来，充足理由律则是正面的标准，因为遵守充足理由律的思想一定是有根据的，是从一些原则得出而且不会导致假的结论的思想。但传统逻辑学家一般认为，与其说充足理由律是关于思维形式和形式逻辑的规律，不如说它是关于存在和事实的规律。正因为如此，许多传统逻辑著作中不叙述这条规律，现代形式逻辑也不讨论这个问题。但在现代非形式逻辑看来，它至少可视为论证逻辑的基本原则。

二、充足理由律的公式

充足理由律可以用以下公式表示：

（B→A）∧B）→A

这个公式读做：A 真，因为 B 真并且 B 能推出 A。这里的"A"表示所要确定为真的论断（或论题），也称"推断"，"B"表示确定"A"为真的"理由"（或根据）。"B 能推出 A"表示"B"与"A"之间的逻辑联系。"B 真并且 B 能推出 A"表示"B"既是真实的，又是充分的，是"A"的充足理由。

三、充足理由律的逻辑要求

充足理由律的要求：第一，理由必须真实；第二，理由必须充足，即理由与推断之间必须具有逻辑的必然联系。

充足理由律是正确思维的一个不言自明的基本要求。古希腊哲学家柏拉图说，我们的断定必须从理由中产生，仅仅当其根据是已知的时候，知识在性质上才是科学的。德国哲学家莱布尼茨也说到，任何一个陈述如果是真实的，就必须有一个为什么这样而不那样的充足理由。只有提出充足理由，论断才是可信的；理由必须真实；理由与论断之间有必然的逻辑联系，即从理由能够必然地推出所要论证的论断。那么，什么样的理由才能够必然地推出所要论证的论断呢？必须是充足的理由。那么，什么样的理由才是充足的理由呢？能够成为推断的充分条件的理由，才是充足理由。具体地说，那就是把理由（论据）作为前件，把推断（论题）作为后件，只有当前件是后件的充分条件时，这个前件才是充足理由。换句话说，如果以论据和论题作前后件的这一充分条件假言判断能够成立，那么论据就是论题的充足理由。这就要求"如果论据是真实的，那么论题就是正确的"这一充分条件假言判断为真。由于假言判断的前后件的条件关系不仅仅是逻辑形式问题，而且还涉及实际问题，也就是说，前件和后件究竟是什么样的条件关系（充分？必要？充分又必要？），必须联系实际情况，才能做出正确判断。因此，运用充足理由律时离不开实际情况。这是充足理由律和前面三个规律的一个重要区别。

四、违反充足理由律的逻辑错误

（一）"虚假理由"或"预期理由"

1. 虚假理由。所谓虚假理由就是以虚假的判断或观点作为推理、论证的根据。虚假理由属于思维内容方面的非形式错误。我们知道，保证前提或论据的真实性是一个正确的推理或论证的必要条件；如果前提或论据虚假，结论或论题的真实性就不会得到证明。在司法活动中（案件侦查或审理），证人、鉴定人、记录人或翻译人故意做出的虚假的证明、鉴定、记录或翻译，对于有效、正当和公正的司法裁决而言，叫做伪证；而对于法律论证的有效性而言就是"虚假理由"。例如：

古代有个叫叶衡的人，病得很重。他向人打听说："我很快就要死了，不知道一个人死后状况好不好？"

有个人答道："非常好。"

叶衡感到奇怪："你怎么知道呢？"

那个人回答说："假如人死以后状况不好，那么这些死者就会返回来。现在不见一个死者返回来，由此可见人死以后肯定是很好的。"

显然，这个人论证人死后状况很好的理由："如果人死后状况不好，那么死者就会全部返回。"这个理由是虚假的，因而犯了"虚假理由"的错误。

2. 预期理由。所谓预期理由是指用来确立自己论断真实性的论据，却是尚未得到证明的命题。例如：

《十五贯》中的无锡知县过于执在尤葫芦被杀案发以后，得知熊友兰与苏戌娟当晚一路同行，而熊身上正好带着十五贯钱这一情况。在提审苏戌娟时，刚打个照面过于执就断定是"通奸谋杀案"，其理由："看她艳如桃李，岂能无人勾引？年正青春，怎会冷若冰霜？她与奸夫情投意合，自然要生比翼双飞之意。父母阻拦，因之杀其父而盗其财，此乃人之常情。这案就是不问，也已明白十之八九的了。"

过于执犯了"预期理由"的错误。因为他用于证明其"通奸谋杀案"的论据都是想当然的产物，其真实性都是尚未得到证明的。

（二）"推不出"

所谓"推不出"指的是理由和推断之间没有什么必然的（或充分的）逻辑联系。例如：苏格兰人佛·斯图恩为安装假牙付了伪钞，在法庭辩护时，佛·斯图恩辩解道："牙科医生给我安装的牙也不是真的。"不能因为牙科医生安装的牙不是真的就推出可以付伪钞的结论。

我们再以前述的《十五贯》为例，负责断此案的是无锡知县过于执。此人自命英明果断，实为昏聩糊涂。邻居们把这两个人视为本案的嫌疑犯是有理由的。因为从熊友兰行囊中搜出的钱与尤葫芦丢去的钱正好相同，在封建社会里，男女授受不亲，而这一男一女却同行，而且又在黑夜，这怎能不使人生疑心呢？但怀疑不能代替逻辑推理，更不能作为断案的依据。昏官过于执，根本不想查明这十五贯钱的来历和这两个人是在什么情况下一路同行的，就武断地说："由此可见熊友兰与苏戌娟一定是通奸谋杀。"因而断言这两个人就是本案的罪犯，这就违反充足理由律了。因为由钱数一样、夜间男女同行这两个事实不能必然地推出这两个人就是本案的罪犯。这在逻辑上就叫做犯了"推不出"的错误。

客观事物是复杂的，原因多种，情况多样。仅据这两个事实就下断言，理由是不充足的。过于执断案的错误有三：（1）用主观想象代替了客观现实；（2）把个别情况当成了"人之常情"；（3）把多种可能性归结为一种可能性，又把可能性当成了必然性，甚至当做现实性。像过于执这样断案，怎么能不造成冤案呢？

"推不出"的具体表现形式主要有"论据与论题不相干"（"毫无理由"、"强词夺理"）、"论据不足"、"以人为据"、"断章取义术"和"以相对为绝对"等。

1. "论据与论题不相干"是指理由尽管是真实的，但与结论之间没有必然联系。下面是一个小偷的"理由"：

一个小偷偷了别人的一台彩电，很快就被公安人员抓获了。公安人员问他："你为什么要偷别人的彩电？"他回答说："别人有彩电，我没有彩电，所以就偷了。"

这个回答是直率的，但小偷所说的"理由"是不成其为理由的，也就是"毫无理由"或"强词夺理"。

2. "论据不足"是指论据对论证论题是必要的，但却是不充分的。例如，某人从商店购买了一台电脑，因故一个半月之后才拆箱安装，发现电脑有故障，要求商店更换。但这种要求超过了包换的期限，其要求包换的理由不充足，电脑商店只能为其提供免费修理。

"攻其一点，不及其余术"也是"论据不足"的表现：用片面代替全面（以偏概全）、用非本质代替本质。辩证法认为，世界上的所有事物都是对立面的统一、多样性的统一，人们只能在这种统一中认识事物。诡辩论则从事物诸多要素中，抓住一点，任意夸大，妄作结论。这在逻辑上可归结为，违反"充足理由律"而导致"推不出"；在辩证逻辑上可理解为"离开了事物的内部联系，而抓住了表面相似之处"。（列宁语）

3. "以人为据"是指仅仅以某人的言行为根据，对某一论点或者肯定或者否定，却并没有考虑他们的言行是否符合客观实际。例如，据《今日说法》报道，某法官判定某人有罪，其根据是"群众的议论"。某人是否有罪，需要事实来断定，"群众的议论"与这个人"有罪"之间没有关系。

4. 断章取义术。逻辑证明要求论据必须充分准确，摆事实讲道理。而断章取义术则在引经据典时，不是客观地、公正地、完整地加以理解和解释，而是寻章摘句、歪曲原意、引经据我、为我所需。把本来毫不相干的事物、论据勉强凑合。

5. "以相对为绝对"是指把一定时间、条件和意义下相对正确的判断当做任何时间、条件和意义下都绝对正确的判断，并以此为根据来论证某一判断的真实性。例如，只有在标准大气压的条件下，水才在摄氏100℃沸腾。如果不顾及客观具体条件，把西藏高原地区的开水温度也说成是摄氏100℃，就犯了"以相对为绝对"的"推不出"错误。

五、充足理由律的作用

充足理由律的主要作用在于保证思维和语言表达的论证性。只有遵守充足理由律，思维与表达才富有论证性，才能"言之成理，持之有故"。违反充足理由律，任何学说、理论，都无法建立。对科学理论来说，论证性是说服力的基础。尽管科学理论可能一时不被某些人接受，但终究会被大多数人所承认。例如，哥白尼的地球绕太阳旋转的理论，以及达尔文的生物进化论都是如此。

充足理由律是逻辑证明与反驳的逻辑基础，一个思想，一篇文章，一次讲话是否具有说服力，充足理由律是它的重要的衡量标准。因为只有在思考、写文章或著书立说以及讲话过程中具有论证性——即言之有理，持之有据，才能具有真正的说服力。

充足理由律在法律活动中具有重要的意义。由于它是证明与反驳的基础，是从理由必然推出论断的规律，所以它能够确保法律思维和司法裁决的论证性（有效性、可接受性或合理性）。例如，有这样一起冤案，这是现实生活中的真人真事。这起冤案发生在20世纪50年代初，地点在江苏省溧阳县。基本案情如下：

徐来凤17岁的时候就与杨福林结婚，婚后夫妻感情不好。1950年《婚姻法》公布后，她向有关部门提出离婚的请求。结果婚没有离成，反而被乡干部训了一顿。不久，徐来凤的丈夫死了。事后，徐来凤曾经阻止他人使用她丈夫用过的茶壶，为此引起人们的怀疑。死者的叔父到司法部门告发徐来凤谋杀亲夫，徐来凤因此被拘押在乡里。由于司法干部的刑讯逼供，徐来凤被迫承认她和区里卖肉的王咬齐通奸，并与奸夫一起用毒药害死丈夫。王咬齐在刑讯逼供之后，也被迫交代与徐通奸，用毒药害死杨，还说砒霜是在戴埠区中药店买的。1954年溧阳县人民法院仅以两个被告人的口供为证据，判处王咬齐死刑，徐来凤有期徒刑15年。

溧阳县人民法院的判决是违反充足理由律的：既犯了"理由虚假"又犯

了"推不出"的逻辑错误。首先我们来看看它是怎样犯"理由虚假"的错误的：仅据两个被告人的口供是推不出他们确实犯了杀人罪的。因为被告的口供是定罪、判刑的证据之一，够不上充分条件；更何况这个口供是在刑讯逼供下取得的，而刑讯逼供下的口供多数是不真实的，依据程序正义之"非法证据排除原则"应予以排除其任何证明效力。

再看它所犯的"推不出"的逻辑错误。根据徐来凤不让他人用其丈夫使用过的茶壶这一行为也推不出徐来凤毒死丈夫的罪名。因为徐来凤不让他人用其丈夫使用过的茶壶的原因可以是多方面的，可能是怕别人发现砒霜，也可能出于好心，怕别人传染上肺病，她的丈夫生前患有严重的肺结核病。

办案人员对这起案子没有深入调查研究，没有对证据的真伪进行鉴别，更没有从多方面取得充分证据（如验尸，化验徐来凤不让他人使用的茶壶，了解徐来凤的丈夫生前的病情等），在证据很不充分的条件下通过刑讯逼供的方式取证，草率结案，乃至草菅人命，结果酿成这起冤案。

后来，最高人民法院华东分院复审这起案子时，发现证据不足。他们深入调查研究，又开棺验尸，证明杨福林死亡症状与砒霜中毒症状不符，系因严重肺结核病死亡。这起冤案终于得到平反。

由上述可见，对于法律思维和法律活动而言，遵守充足理由律是至关紧要的逻辑规则，也是法律人的行动准则。如果不遵守充足理由律，轻者不能使人信服，重者那是会人头落地的，人头一落地，那是接不起来的。

☞思考题

　　一、如何理解逻辑的基本规律？
　　二、如何运用逻辑规律进行推理？
　　三、同一律、矛盾律和排中律的联系与区别分别是什么？

☞练习题

　　一、运用逻辑基本规律的知识，分析下列论断或议论，回答是否违反了思维的基本规律？如果违反了，请回答违反了哪一条思维的基本规律，犯了什么逻辑错误？

　　1. 某领导听说以后公开审判，还得有人为被告辩护，这位领导说："什么，被告不是罪犯嘛！怎么还要为他辩护？我们要严厉打击犯罪分子，怎么还要袒护他呢?"

2. 什么是犯罪?犯罪就是具有社会危害性并依法律应受刑法处罚的行为,也就是犯了很严重错误的行为。

3. 世有伯乐然后有千里马,千里马常有而伯乐不常有。

4. 被告人思想落后,经常在群众中散布对社会不满的言论。今年9月又偷摘邻居一串龙眼,挖了一篮地瓜,一贯手脚不干净,应定为盗窃罪。

5. 民警问:"你为什么骑车带人?"

骑车人答:"我以前从没骑车带过人。"

6. 有一位中学生在日记中写道:"我昨夜做了一个梦,游山玩水,看见了许多奇花异草,游览了亭台楼阁,可惜醒来全忘了,不然真可以写出一篇十分精彩的《梦游记》。"

7. 在《儒林外史·范进中举》中,有如下描述:范进为了参加乡试,想向丈人胡屠户借盘缠,遭到胡屠户一顿臭骂:"这些中举的老爷们都是天上的'文曲星',你不看见城里张府那些老爷们,都有万贯家私,一个个方面大耳,像你这尖嘴猴腮,也该撒泡尿自己照照!不三不四,就想天鹅肉吃!"范进中举后,胡屠户判若两人。他不仅恭维范进是天上的星宿,而且说:"我这贤婿,才学又高,品貌又好,就是城里头张府、周府这些老爷,也没有我女婿这样一个体面的相貌。"

8. 如果构成犯罪,就要触犯刑法;王某的行为已经构成犯罪,但是没有触犯刑法。

9. 被告人确有非故意的贪污行为,应予以从轻处罚。

被告人的行为还没有构成犯罪,应免于刑事处分。

10. 小刘在此案中是否需要回避?我的意见:回避吧,会影响办案顺利进行;不回避吧,因为他们有些亲戚关系怕别人怀疑,这两种做法都不可取。

11. 书记员送一份判决书给领导过目,领导写了一个"阅"字。甲说:"领导同意这个判决书。"乙说:"领导没同意这个判决书。"两人争论一番去问领导,领导说:"你俩的意见我都不同意。"

12. 对某杀人犯定为死刑,有人主张立即执行,有人主张缓期执行,我没有表态,认为应进一步慎重考虑。

13. 在一次审讯中,被告不承认自己是杀人凶手。审判员问:"你行凶杀人后是不是回去了?你针对我的问题回答。"被告说:"都不是,因为我根本没有行凶杀人。"

14. 这次汽车撞人,司机既不是有意的,也不是无意的。所以我们既不能说他有罪，也不能说他无罪。

15. 司法局举行象棋比赛，小陈和小赵对弈。一局刚完，局长走过来，问小赵："你下了吗？"小赵说："没有赢。"局长又问："那是你输了？"小赵说："我也没输。"

16. 审问某小偷时，有一段对话如下：

审判员："你偷过张家的摩托车吗？"

小偷："我只偷过自行车。"

审判员："那么你没有偷张家的摩托车了？"

小偷："也不能这么说。"

17. 在追查一个盗窃集团首犯时，老王说是李××，我认为不是；老陈说是张××，我也认为不是。他们说：这也不是，那也不是，是违反逻辑规律的。我还是说，不是。

二、运用普通逻辑基本规律的知识，解答下列问题。

1.《威尼斯商人》中有一段鲍细娅智择求婚者的故事。鲍细娅面对众多的求婚者，按照亡父遗嘱猜匣为婚。她有三个匣子分别为金匣、银匣和铅匣，其中只有一只匣子里放有鲍细娅的肖像。三只匣子上面分别刻有一句话：金匣："肖像不在此匣中"；银匣："肖像在金匣中"；铅匣："肖像不在此匣中"。并且这三句话中只有一句是真话。按照她父亲的遗嘱，谁能通过这三句话，猜中肖像放在哪只匣子里，谁就能娶到鲍细娅。

你能根据矛盾律说明肖像在哪个匣中？

2. 某珠宝店失窃，甲、乙、丙、丁四人因涉嫌犯罪而被拘留。四人口供如下：

　　甲：是丙干的。

　　乙：是丁干的。

　　丙：如果是我干的，丁肯定是主谋。

　　丁：不是我做的。

问：如果四人中只有一人说假话，这人是谁？作案者是谁？

3. 一家珠宝店被盗，经查可以肯定是甲乙丙丁四人中的一个人所为。审讯中，他们四人各说了一句话：

　　甲：我不是罪犯。

　　乙：丁是罪犯。

　　丙：乙是罪犯。

　　丁：我不是罪犯。

经调查证实，四人中只有一人说的是真话。那么，谁说的是真话？谁是罪犯？

4. 古希腊诡辩家普罗泰戈拉招收了一个想当律师的学生欧提勒士。师生签订合同：学生先交一半学费，另一半学费待学生毕业后第一次出庭为人打官司胜诉后交付；如果官司败诉就无须再交这一半学费。欧提勒士毕业后一直未交那一半学费。老师向学生索取，学生执意不给，师生要诉诸法庭解决。老师对学生说，这官司打起来对你没有好处。因为如果我打赢了，根据法庭判决，你必须给我学费；如果我打输了也就是你打赢了，根据当初签订的合同，你也必须给我学费（合同规定，欧提勒士第一次打赢官司应交学费）；或者我打赢了，或者我打输了；所以，你都必须给我学费。欧提勒士听后不甘示弱，他对老师说，我看这官司打起来实际上对你不利。因为如果我打赢了，根据法庭判决，我当然不给你学费；如果我打输了，根据当初签订的合同，我无须再交学费（合同规定，欧提勒士第一次打输了官司，就不需要交另一半学费）；或者我打赢了，或者我打输了；所以，我都不应付给你学费。

分析上面的议论，指出其中的逻辑错误。

5. 分析下文，指出其中的逻辑错误。

"照相机是我的"

某市公安局抓住了一个惯窃犯，在他的住所搜出大量现金及照相机等赃物。讯问时，此惯犯很不老实，一口咬定现金是拣来的，照相机是几年前从旧货店买的。法庭决定以审讯照相机的来历为突破口，并由证人（照相机被窃者）出庭作证。下面是审讯时的一段记录：

审判长：（问证人）"照相机有什么特征吗？"

证人："有，这个照相机与众不同，它有一个暗钮，不熟悉的人是找不到这个暗钮的，也就打不开照相机。"

审判长："被告，你把这台照相机打开。"

被告："审判长，假若我把它打开，那就证明照相机是我的！是吗？"

审判长："不对，打开了，并不能证明它一定是你的；而不能打开，那就证明一定不是你的。"

6. 战国时期，屈原的学生宋玉曾经写了一篇《登徒子好色赋》，用来证明他并不好色，真正好色的是登徒子。请分析该文中所存在的逻辑错误。

宋玉写道：

大夫登徒子侍于楚王，短宋玉曰："玉为人体貌闲丽，口多微辞，又性好色。愿王勿与出入后宫。"王以登徒子之言问宋玉。

玉曰："体貌闲丽，所受于天也；口多微辞，所学于师也；至于好色，臣无有也。"

王曰："子不好色，亦有说乎？有说则止，无说则退。"

玉曰："天下之佳人莫若楚国，楚国之丽者莫若臣里，臣里之美者莫若臣东家之子。东家之子，增之一分则太长，减之一分则太短；着粉则太白，施朱则太赤；眉如翠羽，肌如白雪，腰如束素，齿如含贝，嫣然一笑，惑阳城，迷下蔡。然此女登墙窥臣三年，至今未许也。登徒子则不然。其妻蓬头挛耳，齞唇历齿，旁行踽偻，又疥且痔。登徒子悦之，使有五子。王熟察之，谁为好色者矣？"

三、不定项选择题

1. 在同一思维过程中，以下判断违反逻辑基本规律的有（　　）。

A. SIP 真且 SOP 真　　　　　B. SEP 真且 PES 真

C. SEP 真且 SE$\overline{\text{P}}$真　　　　D. SOP 真且 SI$\overline{\text{P}}$真

2. 在同一思维过程中，下列断定中，违反逻辑基本规律的有（　　）。

A. 必然 P 真且可能 P 真　　B. 必然 P 真且可能 P 假

C. 可能 P 假且可能 P 真　　D. 可能 P 假且可能非 P 假

3. 在同一思维过程中，"我不认为所有学生都是勤奋的，我也不认为所有学生都不是勤奋的"。以上议论（　　）的逻辑要求。

A. 违反同一律　　　　　　B. 违反矛盾律

C. 违反排中律　　　　　　D. 不违反逻辑的基本规律

4. 在同一思维过程中，"我既肯定有人不是好的，又肯定所有人是好的"犯了（　　）的逻辑错误。

A. 模棱两可　　B. 自相矛盾　　C. 推不出　　D. 转移论题

5. 在同一思维过程中，若对两个相互等值的判断（　　），则违反逻辑基本规律的要求。

A. 同时肯定　　　　　　　B. 肯定一个否定另一个

C. 同时否定　　　　　　　D. 既不肯定也不否定

6. 在同一思维过程中，若肯定 p∧q，而否定¬p∨¬q，则（　　）的要求。

A. 违反同一律　　　　　　B. 违反矛盾律

C. 违反排中律　　　　　　　D. 不违反逻辑基本规律

7. 在同一思维过程中，若对（　　）同时肯定，则不违反逻辑基本规律的要求。

A. SAP 与 SOP　　　　　　　B. SA$\overline{\text{P}}$与 SE$\overline{\text{P}}$

C. SA$\overline{\text{P}}$与 SEP　　　　　　D. ¬SEP 与 ¬SIP

8. 在同一思维过程中，如对 SE$\overline{\text{P}}$与 SOP 同时加以否定，则（　　）的要求。

A. 违反同一律　　　　　　　B. 违反矛盾律

C. 违反排中律　　　　　　　D. 不违反逻辑基本规律

9. 在同一思维过程中，若 A 蕴涵 B，则下列断定中违反逻辑基本规律要求的是（　　）。

A. A 真且 B 真　　　　　　　B. A 真但 B 假

C. A 假但 B 真　　　　　　　D. A 假且 B 假

10. 先论证与被反驳的论题相矛盾或相反对的判断为真，然后根据（　　）就可以确定被反驳的论题为假。

A. 同一律　　　　　　　　　B. 矛盾律

C. 排中律　　　　　　　　　D. 充足理由律

11. 违反"论据应当是已知为真的判断"这一论证规则所犯的逻辑错误有（　　）。

A. 转移论题　　　　　B. 推不出　　　C. 论题虚假

D. 预期理由　　　　　E. 论据虚假

12. 下列逻辑错误中，违反同一律要求的是（　　）。

A. 偷换概念　　　　　B. 转移论题　　　C. 自相矛盾

D. 模棱两可　　　　　E. 推不出

13. 在同一思维过程中，"这个推理不是间接推理，而是三段论"这一议论（　　）的要求。

A. 只违反矛盾律　　　　　　　B. 只违反排中律

C. 违反矛盾律又违反排中律　　D. 不违反逻辑基本规律

14. 在同一思维过程中，下列各组断定中违反普通逻辑基本规律要求的是（　　）。

A. ¬SAP 并且¬SOP　　　　B. SAP 并且¬SOP

C. 不可能 P 并且可能 P　　　D. p∧¬q 并且¬p∨q

E. SE$\overline{P}$并且 SI$\overline{P}$

15. 某法院审理一起盗窃案件，某村的甲、乙、丙三人作为嫌疑犯被押上法庭。审问开始了，法官先问甲：你是怎样作案的？由于甲说的是方言，法官听不懂。于是，法官就问乙和丙：刚才甲是如何回答我的问题的？乙说：甲的意思是，他并不是盗窃犯。丙说：甲刚才招供了，他承认自己是盗窃犯。法官听完了乙和丙的话之后，马上做出判断：释放乙，逮捕丙入狱。事实证明法官的判断是正确的。

法官做出准确判断最不可能依据的假定是什么？（　　）

A. 初审时，在没有胁迫的情况下，说真话的不会是盗窃犯，而说假话的是盗窃犯。

B. 初审时，在没有胁迫的情况下，甲是不可能招供的。

C. 初审时，在没有胁迫的情况下，甲不论是否盗窃犯，他总回答：我不是盗窃犯。

D. 据某村村民反映，丙以前曾多次盗窃人家的财物。

E. 丙在转述甲的回答中说了假话。

16. 一个医生在进行医疗检查时过于细致，可能使病人感到麻烦，并因进行了不必要的化验而导致浪费。而一个不够细致的医生，却有可能遗漏某些严重的问题，使病人错误地自以为安然无恙。医生是很难精确地判断他们究竟应当细致到什么程度的。所以，对病人来说，当他们感到没有病时，去做医疗检查一般来说是不明智的。

以下哪项如果为真，最严重地削弱了上述论证？（　　）

A. 某些严重的疾病在其早期阶段具有某种症状，尽管病人还未感到有任何不适，但医生却能轻而易举地检查出来。

B. 在收入减少的情况下，医生们一直在压缩他们在医疗检查时所花费的平均时间量。

C. 缺乏医学知识的病人，自己无法判断医生做医疗检查时究竟细致到何种程度是适宜的。

D. 许多人缺乏足够的医疗支付能力来负担定期的医疗检查。

E. 有些医生在做医疗检查时细致得恰到好处。

17. 认为大学的附属医院比社区医院或私立医院要好，是一种误解。事实上，大学的附属医院抢救病人的成功率比其他医院要小。这说明大学的附属医院的医疗护理水平比其他医院要低。

以下哪项，如果为真，最能驳斥上述论证？（　　）

A. 很多医生既在大学医院工作又在私立医院工作。

B. 大学的附属医院，特别是医科大学的附属医院拥有其他医院所缺少的精密设备。

C. 大学的附属医院的主要任务是科学研究，而不是治疗和护理病人。

D. 去大学的附属医院就诊的病人的病情，通常比去私立医院或社区医院的人的病情重。

E. 抢救病人的成功率只是评价医院的标准之一，而不是唯一的标准。

第六章　归纳与概率

只找到一个原因的解释，也比成为波斯人的王还好。

—— ［古希腊］德谟克利特

第一节　归 纳 概 述

一、归纳逻辑的产生

归纳逻辑是研究归纳推理和归纳方法的逻辑系统。

古希腊人已有了归纳的思想和方法。德谟克利特提出过由经验、观察形成理论的观点，苏格拉底把归纳看做形成定义的方法，柏拉图的归纳是由个别到"共相"的方法，亚里士多德则指出，归纳是从个别到普遍的过程。尽管亚里士多德讨论了归纳的很多问题，然而，在一个相当长时间里，归纳并未获得它应有的地位。

文艺复兴以后，自然科学得到充分发展，有关科学研究方法的研究也得到较充分的重视，归纳逻辑正式被提出来了。弗·培根的《新工具》，以自然科学的发展为基础，以科学发现为目的，提出了他崭新的归纳理论：三表法和九助力，标志着归纳有了自己独立的地位。笛卡儿和莱布尼茨分别提出了关于科学方法和概率逻辑的问题。赫歇尔、休厄尔等则对归纳所涉及的因果关系、归纳过程及程序作了进一步探讨。到 19 世纪，弥尔总结前人成果，完成《逻辑体系》（即严复翻译的《穆勒名学》）一书，发展了归纳系统，并将归纳纳入传统逻辑体系之中，完成了传统逻辑的建构。

然而，18 世纪中叶"休谟问题"即"归纳的依据是什么"的问题的提出使归纳面临重重困难。逻辑学家们看到，运用归纳，从真前提不能担保得到真的结论。然而，归纳又不能被抛弃，否则，科学本身将成为不可能。于是，人们开始寻找解决归纳可接受的途径。20 世纪以来，除了在古典归纳中继续寻找从经验事实推出相应的普遍原理的逻辑途径外，人们更着重于运用概率论和公理化、形式化的方法，对归纳进行研究。同时，人们尽量严格区分归纳过程中实际应用的规则与对这些规则的研究和评价，使现代归纳逻辑得到迅速发展。特别是概率与归纳的研究，形成了不同的概率逻辑体系。科学哲学的兴起，对归纳逻辑产生了重大影响。归纳不再是发现的方法，也不再是证明概然性真理的方法，而是被看做检验假说的操作，归纳的任务也就在于建立和评价此类操作的合理性标准。到了 20 世纪 80—90 年代，人们已在深入探讨关于归纳与人工智能的联系，并对归纳逻辑作计算机分析等。

二、归纳的特征

可以把归纳看成是由个别性知识出发，探讨一般性知识的过程，它由特殊的、具体的事例，推导出一个具有一般性的命题来。更严格说，是对一个一般性命题的推测。比如，住在海边的人常常看到，在农历月中，即月亮圆时，海潮涌得最高，于是，他们倾向性认为，凡月亮圆时，海潮涌得最高。这就是一个归纳过程。

一般而言，归纳的前提即出发知识，总是个别性的具体知识。而个别性的具体知识，总是与观察和实验分不开的。因而，归纳的出发点就建立在人们的实践知识的基础上。而归纳的结论，通常具有一定程度的一般性，甚至上升为一般性原理和原则，这就使经验性的个别性知识演化为一种理性的概括。通常，观察与实践所获得的认识，总是具体的、不完全的；而结论作为一般性的认识，显然超出了前提的范围。归纳之能获得新知识，这个"新"当指"超出"而言。然而，又由于结论超出前提的范围，这个结论就不是必然的，而是或然（概然）的了。

前面我们曾讨论了归纳的可信性问题，尽管当时是在归纳推理的角度来思考问题的，实际上表达了对于归纳逻辑的全部信念。在归纳中，由于结论超出了前提的范围，这个结论是或然的。但由于证据支持度能帮助我们建立一个信念，相信相当证据支持的这一一般性命题是可接受的，甚至认为这一命题就是真的。而且，为了实现知识的增长，保证科学大厦的建构，接受归纳的结论是必需的。当然，这个接受是有条件的，即从完全认识到归纳的弱点和归纳过程的不完全性，把结论的可接受性与归纳过程的可再探讨性区分开来。

三、归纳与演绎

演绎与归纳，作为逻辑思维程序，显然是各有特点的。首先，两者推演的方向不同。演绎由一般推演个别，是由抽象到具体；归纳由个别推测一般，是由特殊到普遍，思维过程正好相反。其次，前提与结论联系的性质不同。演绎的前提是结论的充分条件，结论蕴涵在前提之中，结论具有必然性；归纳的结论是前提的充分条件；结论扩大了、超出了前提范围，结论具有或然性。

是否因为演绎的结论具有必然性，就认为演绎优于归纳？当然不。演绎的必然性是演绎自身的特征，是其定义所规定的自身的内容。当然，也不能认为归纳推出了前提中不包含的新知识而以为归纳优于演绎。因为归纳的结论超出前提的范围，也是归纳给自身规定的性质。

可见，从实现人类的认识目的而言，归纳和演绎是互相补充而非互相排斥的。演绎离不开归纳，演绎的前提中关于一般性知识的命题，离开归纳就无法得到；归纳离不开演绎，离开演绎的论证，归纳的可靠性就会失去支持。因此，用演绎标准来考察归纳，判断归纳的价值，或者反之，都是无意义的。

第二节　枚举归纳推理

一、简单枚举归纳推理

简单枚举归纳推理是根据某类中的部分对象具有（或不具有）某属性，且在枚举过程中没有遇到矛盾现象，对该类情况做出一个全称判断陈述的推理。例如：

著名数学家哥德巴赫在参与俄国彼得堡一项工程建设设计时，偶然发现，$3+5=8$，$5+5=10$，$3+7=10$……1742 年，他给当时欧洲著名的数学家欧拉写信，提出了他的论断：每一不小于 6 的偶数，都可表示为两个素数之和。这即数学王冠上的明珠——哥德巴赫猜想。

再如：

法医学家考察了若干个出现尸斑的尸体，发现这些尸体都是死后 2~4 小时出现此情况的。为什么人死后 2~4 小时尸体会出现尸斑呢？经过分析得知：在此时间内，由于死者血液循环终止，血液自然下坠，因而出现尸斑。于是在此基础上概括出结论：凡是出现尸斑的尸体都是死后 2~4 小时的尸体。

简单枚举归纳推论的形式结构为：

S_1——P

S_2——P

S_3——P

……

S_n———P

S_1、S_2、S_3……S_n 是 S 类的对象，在枚举中没有遇到矛盾现象

所有 S 都是 P

简单枚举归纳推论得出结论的依据，是在枚举中没有遇到矛盾现象，即没有出现 S_m 不是 P 的情况。由于枚举得到情况的齐一性，于是倾向于相信，所有 S 都是 P。也就是说，在不出现矛盾事例的情况下，所有 S 是 P，这个结论是可以接受的。由于结论是前提的充分条件，也即前提对于结论是必要的而非充分的，因此，结论是或然真的。要说明其必然真，还需要有更强的证明。例如前述哥德巴赫猜想，尽管人们已考察了近百位数的实例，没有出现反例，对其相信度来说，是非常高了，但人们仍在寻找证明它的方法。

为了提高简单枚举归纳推理结论的置信度（可接受性或相信的程度），以下几点是重要的：首先，前提中考虑的对象数量要大。因为考察的对象数量越大，就越逼近该类对象的全部，得出结论的可信性程度越大。比如，检验某产品的合格率，观察 100 件产品，比仅观察几件或十几件，显然更接近于实际情况，能使我们更加相信结论是可靠的。考察的对象数量越大，遗漏相反情况的机会越小，结论的置信度越高。其次，考察的对象范围要广。这意味着，结论的置信度，并不是由对象数量的简单积累而增加的。我们考察十根铁棒受热情况，远不如考察一根铁棒、一根铜棒、一根银棒受热情况做出的"凡金属受热体积膨胀"的结论更为可信。如果对金属的各种不同形体（如长的、短的、方的、圆的等）、不同质地（如金、银、铝、锡等），乃至在不同场景（如室内、室外、晴天、雨天、冬季、夏季、极地、赤道附近等）加热，那么结论的置信度就更高。再次，尽量搜集可能出现的反面事例。简单枚举归纳推理以枚举中不出现矛盾作为推论依据，因此，要特别注意考察反面事例出现的可能。如果估计在一些最容易出现相反情况的场合，都没有遇到相反事例，那就更使我们相信，出现例外的可能性很小或者几乎没有，结论的置信度也就更高。

在进行简单枚举归纳推理过程中，如果仅依据少数重复出现的事例，便得出一结论，容易犯"轻率概括"的错误。比如，一旅行者在某地游览时发现，每天傍晚那里都下了雨。于是他得出结论：凡傍晚该地都下雨。这显然是"轻率概括"。因为旅行者在该地时间很短，对考察对象的数量、范围的考察是很有限的，这种结论难以使人相信。然而，也不能说，凡是仅依靠少数情况而得出的结论，都是不可信的，都是轻率概括。如用手抛出物件，物件会落地（除非抛出物件的力使物件达到宇宙速度，这是人力不可能做到的），倒不必要很多次抛掷才能确信。这涉及人的信念、情感等一系列主客观因素，这里就

不深入探讨了。

二、完全归纳推理

完全归纳推理是根据一种有限类中的全部对象具有（或不具有）某属性，对该类情况做出一个全称命题陈述的推理。例如，我们检查某班级学生的外语水平，根据每个同学成绩档案中均有外语四级考试过关证书，做出"该班级学生的外语均通过了四级考试"的结论。再如，办案人员通过研究，发现某单位在失窃案发生的时间里，该单位所有员工都有不在现场的证明，因此，得出结论：某单位失窃案非内部员工直接所为。

完全归纳推论的形式结构为：

S_1——P

S_2——P

S_3——P

……

S_n——P

S_1、S_2、S_3……S_n 是 S 类的全部

所有 S 都是 P

可以看出，完全归纳推理是简单枚举归纳推理的特例。一般来说，对象可能是无限的，或者即使有限，但数量很大，要考察每一个对象，是不可能的，或者是难于实现的，或者即便考察了也意义不大。因此，人们运用简单枚举获得结论。如果对象有限且能对有限类对象一一考察，则进行完全归纳。既然一个有限类的每一对象都具有某属性，那么，说该类全部对象都具有某属性（所有 S 是 P）当然是不容置疑的。这表明，完全归纳推理结论的证据支持度为 100%，结论是前提的充分条件，前提也转化为结论的充分条件，即结论是必然的。这种情况，在整个归纳系统中，是仅见的。

为了保证完全归纳推理结论的可靠性，以下两点是需要注意的：一是在前提中对个别对象考察的情况必须是真实的；二是考察的个别情况必须是该有限类的全部个别情况。

第三节　概　率　推　理

一、古典概率与统计概率

传统的归纳，是对对象情况作定性分析。为了提高归纳结论的置信度，并

对对象作精确的量的分析，人们把概率论引入归纳之中，形成了概率推理。

在概率论中，把对一事件出现的可能性程度或可能性大小所做出的量的估计，称为概率，这即是古典概率。如从一口袋中取出颜色各不相同的10颗珠子中红色的一颗，可能性显然是十分之一。十分之一是对从袋中取出红色珠子的可能性的估计，这即取出红色珠子的概率。我们把是否出现某一结果事先无法确切知道的现象称为随机事件，把每次试验的结果称为基本事件。如果基本事件总数为n，随机事件A所包含的基本事件数是m，m/n就是每次试验中事件出现的可能性的大小，称为事件A的概率，记作P（A）。可表示为：

P（A）= m/n

由此，就可得知：

P（u）（必然事件）= 1

因为对必然事件P（u）而言，概率m/n=n/n=1。

P（v）（不可能事件）= 0

因为对不可能事件P（v）而言，m=0，故m/n=0。

0≤P（A）≤1

这即是说，事件A的概率总是处于0至1之间。最小为0，即不可能；最大为1，即转化为必然。

从统计的角度看，如果在n次重复试验中，事件A出现了m次，m就叫做事件A出现的频数，m/n叫做事件A出现的频率。在实际问题中，事件A的频率常呈现出明显的稳定性，随着试验次数的增加，频率愈来愈接近一个常数P，通常就把这个频率的稳定值P定义为事件A发生的概率。这个稳定值P往往是未知的，于是就将频率作为概率的近似估计值。

综合古典概率和统计概率的思想，可以看出：任何一个随机事件A出现的概率，等于A在若干次实验中出现的频率。或者说，A出现的概率，就是A在试验中出现的次数同试验的总次数的比率。公式如下：

A出现的概率=A出现的次数/试验总次数

例如，实验者对投抛硬币落地后出现正面图案朝上这一随机事件做过大量实验，其结果如下表：

实验者	投抛硬币次数	出现正面次数	频率（m/n）
德·摩根	2048	1061	0.518
皮尔尼	24000	12012	0.5005
维尼	30000	14994	0.4998

这表明，出现正面图案的频率随着抛掷次数的增加而稳定于 0.5 左右，也即出现正面图案的概率为 50%。如果用事件的概率作一个判断的量词，我们就有了概率判断。通常用百分比表示概率，用 Z 表示百分数的分子，概率判断的逻辑形式为：

Z% 的 S 是 P

比如，我们调查彩电市场，发现近期 87% 的消费者购买的是国产彩电。这一结论即概率判断。

二、统计概率推理

统计概率推理是由样本具有某属性的单位频率，推出一类对象具有某种属性的概率的推理。也即通过考察一个类的部分对象，统计其概率，从而得出该类全部对象的概率。例如，有人曾做过这样的试验：

在给奶牛挤奶时，对奶牛播放轻音乐，同时观察奶产量。反复对 200 头奶牛做这一试验，发现约有 148 头奶牛的奶产量有一定幅度的提高。于是得出，轻音乐对提高奶产量有作用的概率为 0.74。对牛弹琴，牛也知音，而且产生好的效应。

在这里，统计推理的形式结构是这样的：

S_1——P

S_2——P

S_3——$\neg$P

……

S_n——P

S_1、S_2、S_3……S_n 是 S 总体中选取的样本 S′

且 S′ 中有 m/n 的单位频率是 P

——————————————————

总体 S 中有 m/n 的概率是 P

也即在总体 S 中抽出样本 S′，一一考察，分别列出，然后进行统计。样本 S′ 共 n 个，其中出现 P 的共 m 次，于是有了样本 S′ 的频率 m/n。由样本的频率，推得了总体的概率。可将上式简化如下：

（样本观察到）Z% 的 S′ 是 P

——————————————————

（总体）Z% 的 S 是 P

在统计概率推理中，样本是部分，总体是一般，推理是由个别到一般，因此，它属于归纳的范畴。但它与简单枚举归纳推理是有明显区别的。首先，对样本对象的考察不仅仅是枚举，还要进行统计。其次，在枚举过程中，允许出现反例（实际上如没有反例，概率为100%，就变成简单枚举归纳推理了），并根据正反事例形成概率的认识。再次，前提和结论中都是概率判断而不是直言判断。

对于统计概率推理来说，选样是非常重要的。

1936年，罗斯福与兰登竞选美国总统。事前，美国《读者文摘》杂志举行了一次民意测验。他们根据全国各地的电话簿，寄出1000万张样本选票，收回200万张，统计结果表明，兰登比罗斯福占有明显优势。另一个年轻人盖洛普，则以其他方式进行调查，在做了5万人的调查后，得出结论，罗斯福将当选总统。选举结果，罗斯福以60%的选票当选。

《读者文摘》于1937年停刊。《读者文摘》的样本量远远高于盖洛普的调查，为什么遭此惨败？样本范围不合适。1936年美国经济大萧条，只有经济尚属上层者才拥有电话，收入较低的人，特别是失业者，往往没有私人电话，而这些人是强烈地支持罗斯福的。以电话簿为根据抽样，明显偏向中、高收入者，当然无法反映实际。因此，除选样要有足够数量外，还得有代表性，选样方式也要多样化。

运用统计概率推理，得到的结论是一个概率判断：

Z%的 S 是 P

当 Z 为 0 至 100 间的任一数时，这一结论称为统计概括；当 Z 为 0 或 100 时，称为普遍概括。如果结论为：0%的 S 是 P，则为 SEP。如果结论为：100%的 S 是 P，则为 SAP。这时，概率判断转化为直言判断。

三、主观概率推理

主观概率推理，也称为概率三段论，即以概率判断作前提，推测该类中特定对象情况的推理。例如，一企业欲购买一批轮胎，他们了解到，在各种轮胎中，东风牌轮胎质优价中，检验表明，96%的东风牌轮胎是优质品。因而他们决定购买东风牌轮胎。他们的思考如下：

在东风牌轮胎中，96%的轮胎是优质品；

将要购买的轮胎是东风牌轮胎；

将要购买的轮胎是优质品。

在这种推理中，从全体的概率出发，来推测部分的情况，即以对象情况的概率作为对其相信程度——置信度来进行推理，相信在这种概率的支持下，不会出现反面事例。因面推论带有明显的倾向性。其推理形式结构如下：

Z%的S是P

S₁是S（S₁是S类中的部分或个体）

_____

S₁是P

从形式上看，它像一个三段论，但它与词项逻辑中的三段论是不同的。首先，三段论是由直言判断构成，特别应有全称判断出现，但主观概率推理的第一前提为概率判断。其次，一个有效的三段论，从真前提推不出假结论。而主观概率推理所依据的是概率判断，由之推出的结论，是可接受的，却未必就是真的，它只是或然真。

主观概率推理前提支持结论的置信度依赖于Z的值。Z越接近于100，结论的置信度越高。Z的值为50，则得出"S₁是P"与"S₁不是P"的置信度是相等的。如Z的值小于50，这时，得出"S₁是P"反而不如得出"S₁不是P"的置信度高，在一定程度上，它已成为得出"S₁不是P"的逻辑根据。如Z的值接近于0，前提就成为得出"S₁不是P"的强有力根据。

在实际思考与表达中，主观概率推理中的概率判断，其中的概率的比值可以只表达为一个概数，而不一定非用准确数值不可。例如：

几乎所有S是P

大多数S是P

百分比值很高的S是P

少数S是P

第四节　探求因果联系的方法

一、因果联系概说

因果联系，即原因和结果的关系，是对象之间先后相继、引起和被引起关系的反映。对象间的联系是多种多样的，因果联系则表明，没有一种对象是与其他对象无关而孤立存在的。每一对象总与其他某对象有着特定的联系。一对象的存在，是因为此前一对象情况的存在。比如，在中国历史上，农民曾多次奋起反抗，试图争得自由，获得解放。这是由于封建统治阶级残酷剥削和欺凌而引起的。这种前后相继的对象情况即因果关系。其中，在先的对象情况引起了在后的对象情况，即原因引起结果。由于原因与结果的联系是无穷延续的，作为原因的现象，也有引起它的原因；作为结果的现象，又会成为其他对象情况的原因。这就构成了对象情况之间的因果链。因果链的存在，给人们认识客观对象间的因果关系提供了可能，人们可以从复杂的事物和现象中，抓住某一环节，排除其他干扰，从前者认识后者，或者由后者认识前者，找到隐藏于其中的因果关系。由培根"三表法"发端，弥尔总结出探求因果联系的逻辑方法，是古典归纳中的重要内容。这类方法，根据某现象与其他先行或后行情况在某些场合里所显示的关系，从而概括出一般性的结论，推断某现象与另一情况间具有因果关系。这样，探求因果联系有了逻辑方法，且具有了形式的性质。下面简要介绍弥尔的方法。

二、求同法

求同法也称契合法，它是这样来探求现象间的因果联系的：设被研究的现象 a 出现在若干场合中。在这些场合中，如果其他因素都不同，仅有一个有关因素 A 是共同的，就可得出结论：这个共同因素 A 与被研究的现象 a 有因果关系。例如：

考察几个企业的产品质量，发现较之以往有较大提高。这几个企业的具体情况不尽相同，有国有企业，有集体企业，还有合资企业；生产的产品不属于一个种类；生产工艺的现代化水平也不一致，但有一点是共同的，即这几个企业都严格抓了质量管理。可见，严格抓质量管理与产品质量提高之间是有因果联系的。

求同法可用公式表示如下：

场合	有关情况	被研究的现象
1	A、B、C	a
2	A、D、E	a
3	A、F、G	a
…	………	…

A 与 a 有因果联系

求同法的特点是异中求同。由于因果关系是确定的，在大体相同的条件下，相同的原因引起相同的结果，使我们能够在错综复杂的场合中，理出一个头绪，排除不相干的因素，找出共同的情况，确定被研究对象的原因。一般而言，求同法的可靠性，与研究的场合情况的数量有关，被研究的场合越多，共同现象出现的频率高，结论的可接受性就越大。

三、求异法

求异法也称差异法，它是这样来探求现象间的因果联系的：设被研究的现象 a 出现于第一场合而不出现于第二场合。如果在这两个场合中，其他有关因素都相同，只有因素 A 在第一场合出现而在第二二场合不出现，那就得出结论：这个因素 A 与被研究的现象 a 有因果联系。例如：

最初，交通管理采用红绿灯作信号指挥车辆行驶时，有些司机仍不听指挥，车祸频发。原因何在呢？交警部门对肇事的司机和车辆进行了检查，发现这些司机是尽职的，且身体健康，意识清楚，其车辆性能也良好，这些情况和其他听从指挥的司机没有差别。肇事原因一时未能查出。后来有人提出，是否这些司机的眼睛有毛病。交警部门把这些肇事司机送医院进行了检查，才发现他们是色盲。由于他们的视觉器官中缺少感受红、绿色的细胞，因而分不清红、绿灯的颜色。而没有色盲的司机，则对红、绿灯反映灵敏。从对比研究中，人们得知：色盲和车辆肇事有因果联系。

求异法可用公式表示如下：

场合	有关情况	被研究的现象
1	A、B、C	a
2	−、B、C	−

A 与 a 有因果联系

求异法的特点是同中求异。这种方法得出结论的可靠性，依赖于对被研究现象出现和不出现这两个场合的正确分析。在科学实验过程中，由于可以应用人工控制的方法改变现象的条件，使得对比研究能在较为"纯粹"的条件下进行，因此，差异法与科学实验有着某种特殊的联系。在作科学实验时，人们常常使用差异法，以得到所期望的可靠结论。

四、求同求异并用法

求同求异并用法也称契合差异并用法，它是这样来探求现象间的因果联系的：如果在被研究现象出现的若干场合（正事例组）中只有一个共同情况，而在被研究现象不出现的若干场合（负事例组）中却不出现该共同情况，那么这一共同情况就是被研究现象出现的原因（或结果）。例如：

有人做了一种证明运动对人体的必要性的实验，把男女老少若干人分为两组，一组人在一间房屋里连续躺 20 天，另一组人在一间房屋里每天允许做四次运动，每次 10 分钟。结果前一组的人 20 天以后疲乏、便秘、食少，起来后头晕、心悸，走不动，甚至晕倒，而另一组却一如往常。

这个例子就是应用了求同求异并用法进行的实验。一组人的共同因素是每天不运动，出现的共同现象是疲乏、便秘、头晕等；而另一组人的共同因素是每天都有一定时间的运动，结果其共同现象是一如往常。这分别来看都是求同法，然后对这两组情况再求异：一组人因有每天运动的共同因素，20天后都是一如往常；而另一组人没有每天运动的共同因素，20天后都出现疲乏、便秘、头晕等现象，因此，每天有一定的运动是一如往常的原因。据此证明运动对人体是必要的。

求同求异并用法的形式如下：

场 合	有关情况	被研究的现象
正事例组1	A、B、C	a
正事例组2	A、D、E	a
正事例组3	A、F、G	a
……	……	…
负事例组1	-、M、N	-
负事例组2	-、Q、P	-
负事例组3	-、Q、S	-
……	……	…

A 与 a 有因果联系

求同求异并用法通过两次求同、一次求异获得结论。在正事例场合中，第一次用求同法可得出：某一相同情况存在，被研究现象也存在。在反例场合中，第二次运用求同法得出：某一相同情况不存在，被研究现象也不存在。最后，再用求异法把两次求同的结论进行比较，通过求异，就能确定某一共同情况与被研究现象之间的因果联系。

运用求同求异并用法进行科学实验比单纯使用求同法或求异法的结果更为可靠，因为此法考察的事例较多，而且有对照。许多科学实验应用此法所获得的结论是个百分比，表明在一组事例的多大范围中具有因果关系。

五、共变法

共变法是这样来探求现象间的因果联系的：设被研究的现象 a 以 a_1、a_2、a_3 等状态在不同场合中出现。如果在这些场合中，有一因素 A 也以 A_1、A_2、A_3 等状态随着 a 的变化而变化，那就得出结论：这个随之变化的因素 A 与被研究的现象 a 有因果联系。例如：

上海地面沉降问题，引起民众的广泛关注。有的说是高层建筑物造多了，压沉的；有的说是海平面上升了，地面相对地就低了；有的说是抽用了地下天然气造成的。但这些都不能说明问题。后来有人对全市的深井和使用地下水的历史与现状进行了调查，为每口井立了档案。上海市第一口深井是 1860 年开凿的，到解放前已达 708 口深井，每天出水量是 24 万吨，1948 年地面沉降达 35 毫米。解放后，到"一五"期间，深井增加到 854 口，出水量每天 34 万吨，地面沉降每年达 54 毫米。1958 年以后的几年，深井增加到 1183 口，出水量达到每天 56 万吨，地面沉降量也提高到每年 98 毫米。深井越多，地下水用得越多，地面沉降也就越快。可见，大量抽用地下水与上海地面沉降有因果联系。上海市有关方面根据这一分析，做出相应对策，控制住了上海地面的下沉。

共变法可用公式表示如下：

场合	有关情况	被研究的现象
1	A_1、B、C、D	a_1
2	A_2、B、C、D	a_2
3	A_3、B、C、D	a_3
…	……	…

A 与 a 有因果联系

共变法是依据现象间的"相随变化"而确定因果关系的。这种情况相当普遍，易于为人们所了解。当然，这种"相随变化"不是一个模式，它可以是同向变化，如"火上加油"，油加得越多，火焰就越大；有的是异向变化，如"以水灭火"，水越多，火焰越小；有的则既有同向变化，又有异向变化。超过一定限度，共变就朝相反方向转化。如施肥一般可使作物增产，在一定限度内，施肥越多，产量越高。但如超过了这一定限度，施肥不仅不能增产，反而减产。肥下得越多，产量越少，甚至会颗粒无收。了解了上述情况，我们能够更好地在实践中运用它，并为实践提供更有效的逻辑方法。

六、剩余法

剩余法是这样来探求现象间的因果联系的：如果已知某一复合现象是另一复合现象的原因，并且已知前一复合现象的某一部分是后一复合现象某一部分的原因，那么前一复合现象的剩余部分就是后一复合现象剩余部分的原因。例如：

1885 年，德国夫顿堡矿业学院的矿物学教授威斯巴克发现了一种新矿石。他首先请当时的著名化学家李希特对矿石作定性分析，发现其中含有银、硫和微量的矿等。后来他又请化学家文克勒作一次精确的定量分析，定量分析一方面证明李希特对矿物成分的分析是正确的，但另一方面又发现，把各种化验出来的已知成分按百分比加起来，始终只得到93%，还有7%的含量找不到下落。文克勒认为，既然已知成分之和只得93%，那么剩余的7%必定是由矿物中含有的某种未知元素所构成。于是，他对矿石进行分离和提纯，终于得到了新元素。

我们看到，复合的原因是矿石中的矿物成分以及含有的某种未知元素的矿物成分，它引起的复合现象是对新矿石测得的已知矿物成分之和只得93%的现象。这是已知的因果部分，通过排除这已知的因果部分，从而确定其剩余部分之间具有因果关系。

剩余法的形式为：

已知：复合现象 A、B、C、D 是被研究复合现象 a、b、c、d 的原因；

又已知：

B 与 b 有因果联系

C 与 c 有因果联系

D 与 d 有因果联系

————————————

A 与 a 有因果联系

剩余法是科学研究和科学发现过程中经常使用的方法。不过，对于剩余部分因果关系的研究，往往要经过相当长的时间，才能获得真正的结果。

以上五种探求因果联系的方法，在实际应用过程中，往往是互相结合或交叉使用其中的几种。

最后需要说明的是，这五种方法虽然是探求因果联系的基本方法，但是它们的作用有限，仅仅靠这几种方法未必能获得真正的原因。

☞ **思考题**

1. 什么是归纳，归纳与演绎间的关系如何？
2. 如何理解归纳结论的或然性？
3. 如何提高枚举归纳推理结论的可信性程度（置信度）？
4. 进行完全归纳的前提条件是什么？完全归纳的结论的性质如何？
5. 什么是确定性事件，什么是随机事件？
6. 如何看待概率与频率？
7. 概率推理的不同形式各有何意义？
8. 因果联系有什么特点，求因果联系的方法各有什么特征？

☞ **练习题**

一、下列结论能否借助完全归纳推理得出？

1. 月朗星稀。

2. 冬冷夏热。

3. 患色盲的人都不能辨认彩色谜团。

4. 一切大于 1 的奇数的平方减去 1，得到的数都是 8 的倍数。

5. 20 世纪 80 年代武汉的夏天比哈尔滨夏天热。

6. 世界上各国的海岸线都是不规则的。

二、下列归纳推理是否正确，为什么？

1. 红牵牛花、红大理花、一品红等红花都不香。所以，一切红花都不香。

2. 水在春夏秋冬四季，在晴雨雪霜风雾各种天气里，在沙漠草原海面平原各种地理环境，达到 100℃ 时就煮沸。因此，水只要达 100℃ 就煮沸。

3. 在历史上有许多杰出的艺术家和文学家，都曾经在不同程度上患过精神抑郁症，如作曲家韩德尔、伯辽兹和舒曼，诗人兼画家罗塞蒂，剧作家尤金·奥尼尔，作家巴尔扎克、海明威，诗人拜伦、雪莱，当代美国诗人哈特·克兰、西奥多·罗特克等都是精神抑郁症患者，有的甚至一度住过精神病院。因此，凡杰出的艺术家和文学家都有精神抑郁症。

4. 已知某些生物的活动是按时间的变化（昼夜交替或四季变更）来进行的，具有周期性的节奏。如北方燕子春来秋往，鸡叫三遍天亮，人白天工作夜间休息，一些植物定时开花等，科学家们由此得出结论：凡生物的活动都有时间上的周期性节奏。

三、下述各题中，结论的得出是应用了哪一种归纳（或概率）推理？

1. 《今日说法》栏目播出了这么一个案例：2000 年 7 月 21 日凌晨，江苏淮安某村的陈××突然发现自己家的鱼塘里的鱼大量死亡，水面上白花花的一片全是死鱼。经过调查，陈××发现当天的其他情况与往常相同，唯一不同的是当地垃圾处理厂的污水曾于当天排入鱼塘。由此，陈××认定，他家的鱼塘里鱼的死亡与垃圾场排放的污水有关。后来经过检验，果然发现垃圾处理厂排放的污水含有超量有害物质，直接导致了鱼的大量死亡。

2. 小王在某个体户摊点买了一只进口表，小张告诉他，那个摊点的 85% 的表都是走私来的伪造品，小王断定他买了一只伪造表。

3. 一天晚上，甲、乙、丙、丁四人一起进餐。随后，甲吃了些草莓而身亡，乙吃了些泡菜而身亡，丙喝了些酸牛奶而身亡，丁吃了些葡萄而身亡。经查，这四人进餐前都服用了小量且不会致人死亡的氰化物，可见，酸性物质会加大氰化物毒性，进而致人死亡。

4. 近年来，青少年犯罪率有所上升。某大城市对青少年犯罪根源作了抽样统计。在100多名犯罪少年中，有90%以上的人与不健康的网络有关。某初中学生胡某犯有流氓罪。根据上述资料，可以断定胡某曾登录过不健康的网站。

5. 某个下雪天早晨，几位晨练者发现：某单位的一个仓库夜间被人撬入，门外雪地上留有鞋印。后经侦查人员侦查分析，进入仓库和从仓库出去的鞋印是同一尺寸、同一型号、同一人的足迹，但外出仓库的鞋印明显比进入仓库时的鞋印深。据此侦查人员断定：这个撬入者很可能是从仓库盗走了东西离开现场的。后经仔细清点仓库物资，果然发现丢失了30公斤重的电缆线一包。

四、下列推理是否成立，请说明理由。

1. 某县共青团组织对青年农民心理素质作了一次调查。其中设立了"在你看来，下面哪一点对一个人在事业、生活上的成功最为重要：①个人的勤奋工作和努力；②运气；③家庭条件优越，父母地位高，有很多的钱"。在150份答卷中有71%的人选择了①，只有15.1%和14.5%的人选择了②、③，这表明当代农民是相当明白个人的努力与幸福生活之间的关系的，相信自己的力量。

2. 有人对上海12所高校（如复旦、交大、同济、华东政法、华东师大）进行了问卷调查。问卷共设立了六个项目，其中一个是大学生对"重建大学生的形象"的问题，回答依次是不断完善自己（占55.65%），不断地追求理论，为社会多做点事（占22.87%），干不了大事，但不平平庸庸（占14.10%）。总体上说，大学生自我评价不高。

五、下列研究应用了哪些探求因果联系的逻辑方法？

1. 2004年夏天，北京警方连续接到举报：在公共汽车上，年轻女子的腿经常被人用刀划破。警方作了大量调查，却没有查明作案人。后来，警方分析：每一次出事时的受害人、作案时间、作案地点各不相同，但每次都有一个带蓝帽子的男子在出事现场积极帮助受伤女子，有几次还是这个男子来报案的。警方怀疑这个男子可能是作案人。后经明察暗访发现，果然是他。原来该男子有一个漂亮但双腿瘫痪的妻子，每当看到年轻女子健美而行动自如的腿时，便替妻子感到嫉妒。但用刀划伤无辜者后，他又后悔，因而又帮助她们，甚至去报案。

2. 某单位半年内有四次重要会议内容被泄露。经查，这半年内共召开重要会议七次，其中有三次内容未被泄露。这七次会议的参加者不完全相同。于是对每次会议参加者名单全部列出加以对照，结果发现，凡是吴某参加的四次会议，内容均被泄露，而吴某未参加的另外三次会议，内容均未外泄，其余与会人员都没有与吴某相同的情况。由此推断，吴某的到会与会议内容泄密有联系。

3. 运动学家通过大量的观察实验发现，一般中等身材、中等身高的男性青年，在无负重的情况下，缓步时的步幅为 65 厘米左右，正常步行时的步幅为 75 厘米左右，快步行走时的步幅为 90 厘米左右，跑步时的步幅为 120 厘米左右。根据这些材料，于是得出结论：步行速度的快慢与步幅大小之间有关联。

4. 种植马铃薯是选用大个的薯块作种子，还是选用小的好呢？有一农业试验站曾做过这样的试验：用 10 克、20 克、40 克、80 克、160 克重的马铃薯分别插在同一块田里，放同样的肥料。结果，10 克重的产量是 245 克，20 克重的产量是 430 克，40 克重的产量是 565 克，80 克重的产量是 940 克，160 克重的产量 1090 克。这说明，选用大的薯块作种，可以提高产量。

六、单项选择题

1. 根据报纸上公布的材料，去年有关机构进行抽样调查，有 79.9% 的人对物价上涨不满。这就表明，约 80% 的人对价格改革不满意。

下述哪项论证与上文类似？（　　）

A. 认为我们自己一切都好，是不对的；认为我们自己一切都不好，也是不对的。

B. 我三十岁以后一定交好运。因为这是用电子计算机算命算出来的。

C. 什么扩大企业自主权，这不就是搞自由化吗？这样的企业还是社会主义企业吗？

D. 不管是谁，不论什么理由，今后一概不许用公款请客送礼。为单位联系工作必要的请客和赠送少量礼物，一律要经董事长批准。

E. 年老的母亲严肃地对儿子说："孩子啊！股票交易是场危险的赌博，第一天赢了，第二天就要输的。"儿子立即答道："好的，那我以后就隔一天去一次吧。"

2. 据报道，一位青年在郊游途中，不慎落入一平均深度只有 0.5 米的小河中，虽挣扎良久，终被溺身亡。报纸提醒人们在旅游时应注意安全，尤其注意地形环境安全。

以下哪项能最合理地解释报道中的表面性矛盾？（　　）

    A. 纯属无稽之谈。

    B. 该青年不足 0.5 米高。

    C. 有人陷害这个青年，这表面上的意外事故实际上是一起凶杀。

    D. 青年的神智不清，如精神分裂等。

    E. 该青年落水点是远远深于小河平均深度的地方。

3. 地球上的水并不少。71% 的地球表面覆盖着水，因此，地球被称为蓝色星球。然而，这并不意味着地球上的水资源是无限的。以下各项均反映了地球上的水的现实情况，其中哪一项最能说明保护水资源的紧迫性？（　　）

    A. 地球上 13 亿立方公里的水资源中，98% 是含盐的水。

    B. 3000 万立方公里淡水中，88% 是固态（冰川或冰帽，仅南极就占世界淡水的 72%）。

    C. 12% 的淡水中，多数是地下水。人们可直接取用的淡水只占 0.014%。

    D. 地球上水的分布极不平衡，约 65% 的水资源集中在不到 10 个国家里。

    E. 人类使用水资源的方式加据了水资源的紧张形势。

4. 《三国演义》开篇道：话说天下大势，分久必合，合久必分：昔周末七国分争，并入于秦；及秦灭之后，楚汉分争，又并入于汉；汉朝自高祖斩白蛇而起义，一统天下；后来光武中兴，传自献帝，遂分为三国。

如果把上述引文看成推理，则它使用了哪种推理方式？（　　）

    A. 演绎　　　　B. 归纳　　　　C. 类比

    D. 统计　　　　E. 数理分析

5. 美国一所大学曾做过一项对 200 个家族企业的研究。这些企业中最早的成立于 1924 年。到了 1984 年，将近 78% 的公司已经消失，只有 3% 的企业身价暴涨。那些生存下来而继续经营的企业，有 80% 的规模与 60 年前并无差异。专家们发现，"传宗接代"是家族企业发展中所面临的最严重的考验。在世纪交替的时期，家族企业的"死亡率"往往达到顶峰。根据这项对"家族企业"的调查，只有 39% 的家族企业能成功地延续到第二代，只有 15% 能达到第三代。这是否正如诗人荷马所言，"很少有儿子和父亲一样出色，大部分只会更糟，极少青出于蓝"呢？

以下各项都能较为有效地化解上述死结，除了（　　）

    A. 领导者留下一个强势的公司，让下一代有信心有能力继续经营。

    B. 老一辈放手让儿女接管事业，并确保企业中非家族成员的高层管理者对新生代的家族企业领导人充满信心并愿意帮助他们。

    C. 老一辈要全面考虑到领导者的继承、所有权的继承、家族精神的继承等各个方面。

    D. 老一辈应该让新的领导者在较短时间内毫无遗漏地学会上代人的领导艺术，继承领导风格。

    E. 需要建立一个符合公司管理层需要的培训计划，为企业管理注入新鲜血液，建立其延续性，并需建立有关财务及合法性的组织机构来执行该计划。

6. 据统计，西欧各国从 1975 年到 1980 年钢铁业的就业人数少了 30 万人，而美国传统工业中，从 1975 年到 1980 年就业人数减少了 60 万人。

    下面哪一项结论最符合上述统计事实？（   ）

    A. 西欧钢铁业的失业率比美国传统工业失业率低。

    B. 美国传统工业失业率比西欧钢铁工业失业率高一倍。

    C. 美国传统工业失业率比西欧钢铁业人数少。

    D. 西欧钢铁业年均失业率人数超过美国传统工业。

    E. 美国传统工业年平均失业人数是西欧钢铁工业失业人数的两倍。

7. 在一项实验室研究中，实验组的 100 只兔子注入血浆 N，而控制组的 100 只兔子则注入了一种无害的糖溶液。两周后，实验组有 39% 的兔子患了丛林热，这种疾病传染性很强并且通常是致命的。因此，丛林热一定是由某种与在血浆 N 中发现的物资相类似的物资引起的。

    如果以下哪一项为真，则最能支持上述观点？（   ）

    A. 丛林热在兔子中的发病率通常低于 0.01%。

    B. 控制组中 40% 的兔子两周内也染上了丛林热。

    C. 血浆 N 含有从某种有毒野花根部提取的物资。

    D. 死于丛林热的兔子的血液中含有某种同样也在血浆 N 中发现的剧毒物资。

    E. 几乎所有得了丛林热的兔子都在最初症状出现的两天内死亡。

8. 如果以下哪项为真，则最能削弱第 7 题的题干的观点？（   ）

    A. 血浆 N 中没有什么物资最初产生在大多数兔种的居住地。

    B. 实验组的兔子同另一组严格隔离。

    C. 丛林热通常仅在北美地区毒蛇吃的死的食物中发现。

    D. 负责注射的科学家不知道他们应用的溶液的成分。

E. 实验组中的一只兔子在实验开始前就患了丛林热。

9. 一犯罪调研报告揭示，某市近三年来的严重刑事犯罪案件 60% 皆为已记录在案的 350 名惯犯所为。报告同时揭示，严重刑事案件的半数以上作案者同时是吸毒者。

如果上述断定都是真的，并且同时考虑事实上一个严重刑事案件的惯犯可能多次作案，那么，下述哪项断定一定为真？（　　）

A. 350 名惯犯中可能没有吸毒者。

B. 350 名惯犯中一定有吸毒者。

C. 350 名惯犯中大多数是吸毒者。

D. 吸毒者大多数在 350 名惯犯之中。

10. 一袋中有红球 24 只，白球 24 只。要保证不看袋子而从袋中取出的球至少有两只颜色是相同的，则最少要从袋中取出多少只球？（　　）

A. 25 只　　　B. 20 只　　　C. 13 只

D. 8 只　　　E. 3 只

11. 今年武汉地区开展了一次前所未有的化妆品广告宣传。但调查表明，只有 30% 的武汉居民实际使用化妆品。这表明我国化妆品公司的广告投入有很大的盲目性。下述哪一项最有力地加强了上述结论？（　　）

A. 正是因为有 30% 的居民使用化妆品才要针对他们做广告。

B. 化妆品公司做的广告一般都比较多。

C. 化妆品公司做广告是因为产品供过于求。

D. 去年实际使用化妆品的武汉居民有 40%。

12. 卫生部的报告表明，这些年来，卫生保健费的确是增加了（从 1980 年占国民生产总值的 4.5% 到 1984 年的 10.8%，再到今天的 15%）。可见，我们每个人享受的卫生条件大大提高了。

下面哪项如果为真，则对上述结论提出最严重的置疑？（　　）

A. 卫生保健费的绝大多数用在了高技术高危病强化护理上。

B. 老年慢性病的护理费用是非常庞大的。

C. 每一个公民都有享受国家提供的卫生保健的权利。

D. 在不增加费用的情况下，我们的卫生条件也可能提高。

E. 国家给卫生部拨款的 70% 支付了建筑费。

13. 在司法审判中，所谓肯定性误判是指把无罪者判为有罪，否定性误判是指把有罪者判为无罪。肯定性误判就是所谓的错判，否定性误判就是所谓的错放。而司法公正的根本原则是"不放过一个坏人，不冤枉一个好人"。某法学家认为，目前，衡量一个法院在办案中对司法公正的原则贯彻的是否足够好，就看它的肯定性误判率是否足够低。

　　如果以下各项为真，则最有力地支持了上述法学家观点的是（　　）。

　　　A. 宁可错判，也不错放，是"左"的思想在司法界的反应

　　　B. 错放造成的损失大多是可弥补的；错判对被害人造成的损失是不可弥补的

　　　C. 各个法院的办案正确率普遍有明显的提高

　　　D. 各个法院的否定性误判率基本相同

第七章 类比、回溯与假说

在科学推理中，理论要面对事实；科学推理的主要条件之一就是理论必须得到事实的支持。

—— ［英］伊·拉卡托斯

第一节 类　　比

一、类比的含义

类比，亦称类推，是根据两个或两类对象在某些属性上相同或相似，推测出其他属性或特征也相同或相似的方法。比如，医生经常使用的叩诊法，是奥地利医生奥恩布鲁格发明的。

据说，奥恩布鲁格是酒商的儿子，时常看到他父亲用手指敲击酒桶，从木酒桶发出的声音判断桶内酒的有无或酒的多少。他由此联想到，人的胸腔不也像木桶吗？叩击木桶发出的声音可以判断桶内酒的有无或酒的多少，那么，叩击胸腔发出的声音不也可以判断胸腔内积水的有无或多少吗？经过反复观察与实验。他终于发明了叩诊法。

奥恩布鲁格是这样思考的：已知酒桶与人的胸腔有许多相同或相似之处，如都是封闭的物体，内部都有（或无）液体，叩击时都能发出一定的声响等；又已知叩击酒桶可以判断酒的有无或多少。由此推测，叩击胸腔可以判断胸腔积水的有无或多少。再如，木工使用的锯据说是鲁班发明的。

一次，鲁班承建一座建筑，由于木料供应不上，他亲自到山上去了解伐木的情况。在路上，他的手指被路边长的茅草划破了。鲁班奇怪，草怎么把手划破了呢？他没有顾及流血的伤口，而是研究起茅草来。他发现茅草之所以如此锋利，是因为其叶缘上排列着又长又尖又密的锐齿。他想，如果按茅草叶制成长铁片，用来伐树，一定省力工效高。他拿回茅草，让铁匠仿照着打出一些锐齿的长铁片，到伐木现场一试，果然很适用，最初的锯就出现了。

鲁班是这样思考的：茅草边缘有很多又长又尖又密的锐齿，它能划开硬物；在铁片边缘做出很多又长又尖又密的锐齿，可推知铁片能划开硬物。上述思考过程，都是类比法的应用。

　　我们看到，在类比中，从一个或一类对象，类推到另一个或一类对象，不仅前提不蕴涵结论，结论也不蕴涵前提，即它既不同于演绎，也不同于归纳。然而，由于事物对象之间的相互联系与相互制约，使得人们可以由两个或两类对象间属性的相同或相似，倾向于接受其他属性相同或相似。这就是说，类推的对象中的已知共同属性是推测属性相同或相似的可接受性的证据。这个证据尽管不是充分的，甚至不是必要的，然而却是可接受的。因此，现实中离不开类推。而且，由于类比由一个对象推测另一对象，思维跳跃度大，更适于举一反三、拓宽思路，做出创造性发明。所以虽然类比的结论具有或然性，但它本身却是一个有用的方法。

二、正类比与负类比

　　正类比，即根据对象间共有某些属性而推测共有另一属性。例如，惠更斯对比光和声这两类现象，发现它们都是直线传播的，都有反射、折射和干扰等；又知道，声有波动性质，于是推测：光有波动性质。这即是运用正类比得出结论。

　　正类比的形式结构如下：

A 有 a、b、c、d 属性

B 有 a、b、c 属性

B 可能有 d 属性

　　负类比，即根据对象间均无某些属性而推测均无另一属性。例如，《折狱龟鉴》载：

　　吴人张举，任句章县令。当地发生一案，有妻杀夫，并放火烧了房子，称丈夫被火烧死。夫家怀疑，诉之于官。张举勘验现场后提审被告，被告坚不承认谋杀。张举于是取猪二口，杀一活一，俱放火上烧。火灭后验二猪，活者因烧时嘶叫，口鼻及肺中均有烟灰，杀者口中无灰。再验被烧丈夫之尸，口中果然无灰，被告至此服罪。

　　张举是这样思考的：死猪被烧口中无灰，不是活着被烧死的；死者被烧口中也无灰。可见，死者不是活着被烧死的。这即由负类比得出的结论。

　　负类比的形式结构如下：

A 无 a、b、c、d 属性

B 无 a、b、c 属性

B 可能也无 d 属性

在实际思维中，人们常常将正类比和负类比结合起来运用，以提高类推的置信度。

从上述类比我们看到，类比之所以能做出推测，在于共有（或无）属性与类推属性之间的密切联系。对一对象而言，a、b、c 属性与 d 属性往往密不可分，有 a、b、c 就可能有 d，反之，无 a、b、c 就可能无 d。因此，可由之进行类推。然而，既然是两个（或两类）对象，两者就会既有相同或相似的属性，且一定有相异的属性。如果在推测中将相异属性看成共同点，就会推出错误的结论。如过去根据地球与火星上某些情况的相同，推测火星上有生命存在，就是一个错误的推测。因此，在类推中，应尽可能多地寻找类比对象间共有（或无）的属性，共同点越多，偶然因素就相对少，结论的置信度就高；同时，应尽可能寻找对象间共有（或无）属性的特有联系，把推测建立在对象属性间的相关度之上。对象属性的相关度越高，结论的置信度也越高。

如果在类比中，仅仅依据对象间少数表面上的共同点相似点，进行推测，就会出现"机械类比"的错误。例如，晋代著名道教哲学家葛洪在论证他的所谓"上品神药"和"金丹"可使人长生不老时，就运用了类推法，说人吃五谷能活下去，而吃"上品神药"更能益人。因为黄金入火百炼不消，埋之毕天不朽，故人吃"金丹"可长寿不死。这即机械类比。

类比的结论是或然的，然而，其证据支持度是不同的。前面我们说过，共有属性与类推属性的相关度越高，结论的可靠性越大。如果已知共有属性与类推属性的相关度达到必然的程度，即一对象有 a、b、c 属性，则必有 d 属性，这时，结论的置信度达到 1，即是确实可靠的了，这时类比的形式结构就转化为：

凡有 a、b、c 属性的对象都有 d 属性

B 有 a、b、c 属性

B 有 d 属性

显然，真到这一阶段，就不再是类推，而是演绎了。

第二节 回 溯 法

一、回溯概说

回溯法又称为回归法，是从结果推测原因的方法，即由某个已知事实的命

题，推出可导致该命题成立的理由的方法。其思路是这样的：设 q 为关于已知对象的命题，且"如果 p 则 q"是有关某一事物对象的普通规律性命题，由此可知，p 是 q 存在的理由。

从 q 的存在，寻找 p，这是由果溯因。从上述思路可以看出，它类似一个蕴涵推理。可是，在形式上，它是由肯定后件到肯定前件，如看做演绎推理，当属非有效式。然而，作为回溯法，是人们由已知事实探求未知理由的过程，这种方法有其特殊的作用。例如，从庄稼瘦弱这个事实，可推知肥料不足。因为，如果肥料不足，庄稼就瘦弱。现发现庄稼瘦弱，可见，肥料不足。由于肥料不足必然导致庄稼瘦弱，因而，当庄稼瘦弱这一事实出现时，我们完全有理由认为，这是由缺肥这一原因引起的。客观对象之间这种因果联系条件联系的存在，是回溯法的逻辑基础。例如，医生根据病人症状以及有关疾病的医学知识，推测病人的病因，对症下药；刑事案件侦查人员从现场情况，根据犯罪学和刑侦学原理，推测案情和作案人，实际上都是由结果追溯原因，运用的是回溯法。

然而，由于客观对象间的因果联系是多方面的，一个结果，可由多种不同原因分别造成，也可由多种不同原因共同造成，因此，这种回溯法所获得的结论，并不是必然的。它的置信度，与据以推测的表达普遍性规律的判断的前后件之间逻辑联系的紧密程度有关。它的作用在于，它为进一步解决问题提供了思考的方向。

二、简单回溯法

简单回溯法是当原因和结果表示为一个简单的充分条件假言判断时，从结果直接溯求原因的方法。例如，我们发现，近一段时间，某同学的成绩明显下降，排除了其他诸如身体的、家庭的因素等，我们认为，如果迷恋网络，学习成绩就会下降。因此，可推知某同学近期正迷恋网络。

简单回溯法的形式可表示如下：

q
如果 p，那么 q
_____
p

由于表示原因的情况较单纯，因此，能使我们接受这一认识，将之作为现象 q 的原因。

三、复杂回溯法

复杂回溯法是当原因和结果表示为一个以充分条件假言判断为主体的多重复合判断时，从结果溯求复合原因的方法。客观现实中，一个事实的原因可能是多方面的，这就使回溯过程变得较为复杂。比如，病人体温升高，就可能由多种原因引起，肺炎可使人发烧，重感冒可使人发烧，其他炎症也可引起发烧。要回溯引起体温升高的病因，就可得出复杂的结论。

这种复杂回溯法，可表示为若干过程的综合。其形式如下：

q，如果 p_1 那么 q，所以 p_1

q，如果 p_2 那么 q，所以 p_2

……

q，如果 p_n 那么 q，所以 p_n

----

p_1 或者 p_2 或者……或者 p_n

这一形式可简化为：

q

（p_1 或 p_2 或……或 p_n）则 q

----

p_1 或 p_2 或……或 p_n

很明显，复杂回溯法是在逐渐逼近现象 q 的原因，向真理靠拢。如果能够穷尽对象 q 的全部原因，那么，从 p_1 到 p_n 对 q 来说，就演化为等值关系，这时的回溯法的形式就转化为：

q

当且仅当（p_1 或 p_2 或……或 p_n）则 q

----

p_1 或 p_2 或……或 p_n

由于原因是全部原因，因此，此时回溯得到的结论就是必然的。这时再对选言判断进一步考察，就能确定真正原因。高明的医生治病疗效好，就在于他熟知某一症状的各种可能原因，能在短时间内选择有效的疗法；高明的侦查员不放过任何一个疑点，能从蛛丝马迹中找到破案的思路，就在于他们在回溯时，在最大可能条件下穷尽了对象的各种原因，使回溯的结论的性质起了质的变化。

第三节 假 说

一、假说概述

假说是以已知的事实材料和科学原理为依据，对未知的事物及其规律所做出的推测性说明。例如，关于地球上各大陆的现状是自古即如此，还是逐渐变动演化形成的？科学家们有不少说法，其中著名的有魏格纳的大陆漂移说。

1912 年，魏格纳根据非洲西部海岸与南美洲东部海岸在形状方面的吻合性，结合古地质学、古气象学等方面的科学理论，设想在古生代，地球上只有一整块陆地。后来由于天体引潮力和地球自转所产生的离心力，原始大陆分裂成若干块。这些陆块像冰漂在水面上一样逐渐分离开。美洲脱离了欧洲和非洲向西移动，越漂越远，在它们之间形成了大西洋；非洲一部分离开亚洲，在漂移过程中南岸沿顺时针方向略有扭动，渐渐与印巴次大陆分离，中间形成了印度洋；南极洲和澳洲脱离了亚洲和非洲向南移动，尔后又彼此分开，形成了现在澳洲和南极大陆的现状。

很明显，魏格纳关于地球上各大陆现状的形成原因的解释，依据的是大西洋两岸形状的吻合性这个事实以及相关的科学知识。尽管他的分析已有相当充分的理由，但毕竟只是对这一未知现象的一种假定性解释，在现有科学理论尚不能完满解释这一对象情况时，提出假说是非常必要的。

假说具有三个显著特征。首先，它以事实和已有的科学理论为依据。假说是在掌握了一定的事实材料的基础上，结合已知的科学理论提出的，它与毫无事实根据的主观臆断和胡思乱想是不能画等号的。其次，它是对未知现象的推测。科学理论是经过实践检验了的真理，是人类知识累积的结果；假说是对未知现象及其规律的一种猜想，是有待于验证的，可以说它是人类知识累积的一个出发点。再次，它具有科学预见的功能。假说之所以能被人们接受，就在于它能较圆满地解释一些未知现象，做出科学的预测。

假说的推测性表明，假说是对未知现象及其规律的一种解释，这种解释并非定论。人们在多大程度上接受这种解释，取决于这一假说能在多大程度上解决人们对这一未知现象的困惑。正是由于假说的推测性，同一现象出现多种解释，提出多种假说就是非常自然的了。例如，关于月球是怎样形成的，人们提出种种推测，其中较有影响的有三种：

一说月球是地球的儿子。这一假说认为，月球是在地球历史的早期从地球中飞出去的，太平洋就是这次分离留下的遗迹；另一说月球是地球的俘虏。这一假说认为，月球的质量达到地球的 1/81，月球的旋转轨道比较接近于太阳系公转平面。大约在六亿年前被地球引力捕捉过来，从那时起才绕地球运行；再一说月球是地球的兄弟。这一假说认为，月球是在地球附近的尘埃云与地球一起分别集聚形成的，运行是形成之后才开始的。

从上述假说，我们看到，尽管各假说互相对立，然而，由于是对对象情况的推测性解释，因而它们可以同时成立。

假说作为一种推测方法，在科学认识形成理论的过程中具有非常重要的意义，它是科学认识的必经阶段，也是从认识发展到理论的阶梯。一个科学理论，不是一步就能完成的，它在最初，材料尚不充分，理论也不完备。然而，正是有这种初步的猜测，才使人们有了研究兴趣，从而逐步走出困惑，经过深入的探讨和反复的实践，最终成为真理。哥白尼的太阳中心说，哈维的血液循环说，爱因斯坦的狭义相对论，开始都是作为假说提出的。经过检验、修改、补充，这些理论越来越成熟，逐渐转化为科学理论。不仅自然科学知识，社会科学也离不开假说。人们认识社会，不仅要科学地解释已发现的事实，还要能推测过去，预见未来。这种推测和预见，也就是假说。比如，抗战初期，毛泽东就提出，抗战必胜。对于当时的条件而言，这只是假设，尚非真理。经过八年抗战，血与火的检验，这一假说转化为真理。在日常工作和生活中，假说也是不可缺少的。医生看病，通过望、闻、问、切，提出初步诊断；公安人员根据案件现场及相关一系列情况的调查，提出进一步侦查的破案假设；战场指挥员根据所获得的敌情资料和战场地形、天气等，制定出作战方案；企业决策者根据市场行情、同行状况和本企业的现状，做出关于企业生产、经营的决策设想，等等，事实上都是假说。

二、假说的提出

假说的提出，必须有相应的事实。人们提出假说，是在研究了对象的情况，掌握了一定的材料时进行的。在提出大陆漂移说时，魏格纳说：

任何人观察南大西洋的两对岸，一定会被巴西与非洲间海岸线轮廓的相似性所吸引住。不仅圣罗克角附近巴西海岸的大直角突出和喀麦隆附近非洲海岸线的凹进完全吻合，而且自此以南一带，巴西海岸的每一个突出部分都和非洲海岸的每一个同样形状的海湾相呼应。反之，巴西海岸有一个海湾，非洲方面就有一个相应的突出部分。如果用罗盘仪在地球仪上测量一下，就可以看到双方的大小都是准确一致的。

这就是事实。没有这些事实，也就无法提出假说。然而，这些事实并不是假说成为真理的充分条件。然而，要是要求事实材料十分充足、系统和完整，显然就束缚了人们创造性的思维活动，影响到科学理论的发展。

假说的提出，要以已知的科学知识为依据，对所掌握的事实材料进行分析研究，借助逻辑推演方法，形成初步的假定。比如，关于地球生命自生说的假说，就是以无机物在一定条件下可以转化为有机物的演化理论为指导的。这表明，假说不能与科学理论相矛盾。然而，我们也要看到，真理是具有相对性的，已有的科学理论也会随着客观对象的发展以及主体认识水平的提高而得到进一步的丰富和发展。因此，提出假说时，也应不受已知科学理论的束缚。据报导：

美国华裔科学家许统群通过对一口钻井内的重力测量数据进行周密计算，发现几百年来一向认为不变的牛顿万有引力常数竟然发生了变化，它随着井深的增加而相应地增加。这是对有争议的宇宙中存在"第五种作用力"说法的一个肯定的证明。

这一报导表明，牛顿万有引力常数不变的理论，在这里受到冲击，"第五种作用力"的假说又向真理跨近了一步。

对于假说来说，尽管是根据有限事实和已知科学理论提出的，尽管初始阶段并不完善，但它总是具有一定的逻辑依据的。一般来说，演绎、归纳、类比在这个阶段都有可能运用，特别是归纳和类比，对提出初步假定，作用是相当大的。比如，惠更斯提出光的波动说，就是通过把光同声波、水波进行类比而推导出光也是波的初步假定。再如，哥德巴赫从有限的偶数可表示为两素数之和，从而提出"凡不小于6的偶数都可表示为两个素数之和"。这一假说是依赖归纳而得到的。这样，假说就以一种较为严密的形式呈现出来，成为可以继续推演和验证的对象。

以上表明，依据事实和已有科学理论，运用逻辑思维方法，假说在它的初始阶段所要解决的问题是存在着什么样的疑难问题有待人们来回答，以及明确说明，用什么样的理论能解释这一疑难，即提出假说的"基本观点"，完成初始假说。

三、假说的发展

任何假说都有一个提出过程，同时有一个发展过程。在后一过程中，人们根据实践和根据经实践检验的科学知识，对初始假说进一步研究、检验，使假说得到修正或完善，或证明假说不能成立。这即是假说的发展。

假说如果形成，由之总能引出一个或一些推断，而这些推断是否真实总是能够检验的。通过对推断的检验，从而判定假说是否成立。这表明，如果假说引出的推断经检验为真，则假说能够成立；反之，假说被否证。例如，达尔文的进化论认为，人类是由类人猿进化来的。显然，这个过程早已成为历史，人们不可能使之再现。要检验它，就需要由之引出结论来，再对结论进行检验。如果人类是由类人猿进化来的，那么，地层中应该有类人猿的遗骸。19世纪

80 年代，人们在爪哇发现了类人猿的头盖骨化石等一系列证据，表明推断被证实、达尔文的假说得以成立。我们看到，这里假说验证的推论形式即回溯法：

如果 p，那么 q

q
———————
p

很明显，这里说的是，假说得以成立，是因为推断只是假说的必要条件而非充分条件。推断 q 为真，只是说 p 能成立，而不是已证明假说 p 为真理。反之，一假说的否证则是必然的。比如，关于地壳运动的"冷缩说"认为，地球最初是一个热的火球，由于辐射散热，渐渐冷却下来，外面冷得较快，先在地球表面形成一个硬壳，而地球的内部则还在继续冷却收缩，结果就与已形成的硬壳脱离，造成一个"空间地带"。于是地壳便褶皱起来。现在地球上的山脉就是这样褶皱而成的。按照这一假说，地球的收缩应当使地壳上各个部分都出现褶皱，然而，我们看到的情况却是，有的地方出现了褶皱，而有的地方却没出现。由此该假说被淘汰。假说否证的推论形式为：

如果 p，那么 q

非 q
———————
非 p

由于假说 p 所引出的推断假，按说当然不能成立。然而，这里要注意，q 是否为 p 所必然引出，p 据以提出的事实与科学知识是否有误，都对 q 这一推断产生影响。如果上述依据有问题，或推断并非必然，则 q 假，并不表示 p 必假。

对于假说的验证来说，最具有意义的是，假说对未知的事实的预测。如果按某一假说理论做出的预测被证实，假说的科学性就得到进一步证实。而这种预测的事实越多，假说的可靠性就越大。比如，牛顿的经典力学，不仅解释了大量同力学有关的事实，解释了重物落地、潮汐涨落、虹吸管和水泵的作用，还对哈雷彗星和海王星做出预言。板块理论对地震、火山活动及其分布的规律做出解释，对地震预报、火山爆发预测提供理论研究基础，还在寻找矿产分布上发挥作用。根据板块理论，铜、铅、锌等金属矿床与岩浆活动有关，人们由之在红海"热洞"附近找到了铜、铁、锰、金、银等矿床。

修改前面关于假说验证的公式，我们得到：

如果 p，那么 q_1

q_1
———————————
p

一个推断，或一个预测的被证实，只表明假说向真理靠进了一步，它离真理还有一定距离。但如果假说能成立，它就能不断做出推断或预测，并不断地被验证为真。这样，假说的验证公式就演化为：

如果 p，那么 q_1 且 q_2

q_1 且 q_2
———————————
p

上述公式表明，当推断或预测增多，假说的证据增加，其可靠性就更大了。再继续发展下去，就有了以下公式：

如果 p，那么 q_1 且 q_2 且 q_3 且……且 q_n

q_1 且 q_2 且 q_3 且……且 q_n
———————————
p

q_1 且 q_2 且 q_3 且……且 q_n，表明假说的证据充足，证据 q 已由假说的必要条件，转化为充分必要条件。既然应做出的推断已全部做出，并被事实所证明，该假说也就被证实，即转化为真理。

然而，现实的假说，要转化为真理并非轻而易举的，而是一个十分复杂的过程。因为，要确定假说据以成立的必要条件的转化，是相当困难的。一般来说，只要能够做出假说具有比较本质性的推断，即对假说转化为真理具有决定意义的推断，并能证明这一推断，这一假说就可视为科学真理。当然，即使已被实践证明的真理，它也要在人类认识的长河中不断接受实践的检验，从而得到进一步丰富和发展。

法律实践中的刑事案件侦查过程，也是一个假说转化的过程。案件发生后，以现场勘察与调查取证所得到的事实材料，侦查人员根据科学知识基础和自己的办案经验，对罪犯的犯罪性质、犯罪过程乃至犯罪人的情况，做出一个假定性、推测性的解释，这就是侦查假设。有了这个假设，破案工作由此逐次展开。

应该说，侦查假设与科学假说也有不同之处。因为科学假说的目的，是要探索自然现象发生的原因及其规律，以建立科学理论。而侦查假设的目的，只是为了查明一个具体的案件，追溯作案过程，认识和把握案件，并在此基础上刻画罪犯的特征，最终将罪犯缉拿归案。不过，一个案件的侦破过程，往往是提出、推演和验证一系列侦查假设的过程。在这个过程中所应用的逻辑形式，与科学假说的逻辑形式并没有原则区别。

☞思考题

1. 类比与演绎、归纳的基本区别何在？
2. 类比法是怎样得出结论的？
3. 机械类比错在哪里？
4. 回溯法与假言推理有什么区别？
5. 回溯法的依据是什么？
6. 试说明假说的提出与发展的逻辑途径。
7. 试说明刑事侦查中假说的运用。

☞练习题

一、下列类比属何种类型？简略说明理由。

1. 1832 年 5 月 26 日，法拉第在他的日记中写道："两个带异种电荷的异体之间的力线或者力的方向，和磁力线类似，可以叫做电力线，在通电流的导线上也存在电力线吗？"根据当时物理学知识中关于力的作用的几种方式，法拉第类推到电磁作用，从磁力线类推到电力线，从水波、声波类推到磁感应和电感应的胶，并联想到光与电磁振有关，从而推测出电、磁和运动三者的关系，向电磁场迈出了一步。

2. 1785 年，库仑在创立静电磁力学过程中，发现静电与磁的相互作用，与机械物体的相互作用具有完全相同的数学形式，他由此类推出静电磁相互作用定律，其公式为：

$$\text{库仑定律（1785 年）} \quad F = \frac{q_1 q_2}{r_2} \tag{1}$$

$$F = \frac{M_1 M_2}{r_2} \tag{2}$$

二、古罗马的克莱奥梅德斯发现：一只戒指放在空的容器里，正好被容器壁挡住而看不见；但当容器里充满了水后，其他条件不变，就可以看见容器底的戒指了。于是他断定，当我们看到太阳将落未落时，太阳已经是在地平线的下面。克莱奥梅德斯的判断是根据什么方法得到的？

三、下列回溯是何种形式？

1. 室内电灯突然熄灭，我们推测是保险丝坏了。因为在一般情况下，保险丝烧断了，那么室内电灯就会熄灭。

2. 某市工业检查组到一些国有企业检查工作，发现那几个企业经营情况有所好转，企业正气上升，干部能以身作则，员工质量意识强，生产效率显著提高。通过分析，认为企业实行科学管理，干部能以身作则，员工质量意识就会强，生产效率就会提高。因此，他们认为这些企业经营情况好转，是抓企业科学管理的结果。

四、分析下列材料提出了什么假说，并分析假说的提出运用了什么推理方法。

某省农科所从 1954 年开始研究褐飞虱。当时，人们都相信日本昆虫学家树田藤七的研究结论是正确的，以为褐飞虱可能是成虫或幼虫过冬。参加这次研究工作的人员进行搜集成虫的工作。有一次，他们发现某地有虫，但下雪前有，下雪后就没有了。他们设想：如果是成虫或幼虫过冬的话，那总有个地方安身。莫不是卵过冬？如果是卵过冬，又到哪里去找卵呢？他们想起下雪的前几天，很多成虫还在草里。而这种草又是在炎热天的田里生长的，要是把这些草移入养虫室培养，增加温度，孵化出虫来，不就可以证明卵过冬吗？于是他们在原来观察的地方扯了一些草移到温室里，增加适当的温度和湿度，进行孵化试验。大约十天后，发现了一个幼虫；又过了几天，大批成虫出现了。到这时，研究工作人员才肯定他们的设想是对的。这种害虫过冬的秘密就这样被揭开了。

五、单项选择题

1. 科学家们称，目前全球的耕地因各种原因被侵占的数量每年达 800 万公顷，同时退化的耕地达 700 万公顷。长此下去，全球的耕地将在百年后全部消失。可悲的是，人类目前还在无止境地滥占耕地。

上述的一段话作了以下哪项假设？（　　）

A. 为了全人类的生存，必须设法保护土地资源。

B. 耕地资源尽管不是无限的，但人类仍能不断开发耕地资源。

C. 侵占耕地与耕地退化的状况因人们没有认识到而会继续下去。

D. 耕地资源尽管有限，但也不是一下就会消失的。

E. 无论怎样保护耕地，但耕地资源总有一天要枯竭。

2. 有时人们认为，只有计算机科学家对人类的思维方式了解得更多时，他们才会在发展复杂的人工智能规划方面取得更大进步。然而，这一观点遭到了反对，即飞机设计的巨大进步没有一个是通过对鸟的飞行仔细观察的结果。

上述用来反对的观点利用了类比，即假定人工智能规划类似于下列哪一项？（　　）

    A. 人类思维的理论。

    B. 飞机蓝图。

    C. 关于科学是怎样取得进步的假设。

    D. 飞行中的鸟的计算机模拟。

    E. 对鸟飞行的性质的研究。

  3. 甲：在现有的老人中间，你很难找到左撇子。

    乙：要知道，在几十年前，小孩用左手吃饭或写字就要挨打，并且被迫用右手。

    乙对甲的回答最能加强下面哪个假设？（　　）

    A. 天生的右撇子有生存优势。

    B. 在不同的时代对使用右手持有不同的态度。

    C. 逼迫一个人改变用手习惯是无害的。

    D. 用手习惯是遗传优势和社会压力的共同产物。

    E. 上学时养成的好习惯可以受用终生。

  4. 既然有这样一种可能性：含在某种树根中的物质能治愈癌症，那么，政府就必须提供足够的经费来研究检验这种可能性。

    以上论述是以下列哪一项为假设前提的？（　　）

    A. 含在某种树根中的物质也许能治愈癌症。

    B. 上述研究最有希望找到治愈癌症的方法。

    C. 有治愈癌症的可能性就是提供研究经费的充足理由。

    D. 治愈癌症对社会将非常有价值。

    E. 政府是提供上述研究经费的唯一来源。

第八章　模态逻辑

一种可能性，哪怕是非常大的可能性，都不是必然性。

模态逻辑是研究模态判断及其推理的逻辑分支。按照其研究方法不同，模态逻辑可分为传统模态逻辑和现代模态逻辑。传统模态逻辑主要研究模态判断的不同类型及其特征、模态对当关系推理、模态三段论等基本理论以及它们的应用。现代模态逻辑则是采用公理化的方法对模态判断及其推理进行系统研究。本章也分别从传统和现代两个方面对模态逻辑作全面介绍，并重点分析模态逻辑的基本概念、推理形式以及模态逻辑在法律实践中的具体应用。

第一节　模态逻辑概述

一、模态、模态词和模态判断

模态，是英语"modal"的音译，词源是拉丁语"modalis"，原意为"形态"、"式样"等，主要表明客观事物或者人们的认识存在及其发展的样式、情态及其趋势。具体而言，模态是指事物或认识的必然性和可能性等这类性质。模态反映在人们的思维中，总表现为一定的认识或观念，即模态概念。在自然语言中，用以表示模态或者模态概念的词语或符号，如"必然"(□)、"可能"(◇)、"应当"(O)、"允许"(P)、"禁止"（F）等，统称为模态词。不同的模态词表达了事物的不同情态，"必然"和"可能"表达的是逻辑模态；"应当"和"允许"所表达的是规范模态。另外还有很多不同的模态词，诸如"知道"和"相信"表达认识模态、"过去一直……"和"将来一直……"表达时间模态等。逻辑模态是传统模态逻辑主要研究的一种模态，理论也相对地最为成熟。与之相比，义务模态、认识模态和时间模态等统称为广义模态。

模态判断，就是指包含有各种模态词的判断。根据模态判断所包含的模态词的不同类型，模态判断有广义、狭义两种区分。广义的模态判断，是指一切包含有模态词（如"必然"、"可能"、"应当"、"允许"、"禁止"、"断定"、"相信"等）的判断，其中狭义的模态判断，仅指含有"必然"、"可能"这种类型模态词的判断。例如：

①违背法律必然会受到法律的惩罚。

②执法者可能知法犯法。

③公民应当纳税。

④人民法院在认为必要的时候，可以查封或者扣押被告人的财产。

⑤禁止非法侵入他人住宅。

⑥我相信他是无辜的。

从广义的角度看，上面所举的六个例子统称为模态判断。但从狭义的角度看，只有例①和例②才属于模态判断。本节所讨论的模态判断，若没有特殊说明，仅指狭义的模态判断，即反映事物情况的必然性或者可能性的判断。

二、模态逻辑

模态逻辑是研究模态判断及其推理的逻辑分支。基于模态判断有广义和狭义之分，与之对应，模态逻辑也有广义、狭义之分。

狭义的模态逻辑，仅指关于"必然"和"可能"的判断及其推理形式的科学，通常提及的模态逻辑主要是在这一意义上使用。在模态逻辑这一领域，根据研究方法的不同，又可以区分为传统模态逻辑和现代模态逻辑。传统模态逻辑是指传统逻辑形态下的模态判断及其推理，主要来源于古希腊亚里士多德、麦加拉—斯多葛学派以及中世纪经院哲学家关于模态的一些研究成果，主要内容包括模态判断、模态三段论以及关于模态的某些分析等。现代模态逻辑则是在数理逻辑的推动下产生和发展起来的，数理逻辑为之提供了命题演算的思想和方法。与传统模态逻辑不同的是，现代模态逻辑包括语形和语义两个方面的内容。语形方面主要指建立模态逻辑的形式系统，通过形式系统推导出模态词的逻辑规律，以美国哲学家、逻辑学家刘易斯（C. I. Lewis）构造的模态逻辑系统S1-S5为典型代表。语义方面的研究有多种类型，20世纪50年代由逻辑语义学与代数两方面相融合产生的可能世界语义学为其典型代表。由于美国哲学家、逻辑学家克里普克（S. A. Kripke）对可能世界语义学的产生贡献较大，也称它为克里普克语义学。可能世界语义学的产生，标志着模态逻辑成为现代逻辑的一个重要分支。

广义模态逻辑包括由逻辑模态（"必然"和"可能"）、规范模态（"应当"、"允许"和"禁止")、认知模态("知道"和"相信")以及时间模态("过去一直……"和"将来一直……")等这些模态词的多个逻辑分支的总称。由此可见,广义模态逻辑是在狭义模态逻辑的基础上,通过不同的模态词进行的扩充,形成了包括规范逻辑、认知逻辑、时态逻辑等在内的一大批现代逻辑分支。目前,广义模态逻辑分支不断增多,并且理论日益成熟,极大地扩展了逻辑学的研究视野。并且,其现代逻辑的演绎方法开始应用到法学、伦理学以及计算机和信息科学等相关学科,引起多个领域研究者的关注,充分体现出逻辑学作为工具学科的应用价值。

广义模态逻辑的内容众多,研究方法较为抽象,考虑本书的实际需要,本章主要介绍狭义的模态判断、模态推理形式及其应用。

第二节 传统模态逻辑

一、模态判断

模态判断是指含有"必然"、"可能"这种类型模态词的判断,也称为狭义的模态判断或者真性模态判断。它主要是指反映事物情况存在的必然性和可能性的判断。例如,"作案人必然会有作案时间"、"明天可能下雨"等都属于这种类型的模态判断。

(一) 模态判断的种类

根据逻辑模态词类型的不同,模态判断可以分为必然模态判断(简称必然判断)和可能模态判断(简称可能判断)两大类。

1. 必然判断

必然判断是指反映事物情况具有必然性的模态判断。根据其原判断联项的不同(即肯定或者否定),可以分为必然肯定判断和必然否定判断。

(1) 必然肯定判断

必然肯定判断是反映事物情况必然存在的模态判断。例如:

①改革必然会遇到阻力。

②新事物必将代替旧事物。

这些属于必然肯定判断。其中例①反映"改革会遇到阻力"具有必然性,例②反映"新事物代替旧事物"具有必然性。

必然肯定判断的逻辑形式为:

S 必然是 P　　或　　必然 p

用符号"□"表示"必然"，则"必然 p"还可表示为：□p

在上述逻辑形式中，S、P 分别代表原判断的主项和谓项，p 则代表原判断。（下同）

（2）必然否定判断

必然否定判断是反映事物情况不必然存在的模态判断。例如：

①人的正确思想必然不会从天上掉下来。

②客观规律必然不依人们的意志为转移。

这些属于必然否定判断。其中例①反映"人的正确思想不会从天上掉下来"具有必然性，例②反映"客观规律不依人们的意志为转移"具有必然性。

必然否定判断的逻辑形式为：

S 必然不是 P　或　必然非 p

用符号"﹁"表示"非"，则"必然非 p"还可表示为：□﹁p

2. 可能判断

可能判断是指反映事物情况存在具有可能性的模态判断。根据其原判断联项的不同，同样可以分为可能肯定判断和可能否定判断。

（1）可能肯定判断

可能肯定判断是反映事物情况可能存在的模态判断。例如：

①这个案件可能是谋财害命。

②本案作案人可能是外地人。

这些就是可能肯定判断。其中例①反映"这个案件是谋财害命"具有可能性，例②反映"本案作案人是外地人"具有可能性。

可能肯定判断的逻辑形式为：

S 可能是 P　或　可能 p

用符号"◇"表示"可能"，则"可能 p"还可表示为：◇p

（2）可能否定判断

可能否定判断是反映事物情况可能不存在的模态判断。例如：

①犯罪分子不受刑罚处罚是可能的。

②法庭可能还没有做出判决。

这些就是可能否定判断。其中例①反映"犯罪分子不受刑罚处罚"具有可能性，例②反映"法庭还没有做出判决"具有可能性。

可能否定判断的逻辑形式为：

S 可能不是 P　或　可能非 p

用符号"﹁"表示"非"，则"可能非 p"还可表示为：◇﹁p

(二) 模态判断的对当关系

上述四种模态判断必然 p、必然非 p、可能 P、可能非 p 之间存在着真假制约关系，叫模态判断对当关系。这种关系与 A、E、I、O 四种性质判断的真假关系的规律一致，同样可以用一个正方形加以表示，叫做模态判断逻辑方阵。

讨论模态判断对当关系的前提条件是素材相同，即原判断素材相同，亦即原判断的主项相同并且谓项相同。

素材相同的四种模态判断之间的真假制约关系有如下四种类型：

1. 反对关系

必然肯定判断（□p）与必然否定判断（□¬p）之间的关系是反对关系。它们之间不能同真，可以同假。也就是说，其中一个真，则另一个必假；一个假，则另一个真假不定。例如：

①中国羽毛球队必然获胜。

②中国羽毛球队必然不获胜。

其中例①真，则例②必假；例②真，则例①必假。而例①假，则例②真假不定；例②假，则例①真假不定。

2. 下反对关系

可能肯定判断（◇p）与可能否定判断（◇¬p）之间的关系是下反对关系。它们之间不可同假，但可以同真。也就是说，其中一个假，则另一个必真；一个真，则另一个真假不定。例如：

①他可能是凶手。

②他可能不是凶手。

其中例①假，则例②必真；例②假，则例①必真。而例①真，则例②真假不定；例②真，则例①真假不定。

3. 差等关系

必然肯定判断（□p）与可能肯定判断（◇p）、必然否定判断（□¬p）与可能否定判断（◇¬p）之间的关系都是差等关系。它们之间可以同真，也可以同假。具体说，必然判断真，则相应的可能判断必真；但必然判断假，则相应的可能判断真假不定。可能判断真，则相应的必然判断真假不定；可能判断假，则相应的必然判断必假。

①他必然不会让步。

②他可能不会让步。

其中例①真，则例②必真；例①假，则例②真假不定。例②假，则例①必假；例②真，则例①真假不定。

4. 矛盾关系

必然肯定判断（□p）与可能否定判断（◇¬p）、必然否定判断（□¬p）与可能肯定判断（◇p）之间的关系的关系都是矛盾关系。它们之间不可同真，不可同假。或者说，其中一个真，则另一个必假；一个假，则另一个必真。例如：

①他必然是主谋。

②他可能不是主谋。

其中例①真，则例②必假；例②真，则例①必假。反之，例①假，则例②必真；例②假，则例①必真。

四种模态判断之间的真假制约关系，与四种性质判断之间的真假制约关系非常类似。所以，模态判断的这种对当关系，如同性质判断对当关系一样，也可以用一个正方形予以图示，即模态判断逻辑方阵。模态判断逻辑方阵图与性质判断逻辑方阵图也是极其相似的，换言之，性质判断逻辑方阵图四个角上的A、E、I、O，分别换成□p、□¬p、◇p、◇¬p，就成了模态判断逻辑方阵图，如下图所示：

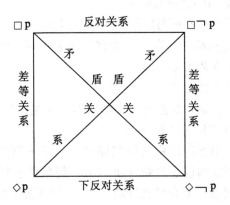

模态判断逻辑方阵图中，可以引入不带模态词的原判断"p"和"¬p"。相对于四种模态判断，这种不带模态词的原判断称为实然判断。实然判断引入后的模态判断逻辑方阵图如下图所示：

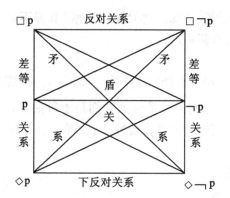

方阵图中，原来的关系不变，新增加的关系如下：

（1） □p 与¬p、□¬p 与 p 之间为反对关系；

（2） ◇p 与¬p、◇¬p 与 p 之间为下反对关系；

（3） □p 与 p、p 与◇p、□¬p 与¬p、¬p 与◇¬p 之间为差等关系；

（4） p 与¬p 之间为矛盾关系。

（三）模态判断应用中需注意的问题

应用模态判断时主要应注意以下两个问题。

1. 复合模态判断与叠置模态判断

模态判断一般是由模态词与原判断两部分组成。其中模态词除了"必然"和"可能"之外，还包括"一定"、"也许"等表示同类性质的语词。例如：

①小李一定是本案的主谋。

②小李也许是本案的主谋。

如例①和例②中，原判断都是"小李是本案的主谋"，但例①的模态词是"一定"，而例②的模态词是"也许"。

需要注意的是，模态判断中的原判断可以是简单判断，也可以是复合判断。因而便有简单判断的模态判断（也称为"简单模态判断"）和复合判断的模态判断（也可叫做"复合模态判断"）。上面所提及的例子大都属于简单模态判断，下面的例子则属于复合模态判断。例如：

③智者千虑，必有一失；愚者千虑，必有一得。

④物极必反。（即事物如果发展到极点，则必然走向它的反面。）

例③说明"智者千虑，必有一失"和"愚者千虑，必有一得"两种具有必然性的情况存在；例④则反映"事物发展到极点"是"（事物）走向它的反面"的充分条件具有必然性。

叠置模态判断是指对已经含有模态词的判断再加上模态词。例如：

⑤任何人都可能有缺点是必然的。

⑥机器人可能代替人类是不必然的。

这两个判断分别符号表示如下：

⑤□◇P

⑥¬□◇P

叠置模态判断是一种特殊类型的复合模态判断，表现为在一个模态判断中至少有两个或者两个以上的模态词同时存在。

2. 正确区分模态判断的负判断与模态否定判断

模态判断的负判断，是指否定某个模态判断的判断。如下面两个例子：

①并非事物可能不发生变化。

②并非这次中毒事件必然会发生。

这些就是模态判断的负判断。其中例①对"事物可能不发生变化"这个可能否定判断作了否定，构成了一个可能否定判断的负判断；例②对"这次中毒事件必然会发生"这个必然肯定判断作了否定，构成了一个必然肯定判断的负判断。

模态判断负判断的逻辑形式，是在相应模态判断的逻辑形式前面加上否定词或否定符号。以上两个负判断中的模态判断，它们的逻辑形式分别为：

可能非 p 或 ◇¬p

必然 p 或 □p

在这些逻辑形式前面加上否定词或否定符号，就是这两个模态判断负判断的逻辑形式：

不可能非 p 或 ¬◇¬p

不必然 p 或 ¬□p

一个模态判断的负判断与该模态判断之间，它们的真值是正好相反的：一个模态判断真，则其负判断假；一个模态判断假，则其负判断真。因此一个模态判断的负判断，与该模态判断的矛盾判断是等值的。这样，就有了下列模态判断的负判断与其等值判断的公式：

¬□p⟺◇¬p

¬◇p⟺□¬p

$$\neg\Box\neg p\Leftrightarrow\Diamond p$$

$$\neg\Diamond\neg p\Leftrightarrow\Box p$$

据此，前面所举的两个模态判断的负判断，其等值情况如下：

"并非事物可能不发生变化"等值于"事物必然发生变化"。

"并非这次中毒事件必然会发生"等值于"这次中毒事件可能不会发生"。

需要注意的是，模态肯定判断（必然肯定判断或者可能肯定判断）的负判断与对应的模态否定判断（即必然否定判断或者可能否定判断）是不能混淆的。如必然肯定判断的负判断与对应的必然否定判断（$\neg\Box p$ 与 $\Box\neg p$）、可能肯定判断的负判断与对应的可能否定判断（$\neg\Diamond p$ 与 $\Diamond\neg p$），它们都包含了一个否定词、一个相同的模态词和一个相同的原判断，然而否定词所在的位置是有区别的，否定词的否定意义也是不一样的。在模态判断的负判断中，否定词位于模态词之前（实际上是位于模态判断之前），构成了对整个模态判断的否定；而在模态否定判断中，否定词位于模态词之后、原判断之前，其作用在于否定原判断的主词具有谓词所表示的性质，或者说，在于反映原判断的主词不具有谓项所表示的性质。在比较模态肯定判断的负判断与其对应的模态否定判断时，如果将模态判断的负判断转换为等值的模态判断，那么它们之间的不同就非常明显了。对比"并非这次中毒事件必然会发生"和"这次中毒事件必然不会发生"，前者等值于一个可能否定判断（即"这次中毒事件可能不会发生"），与后面这个必然否定判断显然是不等值的。

在一般情况下，当模态判断的负判断，其否定词位居模态判断之前（例如"并非这次中毒事件必然发生"这样的形式），进行这种区别还是比较容易的。但是在另一种情况下往往容易发生混淆，那就是判断中同时出现了否定词和模态词，并且它们又前后相连，紧紧靠在一起。例如：

①明天不可能下雨。

②明天可能不下雨。

③能说会道的人不一定掌握了真理。

④能说会道的人一定没有掌握真理。

前两例中的否定词与模态词"可能"紧紧相连，后两例中的否定词则与模态词"一定"（即"必然"）紧紧相连。为了对这些判断的类型做出准确的认定，就应该对判断中否定词和模态词的先后位置有清醒的认识，从而区别两种情况。

第一种情况：否定词在前，模态词在后。此时为某个模态判断的负判断。

如上面①、③两个例子：

"明天不可能下雨"，也即"并非明天可能下雨"，等值于"明天必然不下雨"。

"能说会道的人不一定掌握了真理"也即"并非能说会道的人一定掌握了真理"，等值于"能说会道的人可能没有掌握真理"。

第二种情况：模态词在前，否定词在后。此时为某个模态否定判断。如上面例②为可能否定判断，例④为必然否定判断。

在汉语中，"未必"这种语词形式即"不必然"的意思，是表达必然判断负判断的。如上面的例③，就可以表达为"能说会道的人未必掌握了真理"。

二、模态推理

（一）什么是模态推理

模态推理就是以模态判断为前提或结论的推理。例如：

①小李不可能是这起案件的作案人，所以，小李必然不是这起案件的作案人。

②珠穆朗玛峰还在不断增高发生变化，因此，珠穆朗玛峰必然不再变化的说法是不能成立的。

③作案人必有作案时间，某甲是作案人，所以某甲必有作案时间。

这些都是模态推理。其中例①的前提、结论均为模态判断（或模态判断的负判断）；例②的前提是一个实然判断，结论是模态判断的负判断；例③的前一个前提为模态判断，后一个前提为实然判断，结论为模态判断。它们都属于模态推理。

模态推理通常有两种类型，即模态对当关系推理和模态三段论。

（二）模态对当关系推理

所谓模态对当关系推理，就是根据模态判断对当关系进行的演绎推理。模态判断对当关系，可以仅指四种模态判断之间的真值对应关系，也可以指四种模态判断以及两种实然判断之间的真值对应关系。在这里，模态判断对当关系，指后面这种扩大了的真值对应关系。因此，模态对当推理可分为如下四种类型。

1. 反对关系模态推理

反对关系模态推理就是根据反对关系进行推演的模态推理。判断之间的反对关系，是不可同真但可同假的关系，因此由其中一个为真可以推知另一个为假，而由其中一个为假不能推知另一个的真假。据此，反对关系模态推理便有如下推理公式。

（1）□p⇒¬□¬p

例如：大量事实证明，这个事故必定是意外事故，因此，这个事故必定不是意外事故的说法是不对的。

（2）□¬p⇒¬□p

例如：既然本案必然不是谋财害命，因此本案必定是谋财害命的判断就不对了。

（3）□p⇒¬¬p　即□p⇒p

例如：凡作案人必定都有作案时间，所以，凡作案人都有作案时间。

（4）¬p⇒¬□p

例如：并非所有的鸟都是会飞的，因此，并非所有的鸟都必然是会飞的。

（5）□¬p⇒¬p

例如：他们的目的一定（必然）达不到，所以，他们的目的达不到。

（6）p⇒¬□¬p

例如：我国刑法对适用类推定罪判刑的案件有严格的限制，因此，那种认为我国刑法对适用类推定罪判刑的案件必定没有严格限制的看法是不符合事实的。

2. 下反对关系模态推理

下反对关系模态推理是根据下反对关系进行推演的模态推理。判断之间的下反对关系是不可同假但可同真的关系，因此由其中一个为假可以推知另一个为真，而由其中一个为真不能推知另一个的真假。据此，下反对关系模态推理便有如下推理公式。

（1）¬◇p⇒◇¬p

例如：这样的案件可能不会判 10 年以上的有期徒刑，因为大量案例都说明，这样的案件不可能会判 10 年以上的有期徒刑。

（2）¬◇¬p⇒◇p

例如：任何一部法律都不可能没有疏漏，所以说，任何一部法律都可能有疏漏。

（3）¬◇p⇒¬p

例如：我国刑法不可能实行罪行擅断主义，因此，我国刑法不实行罪行擅断主义。

（4）￢￢p⇒◇p 即 p⇒◇p

例如：刑法时效制度既然起源于罗马法，因此，说刑法时效制度可能起源于罗马法，当然也是对的。

（5）￢◇￢p⇒p

例如：法律不可能不反映统治阶级的意志，所以，法律是反映统治阶级意志的。

（6）￢p⇒◇￢p

例如：本案定罪判刑的理由并不充足，可见，本案定罪判刑的理由可能不充足。

3. 差等关系模态推理

差等关系模态推理就是根据差等关系进行推演的模态推理。根据模态判断之间的差等关系，在相应的必然判断、实然判断和可能判断（即逻辑方阵中位于同侧的判断）之间，由前者为真可以推知后者为真，由后者为假可以推知前者为假；但是由前者为假不能推知后者的真假，由后者为真也不能推知前者的真假。据此，差等关系模态推理便有如下正确式。

（1）□p⇒p

例如：作案人必定有作案动机，所以说，作案人是有作案动机的。

（2）￢p⇒￢□p

这个案件必定是仇杀案件的假设是错误的，因为大量事实表明，这个案件并非仇杀案件。

（3）p⇒◇p

例如：他在这个职位上会贪污，因此，他在这个职位上可能会贪污。

（4）￢◇p⇒￢p

例如：没有作案时间的人不可能是作案人，所以，没有作案时间的人不是作案人。

（5）□￢p⇒￢p

例如：过失罪必定没有犯罪故意，可见，过失罪没有犯罪故意。

（6）￢￢p⇒￢□￢p 即 p⇒￢□￢p

例如：报纸上刊登香烟广告是违法的，因此，说报纸上刊登香烟广告一定不违法，显然是不对的。

（7）￢p⇒◇￢p

例如：既然说违法行为都是犯罪行为不对，所以，违法行为可能不是犯罪行为。

（8）¬◇¬p⇒¬¬p　即¬◇¬p⇒p

例如：作案者不可能不留下痕迹，因此，作案者是要留下痕迹的。

4. 矛盾关系模态推理

矛盾关系模态推理就是根据矛盾关系进行推演的模态推理。判断之间的矛盾关系，是不可同真、不可同假的关系，因此，由其中一个为真可以推出另一个为假，由其中一个为假可以推出另一个为真。据此，矛盾关系模态推理便有如下正确式。

（1）□p⇒¬◇¬p

例如：从死者被杀惨状看，凶手必定十分狠毒，因此，说凶手可能不是十分狠毒，显然不符合事实。

（2）¬□p⇒◇¬p

例如：大量迹象表明，罪犯不一定是成年人，所以说，罪犯可能不是成年人。

（3）◇¬p⇒¬□p

例如：有犯罪动机的人可能不是罪犯，因此，有犯罪动机的人一定是罪犯的看法是错误的。

（4）¬◇¬p⇒□p

例如：从现场勘察情况看，凶手与被害人可能不相识的说法应予否定，因此，凶手与被害人必定相识。

（5）□¬p⇒¬◇p

例如：两个人中跑得快的必定不是贼，所以，两个人中跑得快的不可能是贼。

（6）¬□¬p⇒◇p

例如：遭到抢劫的女性未必就不能很顺畅地把案情讲清楚，因此，遭到抢劫的女性很顺畅地把案情讲清楚，是完全可能的。

（7）◇p⇒¬□¬p

例如：凶手可能是在逃犯，所以，认为凶手必然不是在逃犯的意见应予否定。

（8）¬◇p⇒□¬p

例如：这场火灾可能是自然灾害的假设不能成立，因此，这场火灾必定不是自然灾害。

前面介绍模态判断的负判断时，曾给出了模态判断的负判断与其等值判断的四个公式：

$\neg\Box p\Leftrightarrow\Diamond\neg p$

$\neg\Diamond p\Leftrightarrow\Box\neg p$

$\neg\Box\neg p\Leftrightarrow\Diamond p$

$\neg\Diamond\neg p\Leftrightarrow\Box p$

不难看出，这里所说的矛盾关系模态推理与这四个等值式是有关联的。这里的第一个等值式，是推理（2）和（3）的依据；反过来看，推理（2）和（3），则是第一个等值式的展开。同样，第二个等值式，是推理（6）和（7）的依据；反过来看，推理（6）和（7），则是第二个等值式的展开。第三个等值式，是推理（5）和（8）的依据；反过来看，推理（5）和（8），则是第三个等值式的展开。第四个等值式，是推理（1）和（4）的依据；反过来看，推理（1）和（4），则是第四个等值式的展开。

按照通常的理解，依据等值关系所进行的推理叫做等值推理，即从等值式的左边推出右边，或者从右边推出左边。从这个意义上说，矛盾关系模态推理，实际上也就是等值关系模态推理了。

（三）复合模态判断推理

所谓复合模态判断的推理，就是前提或者结论为复合模态判断的推理，即根据复合模态判断之间的等值关系进行的演绎推理。

1. 必然（p 并且 q）等值于"必然 p 并且必然 q"。

即：$\Box(p\wedge q)\leftrightarrow\Box p\wedge\Box q$

例如："必然某甲是作案人并且有作案时间"等值于"某甲必然是作案人并且某甲必然有作案时间"。等值的判断可以相互推出，所以下面的两个推理分别成立：

①必然某甲是作案人并且有作案时间，所以，某甲必然是作案人并且某甲必然有作案时间。

②某甲必然是作案人并且某甲必然有作案时间，所以，必然某甲是作案人并且有作案时间。

2. "必然 p 或者必然 q"蕴涵"必然（p 或 q）"。

即：$\Box p\vee\Box q\rightarrow\Box(p\vee q)$

例如：这场搏击比赛的最后决赛中，某甲必然获得冠军或者某乙必然获得冠军，所以必然某甲获得冠军或者某乙获得冠军。

需注意的是，从"必然（p 或 q）"推不出"必然 p 或者必然 q"，这是因为"某甲赢某乙或者某甲输给某乙是必然的"这是一个真判断；但是从这个判断不能推出"某甲必然赢某乙"或者"某甲必然输给某乙"是必然的。所以，□p∨□q 与□（p∨q）不是等值关系。

3. 可能（p 或者 q）等值于"可能 p 或者可能 q"

即：◇（p∨q）↔◇p∨◇q

例如："某甲是凶手或者某乙是凶手是可能的"等值于"某甲可能是凶手或者某乙可能是凶手"。由于等值关系成立，下面两个推理分别成立：

①某甲是凶手或者某乙是凶手是可能的，所以，某甲可能是凶手或者某乙可能是凶手。

②某甲可能是凶手或者某乙可能是凶手，所以，某甲是凶手或者某乙是凶手是可能的。

4. "可能（p 并且 q）"蕴涵"可能 p 并且可能 q"

即：◇（p∧q）→◇p∧◇q

例如："某甲获得冠军或者某乙获得亚军是可能的"可推出"某甲可能获得冠军或者某乙可能获得亚军"。

需注意的是，从"可能 p 并且可能 q"不能推出"可能（p 并且 q）"，这是因为"某甲赢某乙或者某甲输给某乙是可能的"这是一个真判断；但是从这个判断不能推出"某甲赢某乙并且某甲输给某乙是可能的"。所以，◇（p∧q）与◇p∧◇q 不是等值关系。

（四）模态三段论

前面所介绍的几种推理都属于直接推理，因为它们是从一个前提直接推出结论。模态三段论则是一种间接推理。模态三段论是指前提或结论为模态判断的三段论。具体而言，就是在直言判断三段论的前提或结论中引入模态词所构成的一种特殊形态的三段论。例如：

作案人必然有作案时间

某甲是作案人

_____

某甲必然有作案时间。

就是一个标准的模态三段论推理。

由于模态三段论有一个特点，即两个前提中至少有一个是模态判断。所以根据前提的不同类型组合，模态三段论可分为多种类型。下面仅根据前提的不同组合介绍几种较为简单的形式，它们都是以直言判断三段论第一格为基础的肯定判断。

1. 必然模态三段论

必然模态三段论，是指前提和结论只含有模态词"必然"的模态三段论，其逻辑形式可再分为两种：

（1）前提和结论均为必然肯定判断的模态三段论：

凡 M 必然是 P

S 必然是 M

————————

凡 S 必然是 P。

即：□（MAP）∧□（SAM）⇒□（SAP）

例如：凡是故意犯罪必然会有犯罪动机，小李必然是故意犯罪，所以，小李必然会有犯罪动机。

（2）前提为必然模态判断和实然判断，结论为必然模态判断的模态三段论：

凡 M 必然是 P

S 是 M

————————

凡 S 必然是 P。

即：□（MAP）∧SAM⇒□（SAP）

例如：凡是故意犯罪必然会有犯罪动机，小李是故意犯罪，所以，小李必然会有犯罪动机。

2. 可能模态三段论

可能模态三段论是指前提和结论只含有模态词"可能"的模态三段论，其逻辑形式也可再分为两种：

（1）前提和结论均为可能判断的模态三段论：

凡 M 可能是 P

S 可能是 M

————————

S 可能是 P。

即：◇（MAP）∧◇（SAM）⇒◇（SAP）

例如：贪污罪可能是侵犯公共财产的行为，本案当事人的行为可能是贪污罪，所以，本案当事人的行为可能是侵犯公共财产的行为。

（2）前提为可能模态判断和实然判断，结论为可能模态判断的模态三段论：

凡 M 可能是 P

S 是 M

————————————

S 可能是 P

即：◇（MAP）∧SAM⇒◇（SAP）

例如：贪污罪可能是侵犯公共财产的行为，本案当事人的行为是贪污罪，所以，本案当事人的行为可能是侵犯公共财产的行为。

3. 混合模态三段论

混合模态三段论是指前提是由必然模态判断和可能模态判断共同构成的模态三段论，其逻辑形式为：

凡 M 必然是 P

S 可能是 M

————————————

S 可能是 P。

即：□（MAP）∧◇（SAM）⇒◇（SAP）

例如：凡故意杀人必然要负刑事责任，小李的行为可能是故意杀人，所以，小李的行为可能要负刑事责任。

需要注意的是，在混合模态三段论中，由于前提是由必然模态判断和可能模态判断共同构成，结论一般会遵循"从弱原则"，具体是指结论不得强于前提中比较弱的前提。一般而言，可能模态判断弱于必然模态判断，因此以它们为前提的推理，结论应为可能模态判断。

第三节　现代模态逻辑

现代模态逻辑是在数理逻辑的推动下产生和发展起来的，可分为模态命题逻辑和模态谓词逻辑两种类型。限于篇幅和本书的性质，本节仅对作为基础的模态命题逻辑做简单介绍。

一、命题逻辑基础

现代模态逻辑可以说是命题逻辑加上一个模态算子的扩张，所以首先应对命题逻辑的基本内容有一个简单了解。

命题逻辑是现代逻辑的基础部分。它仍然是以简单命题（即判断）为单位，研究命题经逻辑联结词构成的复合命题的逻辑性质以及关于复合命题之间的推理关系。与传统逻辑不同的是，现代逻辑使用的是人工语言，采用完全公理化的方法，把命题之间的推理关系作为一个形式系统的命题演算加以处理。

一个形式系统通常是由四部分组成的：（1）作为出发点的各种初始符号。初始符号是一个形式系统使用的符号，如 p、q、r……以及前面提到的逻辑联结词等。这些符号经解释后一部分可称为初始概念，如命题演算中的"∨"是一个初始符号，经解释后它表示"析取"。（2）规定初始符号如何构成合式公式的一组形成规则。初始符号可以组成不同的符号序列。形成规则规定，哪些符号序列是需要研究的，因为这类符号序列经解释后是有意义的命题，称之为合式公式，简称公式。例如，在命题演算中，"∨pq"是没有意义的符号序列，而"p∨q"的组合则是一个合式公式，它表示一个析取命题。（3）作为演绎出发点的公式，即"公理"。形式系统建立的目的是要把所有的重言式（即永真式）汇集成一个整体。在这个整体中，重言式能演绎地排列出来，而且排在后面的总可以从前面推出。公理可以推出其他"重言式"，并且都是形式系统中的公式。（4）充当演绎角色的"推理规则"。推理规则规定如何从一个公式或一组公式通过符号变换得出另一个公式，由推理规则推导出的公式叫做这个系统的定理。总之，一个形式系统是由它的符号、公式、公理和推理规则完全确定的，形式系统可以看做一个完全形式化了的公理系统。所谓公理系统，就是从一些叫做公理的公式出发，根据演绎规则，推导出一系列叫做定理的公式，这样形成的演绎体系就叫做公理系统。命题逻辑的重言式组成的系统就是一个公理系统。

另外，由于所建立的符号语言是纯形式的，使用的是特定的人工语言，也属于一种表意的符号语言，这就需要使符号与其所要表达的意义之间有完全的对应。因此，在讲到概念、判断和推理时，就可以用与它们相应的符号、公式，从而使对判断的研究转化为对形式语言的研究，即对这种语言的语法和语义问题的研究。由于，命题演算作为形式系统必须要经过解释后才能有意义，才能成为关于某一领域的真正的公理系统。所以，对语言符号规定一种解释，就属于命题演算的语义研究。

下面，我们就以公理系统 P 为例进行具体分析。

二、命题演算的公理系统 P

形式系统使用的语言是形式语言，相对于自然语言来说，具有严格、精确的特点，可以避免自然语言的种种歧异。下面对系统 P 的分析是从形式语言开始，一般记为 L_p。

（一）形式语言 L_0

1. L_p 的初始符号

甲类：p，q，r，s，p_1，q_1，r_1，s_1，p_2，…；

乙类：￢，∨；

丙类：(，)。

初始符号相当于自然语言中的字母。形式语言 L_0 实际上由可数无穷多个符号组成，即

$$L_0 = \{￢，∨，(，)，p，q，r，s，p_1，q_1，r_1，s_1，p_2，…\}$$

其中，甲类符号表示命题变项；乙类符号表示真值联结词，其中"￢"表示否定，"∨"表示析取；丙类符号是技术符号，左右括号可对符号序列进行分组，规定运算的次序。

2. L_0 的形成规则

甲：任一甲类符号是一合式公式；

乙：如果符号序列 X 是合式公式，则￢X 也是合式公式；

丙：如果符号序列 X 和 Y 都是合式公式，则 X∨Y 也是合式公式；

丁：只有适合以上三条的符号序列才是合式公式，简称为公式，记做 W_{ff}。

3. 定义

定义甲　$\alpha \wedge \beta$ 定义为￢$(￢\alpha ∨ ￢\beta)$。

定义乙　$\alpha \rightarrow \beta$ 定义为 $(￢\alpha ∨ \beta)$。

定义丙　$(\alpha \leftrightarrow \beta)$ 定义为$((\alpha \rightarrow \beta) \wedge (\beta \rightarrow \alpha))$。

(二) 演绎工具

1. P 的公理模式

$A_1: \alpha ∨ \alpha \rightarrow \alpha$；　　　　$A_2: \alpha \rightarrow \alpha ∨ \beta$；

$A_3: \alpha ∨ \beta \rightarrow \beta ∨ \alpha$；　　$A_4: (\beta \rightarrow \gamma) \rightarrow ((\alpha ∨ \beta) \rightarrow (\alpha ∨ \gamma))$。

A_1 至 A_4 是四个公理模式，每个模式都代表着无穷多条公理。A_1 被称为"重言律"。A_2 的意思是，"如果 α 是真的，那么 α 或者 β 也是真的"。由于前件没有析取词而后件引入了析取词，所以 A_2 又被称为"析取引入律"。A_3 被称为"析取交换律"。A_4 被称为"析取附加律"。

下面给出从公理得到定理的推理工具，即"推理规则"。

2. P 的推理规则

(1) 分离规则：由 α 和 $\alpha \rightarrow \beta$ 可推出 β。

这条推理规则的含义：如果 α 和 $\alpha \rightarrow \beta$ 被断定，那么 β 也被断定，即从 α 和 $\alpha \rightarrow \beta$ 可得 β。这是承认前件的假言推理，记做 MP（Modus Ponens）规则。

（2）代入规则：公式 α 中出现的某一甲类符号，可以用公式 β 代入或者替换。

只有甲类符号可以代入，若某一甲类符号在公式中多次出现，只能全部用同一公式进行代入。

由公理和推理规则可以构成一个无穷集合，这个无穷集合包括两类：第一类是公理；第二类是由公理根据推理规则推出的定理。这一集合可以说是本系统所有重言式的汇集，即公理系统 P 的定理集。

（三）定理

在公理和推理规则给定之后，根据这些公理和推理规则能够将其余的"重言式"推导出来。这个演绎的过程也叫证明。严格地说，满足下面两个条件之一的公式所组成的有穷公式序列称为本系统的一个证明：

（1）是公理之一；

（2）是由序列中排在前面的两个公式运用 MP 规则得到的。

证明的有穷公式序列的最后一个公式记做 α，并称该证明是公式 α 的一个证明，或者说 α 是可证的，记作 $\vdash \alpha$，表明 α 是本系统的一个定理。

下面是 4 个定理的详细证明：

定理 1　$(\beta \rightarrow \gamma) \rightarrow ((\alpha \rightarrow \beta) \rightarrow (\alpha \rightarrow \gamma))$

证明：

①$(\beta \rightarrow \gamma) \rightarrow ((\alpha \vee \beta) \rightarrow (\alpha \vee \gamma))$ 　　　　　　　(A_4)

②$(\beta \rightarrow \gamma) \rightarrow ((\neg \alpha \vee \beta) \rightarrow (\neg \alpha \vee \gamma))$ 　　　　（①，代入规则）

③$(\beta \rightarrow \gamma) \rightarrow ((\alpha \rightarrow \beta) \rightarrow (\alpha \rightarrow \gamma))$ 　　　　（②，定义置换）

定理 2　$\alpha \rightarrow \alpha$

证明：

①$\alpha \rightarrow \alpha \vee \beta$ 　　　　　　　　　　　　　　　　(A_2)

②$\alpha \rightarrow \alpha \vee \alpha$ 　　　　　　　　　　　　　　（①，代入规则）

③$\alpha \vee \alpha \rightarrow \alpha$ 　　　　　　　　　　　　　　　(A_1)

④$(\beta \rightarrow \gamma) \rightarrow ((\alpha \rightarrow \beta) \rightarrow (\alpha \rightarrow \gamma))$ 　　　　（定理 1）

⑤$(\alpha \vee \alpha \rightarrow \alpha) \rightarrow ((\alpha \rightarrow \alpha \vee \alpha) \rightarrow (\alpha \rightarrow \alpha))$ 　（④，代入规则）

⑥$(\alpha \rightarrow \alpha \vee \alpha) \rightarrow (\alpha \rightarrow \alpha)$ 　　　　　　　（③，⑤，MP）

⑦$\alpha \rightarrow \alpha$ 　　　　　　　　　　　　　　　　（②，⑥，MP）

定理 3　$\neg \alpha \vee \alpha$

证明：

①$\alpha \rightarrow \alpha$ (定理2)

②$\neg \alpha \vee \alpha$ (①，定义置换)

定理4　$\alpha \vee \neg \alpha$

证明：

①$\neg \alpha \vee \alpha \rightarrow \alpha \vee \neg \alpha$ (A_3)

②$\neg \alpha \vee \alpha$ (定理3)

③$\alpha \vee \neg \alpha$ (①，②，MP)

定理5　$\alpha \rightarrow \neg \neg \alpha$

定理6　$\neg \neg \alpha \rightarrow \alpha$

定理7　$(\alpha \rightarrow \beta) \rightarrow (\neg \beta \rightarrow \neg \alpha)$

定理8　$(\neg \beta \rightarrow \neg \alpha) \rightarrow (\alpha \rightarrow \beta)$

定理9　$(\alpha \wedge \beta) \rightarrow \neg \alpha \vee \neg \beta$

定理10　$\neg \alpha \vee \neg \beta \rightarrow (\alpha \wedge \beta)$

定理11　$\alpha \rightarrow \beta \vee \alpha$

当然，这个系统的可证定理还有很多，不再一一列举。从以上定理的证明可以看出：依照定义而写出的证明有时过于冗长，在实际操作中可以根据已证定理和推理规则进行简化证明。简化过的结果称为系统 PC 的导出规则。P 的常用导出规则还有：

（三段论规则）$\vdash \beta \rightarrow \gamma$ 和 $\vdash \alpha \rightarrow \beta$，可得 $\vdash \alpha \rightarrow \gamma$。

（合取分解）若 $\vdash \alpha \wedge \beta$，则 $\vdash \alpha$；若 $\vdash \alpha \wedge \beta$，则 $\vdash \beta$。

（条件合取）若 $\vdash \alpha \rightarrow \beta \rightarrow \gamma$，则 $\vdash \alpha \wedge \beta \rightarrow \gamma$。

（等值构成）若 $\vdash \alpha \rightarrow \beta$ 和 $\vdash \beta \rightarrow \alpha$ 则 $\vdash \alpha \leftrightarrow \beta$。

（等值置换）若 $\vdash \beta \leftrightarrow \gamma$，则 $\vdash \alpha \leftrightarrow \alpha [\beta / \gamma]$ 或若 $\vdash \beta \leftrightarrow \gamma$ 和 $\vdash \alpha$，则 $\vdash \alpha [\beta / \gamma]$。

（假言易位）若 $\vdash \alpha \rightarrow \beta$，则 $\vdash \neg \beta \rightarrow \neg \alpha$。

上述公理系统具有完全性和一致性，即这个公理系统能够推导出该系统中的所有重言式，并且不会推演出逻辑矛盾，证明从略。

三、现代模态逻辑的内容和特点

经典命题演算的建立，促进了现代逻辑的迅速发展。但命题演算系统中有一些关于实质蕴涵的定理，却与日常的理解相悖。比如：$\neg\alpha\to(\alpha\to\beta)$、$\alpha\to(\beta\to\alpha)$，它们分别表明"假命题蕴涵任何命题"，以及"真命题为任何命题所蕴涵"，这就是命题逻辑中的实质蕴涵悖论。并且，系统中还存在着很多类似的定理。由于蕴涵悖论与日常思维中的蕴涵关系相背离，美国逻辑学家刘易斯（C. I. Lewis）提出了不同于实质蕴涵的严格蕴涵，希望能够建立反映日常蕴涵关系的逻辑系统。于是，他以经典命题演算为基础，构造了一系列严格蕴涵系统，标志着现代模态逻辑的产生。目前，模态逻辑已经发展成为非经典逻辑中最成熟的分支，并在它的基础上衍生出一系列广义模态逻辑分支。

现代模态逻辑的主要特点表现为以下几个方面：

第一，它以逻辑的模态为主要研究对象，并由此扩展到其他的模态；

第二，它是形式化和公理化的，表现为建立一些模态的公理系统；

第三，它仍然是以经典逻辑为基础，是经典逻辑加一个模态算子的扩张；

第四，在研究上注重语形与语义的结合，不但建立形式系统，而且给出语义解释；

第五，它扩展了现代逻辑的研究范围，在狭义模态逻辑的基础上延伸出一大批广义模态逻辑分支，如规范逻辑、时态逻辑、认知逻辑等。

因此，现代模态逻辑的建立，极大地推动了现代逻辑的繁荣和发展，其研究方法和研究成果对哲学、法学、计算机和信息科学等很多相关领域的发展也有重要的理论意义和实践价值。

（一）模态命题逻辑系统 L_{PM}

模态命题逻辑系统 L_{PM} 是在命题演算的公理系统 P 的基础上，增加必然模态算子"□"的扩张，属于最基本的模态命题逻辑系统。

1. 模态命题逻辑语言 L_{PM}

L_{PM} 是对命题逻辑语言 L_P 的扩充，L_P 中的符号和公式也是 L_{PM} 的符号和公式，不过 L_{PM} 中增加了模态算子，其公式也随之发生了变化。

I. 初始符号

在 L_P 初始符号基础上增加：

丁：□；

其中，甲、乙、丙类符号与命题逻辑相同，丁类符号"□"为模态算子，表示"必然"。

II. 定义符号

在 L_P 定义基础上增加：

定义丁：$\Diamond \alpha =_{df} \neg \Box \neg \alpha$

说明：$\Diamond$ 是模态算子，表示"可能"。$\Diamond$ 可以通过 $\Box$ 进行定义。需注意的是，也可以选择 $\Diamond$ 作为初始算子来定义 $\Box$，二者可以相互定义。

III. 形成规则

在 L_P 形成规则的基础上，增加一条规则：若 α 是公式，则 $\Box \alpha$ 也是公式。

2. 系统 K

（1）公理

L_P 的公理 A_1、A_2、A_3、A_4；

A_5：$\Box (\alpha \rightarrow \beta) \rightarrow (\Box \alpha \rightarrow \Box \beta)$；

（2）初始规则

MP（分离规则）：由 α 和 $\alpha \rightarrow \beta$ 可推演出 β。

SB（代入规则）：公式 α 中出现的某一甲类符号，可以用公式 β 代入或者替换。

N（必然化规则）：由 α 可推演出 $\Box \alpha$。

A_1、A_2、A_3、A_4 是命题系统 P 的公理，MP 和 SB 是系统 P 的初始规则。系统 K 是在系统 P 的基础上加上 A_5 和规则 N 构成的。所以系统 K 是对系统 P 的扩张。

（3）系统 K 中的定理

$Th_K 1$：$\Box (\alpha \rightarrow \alpha)$

证明：

① $(\alpha \rightarrow \alpha)$ （P-定理）

② $\Box (\alpha \rightarrow \alpha)$ （①，N）

由于系统 K 是对 P 的扩张，P 中的定理也就是 K 的定理，在证明过程中可以直接应用。

$Th_K 2$：$(\Box \alpha \wedge \Box \beta) \rightarrow \Box (\alpha \wedge \beta)$

$Th_K 3$：$(\Box \alpha \vee \Box \beta) \rightarrow \Box (\alpha \vee \beta)$

（4）系统 K 的导出规则

导出规则与初始规则一样同属变形规则，但导出规则必须经过证明之后才能使用。因为很多时候仅仅使用初始规则，会使推演和证明过于繁琐。为了追求系统的从简原则，导出规则的使用可以简化推导或证明过程。系统 K 的导出规则有很多。这里只介绍较为常用的几个：RK、RE$\Box$ 和 RK$\Diamond$。

RK：由 $\alpha \rightarrow \beta$ 推出 $\Box \alpha \rightarrow \Box \beta$

证明：

①α→β   （假设）

②□（α→β）   （①，N）

③□（α→β）→（□α→□β）   （A_5）

④□α→□β   （②，③，MP）

RE□：由 α↔β 推出 □α↔□β

证明：

①α↔β   （假设）

②（α→β）∧（β→α）   （①，定义（↔））

③α→β   （②，合取分解）

④β→α   （②，合取分解）

⑤□（α→β）   （③，N）

⑥□（β→α）   （④，N）

⑦□α→□β   （⑤，RK）

⑧□β→□α   （⑥，RK）

⑨□α↔□β   （⑤，⑥，等值构成）

RK◇：由 α→β 可推出 ◇α→◇β

证明：

①α→β   （假设）

②□（α→β）   （①，N）

③□（¬β→¬α）→（□¬β→□¬α）   （SB（A_5））

④□（α→β）→（¬□¬α→¬□¬β）   （等值置换）

⑤¬□¬α→¬□¬β   （②，④，MP）

⑥◇α→◇β   （定义（◇））

Th_K4：□α↔¬◇¬α

证明：

①α↔¬¬α   （P-定理）

②□α↔□¬¬α   （①，RE□）

③□α↔¬¬□¬¬α   （②，等值置换）

④□α↔¬◇¬α   （③，定义（◇））

定理 Th_K4 就是使用了导出规则 RE□ 进行证明的。

Th_K5：□（α∧β）→（□α∧□β）

由 $Th_K 2$ 和 $Th_K 5$ 可以得出下面的定理：

$Th_K 6$：$(\Box\alpha \land \Box\beta) \leftrightarrow \Box(\alpha \land \beta)$

系统 K 其他的定理不再一一列举，可参考周北海的《模态逻辑》，中国社会科学出版社 1996 年版。

3. 对系统 K 的若干扩张

在一个形式系统 S 中加进新的公理 α，可以推出 S 中无法证明的定理，从而形成一个新的系统 S′，S 是 S′ 的真子系统，可以称 α 是 S′ 的特征公理。下面介绍几个系统 K 的扩张。

（1）系统 D

在系统 K 中加上公理 A_6，就形成了系统 D。

A_6：$\Box\alpha \rightarrow \Diamond\alpha$

D 的部分定理和导出规则：

$Th_D 1$：$\Diamond(\alpha \rightarrow \alpha)$

$Th_D 2$：$(\Box\alpha \land \Box\beta) \rightarrow \Diamond(\alpha \land \beta)$

导出规则 RP：由 α 可推出 $\Diamond\alpha$。

证明：

① α （假设）

② $\Box\alpha$ （①，N）

③ $\Box\alpha \rightarrow \Diamond\alpha$ （A_6）

④ $\Diamond\alpha$ （②，③，MP）

（2）系统 T

在系统 K 上增加特征公理 A_7，就形成了系统 T。

A_7：$\Box\alpha \rightarrow \alpha$

系统 T 的部分定理：

$Th_T 1$：$\alpha \rightarrow \Diamond\alpha$

$Th_T 2$：$\Diamond(\alpha \land \beta) \rightarrow (\Diamond\alpha \land \Diamond\beta)$

$Th_T 3$：$\Box\alpha \rightarrow \Diamond\alpha$

定理 $Th_T 3$ 恰好是系统 D 的特征公理，因而 D-定理也都是 T 的定理。这表明系统 D 是系统 T 的子系统，系统 D 是系统 T 的扩张。

（3）系统 S_4 和 S_5

模态系统 S_4 和 S_5 分别是在 T 的基础上增加特征公理的扩张：

A_8：$\Box\alpha \rightarrow \Box\Box\alpha$

A_9：$\Diamond\alpha \rightarrow \Box\Diamond\alpha$

S_4 是在系统 T 的基础上加进公式 A_8 得到的，都属于叠置模态。

系统 S_4 的定理：

$Th_{S4}1$：$\square\alpha\leftrightarrow\square\square\alpha$

$Th_{S4}2$：$\diamondsuit\diamondsuit\alpha\rightarrow\diamondsuit\alpha$

$Th_{S4}3$：$\diamondsuit\diamondsuit\alpha\leftrightarrow\diamondsuit\alpha$

$Th_{S4}4$：$\diamondsuit\square\diamondsuit\alpha\rightarrow\diamondsuit\alpha$

S_5 是在系统 T 的基础上加进公式 A_9 得到的。下面给出几个 S_5 定理。

$Th_{S5}1$：$\diamondsuit\alpha\leftrightarrow\square\diamondsuit\alpha$

$Th_{S5}2$：$\diamondsuit\square\alpha\rightarrow\square\alpha$

$Th_{S5}3$：$\diamondsuit\square\alpha\leftrightarrow\square\alpha$

$Th_{S5}4$：$\square\alpha\rightarrow\square\square\alpha$

以上简要介绍了模态系统 K、D、T、S_4 和 S_5，这些系统都是一致的，即不存在公式 α，α 和 $\neg\alpha$ 都在系统中可证。系统的一致性，也即是不矛盾性，是对作为逻辑形式系统的最基本的要求之一。

定理 1 K 是古典一致的，即 α 与 $\neg\alpha$ 不能同时为 K 的定理。

证明：设 α 是 K 定理，α' 是 α 的 P-变形。因为任一 K 定理的 P-变形都是 P 定理，所以 α' 是 P 定理。由于命题演算 P 是古典一致的，所以 $\neg\alpha'$ 不是 P 定理。由此可得，$\neg\alpha$ 不是 K 定理。

定理 2 D、T、S_4、S_5 和 B 都是古典一致的。

证明：与 K 的证明类似，略。

上面介绍的系统都属于正规系统。所谓正规系统是指命题演算系统 P 的一种扩张，其中系统 K 是最小的正规系统。除了正规系统之外，还有其他类型的模态系统，这里从略。

(二) 现代模态逻辑语义学

模态系统主要使用形式化的方法刻画模态命题，但它所做的只是形式的推演，对于这样的推演是否有效，仅从模态系统本身无法做出断定。因此，如果不对 L_{PM}-公式做出语义解释，将无法考察模态系统 L_{PM} 的另一个基本性质——有效性。模态逻辑的语义学理论也是一个内容非常丰富的领域，这里仅根据本书的需要对模态逻辑的语义学作简单介绍。

在模态逻辑语法研究的推动下，首先发展起来的是模态代数语义学，简称为模态代数。由于模态代数过于数学化而缺少逻辑意义，其抽象的代数内容对于数学基础薄弱的入门者来说较为困难，所以这里不再对它具体描述。另一种随之发展起来的是逻辑语义学，简称语义学，可分为直观语义学和严格语义学。但它对模态的理解上也存在一些困难。在这种背景下，模态代数与逻辑语义学两方面的研究成果相结合，产生了一种新的语义学理论，即可能世界语义学。由于美国哲学家、逻辑学家克里普克（S. A. Kripke）在可能世界语义学的产生过程中贡献较大，也称之为克里普克语义学。可能世界语义学的建立，标志着模态逻辑已经成为现代逻辑的一个重要分支。目前，可能世界语义学被广泛地应用于广义模态逻辑研究中，内容非常丰富，下面主要根据本章的需要对其作为模态逻辑语义学的基础知识予以介绍。

1. 可能世界与可及关系

（1）真和可能世界。与命题逻辑不同的是，模态逻辑的表达式包含有模态算子，对模态算子的解释是模态逻辑语义学考察的核心内容。于是在关于模态逻辑语义解释中，不再简单地讨论一个模态命题的真假，而是把模态命题与可能世界结合起来，具体考察模态命题在某个可能世界中的真假。比如，我们不能简单判断命题$\Box\alpha$的真假，而是需要考虑它在某个可能世界中的真假。所以，"可能世界"作为可能世界语义学的一个基本概念，必须对它有所了解。

"可能世界"这个概念，最初来源于德国著名数学家、哲学家莱布尼茨（G. W. Leibniz）的思想。他认为存在很多个可能世界，现实世界只是所有可能世界中的一种情况。这里所指的可能世界，既包括物理上的可能世界，也包括逻辑上的可能世界。在现实世界中不可能的情况，也许在某个可能世界中是可能的。比如人会飞檐走壁，在武侠小说这个可能世界中是可能的。具体来说，可能世界是外部世界所有可能情况的总和，也包含着现实世界。因为可能世界有很多，现实世界只是众多可能世界中的一个。简单来说，可能世界就是各种可能的情况，这是最为直观的理解。

根据莱布尼茨的思想，必然性应当在所有可能世界中都是真的，而可能性只需在某个可能世界中是真的。所以，可能世界语义学对模态命题的真假作了如下规定：

①一个必然命题$\Box\alpha$在现实世界中是真的，当且仅当，α在所有可能世界里都是真的。

②一个可能命题$\Diamond\alpha$在某一可能世界中是真的，当且仅当，至少存在一个使得α为真的可能世界。

一般常用w，w_1，w_2，w_3，…表示不同的可能世界，用 W，W_1，W_2，…表示可能世界的集合。

（2）可及关系，也称可达关系或可通达关系，是指可能世界之间的某种关系。与可能世界类似，可及关系也有多种理解，比如改变、发展，预见等。但作为逻辑语义学考察的对象，我们不需考虑它的具体含义，只是抽象地考察它作为某种对象。在可能世界语义学理论中，□α 在某一可能世界 w 中的真值需要根据 α 在各个可能世界中的真值来确定。这就需要把□α 与 w 联系起来，即可能世界之间需要有某种联系。因为，□α 在 w 中的真值只与 α 在那些与 w 有某种关系的可能世界中的真值情况相关。而那些与 w 没有关系的可能世界中，无论 α 的真值情况如何都对□α 的真值情况没有影响。比如，那些没有生物存在的可能世界不会影响"生物体必然要进行新陈代谢"这个命题在有生物存在的可能世界中的真值情况。所以，我们所要讨论的可能世界并不是任意的可能世界，而是与模态命题相关联的可能世界。这种可能世界之间的某种关系，可称为可及关系，一般用 R 表示。具体来说，如果可能世界 w 与可能世界 w' 有可通达关系，则称由 w 到 w' 有可及关系 R，或者 w 可及 w' 记做 wRw' 或者 Rww'。需注意的是，可及关系是有方向规定的。有时虽然可能世界 w 到可能世界 w' 有可及关系 R，但从 w' 到 w 却不一定会有可及关系 R。所以，可能世界语义学还要考虑可及关系的自返性、对称性、传递性等性质，这些性质对模态命题在可能世界中的真值情况有重要影响。

简单介绍了可能世界与可及关系这两个可能世界语义学的基本概念之后，便可以对模态命题的真值情况给予具体描述：

（3）□α 在可能世界 w 中是真的，当且仅当，α 在所有与 w 有可及关系的可能世界中都是真的。

（4）◇α 在可能世界 w 中是真的，当且仅当，至少存在一个与 w 有可及关系的可能世界 w'，使得 α 在 w' 中是真的。

由此可见，（3）、（4）与上面的（1）、（2）相比，加入了可及关系的概念，这就对模态命题的真值情况更加具体。由于模态命题的真值需要具体考虑命题所在的可能世界之间的可及关系，可能世界语义学也可称为关系语义学。

2. 模态公式的语义分析

了解了可能世界语义学的基本思想，下面对一些模态命题形式做出解释，必须有三个要素：可能世界的集合 W，可及关系 R 和赋值 V。其中，W、R 是解释的基础部分，它们形成的二元组，〈W，R〉称为框架。在框架〈W，R〉的基础上，增加赋值 V，目的是使每一个公式在每个可能世界中都有唯一确定的真值。这样形成的三元组〈W，R，V〉，就是一个完整的解释，称为模型。具体定义如下：

定义 1（框架）：设〈W，R〉是任意一个二元组，有序对〈W，R〉是一个框架，当且仅当，W 是任一非空集合，R 是 W 上的任意一个二元关系，即 $R \subseteq W \times W$。

由于模态公式的真假是通过模型定义的，所以为了建立模型，需要引进赋值的概念：

定义 2（PM-赋值）：设 $\langle W, R \rangle$ 是任意框架，V 是 $\langle W, R \rangle$ 上对 L_{PM}-公式的一个 PM-赋值，当且仅当，V 是由 L_{PM}-公式集合与 W 的卡氏积到集合 $\{0,1\}$ 上的映射，并且满足以下条件：对于任意的 L_{PM}-公式 α、β，任意 $w \in W$；若 α 是命题变元，则 $V(\alpha, w) = 1$ 或 $V(\alpha, w) = 0$，二者只居其一。

$$V(\neg\alpha, w) = \begin{cases} 1, & \text{如果 } V(\alpha, w) = 0 \\ 0, & \text{否则} \end{cases}$$

$$V(\alpha \rightarrow \beta, w) = \begin{cases} 1, & \text{如果 } V(\alpha, w) = 0 \text{ 或 } V(\beta, w) = 1 \\ 0, & \text{否则} \end{cases}$$

$$V(\Box\alpha, w) = \begin{cases} 1, & \forall w, \text{如果 } Rww', V(\alpha, w') = 1 \\ 0, & \text{否则} \end{cases}$$

PM-赋值 V 是一个函数，即 $V: \text{Form}(L_{PM}) \times W \rightarrow \{0,1\}$。定义中只给出了 V 关于 $\neg$ 和 $\rightarrow$ 这两个逻辑联结词的性质。根据 V 的定义和 $\wedge, \vee, \leftrightarrow, \Diamond$ 的语法定义可以得出 V 关于 $\wedge, \vee, \leftrightarrow, \Diamond$ 的性质。

定义 3（模型）：设 $\langle W, R, V \rangle$ 是任一有序三元组，$\langle W, R, V \rangle$ 是一个 L_{PM}-模型，当且仅当，$\langle W, R \rangle$ 是一个框架，V 是 $\langle W, R \rangle$ 上的一个 PM-赋值。

理解了形式语义学的这三个基本概念，下面具体介绍模态形式的语义解释：

令 $V(\alpha, w) = 1$ 表示命题 α 在可能世界 w 中是真的；$V(\alpha, w) = 0$ 表示命题 α 在可能世界 w 中是假的，则模态形式的解释为：

（1）$\Box p$

解释：$V(\Box p, w) = 1$，当且仅当，对于任一 w'，若 Rww'，则 $V(p, w') = 1$

$\quad\quad V(\Box p, w) = 0$，当且仅当，存在一个 w'，Rww' 且 $V(p, w') = 0$

（2）$\Diamond p$

解释：$V(\Diamond p, w) = 1$，当且仅当，存在一个 w'，Rww' 且 $V(p, w') = 1$

$\quad\quad V(\Diamond p, w) = 0$，当且仅当，对于任一 w'，若 Rww'，则 $V(p, w') = 0$

（3）$\Box\Box p$

解释：$V(\Box\Box p, w) = 1$，当且仅当，对任一 w', w''，若 $Rww', Rw'w''$，则 $V(p, w'') = 1$

（4）$\Box\Diamond p$

解释：$V(\Box\Diamond p, w) = 1$，当且仅当，对任一 w', Rww'，存在 $w'', Rw'w''$，且 $V(p,$

w'') = 1

（5）$\Diamond \Box p$

解释：V($\Diamond \Box p, w$) = 1，当且仅当，存在 w'，Rww'，对于所有 w''，若，$Rw'w''$，则 V(p, w'') = 1

（6）$\Diamond \Diamond p$

解释：V($\Diamond \Diamond p, w$) = 1，当且仅当，存在 w'，w''，使得 Rww' 与 $Rw'w''$ 成立，并且 V(p, w'') = 1

3. 模态系统的语义解释

前面我们用可能世界语义学讨论了模态公式的真假和有效性，下面简单介绍一下可能世界语义解释与模态逻辑系统的关系。

模态逻辑系统由公理和变形规则构成，是纯形式的系统。这些形式系统能否刻画模态命题之间的有效推理，必须通过对这些系统的语义解释来说明。所谓对模态系统的解释就是对系统的每一个可证公式（系统的公理或内定理）的解释。换句话说，如果一个解释是某一模态系统 S 的解释，则 S 的每一个可证公式在这一解释下都是有效的。如前所述，对于不同的解释，模态公式有着不同的有效性。与之相应，模态系统也就有了不同的解释。与模态公式四种不同的有效性相对应，模态系统 S 的解释也有四种，它们分别是 S-模型、S-框架、S-框架类和 S-模型类。

①S-模型：一个模型 〈W，R，V〉是模态系统 S 的模型（S-模型），记为 M_S，当且仅当，对于任意 L_{PM}-公式 α，如果 $\vdash_S \alpha$，那么〈W，R，V〉$\vdash \alpha$。

②S-框架：一个框架 F 是系统 S-框架，记为 F_S，当且仅当，对于 F 上的任意模型 M，有 M $\vdash \alpha$。

③S-框架类：一个框架类 F 是 S-框架类，记为 F_S，当且仅当，对于任意 F_S，有 $F_S \in F_S$。

④S-模型类：一个模型类 M 是 S-模型类，记为 M_S，当且仅当，对于任意 M_S，有 $M_S \in M_S$。

在模态系统的这几种解释之间存在着一定的关系。例如，如果某一框架 F 是 S-框架，则由 F 与任一赋值 V 所构成的模型〈F，S〉都是 S-模型。所以，S-框架实际上可以看做由 S-框架所构成的不同模型所组成的类。在对模态系统的四种不同解释中，M_S 是最基本的解释，而 M_S 则是最一般的解释。

定义 4 （可靠性）设 S 是任一系统，S 是可靠的，当且仅当，对任意的 S-公式 α，如果 $\alpha \in TH$ （S），则 α 是 S-有效的。

定理3　系统 D、T、S4、S5、B 和 Tr 都是可靠的。

定理4　设 S 是任一系统，S 是可靠的，则 S 是语法一致的。

现代模态逻辑由于其内容较为抽象，只作为本科生的了解和参考内容，如有兴趣请参考周北海的《模态逻辑》一书，里面对模态逻辑的具体内容有较为详细的介绍。

第四节　模态逻辑及其法律适用

了解模态判断的不同类型及其特征，准确把握模态对当关系推理和模态三段论的规律，对于法律实践中的应用是非常有帮助的。下面从两个方面具体介绍。

一、正确、恰当地使用模态判断

模态判断是反映事物情况必然性或可能性的判断，而能否正确和恰当地反映这种必然性或可能性，则是决定模态判断是否正确和恰当的重要因素。如果混淆使用模态词，则会对侦查、判决等法律实践工作造成失误。

模态词的混淆使用，有以下几种情况：一是应当用必然模态词却误用了可能模态词；二是应当用可能模态词却误用了必然模态词；三是应用模态词而未用模态词。例如：

①潜逃的人必然有罪。

②作案人可能有作案时间。

③这件案子谋财害命的可能性较小。

这里例①中的事物情况（潜逃的人有罪）只具有可能性而不具备必然性，因为有的时候嫌疑犯因为害怕、被威胁等很多其他情况也可能会进行躲避。当用模态词"可能"却误用了模态词"必然"，应改为"潜逃的人可能有罪"。

例②中的事物情况（作案人有作案时间）不是具备可能性的问题而是具备必然性的问题，当用必然模态词却误用了可能模态词，应改为"作案人必定有作案时间"。

例③表明，在侦查过程中有时会因为可能性较小而给予排除。但是可能性小不代表没有可能，不可以掉以轻心。比如曾经在某地发生过这样一个案件：有一个家庭的夫妻二人，一个小孩和一个老人均被杀害。由于这个家庭经济困难，男主人性格不好经常喝酒、惹事。据此，侦查人员认为这个家庭没有财产，因此谋财害命的可能性较小，于是定性为仇杀。后来凶手因另一个案件落网，主动交代这起案子确实是谋财害命。因那家的老人偶尔和他闲聊时，吹嘘自己家里存了很多钱准备买房，而让他起了贪心。后来抢劫不成便杀人灭口。由此可见，侦查人员最初的推断存在失误，"可能性小"不代表没有可能，因此掉以轻心走入误区。

但在很多时候，可能性较大也不等于必然性，不能作为定罪的依据。比如，2007年被广泛关注的"南京彭✕案"的判决书，即是把"可能性较大"当成了判决的依据。

"南京彭✕案"简述如下：在一个公交车站，一位老太太在等公交车时被行人撞倒，后被一个名叫彭✕的青年扶起并送入医院，并垫付了一些医药费。后来老太太家人赶到后认为彭✕就是肇事者，并告到法院索赔13万多元。但是，没有任何目击证人或者证据可以证明彭✕是肇事者，而彭✕也坚定认为自己是"学雷锋"，对老太太及其家人的行为甚感愤慨。在案件调查过程中，还出现了被告笔录原件丢失、被告讯问笔录的电子文档系原告儿子私下自行拍摄等一系列的情况，从而在社会上引发了广泛争议。

在案件经历长时间的审理之后，作了如下的一审判决，其判决书摘录如下："……根据日常生活经验分析，原告倒地的原因除了被他人的外力因素撞倒之外，还有绊倒或滑倒等自身原因情形，但双方在庭审中均未陈述存在原告绊倒或滑倒等事实，被告也未对此提供反证证明，故根据本案现有证据，应着重分析原告被撞倒之外力情形。人被外力撞倒后，一般首先会确定外力来源、辨认相撞之人，如果相撞之人逃逸，作为被撞倒之人的第一反应是呼救并请人帮忙阻止。本案事发地点在人员较多的公交车站，是公共场所，事发时间在视线较好的上午，事故发生的过程非常短促，故撞倒原告的人不可能轻易逃逸。根据被告自认，其是第一个下车之人，从常理分析，其与原告相撞的可能性较大。如果被告是见义勇为做好事，更符合实际的做法应是抓住撞倒原告的人，而不仅仅是好心相扶；如果被告是做好事，根据社会情理，在原告的家人到达后，其完全可以在言明事实经过并让原告的家人将原告送往医院，然后自行离开，但被告未作此等选择，其行为显然与情理相悖。……被告虽对此持有异议，但并未提供相反的证据，对其抗辩本院不予采纳。……综合该证据内容并结合前述分析，可以认定原告是被撞倒后受伤，且系与被告相撞后受伤……

被告彭✕于本判决生效之日起十日内一次性给付原告徐✕✕人民币45876.36元。

被告彭✕如果未按本判决指定的期间履行给付金钱义务，应当按照《中华人民共和国民事诉讼法》第二百三十二条之规定，加倍支付迟延履行期间的债务利息。

本案受理费890元、其他诉讼费980元，合计1870元由原告徐××负担1170元，彭×负担700元，原告已预交，故由被告在履行时一并将该款给付原告……"

从判决书可以看出，判决仅仅是根据常理分析，并没有有效的证据。而根据常理也只是说明"彭×与原告相撞的可能性较大"，但并不能说明"必然是彭×撞倒了老太太"。而且，根据案发的地点和环境，公交车站人来人往，老太太为了赶车奔跑，再加上年龄较大，被别的行人相撞或者自行跌倒的可能性也很大，这能不能作为判案的依据呢？如果彭×真的是做好事，也不适用于民法的公平原则，所以仅仅依据"彭×与原告相撞的可能性较大"给出这样的一审判决势必会给社会造成不良的影响。

因此，法律实践中不能把可能性大当成必然，也不能把可能性小当成不可能，更不能将它们作为定案的依据。证据必须查证属实，否则可能会造成冤假错案。同样，在侦查过程中，很多时候因为错用了模态词，判断失误，而使侦查工作走入歧途。所以，正确而恰当地使用模态词，在司法实践中有着重要的意义。

此外还有一种情况，即应当用模态词而未用模态词。比如，在实际工作和生活中，难免碰到一些比较棘手的两难问题，无论是肯定回答还是否定回答都不合适。在这种情况下，若附加可能模态词的回答则可能收到较好的效果。比如一位负责或主持某项工作的同志，在被问到某些机密情况而不便明确回答时，就可以恰当地运用一个可能模态判断进行回答。

二、应当遵循模态推理的规则

无论是模态对当关系推理，还是模态三段论，都需要遵循一定的规则。在法律实践中，如果我们正确使用模态推理，可以对侦破工作起到事半功倍的效果；反之，如果不遵循模态推理的规则，则会适得其反，带来不利后果。下面举例进行说明。

这是一个国外的案例，其大致内容如下：一个富翁在自己家中吃安眠药死亡，并在电脑上留下刚打好的电子文档遗书，说自己是因为抑郁而自杀，与别人无关。侦查人员观察发现，屋内没有抢劫或者搏斗的痕迹，看情形很可能是自杀。但后来在仔细检测中发现，键盘上并没有留下富翁自己的指纹，于是很快断定：富翁可能不是自杀，而是别人故意造成的假象。后来经过仔细调查，发现乃是富翁的一个亲密助手所为。因为他十分了解富翁的生活习惯和语言表达习惯，才在谋杀后制造了富翁自杀的假象。但由于他害怕留下痕迹，在电脑上写遗书时带上了手套，结果反而把富翁本人的指纹也摩擦掉了，而留下了可疑的线索。在这个案例中，侦查人员就是通过正确使用模态推理，而作了是"他杀"的判定。侦查人员的推理过程是这样的：如果富翁自杀前在电脑上写遗书，必然会在键盘上留下自己的指纹，而键盘上却没有富翁的指纹，由此可知，富翁很可能不是自杀。侦查人员正是通过这样一个正确的模态三段论推理，很快排除了富翁是自杀的情况，而循着正确的方向尽快查找到真正的凶手。

但很多时候，如果错误地使用模态推理，不遵循模态推理的正确规则，则会让人误入歧途，甚至造成严重后果。例如20世纪80年代流行的一部早期的印度电影《流浪者》，里面就讲述了这样一个故事：在社会上很有名望的法官拉贡纳特信奉"贼的儿子必然是贼"的信条，根据"罪犯的儿子必定追随其父"的荒谬理论错判强盗的儿子扎卡有罪而使之入狱。愤怒的扎卡越狱后决心对法官进行报复，故意诽谤法官已经怀孕的妻子，使法官赶走了自己的妻子。法官的妻子在大街上生了法官的儿子拉兹。拉兹跟着母亲在贫民窟中长大，扎卡故意引诱拉兹做贼。后来，拉兹还在扎卡的设计下闯进法官的住宅，企图行刺法官，但被法官抓获。法官准备借助正当防卫来刺死拉兹，可他万万没有想到的是，拉兹正是他的亲生儿子。在这部电影中，法官拉贡纳特就是根据一个错误的模态三段论推理：凡是罪犯的儿子必然也是罪犯，扎卡的父亲是罪犯，所以扎卡也必然是罪犯。这是一个大前提错误的模态三段论推理，法官拉贡纳特不仅害了扎卡，也害了自己的妻子和孩子，造成不可挽回的严重后果。

再例如，美国非常著名的案例"辛普森杀妻案"也涉及一系列模态推理，其案情简要介绍如下：1994年6月12日深夜，著名的黑人橄榄球运动员辛普森的前妻及其情人被杀死在家中，情形惨不忍睹。由于辛普森和前妻不和，并殴打过前妻，成为重点嫌疑对象。后来警察凭借调查中搜索到的证据血手套、血袜子等，指控辛普森用刀杀死前妻及其男友两项谋杀罪。控诉律师指出辛普森具有作案动机、作案时间，并提供了他多年来暴力虐妻的报警记录和染血手套等充分的证据。但是，辩护律师则攻击控方证据的漏洞，认为警方在搜集证据的过程中出现了一系列的违规行为，致使很多有利证据被排除。然后还特别针对被告的手无法戴上被警方搜集到的"血手套"，同时攻击证人是种族歧视者以打击证据的可信度，强调控方没有足够的证据，要求陪审团判决无罪。最后，辛普森被无罪释放。受害者亲属对判决不满，又将他告到民事法院，1997

年，受害者亲属才获得了 3350 万美元的民事赔款。在这件堪称 20 世纪最具争议的案件中，对谁是凶手至今也没有结论。但在这个案件的侦查和审判过程中，警方和律师都运用了一系列的模态推理，下面略举一二。

其一，造成这件案子的结果的一个重要原因就是警方的违规行为，而造成警方这一系列违规行为的原因之一则是几位白人警官心怀偏见、先入为主的推理。警方认为，辛普森有作案动机，因为他与前妻关系一向不和，并发生过家庭暴力。离婚之后，两人还纠葛不断。案发之前，辛普森曾受过前妻的冷落，因此辛普森因为嫉妒和报复杀害了前妻和她的情人。于是进行了这样的模态三段论推理：凡作案者必有作案动机，辛普森有作案动机，所以，辛普森必然是凶手。这是一个错误的三段论，在没有确切证据的情况下，结论只能是"辛普森可能是凶手"，但"并不必然是凶手"。由于警官在认为"辛普森就是凶手"的观念下，破案心切，非法潜入辛普森住宅搜集证据，结果却被对方律师抓住机会进行攻击。

其二，在庭审过程中，警方提供了重要证据"血手套"，认为是凶手在惊慌失措的情况下丢失的。而辛普森当场试戴，却怎么也伸不进去，从而在法庭上上演了滑稽的一幕。辩方律师更是借此机会为辛普森开脱，其证明过程也是一个模态推理：警方认为血手套的主人必然是凶手，事实证明辛普森不是血手套的主人，所以辛普森必然不是凶手。由于"血手套"是凶手丢失的观点是控方首先提出的，所以辩方律师根据控方的这个前提进行的符合规则的模态推理却推出相反的结论，从而使控方陷入极度被动的局面。

其三，辩方律师在辩护过程中，还打出了"种族"牌。因为辛普森案审判期间，最令辩方生疑的人物是检方的"明星"证人福尔曼警官。比如，辩方律师李贝利在法庭上质问福尔曼有没有在过去 10 年之中，使用过"黑鬼"一词，被福尔曼否认。然后，律师故意设下圈套，步步紧逼，又问他是否承认，自 1985 年或 1986 年以来，或许在某一时刻称呼某位黑人是黑鬼。福尔曼当时非常肯定地说："不，不可能。"律师趁热打铁继续追问，如果有证人出庭作证，说你曾用"黑鬼"一词形容黑人，等同于这个人就是在撒谎。福尔曼被迫承认这样的话，他们是在撒谎。之后辩方出示了福尔曼的一次采访录音，结果发现在这段谈话中，福尔曼警官一律使用了"黑鬼"这一侮辱性用语，共达 41 次之多，从而使控方这个最关键证人的证词失去了法律效力。事实上，在这一段盘问中，辩方律师就是运用密不透风的逻辑和盘问技巧，让福尔曼一步步陷入自己的圈套。其中，在逻辑的运用上主要就是使用模态推理的方法：让福尔曼承认自己不可能称呼黑人为黑鬼，然后举出例证，证明福尔曼必然是一个种族主义者。因为这里律师预设了一系列模态三段论，如凡把黑人称为黑鬼的人必然是种族歧视者，福尔曼多次使用"黑鬼"一词，所以福尔曼必然是种族歧视者。当然，在这次审判中，控辩双方还多次使用了其他的模态推理，这里不再一一列举。

综上所述，模态判断和模态推理在法律实践中，其正确使用与否都有着举足轻重的作用。正确使用模态判断和模态推理，可以提高侦查效率，在法庭辩论中维护己方立场等；而错误使用，则会造成侦查工作的事倍功半，在法庭辩论中容易被对方抓住这个逻辑错误予以打击等。所以，系统地掌握模态逻辑的内容，有助于培养法律人以及未来法律人的判断决策能力、逻辑推理能力、法庭论辩能力等，从而在法律实践中充分发挥出逻辑作为工具学科的重要作用。

☞**思考题**

 1. 什么是模态？什么是模态判断？

 2. 什么是对当模态推理？什么是模态三段论？

 3. 如何区别模态判断的负判断与模态否定判断？

 4. 现代模态逻辑的主要特点是什么？

 5. 如何从可能世界语义学的角度理解模态命题的真假？

☞**练习题**

一、指出下列命题各属于何种模态命题，并用符号表示之。

1. 有些犯罪嫌疑人可能是罪犯。

2. 本案不可能是抢劫杀人。

3. 有始未必有终。

4. 摩擦生热是必然的。

5. 海南不可能下雪。

6. 再狡猾的罪犯也必然会得到应有的惩罚。

二、写出下列模态推理的形式，并判定是否有效。

1. X-1 必然不是 0，那么，X 不可能是 1。

2. 明天可能下雨或者下雪，所以，明天可能下雨，或者明天可能下雪。

3. 如果犯罪则应受到法律制裁，这是必然的；所以，犯罪没有受到法律制裁是不可能的。

4. 9 必然大于 6，所以，"9 大于 6"是必然的。

5. 如果不注重保护环境，则会破坏生态平衡。所以，若要禁止破坏生态平衡，必然要注重保护环境。

6. 张某可能是贪污犯，所以，张某不可能不是贪污犯。

7. 张某的行为必然会发生致人死亡的结果，所以，张某的行为可能会发生致人死亡的结果。

三、根据模态方阵，判断下列模态形式的真值情况。

1. 已知□p 假，那么□¬p、◇p、◇¬p 的真值情况如何？

2. 已知◇p 假，那么□p、□¬p、◇¬p 的真值情况如何？

3. 已知□¬p 真，那么□p、◇p、◇¬p 的真值情况如何？

4. 已知◇¬p 真，那么□p、□¬p、◇p 的真值情况如何？

四、写出下列模态三段论的逻辑形式，并判定是否有效。

1. 凡作案人必然到过作案现场，张某没有去过作案现场，所以张某必然不是作案人。

2. 所有人都可能犯错，你是人，所以你必然会犯错。

3. 黄河流域夏季可能会发生洪涝灾害，三门峡在黄河流域，所以三门峡夏季可能发生洪涝灾害。

4. 自然灾害必然会给人类带来痛苦，地震是自然灾害，所以，地震必然会给人类带来痛苦。

5. 凡是与被害人有仇的人可能是作案者，李某与被害人有仇，所以李某可能是作案者。

五、综合应用题

1. 从"犯罪必然违法"为真，判断下列模态判断的真假：

（1）犯罪必然不违法；

（2）犯罪可能违法；

（3）犯罪不可能违法；

（4）并非犯罪必然不违法；

（5）不可能犯罪不违法；

（6）并非犯罪必然违法。

2. 美国前总统林肯说："最高明的骗子，可能在某个时刻欺骗所有的人，也可能在所有时刻欺骗某些人，但不可能在所有时刻欺骗所有的人。"

如果林肯的这句话为真，请写出这句话的逻辑形式，并判定下述模态判断的真假：

(1) 所有的人在所有时刻受骗是不可能的；

(2) 一个人在所有时刻被骗是可能的；

(3) 不存在某一时刻有人不受骗；

(4) 一个人必然会在某个时刻被骗。

3. 不可能所有的缺点都能改正。

以下哪个选择项最接近于上述断定的含义？

(1) 所有的缺点必然不能改正。

(2) 所有的缺点可能都不能改正。

(3) 有的缺点可能不能改正。

(4) 有的缺点必然不能改正。

(5) 有的缺点必然能够改正。

4. 某市的一份年终犯罪调查报告显示：这一年来本市的刑事犯罪案件50%为外地人所为。同时显示，刑事案件中有30%是抢劫案。根据这份调查报告，判定下列选项的真假，并写出推导过程。

(1) 50%的刑事犯罪案件必然是外地人所为。

(2) 外地人所为的刑事案件中，必然有抢劫案。

(3) 外地人所为的刑事案件中，可能有抢劫案。

(4) 外地人所为的刑事案件中，必然没有抢劫案。

(5) 外地人所为的刑事案件中，不可能没有抢劫案。

(6) 外地人所为的刑事案件中，不可能有抢劫案。

第九章　规范逻辑

　　在人们的心中，法律事实上就是作为一批有效规范的集合体、作为一个规范系统而存在着。

——［法］卢梭《社会契约论》

　　规范逻辑，是以法律规范或道德规范为研究对象的逻辑分支。按照其研究方法的不同，规范逻辑同样有传统规范逻辑和现代规范逻辑之分。传统规范逻辑主要研究规范判断的不同类型及其特征、规范对当关系推理、规范三段论等基本理论。现代规范逻辑则是以数理逻辑为基础，通过构建规范推理系统对规范判断及其推理进行系统研究。本章也分别从传统和现代两个方面对规范逻辑作基本介绍，重点分析了规范判断的特征、规范推理的不同类型以及规范逻辑在法律实践中的具体应用。

第一节　传统规范逻辑

　　人类生存于普遍的社会规范之中，其言行举止受各种社会规范的调节和控制，以社会规范为研究对象，把握社会规范内在的逻辑规律成为人类不断认知自我、推动文明进步的重要科学活动。对社会规范的逻辑学研究最早可上溯至亚里士多德，在其《尼克马可伦理学》中多有论述，并在中世纪形成了建立在传统逻辑基础上的规范逻辑理论，即传统规范逻辑。传统规范逻辑主要研究的是规范判断及其特征、规范推理的不同类型等，下面予以具体介绍。

一、规范判断

（一）规范模态词和规范判断

　　规范判断，主要指包含有"应当"、"允许"、"禁止"等规范模态词的判断。规范判断也称为道义判断或者义务判断，用于表述社会成员的行为规范。例如：

①被判处死刑的犯罪分子，应当依法剥夺政治权利终身。

②条件不成熟者允许暂不执行这项规定。

③禁止非法侵入他人住宅。

由于"应当"、"允许"、"禁止"等属于义务模态，所以规范判断是一种广义的模态判断。除了"应当"、"允许"、"禁止"之外，还存在很多其他类似的规范模态词，比如"必须"、"可以"、"能够"等。根据其应用属性的不同，可以把规范模态词分为三种类型：

第一类是义务性规范词，即规定人们必须做出某种行为，如"必须"、"应当"、"应该"、"有义务"等。例如：

④我国《宪法》第五条规定："一切国家机关和武装力量、各政党和各社会团体、各企业事业组织都必须遵守宪法和法律。一切违反宪法和法律的行为，必须予以追究。"

其中的"必须"就属于义务性规范词，规定一切国家机关和武装力量、各政党和各社会团体、各企业事业组织都有遵守宪法和法律的义务。

第二类是授权性规范词，规定人们有做出某种行为的权利，如"可以"、"允许"、"能够"、"有权利"等。例如：

⑤《广告法》第四十八条规定："当事人对行政处罚决定不服的，可以在接到处罚通知之日起十五日内向做出处罚决定的机关的上一级机关申请复议。"

需注意的是，授权性规范词又可以细分为两种类型：一是授予国家机关、公职人员某种权力（即职权）。如《中华人民共和国宪法》和各种组织法赋予各级国家机关权力的规定。但这种权力同时又是义务，是需要执行的。例如：

⑥《中华人民共和国宪法》第六十二条规定："全国人民代表大会行使下列职权：（一）修改宪法；（二）监督宪法的实施；……（十四）决定战争和和平的问题；（十五）应当由最高国家权力机关行使的其他职权。"

由于这种权利是授予全国人民代表大会的，因此称做"职权"，并且这十五项权利（职权）既是权力，也是义务，必须实行。二是授予公民某种权利。比如在经济合同中，当事人一方可向对方给付定金，是给予公民签订合同的一个权利，是否行使，当事人也可自行选择。但授予公民的权利也有必须实行的，换言之，既是权利，又是义务。由于这种权利是授予公民的，因此不能称为"职权"，在规定表述时，往往采取权利、义务并提的形式。如：

⑦《中华人民共和国宪法》第四十二条规定："中华人民共和国公民有劳动的权利和义务。"

第三类规范词是禁止性规范词，主要用于禁止人们做出某种行为。比如"禁止"、"不得"、"不准"、"严禁"等。例如：

⑧《中华人民共和国宪法》第三十八条规定："中华人民共和国公民的人格尊严不受侵犯。禁止用任何方法对公民进行侮辱、诽谤和诬告陷害。"

由上可知，规范判断主要是由规范模态词和原判断组成。不过，其原判断可以是简单判断，也可以是复合判断。例如：

⑨《中华人民共和国刑事诉讼法》第一百一十二条规定："在搜查的时候，应当有被搜查人或者他的家属，邻居或者其他见证人在场。"

⑩我国《宪法》第八条规定："参加农村集体经济组织的劳动者，有权在法律规定的范围内经营自留地、自留山、家庭副业和饲养自留畜。"

其中例⑨的原判断实际上是一个多重重合判断；例⑩的原判断实际上是一个联言判断。这种判断可称为复合规范判断。由于原判断无论是简单判断还是复合判断，都是以简单判断为基础，所以我们下面重点讨论原判断为简单判断的规范判断。

(二) 规范判断的种类

根据规范模态词类型的不同，规范判断可以分为三种类型：必须判断、允许判断和禁止判断。再根据原判断联项（即肯定或否定）的不同，可进一步分为六类：必须肯定判断、必须否定判断、允许肯定判断、允许否定判断、禁止肯定判断、禁止否定判断。

1. 必须判断

必须判断是陈述人们必须履行某种行为的判断，其规范模态词通常有"必须"、"应当"、"义务"等。根据其联项的不同，可再分为必须肯定判断和必须否定判断两种类型。

(1) 必须肯定判断

必须肯定判断是规定必须做某种行为的判断。例如：

①成年子女有赡养父母的义务。

②公安机关逮捕人的时候，必须出示逮捕证。

必须肯定判断的逻辑形式为：S 必须 P，简称必须 p。

在规范逻辑中，一般用"O"表示"必须"，所以上述形式可表示为：Op

在上面的逻辑形式中，S、P 分别代表原判断的主项和谓项，p 则代表原判断。（下同）

(2) 必须否定判断

必须否定判断是规定必须不做出某种行为的判断。例如：

①学生的行为必须不违反校规。

②海边别墅应当设有栅栏。

必须否定判断的逻辑形式为：S 必须不是 P 或必须非 p。

用"￢"表示"非"，则上述形式可表示为：O￢p。

2. 允许判断

允许判断是陈述人们可以履行某种行为的判断，其规范模态词通常有"允许"、"可以"、"准予"等。它也可分为允许肯定判断和允许否定判断两种类型。

（1）允许肯定判断

允许肯定判断是规定可以做某种行为的判断。例如：

①人民法院在认为必要的时候，可以查封或者扣押被告人的财产。

②男女双方自愿离婚的，准予离婚。

允许肯定判断的逻辑形式为：S 可以是 P 或可以 p。

一般用"P"表示"可以"，则"可以 p"表示为：Pp。

（2）允许否定判断

允许否定判断是规定可以不做某种行为的判断。例如：

①不参加任何党派是允许的。

②辩护人可以不受被告一方当事人意愿的约束。

允许否定判断的逻辑形式为：S 可以不是 P 或可以非 p。

用"￢"表示"非"，则"可以非 p"可表示为：P￢p。

3. 禁止判断

禁止判断是指陈述人们必须不能履行某种行为的判断，其规范模态词通常有"不准"、"禁止"、"不得"等。它也可分为禁止肯定判断和禁止否定判断两种类型。

（1）禁止肯定判断

禁止肯定判断是禁止做出某种行为的判断。例如：

①禁止利用广播、电影、电视、报纸、期刊发布烟草广告。

②严禁非法拘禁他人，或者以其他方法非法剥夺他人人身自由。

禁止肯定判断的逻辑形式为：S 禁止是 P 或禁止 p。

用"F"表示"禁止"，则"禁止 p"可表示为：Fp。

（2）禁止否定判断

禁止否定判断是禁止不做某种行为的判断。例如：

①严禁不按法律程序办事。

②禁止司机无驾照行驶。

禁止否定判断的逻辑形式为：S 禁止不是 P 或禁止非 p。

用"¬"表示"非"，则"禁止非 p"可表示为：F¬p。

上述六种规范判断中，禁止否定判断（F¬p）与必须肯定判断（Op）是等值的。例如"严禁不按法律程序办事"可定义为"必须按照法律程序办事"；禁止肯定判断（Fp）与必须否定判断（O¬p）也是等值的。例如"禁止贩卖黄色书刊"可定义为"必须不贩卖黄色书刊"。因此，两种禁止规范判断可用相应的必须规范判断进行定义，上述六种规范判断便可归结为以下四种类型：必须肯定判断（Op），必须否定判断（O¬p），允许肯定判断（Pp）和允许否定判断（P¬p）。

（三）规范判断的对当关系

规范判断对当关系，是指规范判断的逻辑真值的对应关系，或者说是规范判断之间的正误关系。由于规范判断主要是描述人的行为规范的判断，不能像其他判断一样简单地根据事实确定真假，而只能是根据它的规定是否符合社会的行为规范来判断正误。具体来说，凡是符合某种社会规范的规范判断就是正确的，反之就是错误的。因此，规范判断的逻辑真值，与前面介绍的模态判断的逻辑真值存在着实质性的差异。模态判断中的模态词属于真值模态词，因此模态判断的逻辑值即真假值；而规范判断中的规范模态词（属于广义模态词的一种）却是非真值模态词，因此规范判断之间的关系，不是判断之间的真假关系，而是判断之间的正误关系。换言之，规范判断不是什么真和假的问题，而是正确和不正确、妥当和不妥当也即对和错的问题。因而规范判断对当关系，实际上是不同类型规范判断之间的对和错的关系。

与性质判断对当关系、模态判断对当关系类似，规范判断对当关系也要求素材相同，即原判断相同，或原判断的主项相同并且谓项相同。素材相同的四种规范判断之间的制约关系也可分为以下四种类型：

1. 反对关系

必须肯定判断与必须否定判断之间的关系是反对关系。它们之间不可同对，但可同错。或者说，其中一个对，则另一个必错；一个错，则另一个对错不定。具体来说，就是具有反对关系的两个规范判断 Op 与 O¬p 所陈述的两种行为，不可以同时成为行为主体应尽的义务，但可以同时都不是行为主体应尽的义务。

例如：当"你应当对他的话进行反驳"成为你应尽的义务时，则"你应当对他的话不进行反驳"必定不再是你应尽的义务；但若"你应当对他的话进行反驳"没有规定为你应尽的义务时，则"你应当对他的话不进行反驳"可以是你应尽的义务，也可以不是你应尽的义务，两种情况均可成立。

2. 下反对关系

允许肯定判断与允许否定判断之间的关系是下反对关系。它们之间不可同错，但可同对。或者说，其中一个错，则另一个必对；一个对，则另一个对错不定。具体来说，就是具有下反对关系的两个规范判断 Pp 与 P$\neg$p 所陈述的两种行为，可以同时都是行为主体具有的权利，但不能同时都不是行为主体具有的权利。

例如：当"你有受教育的权利"是你所具有的一项权利时，可以根据自己的情况选择是否受教育，"你接受教育"和"你不接受教育"的行为都是允许的；但"你接受教育"和"你不接受教育"这两个行为同时都不允许，则是不能成立的。

3. 差等关系

必须肯定判断与允许肯定判断、必须否定判断与允许否定判断之间的关系都是差等关系。它们之间可以同对，也可以同错。具体来说，必须判断对，则相应的允许判断必对；但必须判断错，则相应的允许判断对错不定；允许判断对，则相应的必须判断对错不定；允许判断错，则相应的必须判断必错。具体来说，就是规范判断 Op 与 Pp、O$\neg$p 与 P$\neg$p 之间具有差等关系，当 Op 与 O$\neg$p 陈述的行为为行为主体应尽的义务时，则相应地 Pp 与 P$\neg$p 所陈述的行为必然是行为主体所具有的权利；反之，当 Pp 与 P$\neg$p 陈述的行为不是行为主体具有的权利时，则 Op 与 O$\neg$p 陈述的行为也必然不是行为主体应尽的义务。

例如：当"你应当对自己提出的观点给予详细论证"成立时，则"你可以对自己提出的观点给予详细论证"必然成立；当"你不应当对自己提出的观点给予详细论证"成立时，则"你可以不对自己提出的观点给予详细论证"也必然成立。反之，当"你可以对自己提出的观点给予详细论证"不成立，则"你应当对自己提出的观点给予详细论证"必然不成立；"你可以不对自己提出的观点给予详细论证"不成立，则"你不应当对自己提出的观点给予详细论证"必然不成立。

4. 矛盾关系

必须肯定判断与允许否定判断、必须否定判断与允许肯定判断之间的关系都是矛盾关系。它们之间不可同对，也不可同错，只能是一对一错。具体来说，就是规范判断"Op 与 P ﹁p"或者"O ﹁p 与 Pp"之间具有矛盾关系，当 Op 与 O ﹁p 陈述的行为成立时，则与它们相对应的 P ﹁p 与 Pp 陈述的行为必然不成立。

例如：当"你应当遵守此项规定"成立时，则"你可以不遵守此项规定"必然不成立；同样，当"你不应当遵守此项规定"成立时，则"你可以遵守此项规定"必然不成立。

四种规范判断之间的对错制约关系，也可用类似模态判断逻辑方阵那样的正方图形加以表示，即规范判断逻辑方阵，如下图所示：

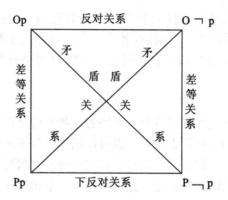

规范判断逻辑方阵图中，也可以引入不带规范词的原判断"p"和"﹁p"。相对于四种规范判断，这种不带规范词的原判断称为实然判断。实然判断引入后的规范判断逻辑方阵如下图所示：

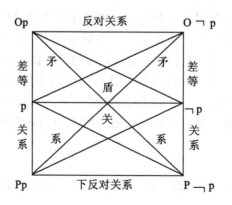

方阵图中，原来的关系不变，新增加的关系如下：

（1）Op 与¬p、O¬p 与 p 之间为反对关系；

（2）Pp 与¬p、P¬p 与 p 之间为下反对关系；

（3）Op 与 p、p 与 Pp、O¬p 与¬p、¬p 与 P¬p 之间为差等关系。

（4）p 与¬p 之间为矛盾关系。

需要注意的是：规范判断逻辑方阵所表示的规范判断之间的逻辑关系，是对与错的制约关系，而不是真与假的对应关系。

（四）复合规范判断

规范判断是由规范词和原判断两部分组成的。当原判断为简单判断时，就构成简单规范判断，前面讨论的主要是简单规范判断。但在实际应用中，经常可以遇到原判断为复合判断的规范判断即复合规范判断。下面主要介绍复合规范判断的某些规律，可用蕴涵式或者等值式进行表示。

（1）$O（p \wedge q） \Leftrightarrow （Op \wedge Oq）$

（2）$P（p \vee q） \Leftrightarrow （Pp \vee Pq）$

（3）$F（p \vee q） \Leftrightarrow （Fp \wedge Fq）$

（4）$O（p \vee q） \Rightarrow （Pp \vee Pq）$

（5）$P（p \vee q） \Rightarrow Pp \wedge Pq$

（6）$Fp \wedge Fq \Leftrightarrow F（p \wedge q）$

（7）$\neg Op \Leftrightarrow P \neg p$

（8）$\neg O \neg p \Leftrightarrow Pp$

（9）$\neg Pp \Leftrightarrow O \neg p$

（10）$\neg P \neg p \Leftrightarrow Op$

上面只是规范判断中的部分蕴涵式或者等值式。下面具体说明它们所表示的关于复合规范判断的某些规律。

公式（1）表示的是以联言判断为原判断的必须肯定判断，描述的是 $O（p \wedge q）$ 与 $（Op \wedge Oq）$ 之间具有等值关系。例如：《矿山安全条例》第五十八条规定："对接触有害物质的作业人员，必须进行定期健康检查，建立健康档案"，可解释为"对接触有害物质的作业人员，必须进行定期健康检查，并且必须建立健康档案"。

公式（2）表示的是以选言判断为原判断的允许肯定判断，描述的是 $P（p \vee q）$ 与 $（Pp \vee Pq）$ 之间具有等值关系。例如："原告在宣告判决前，可以同被告人自行和解或者撤回诉讼"，可解释为"原告在宣告判决前，可以同被告人自行和解，或者可以撤回诉讼"。

公式（3）表示的是以两个禁止肯定判断构成的联言判断，描述的是F（p∨q）与（Fp∧Fq）之间具有等值关系。例如：《中华人民共和国广告法》第四条规定："广告不得含有虚假的内容，不得欺骗和误导消费者"，可解释为"禁止广告含有虚假的内容或者欺骗和误导消费者"。

公式（4）表示的是以选言判断为原判断的必须肯定判断，描述的是O（p∨q）与（Pp∨Pq）之间具有蕴涵关系。例如："申请这个科研项目，应当按照规定报教务处或者省级教育厅（局）审查批准"，可解释为"申请这个科研项目，可以按照规定报教务处审查批准，或者可以报省级教育厅（局）审查批准"。

公式（5）表示的是以联言判断为原判断的允许肯定判断，描述的是P（p∨q）与Pp∧Pq之间具有蕴涵关系。例如："研究生录取情况，可以打电话向招生办公室或者上学校网站主页查询"，可解释为"研究生录取情况，可以打电话向招生办公室查询，也可以上学校网站主页查询"。

公式（6）表示的是以联言判断为原判断的禁止肯定判断，描述的是Fp∧Fq与F（p∧q）之间具有等值关系。例如："任何考生不得提前离开考场，不得带走考试试卷"，可解释为"任何考生不得提前离开考场和带走考试试卷"。

公式（7）表示的是规范判断的负判断，描述的是¬Op与P¬p之间具有等值关系。例如："并不是说纸上列举的任务你要全部完成"，等值于"纸上列举的任务你可以不用全部完成"。

公式（8）表示的是双重否定等于肯定的关系，描述的是¬O¬p与Pp之间的等值关系。例如："不是说你应当在吃饭的时候不看电视"，等值于"允许你吃饭的时候看电视"。

公式（9）表示的是允许判断的负判断以及必须判断的负判断之间的关系，即¬Pp与O¬p之间的等值关系。例如："上课不允许大声喧哗"，等值于"上课应当不大声喧哗"。

公式（10）表示的仍然是双重否定等于肯定的关系，描述的是¬P¬p与Op之间的等值关系。例如："不可以不依照规定办事"，等值于"应当依照规定办事"。

上面列举的仅仅是复合规范判断的部分规律，其他还有很多，比如O(p→q)⇒(Op→Oq)、O(p→q)∧Oq⇒Oq等，这里从略。

二、规范推理

规范推理是指前提或结论至少有一个为规范判断的推理。例如：

①如果不重视保护环境，就会破坏生态平衡。因此，如果禁止破坏生态平衡，就应当注意保护环境。

②凡本公司人员必须严格遵守此项规定，小李是本公司成员，所以小李必须遵守此项规定。

③如果有事或者因病不能上课，那么事先请假是必须的。

例①的前提是一个假言判断，结论是规范判断。例②第一个前提是规范判断，第二个前提是实然判断，结论是规范判断；例③前提是一个选言判断，结论是规范判断。

规范推理一般可以分为三种类型：对当关系规范推理、规范三段论推理和复合规范推理，下面给予具体介绍。

（一）对当关系规范推理

对当关系规范推理，就是根据规范判断对当关系进行推演的规范推理。规范判断对当关系，就是前面已经介绍的四种规范判断以及两种实然判断之间的对错制约关系。对当规范推理也即是根据规范方阵进行的规范推理，可分为如下四种类型。

1. 反对关系规范推理

反对关系规范推理，就是根据反对关系进行推演的规范推理。规范判断之间的反对关系，是不可同对但可同错的关系。由其中一个正确可以推出另一个错误，而由其中一个错误不能推出另一个的对错。据此，反对关系规范推理有如下推理式：

（1）$Op \Rightarrow \neg O \neg p$

例如：进入校门应当出示证件，所以进入校门应当不出示证件的说法是错误的。

（2）$O \neg p \Rightarrow \neg Op$

例如：上课应当不大声喧哗，所以，上课不应当大声喧哗。

（3）$Op \Rightarrow \neg \neg p$

例如：领导应当关心群众生活，所以说，领导不关心群众生活是不对的。

（4）$\neg p \Rightarrow \neg Op$

例如：学生不逃课是正确的，因此学生应当逃课的说法是错误的。

（5）O￢p⇒￢p

例如：你中学时代应当不选择出国，所以，你在中学时代出国是错误的选择。

（6）p⇒￢O￢p

例如：事实说明，取缔收容制度是正确的，因此，所谓收容制度应该不取缔的主张是不对的。

2. 下反对关系规范推理

下反对关系规范推理就是根据下反对关系进行推演的规范推理。规范判断之间的下反对关系，是不可同错但可同对的关系。由其中一个错误可以推出另一个正确，其中一个正确则另一个对错不定。据此，下反对关系规范推理有如下推理式：

（1）￢Pp⇒P￢p

例如：不允许中学生在校早恋，所以，中学生在校可以不早恋。

（2）￢P￢p⇒Pp

例如：不允许学生不按时熄灯，所以，学生可以按时熄灯。

（3）￢Pp⇒￢p

例如：图书馆内不允许吃东西，所以在图书馆内吃东西是不对的。

（4）￢￢p⇒Pp

例如：上舞台不化妆是不合适的，因此上舞台可以化妆。

（5）￢P￢p⇒p

例如：允许学生不按时上课是错误的，所以学生按时上课是正确的。

（6）￢p⇒P￢p

例如：既然嫉妒别人是不对的，因此可以不要嫉妒别人。

3. 差等关系规范推理

差等关系规范推理是根据差等关系进行推演的规范推理。在具有差等关系的必须判断、实然判断与允许判断（即逻辑方阵中位于同侧的判断）之间，由前者正确可推知后者正确，由后者错误可推知前者错误；但前者错误则后者正误不定，后者正确则前者正误不定。据此，差等关系规范推理有如下推理式：

（1）Op⇒p
例如：应当做一个有礼貌的人，因此做一个有礼貌的人是正确的。

（2）¬p⇒¬Op

例如：贪赃枉法是错误的，所以，不应当贪赃枉法。

（3）p⇒Pp

例如：缺课要提前请假是正确的，因此，允许缺课时提前请假。

（4）¬Pp⇒¬p

例如：既然不允许在车厢内抽烟，可见在车厢内抽烟是不对的。

（5）O¬p⇒¬p

例如：夜间上网应当不影响室友休息，因此夜间上网不影响室友休息是对的。

（6）¬¬p⇒¬O¬p

例如：成年子女不赡养父母是错误的，所以，成年子女不应当不赡养父母。

（7）¬p⇒P¬p

例如：公民不违反法律是对的，因此允许公民不违反法律。

（8）¬P¬p⇒¬¬p

例如：不允许考生不按规定时间入场，因此，考生不按规定时间入场是错误的。

4. 矛盾关系规范推理

矛盾关系规范推理是根据矛盾关系进行推演的规范推理。规范判断之间的矛盾关系，是不可都对不可都错的关系。因此，由其中一个正确可以推出另一个错误，由其中一个错误可以推出另一个正确。据此，矛盾关系规范推理有以下推理式：

（1）Op⇒¬P¬p

例如：进入车间必须穿工作服，因此，进入车间不允许不穿工作服。

（2）¬P¬p⇒Op

例如：允许犯渎职罪的人不受刑罚处罚是错误的，所以，犯渎职罪的人应当受到刑罚处罚。

（3）¬Op⇒P¬p

例如：并非必须参加工作，因此，可以不参加工作。

（4）P¬p⇒¬Op

例如：《刑事诉讼概论》认为："辩护人有权依据事实和法律，独立地进

259

行辩护……可以不受被告一方当事人的意愿约束。"后面这句话意味着：辩护人必须受被告一方当事人的意愿的约束是不对的。

（5）O ¬p⇒¬Pp

例如：证人在法庭上应该不作伪证，所以，允许证人在法庭上作伪证是不对的。

（6）¬Pp⇒O ¬p

例如：英语四六级考试不允许考生提前退场，因此英语四六级考试考生应当不提前退场。

（7）¬O ¬p⇒Pp

例如：上班期间必须不接电话的规定是不对的，因此，上班期间可以接电话。

（8）Pp⇒¬O ¬p

例如：自诉案件的被告人在诉讼过程中，可以对自诉人提起反诉。所以，那种认为自诉案件的被告人在诉讼过程中应当不对自诉人提起反诉的意见显然是不正确的。

（二）规范三段论推理

所谓规范三段论，就是前提和结论中含有规范判断的三段论，亦即在前提和结论中引入规范模态词的三段论。规范三段论的形式很多，也比较复杂。这里只介绍以规范判断为大前提，实然判断为小前提，结论也为规范判断的常见类型，其基本形式为：

大前提：简单的规范判断

小前提：实然判断
_____

结论：简单的规范判断

1. 必须规范三段论

必须规范三段论，是指其前提或结论为必须规范判断的规范三段论，其一般构成为：大前提为必须规范判断，小前提为直言判断，结论为必须规范判断。它的逻辑形式可表示如下：

凡 M 必须是 P

凡 S 是 M
_____

凡 S 必须是 P

例如：凡盗窃国家金融机构必须判以重刑，小许盗窃国家金融机构，所以小许必须被判以重刑。

2. 允许规范三段论

允许规范三段论，是指前提或结论为允许规范判断的三段论，其一般构成为：大前提为允许规范判断，小前提为实然判断，结论为允许规范判断。它的逻辑形式可表示如下：

凡 M 可以是 P

凡 S 是 M
_____

凡 S 可以是 P

例如：这次比赛中的种子选手可以直接进入决赛，小刘和小李都是这次比赛中的种子选手，所以他们可以直接进入决赛。

在这个例子中，表示授权性的规范词采用了"可以"的表述形式，如果将"可以"换成"允许"，则这个允许规范三段论还可表述如下：

允许这次比赛中的种子选手直接进入决赛，小刘和小李都是这次比赛中的种子选手，所以允许他们直接进入决赛。

3. 禁止规范三段论

禁止规范三段论，是指前提或结论为禁止规范判断的三段论，其一般构成为：大前提为禁止规范判断，小前提为直言判断，结论为禁止规范判断。它的逻辑形式可表示如下：

凡 M 禁止是 P

凡 S 是 M
_____

所以，凡 S 禁止是 P

例如：凡执法组织都禁止有超越宪法的特权，法院是执法组织，所以法院禁止有超越宪法的特权。

规范三段论还可以有很多种形式，这里不再一一举例说明。但需要注意的是，规范三段论也应遵循以下规则：

（1）必须遵循直言三段论的所有规则；

（2）若大小前提同为规范判断时，应遵循"结论从弱"原则；例如，前提分别是必须判断和允许判断时，结论应为允许判断；当前提为必须判断和实然判断时，结论为实然判断等。

（三）复合规范推理

复合规范推理，是指前提或结论为复合规范判断的规范推理。如前所述，所谓复合规范判断，指的是原判断为复合判断的规范判断，并且复合规范判断与其子判断之间存在着一定的规律性。按照这些规律性，复合规范推理有如下形式：

261

1. O（p∧q）⇔（Op∧Oq）

这是"应当"对于"合取"的分配律，且是一个等值式。具体是指，"p 并且 q 是必须的，当且仅当，p 是必须的并且 q 也是必须的"。

例如："药品包装必须按照规定贴有标签并附有说明书"与"药品包装必须按照规定贴有标签，并且，药品包装必须按照规定有说明书"之间可以相互推出。

2. P（p∨q）⇔（Pp∨Pq）

这是"允许"对于"析取"的分配律，且是一个等值式。具体是指，"p 或者 q 是允许的，当且仅当，p 是允许的或者 q 也是允许的"。

例如："允许学生在假期留在学校学习或者回家"与"允许学生在假期留在学校，或者，允许学生在假期回家"是可以相互推出的。

3. F（p∨q）⇔（Fp∧Fq）

这个关于"禁止"与"析取和合取"之间的规律，同样是一个等值式。具体是指，"p 或者 q 是禁止的，当且仅当，p 是禁止的并且 q 也是禁止的"。

例如："禁止学生逃课或者在课堂上睡觉"与"禁止学生逃课，并且，禁止学生在课堂上睡觉"是可以相互推出的。

4. O（p∨q）⇒（Pp∨Pq）

这个反映应当与允许之间关系的规律只是一个蕴涵式，仅表示一个推理式。具体是指"p 或者 q 是应当的，可推出 p 是允许的或者 q 是允许的"。

例如："各企、事业单位的管理人员，应当及时对技术改进项目做出采纳或者不采纳的结论"可推出"各企、事业单位的管理人员可以及时对技术改进项目做出采纳的结论，或者，可以及时对技术改进项目做出不采纳的结论"。

5. P（p∧q）⇒Pp∧Pq

这是"允许"对于"合取"的分配律，只是一个蕴涵式。具体是指，"p 并且 q 是允许的，可推出 p 是允许的并且 q 也是允许的"。

例如："允许本事件的调查人了解事情真相并且上报"可推出"允许本事件的调查人了解事情真相，并且允许本事件的调查人进行上报"。

6. Fp∧Fq⇒F（p∧q）

这个关于"禁止"与"合取"之间的规律同样只是一个蕴涵式。具体是指，"p 是禁止的并且 q 也是禁止的，可推出 p 并且 q 是禁止的"。

例如："本班学生在上课期间禁止吃东西，并且禁止在课堂上大声喧哗"可推出"本班学生在上课期间吃东西并且大声喧哗是禁止的"。

以上六个规律中：前三个规律是等值式，可以相互推出；但后三个规律是蕴涵式，不能互相推出，而只能由左边推出右边，即只能顺推，不能逆推。比如：

第4个规律，从"放学后允许看电视或者做作业"不能推出"放学后应当看电视或者做作业"。

第5个规律，从"允许小李因病早退，也允许小李因病缺课"不能推出"允许小李因病早退并且缺课"。

第6个规律从"禁止知法犯法"不能推出"禁止知法并且禁止犯法"，否则是非常荒谬的。

因此，在进行复合规范推理时，需要认清这些规律，避免出现"不当逆推"的逻辑错误。

（四）运用规范判断需要注意的问题

在规范判断的运用中，需要注意以下问题：

1. 正确区分规范判断的负判断与规范否定判断

关于规范肯定判断的负判断与其对应的规范否定判断的区分，前面已经作了介绍。这里再将一种极易发生混淆的情况分析如下。先看几个例子：

①无烟办公室不可以抽烟。

②无烟办公室可以不抽烟。

③执行死刑不应当示众。

④执行死刑应当不示众。

这四个例句中有两个是规范肯定判断的负判断，有两个是规范否定判断；它们的显著特点是否定词和规范词都紧挨在一起。那么，怎样将它们区别开来呢？区分方法还是看否定词和规范词的相互位置。

如果否定词在前，规范词在后，则为某个规范判断的负判断。如例①和例③："无烟办公室不可以抽烟"，亦即"并非无烟办公室可以抽烟"，等值于"无烟办公室应当不抽烟"或"无烟办公室禁止抽烟"。"执行死刑不应当示众"，亦即"并非执行死刑应当示众"，等值于"执行死刑可以不示众"。

如果规范词在前，否定词在后，则为某个规范否定判断。如例②和例④：例②为允许否定命题，例④为必须否定判断。

在汉语中，"不必须"、"不应当"、"不应该"往往简化为"不必"、"不应"、"不当"、"不该"。如例③中的"不应当"就可以换成这些简化形式。这里需要特别指出，"不必"和"未必"是不一样的："不必"是对"必须"的否定，是必须判断负判断的简洁表达形式；而"未必"是对"必然"的否定，是上一章中所介绍的必然模态判断负判断的简洁表达形式。

此外，"不允许"、"不可以"则往往简化为"不得"、"不准"、"不许"、"不可"等，而前面两种更为常见。例如：

①广告不得含有虚假的内容。（《中华人民共和国广告法》第四条）

②医疗单位配制的制剂，不得在市场销售。（《中华人民共和国药品管理法》第十九条）

③残油、废油……不准排放入海。（《中华人民共和国海洋环境保护法》第十二条）

这几个例句中的"不得"、"不准"都是"不允许"、"不可以"的简化形式。

2. 正确进行不同规范词之间的相互转换

根据规范判断的负判断与其等值判断的公式，可以对必须规范判断和相应的允许规范判断进行等值转换。本章上一节介绍规范推理时，其中的矛盾关系规范推理或等值关系规范推理，实际上也就是在不同规范词之间进行相互转换。这里就不再介绍了。这里要说的主要是涉及禁止性规范词的转换问题。

前面已经说过，规范判断中规范词包括义务性、授权性和禁止性三种类型，因而规范判断相应地分为三种类型，即必须规范判断、允许规范判断和禁止规范判断。然而在研究规范命题和规范推理的时候，往往并不直接涉及禁止规范判断，而只是在两种必须判断和两种允许判断的基础上进行。可是在实际生活中，又存在着大量的禁止规范判断。因此，人们经常面临着禁止规范判断与必须规范判断、允许规范判断进行等值转换的问题；而不同规范判断之间进行等值转换的问题，归根结底，还是不同规范词之间进行等值转换的问题；而不同规范词之间的相互转换，可以简洁地表示如下：

禁止⇔不得（不准）⇔不允许（不可以）⇔必须不（应当不）

例如《中华人民共和国水污染防治法》有如下两条规定：

①禁止向水体倾倒船舶垃圾。（第三十一条）

②人工回灌补给地下水，不得恶化地下水质。（第三十六条）

例①就可以转换为如下几个等值的规范判断：

不得向水体倾倒船舶垃圾。

不准向水体倾倒船舶垃圾。

不允许向水体倾倒船舶垃圾。

不可以向水体倾倒船舶垃圾。

必须不向水体倾倒船舶垃圾。

应当不向水体倾倒船舶垃圾。

例②则可以转换为如下几个等值的规范判断：

人工回灌补给地下水，禁止恶化地下水质。

人工回灌补给地下水，不允许恶化地下水质。

人工回灌补给地下水，不可以恶化地下水质。

人工回灌补给地下水，必须不恶化地下水质。

人工回灌补给地下水，应当不恶化地下水质。

对于不同的规范词进行相互转换时，大致有两种情况：一是对于禁止规范判断，当需要考察它与其他规范判断之间的关系（如规范对当关系）或进行有关的规范推理时，则需要将它换成等值的必须规范判断或允许规范判断。二是需要表述某种规范时，可以在具有等值关系的不同规范词中间任意选择；而究竟选择哪一种规范词，要根据实际情况和上下文来灵活决定，是没有严格规定的。

第二节　现代规范逻辑

现代规范逻辑的研究是从 20 世纪 50 年代才开始的，主要是以数理逻辑为工具，对社会规范进行严格的形式刻画，即以一种形式化的语言表达社会伦理、法律规范及其之间的逻辑关系。最初的规范逻辑，是在类比模态逻辑的基础上发展起来，研究含有规范模态词"应当"、"允许"、"禁止"等命题（即前面所指的判断）及其推理形式，与法学、伦理学等领域密切相关。近年来，现代规范逻辑的研究开始与人工智能、计算机和信息科学等领域相结合，并取得了很多重要的研究成果，如建立法律信息传输系统、法律文书编辑系统等，使之发展成为一个重要的应用逻辑分支。

一、现代规范逻辑的产生及其特点

如果从现代逻辑的范畴考察，规范逻辑的研究始于 1926 年，奥地利逻辑学家恩斯特·马利（Ernst Mally）以"应当"为初始概念构造一个公理系统，该系统被公认为是第一个关于规范概念的形式系统。但在他的系统中存在 Op↔p（即 Op 与 p 是等值的）之类的定理，这样"应当"和"是"便成为等价关系而使他的系统宣告失败。然而，马利的尝试引起了很多人的兴趣，直到 1951 年芬兰逻辑学家冯·赖特（Von Wright）在《心灵》杂志上发表经典论文《道义逻辑》，建立了第一个可行的规范系统，严格意义上的规范逻辑才真正产生。由于冯·赖特对规范逻辑做出的开拓性贡献，被公认为是规范逻辑的创始人。继冯·赖特之后，规范逻辑的研究开始得到迅速发展。目前，规范逻辑已经发展成为广义模态逻辑的一个重要分支。

现代规范逻辑的主要特点可以概括为以下几个方面：

第一，它以义务的模态为主要研究对象，属于交叉学科范畴，是逻辑学与法学以及伦理学的交叉；

第二，它也是形式化和公理化的，表现为建立一些规范公理系统；

第三，它是在类比模态逻辑的基础上建立和发展起来的，属于广义模态逻辑分支；

第四，它在研究上注重语形与语义的结合，最近也逐渐开始注重语用学的转向；

第五，它属于一种现代的、纯形式的法学研究方法；

第六，结合时态逻辑、非单调推理等研究方法，建立多分支融合的规范系统是其发展的一个重要趋势。

由此可见，现代规范逻辑的建立和发展，不仅会推动逻辑学的迅速发展，并对与其相关的学科发展，如法学、伦理学以及计算机和信息科学等都有重要的推动作用。

二、现代规范逻辑系统 SDL

现代规范逻辑作为逻辑学与法学的交叉学科，主要是以形式化或者说是公理化的方法来研究法律。规范逻辑研究的第一步，就是首先把法律概念抽象成三个最基本的法律规范算子："应当 O"、"允许 P"和"禁止 F"，使之与基本的法律规范可划分为义务性规范、授权性规范和禁止性规范相对应。法律规范算子的解释与传统规范逻辑类似：Op 表示"行为 p 是应当的"，Pp 表示"行为 p 是允许的"，而 Fp 表示"行为 p 是禁止的"。然后，再从三个基本的法律规范算子中选择一个作为初始运算算子，并总结出几条基本的法律规则作为公理，在类比模态逻辑的基础上构造出了现代规范逻辑系统。

第一个较为成熟的规范逻辑系统是规范逻辑标准系统（Standard Deontic Logic），简称为 SDL，是以冯·赖特的规范逻辑经典系统为基础，通过类比模态逻辑的 K、D 系统而发展起来的最弱的规范逻辑系统。由于很多其他类型的规范系统都是在 SDL 的基础上进行扩张或改进而形成的，所以它是规范逻辑研究所不能绕过的起点。下面通过与冯·赖特的经典系统 CDL（Classic Deontic Logic）相比较的方法，从语形和语义两个方面对规范逻辑标准系统

SDL 给予具体介绍。

（一）规范逻辑经典系统 CDL

冯·赖特于 1951 年构造的规范逻辑系统，奠定了现代规范逻辑发展的基础。他自己把这个系统称为规范逻辑的最小系统，然后在最小系统的基础上增加"边沁法则"①，使之扩张成为规范逻辑的经典系统，简称为 CDL。

CDL 的构造简单介绍如下：

1. 初始概念 P 表示"允许"，其他规范算子根据 P 来定义：

$F\alpha =_{df} \neg P\alpha$ 　　　禁止的是不允许做的

$O\alpha =_{df} \neg P \neg \alpha$ 　　应当的是不允许不做的

2. 规范的分配原则和允许原则作为公理：

CDL1　$P(\alpha \vee \beta) \leftrightarrow P\alpha \vee P\beta$

CDL2　$P\alpha \vee P \neg \alpha$

3. 系统中的部分定理，也称为"规范重言式或规范逻辑规律"②：

CDL3　$O\alpha \rightarrow O\alpha$

CDL4　$O\alpha \vee O\beta \rightarrow O(\alpha \vee \beta)$

CDL5　$O(\alpha \wedge \beta) \leftrightarrow O\alpha \wedge O\beta$

CDL6　$P(\alpha \wedge \beta) \rightarrow P\alpha \wedge P\beta$

CDL7　$O(\neg \alpha \rightarrow \alpha) \rightarrow O\alpha$

CDL8　$O(\alpha \rightarrow \beta) \rightarrow (O\alpha \rightarrow O\beta)$

CDL9　$O\alpha \wedge O(\alpha \rightarrow \beta) \rightarrow O\beta$

CDL10　$\neg P\beta \wedge O(\alpha \rightarrow \beta) \rightarrow \neg P\beta$

CDL11　$(O(\alpha \rightarrow \beta \vee \gamma) \wedge \neg P\beta \wedge \neg P\gamma) \rightarrow \neg P\alpha$

4. 规范偶然化规则，即 $O(\alpha \vee \neg \alpha)$ 和 $\neg P(\alpha \wedge \neg \alpha)$ 在这个系统中不成立。

（二）规范逻辑标准系统 *SDL*

1. 语形

---

① 英国哲学家边沁提出这样一个原则：如果某事是应当做的，那么它就不是禁止做的。这个原则可用道义逻辑的公式表示为 $O\alpha \rightarrow \neg F\alpha$，冯·赖特称之为"边沁法则"。具体表述参见周祯祥. 道义逻辑——伦理行为和规范的推理理论［M］. 武汉：湖北人民出版社，1999：112.

② D. Nute. *Defeasible Deontic Logic*. Kluwer Academic Publishers，1997：2.

（1）初始符号

甲类：p，q，r，p_1，q_1，r_1，p_2，…；

乙类：$\neg$，$\rightarrow$；

丙类：$($，$)$；

丁类：O。

在这里，令 SDL 的形式语言为 L_D，它由可数无穷多个符号组成：

$$L_D = \{\neg，\rightarrow，(，)，O，p，q，r，p_1，\cdots\}。$$

其中甲类符号表示命题变项；乙类符号是真值联结词，经解释后，前者表示否定，后者表示蕴涵；丙类符号是一对技术符号；丁类是一个表示"应当"的规范模态算子。

（2）形成规则

甲：任一甲类符号是一合式公式；

乙：如果 α 是合式公式，则 $\neg\alpha$ 和 $O\alpha$ 是合式公式；

丙：如果 α 和 β 是合式公式，则 $(\alpha\rightarrow\beta)$ 也是合式公式。

丁：只有适合以上三条的符号序列才是合式公式，简称为公式。

（3）定义

① $(\alpha\vee\beta) =_{df} (\neg\alpha\rightarrow\beta)$

② $(\alpha\wedge\beta) =_{df} \neg(\alpha\rightarrow\neg\beta)$

③ $(\alpha\leftrightarrow\beta) =_{df} ((\alpha\rightarrow\beta)\wedge(\beta\rightarrow\alpha))$

④ $P\alpha =_{df} O\neg\alpha$

⑤ $F\alpha =_{df} O\neg\alpha$

由此可知，在规范逻辑标准系统 SDL 中，"应当"算子 O 是系统的初始规范算子，"允许"算子 P 和"禁止"算子 F 通过它进行定义。

（4）SDL 的公理和推理规则

SDL0　　所有命题逻辑的重言式

SDL1　　$O\alpha\rightarrow\neg O\neg\alpha$

SDL2　　$O(\alpha\rightarrow\beta)\rightarrow(O\alpha\rightarrow O\beta)$　　　　（K 公理）

SDL3　　$O\alpha\rightarrow P\alpha$　　　　　　　　　　　　（D 公理）

SDL4　　从 α，$\alpha\rightarrow\beta$ 可推出 β　　　　　（分离规则 MP）

SDL5　　从 α 可推出 $O\alpha$　　　　　　　　　（O-必然化规则）

SDL6　　从 $\alpha\rightarrow\beta$ 可推出 $O\alpha\rightarrow O\beta$　　　（规范导出规则 ROM）

（5）SDL 的部分重要定理：

SDL7　　Oα→O（$\alpha \vee \beta$）

SDL8　　O（$\alpha \wedge \beta$）→Oα

SDL9　　（O$\alpha \wedge$O（α→β））→Oβ

SDL10　　Fα→F（$\alpha \wedge \beta$）

SDL11　　（O$\alpha \wedge$Pβ）→P（$\alpha \wedge \beta$）

SDL12　　O$\neg \alpha$→O（α→β）

SDL13　　O（$\neg \alpha$→α）→Oα

SDL14　　P$\alpha \vee$Pβ↔P（$\alpha \vee \beta$）

SDL15　　Pα→P（$\alpha \vee \beta$）

SDL16　　$\neg$（O$\alpha \wedge$O$\neg \alpha$）

SDL17　　Fα→O（α→β）

SDL18　　Oβ→O（α→β）

由此可以看出，由于 O-必然化规则和道义导出规则是两个较强的规则，使规范逻辑标准系统 SDL 中出现很多违反直觉的甚至是悖论性的定理，如 SDL7、SDL15 等，它们实质上是前面介绍的"蕴涵怪论"的延续。这些悖论性定理的存在，表明 SDL 的推理存在重要缺陷，因此规范逻辑的合理性问题遭到很多人的置疑。

2. 语义

规范逻辑标准系统 SDL 是在类比模态逻辑的基础上建立的，所以它的语义理论也是以可能世界这一概念为基础的模型论语义学。一个标准的 SDL 模型 M = ⟨W，R，V⟩ 由三部分组成：一个可能世界集合 W、一个表示规范可能世界间的可及关系 R⊆W×W 和一个满足下列条件的赋值 V：

（1）设 SDL 的形式语言为 L_D，则对任一命题变元 $p \in L_D$ 和任一 $w \in W$，V（p，w）= 1 或者 V（p，w）= 0，但二者不能同时成立；

（2）对任一 L_D 的合式公式 α 和任一 $w \in W$，

$$V(\neg \alpha, w) = \begin{cases} 1, 如果\ V(\alpha, w) = 0 \\ 0,\ 否则 \end{cases}$$

（3）对任意两个 L_D 的合式公式 α 和 β，任一 $w \in W$，

$$V(\alpha \rightarrow \beta, w) = \begin{cases} 1, 如果\ V(\alpha, w) = 0\ 或\ V(\beta, w) = 1 \\ 0,\ 否则 \end{cases}$$

（4）对任一 L_D 的合式公式 α 和任一 $w \in W$，

$$V(O\alpha,w)=\begin{cases}1,\text{对}\forall w,\text{如果 }Rww',V(\alpha,w')=1\\0,\text{否则}\end{cases}$$

SDL 的有效性也类似于模态逻辑：公式 α 在模型类 S 上是有效的，表示为 $S\vDash\alpha$，即对任意的 $M\in S$ 和 $w\in W$，$M,w\vdash\alpha$。规范逻辑标准系统 SDL 的可靠性和完全性可以根据它的有效性进行证明。

规范逻辑标准系统 SDL 是在规范逻辑经典系统 CDL 的基础上发展起来的一个语形和语义兼备的系统，与 CDL 相比，SDL 不但形式上更为完善，功能也有所增强。值得注意的是，它们之间有一个重要区别：规范逻辑标准系统 SDL 没有采纳冯·赖特的"规范偶然化规则"，而是在类比模态逻辑的基础上引用了"规范必然化规则"，这是一个很强的规则，使每一个逻辑上真的命题都成为义务。冯·赖特所拒绝的 O（$\alpha\vee\neg\alpha$）和$\neg$P（$\alpha\wedge\neg\alpha$）在 SDL 中保持有效，从而使 SDL 中出现很多悖论性的定理。所以，作为被广泛接受的规范逻辑标准系统，SDL 是不充分的。不过，此后很多正规的规范逻辑系统，如 OM，OS_4，$OM*$，OS_4* 等都是以 SDL 为基础发展起来的。

3. 规范逻辑标准系统 SDL 存在的问题

由于规范逻辑标准系统所处理的都是普适性的、无条件的规范判断，可以使任何必然的事件状态成为义务，并禁止任何不可能事件的发生。在这个意义上，它可被称为绝对规范逻辑。但在现实生活中，大部分的义务都是相对于具体的条件和规则而言的。比如，一个人在特定的时间有做某事的义务，但同一件事在同一时间对另外的人来说并不是一个义务，并且在另一个时间对同一个人也不再是一个义务。因此，用绝对规范逻辑刻画实际生活中关于法学的规范准则，便会有很多义务冲突的问题发生，也称之为道义悖论。下面简要介绍几种具有代表性的道义悖论：

（1）罗斯悖论

由于在命题演算中存在定理 $\alpha\to\alpha\vee\beta$，那么在 SDL 中使用 O-必然化规则和道义导出规则，就可以推出 $O\alpha\to O$（$\alpha\vee\beta$）。丹麦的哲学家罗斯（A. Rose）就是根据这一定理提出了著名的罗斯悖论，具体表述为："我应当寄这封信蕴涵我应当寄这封信或者烧掉它"，这也是 SDL 中最基本的悖论。如果按照罗斯的解释，在 SDL 中还存在很多其他类似的悖论，如关于允许的公式 $P\alpha\to P$（$\alpha\vee\beta$），就可以理解为"如果允许一个人撒谎，那么就允许这个人撒谎或者吸毒"，这是非常荒谬的。所以，罗斯悖论的"悖"主要表现在我们结合实践对 SDL 的定理 $O\alpha\to O$（$\alpha\vee\beta$）进行解释时会出现违背直观的结论。一般认为，罗斯悖论源于自然语言和形式语言的差异，或者说它不过是命题逻辑中"蕴涵怪论"$\alpha \rightarrow \alpha \vee \beta$ 在规范逻辑系统中的直接继承。所以只要记着系统中的联结词和日常语言中的"或者"是不同的,罗斯悖论就不足为奇了。

(2) 承诺悖论

承诺悖论,或称为导出义务悖论,是由冯·赖特提出。1957 年他尝试在系统中处理"道德承诺"或"导出义务",利用"应当"算子和条件句把道德承诺定义为: (D1) 做一件事使得我们承诺去做另一件事,形式表示为 $O (\alpha \rightarrow \beta)$。在道义逻辑标准系统 SDL 中存在定理: (SDL17) $F\alpha \rightarrow O (\alpha \rightarrow \beta)$ 和 (SDL18) $O\beta \rightarrow O (\alpha \rightarrow \beta)$,它们也都是关于承诺的规律。但若根据 (D1),(SDL17) 和 (SDL18) 就成为悖论性的定理。因为,(SDL17) 表示为,"如果 α 是禁止的,那么做 α 使我们承诺去做任何其他的行为";(SDL18) 表示为,"如果做 β 是应当的,那么做任何事情都使我们承诺做 β"。和罗斯悖论一样,在生活中理解就会出现"吸毒是禁止的,那么吸毒就使我们承诺去抢劫"等明显与直观相冲突的例子。承诺悖论和罗斯悖论一样,仍然是命题演算中"蕴涵怪论"的延伸,但它不能像罗斯悖论一样可以忽略不计。因为,承诺概念是相对于条件而言的,它的存在已经揭示了规范逻辑标准系统 SDL 不能表达条件义务的缺陷。

(3) 萨特悖论

萨特(Sartre)悖论,也称为道义二难,主要描述一个人面临两种应尽的并且互相矛盾的义务时,应该何去何从?比如一个警察在执行任务时妻子生病,按照做丈夫的义务,应当去医院照顾生病的妻子,而作为一个警察,出于工作职责他应该完成自己的任务。这样,他看起来面临冲突和不可协调的道德标准,因为他的行为按照某一道德标准是应当的,但按照另一道德标准又是禁止的,这就是困境所在。在日常生活中,由于存在着很多不同的伦理规则的集合,这样的冲突情形会经常发生。当然,在现实生活中也常常存在对这些冲突进行调解的元伦理规则,通常是使一个规则集服从于另一个规则集,如"舍小家为大家"、"两害相权取其轻"等。而在规范逻辑标准系统 SDL 中,对这种类型的道义二难而言,一个二难困境就是一个规范冲突。因为根据 SDL 的语义理论,$O\alpha$ 和 $O \neg \alpha$ 不能同时存在于同一个可能世界中,即冲突性义务的表达因为"无义务冲突原则"$\neg (O\alpha \wedge O \neg \alpha)$ 的存在而被排除了。因此,正是规范逻辑标准系统 SDL 中的一致性原则造成了这类道义困境表达的失败。

(4) 反义务悖论

反义务悖论,即 CTD (Contrary-To-Duty) 悖论,也有人称之为渎职悖论。

它是规范逻辑系统中存在的最典型、最难处理的一类悖论。所谓反义务命令，是指如果一个人违背了应当做某事的义务又该怎么做的命令。在我们的实践生活中，这种正常的义务冲突现象会经常发生。比如，"不准车辆进入公园"，这是一个命令，也是人们应当遵守的一个义务。然而，如果有儿童在公园落水，需要救护车，那么救护车作为车辆，进入公园就违背了原来的命令，成为一种反义务命令。并且，这种现象在法律的实践中更为常见，如法规中"正当防卫时可以使用暴力"、"违背合同必须进行赔偿"等。遗憾的是，这种现实生活中经常遇到的义务冲突现象在规范逻辑系统中却不能得到有效表达，因而导致了最为棘手的 CTD 悖论问题，例如下面四个规范命题：

①你不应当对父母撒谎。O ﹁p

②如果你对父母撒谎，应当是善意的谎言。p→Oq

③善意的撒谎逻辑蕴涵你对父母撒谎了。q→p

④你对父母撒谎。p

其中，②所表达的就是①的 CTD 义务，因为"如果你对父母撒谎，应当是善意的谎言"是在首要义务"你不应当对父母撒谎"被违背的情况下实施的。在 SDL 中，根据分离规则，可以从②和④得到 Oq，再结合③应用道义必然化规则，可以得到 Op，和①矛盾。因此，我们就从直觉上一致的形式化集合 ｛O ﹁p, p→Oq, q→p, p｝中，得到了 O ﹁p∧Op 这个矛盾的结论。

由此可见，使用人工语言对于法律规范进行公理化，是极其困难的。但是，为了解决这些道义悖论问题，规范逻辑研究者开始引入其他分支学科的研究方法，比如结合人工智能理论中的非单调推理，建立非单调的规范逻辑系统；引入广义模态逻辑的其他分支方法，扩充规范逻辑系统等，成为目前现代规范逻辑发展的主流方向。出于本书的需要，这里不再具体介绍。对规范逻辑有兴趣者可参考周祯祥的《道义逻辑——伦理行为和规范的推理理论》、陈锐的《规范逻辑和法律科学》以及陶景侃的《法律规范逻辑》，它们对于规范逻辑都有较为系统的研究。

第三节　规范逻辑及其法律适用

规范判断是规范社会成员行为的判断，或者说，是表达各种社会规范的判断；而社会规范，包括法律规范、道德规范、宗教规范、习俗、礼仪、共同生活准则以及非国家组织的规章制度等，几乎涉及人类生活的一切领域、方方面面。尤其在法律领域中，规范判断及其推理的应用更加频繁。法律规定了公民的权利和义务，这些规定就是规范判断。毫不夸张地说，一切法律文献的大厦，都是用规范判断的砖瓦建筑起来的。因此，正确应用规范判断和规范推理，就显得尤为重要了。

一、规范模态词的正确使用

正确而恰当地使用规范模态词，是规范判断正确而恰当地反映各种社会规范的关键。然而对于规范词的理解、把握和应用，却常常暴露出这样或那样的错误。

如前所述，规范词分义务性、授权性和禁止性三种主要类型，而它们的意义又是各不相同的。一般来说，法律条文中规定的义务是必须履行的，因此要用必须判断；法律条文中规定的权利是被承诺或允许的，因此要用允许判断；法律条文中提及的违法犯罪行为都是被禁止的，因此要用禁止判断。相反，如果将义务性规范词误用做授权性规范词，或者将授权性规范词误用做义务性规范词，以及将禁止性规范词误用做义务性规范词等，都属于错用规范模态词，会在实际应用中造成很多问题。例如，《中华人民共和国宪法》第五十六条规定："中华人民共和国公民有依照法律纳税的义务。"有人曾经将这条规定理解为："中华人民共和国公民可以依照法律纳税。"这种理解显然是不正确的。因为《宪法》中的这一条，是对中华人民共和国公民义务的规定，而表达义务的规范词不是"可以"，而是"必须"、"应该"或"应当"等。

再比如《中华人民共和国治安管理处罚条例》第三十九条规定："被裁决受治安管理处罚的人或者被侵害人不服公安机关或者乡（镇）人民政府裁决的，在接到通知后五日内，可以向上一级公安机关提出申诉，由上一级公安机关在接到申诉后五日内做出裁决；不服上一级公安机关裁决的，可以在接到通知后五日内向当地人民法院提起诉讼。"在本条规定中使用了规范模态词"可以"而不是"应当"，是因为该条款是告知相对人可以行使的救济权利，既然是权利，那么相对人就可以选择行使或者放弃这项权利。如果使用"应当"，则就把权利变成了义务，是不合适的。

另外，很多时候在法规中，也会通过运用不同的规范模态词，来调整法规的使用范围或者使用效力。例如，1914 年，美国最高法院在威克斯诉美国案（Weeks v. Unites States，1914）中首次明确规定："联邦法院在审判时必须排除警方用非法搜查手段取得的证据。"这就是美国警方必须遵守的"排除规则"。1961 年，最高法院在迈普诉俄亥俄州案中再次规定："排除规则"同样适用于各州法院。这样，警察只能在许可证规定的范围内行动，并应在搜查后向法庭提交所获证据的报告。一旦违规，不但会受到警纪严惩，而且会造成所获证据在法庭审判时全部作废的严重后果。所以在后来的刑事案件中，辩方律师的首要工作就是挑战警方搜查和采集证据的程序是否合法。由于有关搜查的法律法规极为复杂，缺乏清晰明确的规定，很多时候只能由法官进行裁定，也给很多犯罪者逃脱的机会。20 世纪 60 年代后，随着犯罪率急剧上升，"排除规则"遭到美国社会各界极大指责。1984 年，在美国诉里昂案中，最高法院规定："当搜查不完全合乎程序要求时，如果警方的所作所为具有'良好诚信'（Good Faith）和'合理相信'（Reasonable Belief），法院在审案时可以引用搜查获得的证据。"在上述两条规定中，规范模态词由"必须"变成了"可以"，使规定所约束的范围也有所不同。由此可见，在法律法规中，一定要非常准确地使用规范模态词。所以，规范逻辑能够帮助人们理解某些法律规则，形成正确的法律观念，从而有利于法制社会的真正实现。

二、复合规范判断中的联结词一定要准确

复合规范判断是以复合判断为原判断的规范判断，而各种各样的联结词又是构成复合判断的不可或缺的部分。若要一个复合规范判断是正确的，就必须要求这些联结词使用准确。事实上，许多复合规范判断在表达和理解上所产生的错误，就是由于联结词不准确而造成的。

例如，"非法拘留他人，或者非法搜查他人身体，或者非法侵入他人住宅都是禁止的。如果出现这些行为，允许受害人可以对上述行为进行阻止或对不法侵害人进行控告"。这一小段话就是一个多重复合规范判断，里面涉及了联结词的多次运用。由于对联结词的正确应用，我们能够清楚理解这段话所要表明的意思。但若是错误运用了联结词，则会造成混淆。

例如下面这条规定："律师和律师事务所应当互相监督，对于有不正当竞争行为的，应当向司法机关、律师协会和律师惩戒委员会反映。司法行政机关和律师协会接到投诉后，应及时转有管辖权的律师惩戒委员会处理。"这段文字第一句的前半句"律师和律师事务所应当互相监督"，本来要表达三层意思，即律师与律师之间应当互相监督，律师事务所与律师事务所之间应当互相监督，律师与律师事务所之间应当互相监督。既然这样，其中的"和"就用错了，应改为"或"，表述为"律师或律师事务所应当互相监督"，因为原来的写法容易使人误解为只是第三层意思，即律师与律师事务所之间应当互相监督。

另外，第一句后半句"应当向司法机关、律师协会和律师惩戒委员会反

映"中的"和"也用错了。因为这种写法，表达的是由三个子判断构成的联言判断为原判断的必须规范判断，其逻辑形式为：O（p∧q∧r）。根据前面所介绍的复合规范判断的规律，这等值于：Op∧Oq∧Or，也就是说，第一句后半句的意思为："应当向司法机关反映，并且应当向律师协会反映，并且应当向律师惩戒委员会反映。"那么，这个意思是否该条规定的本意呢？如果是的，那就意味着同时要求三个"应当反映"，这样一来，上面那段文字随后的第二句话"司法行政机关和律师协会接到投诉后，应及时转有管辖权的律师惩戒委员会处理"就是多余的了；如果该条规定的本意并非如此，他并不同时要求三个"应当反映"，而是三个"应当反映"中有一个就可以了。这显然应改"和"为"或"。

所以，复合规范判断中的联结词一定要使用准确，特别是表示合取的"和"与表示析取的"或"，最容易发生问题。造成这种状况的原因之一，恐怕就在于复合规范判断本身比较复杂：既包含有表示复合判断的联结词，又包含有意义各不相同的规范词，再加上复合规范判断的规律也较为繁难，因此稍不注意就会出错，这是我们在表达或理解复合规范判断时必须高度注意的。

三、应遵循规范推理的规则

在法律实践中，无论是模态对当关系推理，还是模态三段论的使用，都需要遵循一定的推理规则。如果我们正确使用模态推理，可以对侦查工作、法庭辩论、量刑定罪等起到事半功倍的效果；反之，如果不遵循模态推理的规则，则会适得其反，带来不利后果。

例如，某市某区的人民法院于 2008 年 5 月 5 日，以调解的方式对一对夫妇的离婚案做出处理。人民法院于 6 月 12 日做出民事调解书，分别于 6 月 15 日将调解书送到原告妻子李某处签收，6 月 16 日送至被告丈夫刘某处签收。据此，根据《民事诉讼法》第 89 条第 3 款规定："调解书经双方当事人签收后，即具有法律效力"，可以推出本离婚案的调解书的生效日期只能是 2008 年 6 月 16 日。事实上，这个案例就是根据《民事诉讼法》第 89 条第 3 款这条规定，而进行的根据规范推理得出的调解书生效的时间只能是 2008 年 6 月 16 日。因为这一规定包括两个方面的要求：一是调解书必须送达双方当事人签收。二是调解书必须经双方当事人签收后才能生效。如果一方或双方当事人拒绝签收的，应当视为调解不成立，调解书不发生法律效力。这个推理过程简单表述如下：调解书必须经双方当事人签收方产生法律效力，双方当事人在 2008 年 6 月 16 日都已经签收了，所以，调解书在 2008 年 6 月 16 日开始生效。

这里用的是"必须"，如果用"可以"则法律调解书的生效日期便不相同。由此可见，在法律实践中，正确使用规范推理会帮助自己正确处理问题。但如果错误使用规范推理，则会带来不良后果。看下述案例：

在2008年，"许霆案"曾被受到广泛的关注和争议。"许霆案"案情可简要介绍如下：2006年4月21日深夜十点左右，许霆拿着自己的工资卡，到商业银行的自动取款机提款。许霆知道自己卡里只有170多元钱，但他按下了1000的数字。随即提款机开始运作，冒出了1000元人民币。许霆十分惊讶，查询卡内余额，发现里面还是170多元钱。紧接着，第二次取款又得到1000元。后来他就继续用卡取钱，自己也不清楚取了多少次。之后庭审中，公诉人出具的证据显示，许霆共计取款171次，合计取得人民币175000元。2007年11月20日，许霆案在广州市中级法院一审宣判，判决许霆盗窃金融机构，数额巨大，判决无期徒刑，剥夺政治权利终身，并处没收个人全部财产。随后许霆提起上诉，二审判决改判为五年。此案的案情并不复杂，不过一审的判决结果才是争议所在。

事实上，广州市中级人民法院的判决主要依据两个三段论推理，一个是定罪三段论，其完整形式如下：

凡是以非法占有为目的，秘密窃取公私财物，数额较大，或者多次盗窃公私财物的行为就是盗窃罪；

许霆以非法占有为目的，秘密窃取了公私财物，数额较大；

所以，许霆犯了盗窃罪。

另一个是量刑的规范三段论，其完整形式如下：

凡是盗窃金融机构，数额特别巨大的，可处无期徒刑或者死刑；

许霆盗窃金融机构的ATM机，数额特别巨大；

所以，许霆应当被判处无期徒刑或者死刑。

这两个三段论的形式是正确的，都属于规范三段论的第一格AAA式。但是一个正确的推理必须遵守两条规则：第一，前提必须真实；第二，推理规则必须正确。广州市中级人民法院进行的这两个三段论推理，前提都是值得商榷的，这正是争议所在。比如，第一个定罪三段论中，有两个重要的逻辑概念需要解释清楚："盗窃"和"金融机构"。许霆拿自己的工资卡依照正当程序取钱，算不算盗窃？银行的自动取款机是否属于金融机构？既然前提本身就存在争议，那么即使依据正确的推理规则，推出的结果当然也是会引起争议的。另外，在第二个量刑的规范三段论中，从"凡是盗窃金融机构，数额特别巨大的，可处无期徒刑或者死刑"推出"所以，许霆应当被判处无期徒刑或者死刑"也是值得商榷的。前提是允许判断，所以结论应当也是允许判断，而不应该是必须判断。这就是说，"许霆不被判处无期徒刑"也是可以的。由此可见，在定罪或者量刑过程中，错误地使用规范三段论会带来很多不良后果，有时甚至会造成冤假错案。

本节内容主要还是介绍和分析传统规范逻辑在法律实践中的具体运用。现代规范逻辑由于其形式化的方法过于抽象，之前一直被认为过于学术化而脱离实践。事实上，随着现代社会信息化的高速发展，现代规范逻辑的研究成果已经在越来越多的实践领域中受到重视。比如，由于现代规范逻辑是对法律规范给予系统研究，在建立法律专家系统方面有着独特优势。结合现代规范逻辑建立的法律专家系统，如法律信息查询系统、监狱管理系统、法律文书编辑系统、自动量刑系统等，不仅可以为广大普通的使用者提供法律咨询和有效的法律帮助，而且还可以减轻法官、律师、法学研究生等法律人或者未来法律人的劳动强度，大大提高他们的法律工作或者学习的效率，从而能够在一定程度上节省人力、物力等资源，带来良好的社会效益。所以，系统掌握规范逻辑的具体内容，使之成为我们在法律实践活动中的逻辑工具，不仅可以提高我们的逻辑思维能力和综合素质，更有助于提高法官、律师等专业法律人的工作效率和工作质量，从而为我国法制建设的健康、快速发展做出贡献。

☞**思考题**

1. 什么是规范判断？
2. 规范模态词有几种类型？
3. 什么是规范判断对当关系？
4. 规范判断的逻辑值与其他种类判断的逻辑值有什么不同？
5. 什么是规范推理？常用的规范推理有哪些类型？
6. 什么是对当规范推理？什么是规范三段论？
7. 现代规范逻辑的主要特点是什么？

☞**练习题**

一、下列判断属于何种规范判断？写出它们的逻辑形式。

1. 人应当有礼貌。
2. 任何人不能利用宗教进行破坏社会秩序的活动。

3. 不准在公路上无照驾驶。

4. 与本案无关的问题，被告可以不予回答。

5. 学生可以在规定的时间内上网。

6. 允许有犯罪前科的人进本公司工作。

7. 禁止非法搜身。

8. 如果夫妻感情确已破裂，并且在双方自愿的基础上，准予离婚。

9. 任何公民在享有宪法和法律规定的权利的同时，还必须履行宪法和法律规定的义务。

10. 中华人民共和国公民不得有危害祖国的安全、荣誉和利益的行为。

二、下列推理属于何种规范推理？写出它们的逻辑形式，并判断正误。

1. 本案的目击证人都有作证的义务，所以，允许本案的目击证人作证。

2. 只有通知新的证人出庭，才能提出新的证据，所以，允许新的证人出庭。

3. 明天小李可能不会出庭作证，所以，明天小李可能会出庭作证。

4. 本超市不准为顾客提供塑料袋，所以，本超市没有为顾客提供塑料袋的义务。

5. 不允许学生在上课期间随意出入，所以，禁止学生在上课期间随意出入。

6. 调解书和其他应当由人民法院执行的法律文书，当事人必须履行。一方拒绝履行的，对方当事人可以向人民法院申请执行。

三、写出下列规范三段论的逻辑形式，并判断正误。

1. 凡是故意犯罪必然都是在主观上存在故意的，刘某在主观上不存在故意，所以，刘某必然不是故意犯罪。

2. 周末允许学生上街，今天是周末，所以今天允许学生上街。

3. 禁止公务员贪赃枉法，李某是公务员，所以，禁止李某贪赃枉法。

4. 学生有事可以请假，小李是学生，所以，小李有事可以请假。

5. 2008 级本科生可以选修第二外语，小张是 2008 级本科生，所以，小张应当选修第二外语。

四、综合应用题。

1. 已知"小李明天应当去参加考试"为正确，判定下列选项的正误，并写出推导过程。

（1）小李明天应当不去参加考试。

（2）小李明天可以去参加考试。

（3）小李明天可以不去参加考试。

（4）小李明天不可以不去参加考试。

2. 如果李某被任命为法学院的党委书记，他一定是共产党员。

上述断定基于以下哪项假设？

（1）某些共产党员不可以被任命为党委书记。

（2）只有共产党员才能被任命为党委书记。

（3）某些共产党员可以被任命为党委书记。

（4）某些共产党员必须被任命为党委书记。

3. 某酒店门口竖着一块牌子"衣衫不整者不许入内"。这天，来了一群人，他们都是穿戴整齐的人。如果牌子上的话得到严格执行，请判定下列选项的正误：

（1）他们可能被允许入内。

（2）他们可能会被禁止入内。

（3）他们一定会被允许入内。

（4）他们应当允许进入。

（5）他们不应当被禁止入内。

（6）他们可以不被禁止入内。

（7）他们可以不入内。

4. 李某因做生意向张某借款 10 万元，借期为 5 年，并由刘某担保在李某不还钱时代李某向张某还款。2 年后，李某因经营不善无力偿还借款，张某向李某和刘某索取未果，向法院提起诉讼。根据《最高人民法院关于适用〈中华人民共和国民事诉讼法〉若干问题的意见》第五十三条关于"因保证合同纠纷提起的诉讼，债权人向保证人和被保证人一并主张权利的，人民法院应当将保证人和被保证人列为共同被告；债权人仅起诉保证人的，除保证合同明确约定保证人承担连带责任的外，人民法院应当通知被保证人作为共同被告参加诉讼；债权人仅起诉被保证人，可只列被保证人为被告"的规定，判定在本案中关于李某、刘某诉讼地位的下列判断的正误。

（1）张某可以同时向李某和刘某主张权利，李某、刘某是共同被告。

（2）张某不可以同时向李某和刘某主张权利，让李某、刘某成为共同被告。

（3）张某应当只起诉李某，人民法院可以只列李某为被告。

（4）张某可以起诉李某、刘某二人中的一人。

（5）张某应当同时向李某和刘某主张权利，李某、刘某是共同被告。

（6）张某可以只起诉刘某，但法院应当通知李某作为共同被告参加诉讼。

5. 根据《民事诉讼法》的第一百九十三条规定："人民法院受理申请后，经审查债权人提供的事实、证据，对债权债务关系明确、合法的，应当在受理之日起十五日内向债务人发出支付令；申请不成立的，裁定予以驳回。债务人应当自收到支付令之日起十五日内清偿债务，或者向人民法院提出书面异议。债务人在前款规定的期间不提出异议又不履行支付令的，债权人可以向人民法院申请执行。"下列哪些判断是正确的？

（1）债务人可以向人民法院提出书面异议。

（2）债务人在规定的期间不提出异议又不履行支付令的，债权人应当向人民法院申请执行。

（3）人民法院受理申请后，经审查债权人提供的事实、证据，对债权债务关系明确、合法的，可以在受理之日起 15 日内向债务人发出支付令。

（4）禁止债务人在收到支付令之日起 15 日之后清偿债务。

（5）人民法院受理申请后，可以对债权人的申请予以驳回。

（6）债务人应当自收到支付令之日起 15 日内可以向人民法院提出书面异议。

第十章　论证的一般原理及其法律适用

论证可以有广义与狭义两种理解。广义的论证，是证明和反驳的统称；狭义的论证，则与证明同义。本章所谓"证明"，指广义的论证；而本章所谓"证明"，即狭义的论证。

第一节　论证概述

一、什么是论证

如果将反驳，即确定某个判断为假的论证，也置于广义的论证概念中，则论证的定义可以表述如下：

论证是根据某个或某些判断的真实性，确定另一个判断真实性或虚假性的思维过程。确定一个判断真实性的论证叫证明，确定一个判断虚假性的论证叫反驳。例如：

①人的正确思想是从哪里来的？是从天上掉下来的吗？不是。是自己头脑里固有的吗？不是。人的正确思想只能从社会实践中来。（毛泽东《人的正确思想是从哪里来的?》）

②某甲是作案人的观点是错误的。因为某甲并无作案时间，而凡是作案人，都必须有作案时间。

以上两个例子均为论证。其中例①旨在确定"人的正确思想只能从社会实践中来"这个判断的真实性，属于证明。例②旨在确定"某甲是作案人"这个判断的虚假性，属于反驳。

有关论证结构，传统逻辑认为，论证由论题、论据和论证方式三个部分组成。

1. 论题

论题，也称为论点，是在论证中需要确定其真实性或虚假性的判断。它回答"论证什么"的问题。如上例①中的"人的正确思想只能从社会实践中来"

和例②中的"某甲是作案人"都是论题。

论题是需要确立或否定的思想，是证明者或被反驳者对于某个问题的主张、观点或看法的体现。论题既可以是科学上已证明为真的判断，也可以是其真实性尚待探索的判断。一般情况下，对于已知为真的判断进行论证，论证的目的在于揭示某个判断的真实性，使人能够理解和接受。例如，教师教学中对已知真判断或科学定理的论证，所针对的论题多为这种情况。而后一种情况下，论证的目的在于探索真理，为某个判断提供理论或事实性的根据，以确定某种观点或设想的真实性与可行性。例如，侦查假设、科学假说等工作假设中的论题就属于这种性质。

一个论证，可以只有一个论题，也可以有几个论题。一个论证如果包含多个论题，则其中一个为主论题（也叫中心论题），其他几个为分论题。分论题之间的关系可以是平列的，也可以是递进的。而且包含分论题的论证往往是分论题之下又有分论题：或者是平列分论题之下又有递进分论题；或者是递进分论题之下又有平列分论题，而呈现比较复杂的论证结构。

但是，一个论证中的分论题之间无论是平列的还是递进的，都是从属于主论题并为主论题服务的；否则，这个论证就会出现主题不集中甚至主题缺失的毛病。

另外，从论证的层级看，一个论证可以只有一个层级，也可以包含多个层级。所谓论证的层级，指论证结构中最后一级分论题与主论题之间的距离。显然，一个论证的层级越多，论证就越复杂。

不同层级之间的关系实际上也可以理解为论题与论据的关系，也就是说，在一个包含多个层级的论证结构中，除最高层级纯为主论题和最低层级纯为论据外，每一层级都是双重身份的集合体：一方面是其上一层级的论据，另一方面又是其下一层级的论题。

2. 论据

论据是用来确定论题真实性或虚假性的判断，是证明或反驳论题的根据或理由。它回答"用什么论证"的问题。上述例①中的论据有："人的正确思想或者是从天上掉下来的，或者是自己头脑里固有的，或者是从社会实践中来的"（被省略了），"人的正确思想不是从天上掉下来的，也不是自己头脑里固有的"。例②中的论据包括，"某甲并无作案时间"、"凡是作案人，都必须有作案时间"。

任何一个论证都必须有论据。具有真实性而且能够作为论题充足理由的论据是一个论证得以成立的必要条件。也就是说，要确立一个论题的真实性或虚假性，就必须有真实、充分的理由或根据，否则论题的真实性或虚假性就得不到确立。

在一个论证中，论据与论题的区别是相对的，是根据判断与判断之间的说明与被说明的关系来确定的。孤立的一个判断无所谓论题与论据之别。而且，由于论证本身的复杂性，支持论题的论据可能也需要其他论据来支持，这样，这个需要其他论据支持的论据又成为其他论据的论题，如此等等。由此，论证常常表现为比较复杂的层次结构。

在论证中不需要再加以证明的那些论据，被称为基本论据或原始论据。一般说来，属于这类性质的论据主要有：

（1）事实论据

事实论据就是由已被确认的事实所构成的论据，是凭借感官可直接判定其真实性的判断。例如，"某人的脸部被划了 5 刀"，"某人的鞋子遗留在案发现场"，等等。这类判断的真实性，只能对照相关的客观事实，并凭借感官来加以判定。这类判断在论证中可以作为基本论据使用，不需要再作为论题加以证明。事实胜于雄辩，事实是一种非常重要的论据。正如列宁所说："如果从事实的全部总和，从事实的联系去掌握事实，那么，事实不仅是'胜于雄辩的东西'，而且是证据确凿的东西。"

（2）理论论据

理论论据就是由公理、原理、规律、规则以及科学定义等构成的论据。因为公理、原理和科学定义是经过长期的实践检验之后而确立起来的，其真实性是可靠的或比较可靠的。此外，人们对事物情况以及事物情况之间的关系的认识也可以作为论据使用。这种论据显然不属于事实论据，因为它们毕竟不是事实，而是人的认识或认识的结果，因此作为理论论据比较适宜。

（3）法律规范判断

法律规范判断是国家机关所制定或认可的约束人们行为的指令，在特定范围内，是判定人们的行为是否合法（违法、犯罪）、是否应给予制裁的法律依据，具有不容质疑的强制性，因而在法律论证中具有基本论据的意义。不过，这类判断只有合理与否，而无正确或真实与否的问题。

在实际论证过程中，事实论据与理论论据可以单独使用，也可以结合起来运用，既摆事实，又讲道理，以加强论证的效果。事实讲得准确，理论讲得深刻，两者有机配合，这样的论证往往具有较强的说服力，易于被人接受。我国法律审判中的"以事实为依据，以法律为准绳"，是将事实论据与法律规范判断结合起来运用的体现。

3. 论证方式

论证方式指把论题和论据联系起来的方式。也可以说，是用论据论证论题时所使用的各种推理形式的总和。它回答"怎样用论据论证论题"的问题。

如果仅仅只有论题和论据而没有使用一定的论证方式将论题和论据有机地联系起来，那么这样的论题再好，这样的论据再真实再充分，也只是相互游离的论题和论据而已，还不能构成一个完整的论证。一个完整的论证，还必须找到论据和论题之间的一种最理想的联系方式，借助一定的推理形式，展示从论据到论题的全部推演过程。

论证方式主要包括两个方面：

首先，采用何种推理形式，使论据与论题发生联系。

论证之所以能够通过一些判断之真实性来确定另一个判断之真实性，是依赖于两部分判断之间构成的推理关系实现的，离开了推理就谈不上论证。例如，一个最简单的论证，也可以看做就是一个推理，其中论据就是这个推理的前提，论题就是这个推理的结论。

推理可以分为演绎推理、归纳推理和类比推理（传统逻辑或普通逻辑之分类），相应地，论证也具有这几种形式。但是，一般情况下，非演绎推理不能成为严格的独立论证方式，常用做论证的辅助手段。在非形式逻辑学家看来，推理可分为演绎推理、归纳推理和第三类推理（皮尔士称为溯因推理，韦尔曼称为诱导推理，莱斯切称为似真推理，沃尔顿称为假设性推理等。另外，类比推理在非形式逻辑学家那里被视为第三类推理中的一个特例），那么相应地，论证也可分为这样几种形式。

其次，采用何种方法，使论据的真实性能够证明论题的真实性。

证明论题真实性的方法，可以是直接的方法，也可以是间接的方法。前者是论据直接与论题发生联系，论据真可以直接推出论题真；后者是用论据确定另一个判断虚假，进而确定论题的真实性，它的论据不直接与论题发生联系，而是同论题之外的其他判断发生联系。

在实际运用中，一个论证可以只包含一个推理形式的运用，比如前面的例①就只包含一个否定肯定式选言推理的运用：

人的正确思想或者是从天上掉下来的，或者是自己头脑里固有的，或者是从社会实践中来的；

人的正确思想不是从天上掉下来的，也不是自己头脑里固有的；

所以，人的正确思想只能从社会实践中来。

这个论证仅仅只用了一个推理，因此论证方式结构清晰，不难进行分析。

但是有些论证就不一样了，这些论证往往包含着多种推理形式的综合运用，论证方式的结构显得比较复杂；如果其中再省略某些中间环节或步骤，那么其结构就更为复杂了。请看下面这个例子：

我们不得不承认上帝或者愿意扑灭世界上的邪恶，但他做不到；或者他能够做，但他不愿做；或者他既不愿做，又做不到；最后，或者他既愿做，又做得到。

如果上帝愿意做，但做不到，就不符合"上帝是全能的"这个宗教观念了；

如果上帝虽然可以做得到，但他不愿做，这就不符合"上帝是全善的"这一宗教观念了；

如果上帝既不愿做，又做不到，这当然同上帝的"全能、全善、全智"的本性根本不相符；

如果上帝愿意做，同时又做得到，那么世界上为什么还有邪恶的存在？

这只能论证一个问题，上帝是不存在的。

这是古希腊唯物主义哲学家伊壁鸠鲁对于"上帝是不存在的"一个论证。其论证方式包含如下三个环环相连的推理形式的运用。

第一个推理：复杂构成式假言选言推理

我们不得不承认上帝或者愿意扑灭世界上的邪恶，但他做不到；或者他能够做，但他不愿做；或者他既不愿做，又做不到；最后，或者他既愿做，又做得到。

如果上帝愿意做，但做不到，就不符合"上帝是全能的"这个宗教观念了；

如果上帝虽然可以做得到，但他不愿做，这就不符合"上帝是全善的"这一宗教观念了；

如果上帝既不愿做，又做不到，这当然同上帝的"全能、全善、全智"的本性根本不相符；

如果上帝愿意做，同时又做得到，那么世界上为什么还有邪恶的存在？

所以，或者上帝不全能，或者上帝不全善，或者上帝不全能、不全善、也不全智，或者世界上没有邪恶存在。

第二个推理：否定肯定式选言推理

或者上帝不全能，或者上帝不全善，或者上帝不全能、不全善、也不全智，或者世界上没有邪恶存在。

世界上有邪恶存在。

所以，上帝或者不全能，或者不全善，或者不全能、不全善、也不全智。

第三个推理：否定后件式充分条件假言推理

如果上帝存在，那么上帝就应该是全能、全善、全智的。

上帝或者不全能，或者不全善，或者不全能、不全善、也不全智。

所以，上帝是不存在的。

此外，对同一个论题是可以采用不同的论证方式进行论证的，也就是通常所说的"一题多证"。在实际运用中，如果能够采用不同的论证方式对同一个论题进行论证，其论证效果和说服力必将大大提高。请看下面这个例子：

主席先生：

没有人比我更钦佩刚刚在会议上发言的先生们的爱国精神与见识才能。但是，人们常常从不同的角度来观察同一事物。因此，尽管我的观点与他们截然不同，我还是要毫无顾忌、毫无保留地讲出自己的观点，并希望不要因此而被认为是对先生们的不敬。此时不是讲客气话的时候，摆在各位代表面前的是国家存亡的大问题，我认为，这是关系到享受自由还是蒙受奴役的大问题。鉴于它事关重大，我们的辩论应该允许各抒己见。只有这样，我们才有可能搞清事物的真相，才有可能不辱于上帝和祖国所赋予我们的伟大使命。在这种时刻，如果怕冒犯各位的尊严而缄口不语，我将认为自己是对祖国的背叛和对比世界上任何国君都更为神圣的上帝的不忠。

这是美国独立战争期间，美国开国元勋之一的帕特里克·亨利在弗吉尼亚州议会上发表的重要演说的开头。在这里，帕特里克·亨利首先提出了"我们的辩论应该允许各抒己见"的主张。这一主张虽然与后面所阐述的主论题之间并没有逻辑上的必然联系，但申明这一主张，无疑可以稳定反对者的情绪，缩短听众与自己的心理距离（因为他是继几位反对派代表发言之后登上讲坛的），并为自己随后阐述主论题扫清道路，烘托气氛。因此这一主张实际上也是一个相当重要的分论题。对于这个分论题，帕特里克·亨利精心设计和运用了两个推理：一个位于分论题之前，是一个第一格 AAA 式的有效三段论：

事关重大的问题应该允许各抒己见，

我们的辩论事关重大的问题，

所以，我们的辩论应该允许各抒己见。

另一个位于分论题之后，是一个肯定后件式的必要条件假言推理：

只有这样（我们的辩论应该允许各抒己见），我们才有可能搞清事物的真相，才有可能不辱于上帝和祖国所赋予我们的伟大使命；

我们应该搞清事物的真相，应该不辱于上帝和祖国所赋予我们的伟大使命；

所以，我们的辩论应该允许各抒己见。

在以上第二个推理之后，实际上还有一个否定后件式的充分条件假言推理：

如果怕冒犯各位的尊严而缄口不语，我将认为自己是对祖国的背叛和对比世界上任何国君都更为神圣的上帝的不忠；

我不能背叛祖国，不能对比世界上任何国君都更为神圣的上帝表现不忠；

所以，我不能怕冒犯各位的尊严而缄口不语。

严格地说，这第三个推理所论证的论题并不是"我们的辩论应该允许各抒己见"，而是略有不同的"我不能怕冒犯各位的尊严而缄口不语"。当然，如果认为这两个论题的意思没有什么实质上的差异而将两者视为同一个论题，也是完全可以的；如果这样的话，帕特里克·亨利演说开头对"我们的辩论应该允许各抒己见"这一论题所进行的论证，就同时采用了三种不同的论证方式。帕特里克·亨利演说的开头之所以具有撼人心魄的力量和征服听众的巨大魅力，这种同时采用多种推理对同一个论题集中进行论证的方式，显然发挥了重要作用。

二、论证与推理

论证与推理有相互对应的一面，也有相互区别的一面。

就相互对应而言，任何论证都必须运用推理，不借助推理的论证是不可能存在的。而且同一个具体的例子，从推理角度观之为推理，从论证角度观之为论证。在这种情形下，推理的结论大体上相当于论题，推理的前提大体上相当于论据，推理的形式大体上相当于论证方式。一个复杂的论证则是由一连串相同或者不同的推理所构成，只不过其中的推理过程和形式可能更加复杂而已。正是在这个意义上，人们常将论证与推理同等看待。因此，论证与推理之间存在密切关系。一般说来，论证总是借助于推理来进行：论据相当于推理的前提，论题相当于推理的结论，论证方式相当于推理形式。任何论证的过程都是运用推理的过程，没有推理就无法构成论证。另外，论证与推理都是根据命题间的真假关系进行推演的，都要遵守逻辑规律和规则。

论证与推理既有联系，又有区别。其主要区别如下：

第一，思维的程序不同。论证是先有论题，根据论证论题的需要而寻找论据和选择论证方式，用论据对论题进行论证；而推理则是先有前提，根据有关推理的规则由前提推出结论。也就是说，论证与推理的思维方向是正好相反的。

第二，要求的范围不同。论证是根据某个或某些判断的真实性，确定另一个判断真实性或虚假性的思维过程。也就是说，一个正确的论证，不仅要求所使用的论证方式是正确的，亦即论证中所运用的各种推理形式必须有效；并且还有真实性的要求，亦即所使用的论据必须真实而且必须是论证论题的充分条件。而一个正确的推理，虽然也要求前提必须真实，但在实际分析推理的时候，对于前提事实上是否真实则是可以不管的，而重点关注的是前提与结论之间的逻辑联系，推理形式是否有效。也就是说，论证所要求的内容比推理更多，范围比推理更大。而所谓"更多"、"更大"，无非是论证有真实性要求而推理没有真实性要求。可以认为，这是论证与推理的最根本的区别。

第三，逻辑结构的繁简不同。虽然一个论证可以只包含一个推理的运用，因而逻辑结构可以比较简单，但这种情形在实际运用中毕竟有限，大量的、经常可以见到的论证往往是由几个不同的推理形式所构成，结构比较复杂。从这个意义上来说，论证是推理的综合运用。而推理的结构则比较简单，即便是比较复杂的演绎推理如复合型的假言推理，也是有规律可循的，因此看起来似乎有点麻烦，而其实还是比较简单的。

三、论证的作用

论证在人们认识世界和改造世界的过程中，具有特殊的、不能替代的作用，主要表现在如下几个方面：

第一，逻辑论证有助于探索真理和澄清事实。

逻辑论证的这种作用，在人们的实践活动受到主客观条件的限制和制约时显得尤为突出和重要。客观世界是纷繁复杂的，在一定历史条件下，当经验材料不足以揭示大自然的奥秘和社会现象的本来面目时，当实践检验的条件、手段尚不完备时，人类可以在业已积累起来的知识基础上，在正确理论的指导下提出科学的猜想、假说，并且通过逻辑论证对这些猜想、假说进行检验，为那些科学的猜想、假说提供有力的辩护和支持。例如，1869 年前后，俄国化学家门捷列夫等发现了元素周期律。根据当时的科学成果，这一定律认为元素的性质随着元素原子量的增加而发生周期性的变化。门捷列夫根据周期律，从理论上论证了一些当时尚未发现的元素，如锗、镓等的存在，甚至对这些元素的某些性质做了描述，这些都被后来的科学发现所证实。

在司法实践中，特别是在调查案件事实，还原事实真相的过程中，我们经常会提出各类工作假设（例如侦查假设），并以此为基础，进行逻辑推演，然后利用逻辑论证进行检验，从而证实或证伪该假设，逻辑论证在检验该假设的过程中起着极其重要的作用。

第二，逻辑论证是建立科学体系、阐明科学原理的必要工具。

任何一个领域的任何一个学科，都有一个从不完善到完善的发展过程。在其发展初期，许多认识虽然本身通过了实践检验而且极富价值，然而却处于一种离散状态；只有通过逻辑论证，将这些离散的认识转化为严谨的科学系统，一个学科才有可能不断地走向完善，并且终成正果。例如早在几何学体系建立前的古埃及，许多几何定理就已被人们所认识并为实践所检验，但那时它们毕竟还只是一些零散的、片段的几何知识。只是在通过逻辑论证建立起严谨的几何学系统之后，人类才有了完整的、系统的几何知识。这就是欧几里得所著的《几何原本》对几何学的发展所做出的巨大贡献。

第三，逻辑论证是宣传真理、反驳谬误的重要手段。

真理不但需要发现，也需要宣传；而逻辑论证无疑是最重要的一种宣传形式。人们常说，真理往往掌握在少数人手中。这种状况，在真理刚刚被人们认识的时候尤为突出。某种真理性认识，在我为已知，而在他人属未知的情况相当普遍。即使那些已经被实践证明了的原理、定理，在向别人宣传和传授时，也需要对它们进行论证，否则，便不可能被人们所普遍接受。正确的东西必须具有说服力，其他人才能信服和接受。比如，党和政府的方针政策，在领导干部为已知，而广大人民群众却未必清楚；各个学科的科学文化知识，在专业教师为已知，而广大学生却未必都知晓。在诸如此类的情况下，已知者就有义务向未知者进行宣传或宣讲，而这种宣传或宣讲，是离不开逻辑论证的运用的，通过逻辑论证，可以深化人们对真理的认识：不但知其然，而且知其所以然；通过逻辑论证，可以增强宣传真理的说服力：不但服人口，更能服人心。在这方面，列宁无疑是最成功的典范。斯大林在《论列宁》中对此有过非常生动的描述："使我佩服的是列宁演说中那种不可战胜的逻辑力量，这种逻辑力量虽然有些枯燥，但是紧紧地抓住听众，一步一步地感染听众，然后就把听众俘虏得一个不剩。"[①]

与宣传真理一样，对于真理对立面——错误的认识和反驳，同样也离不开逻辑论证。例如一则对于"上帝万能"谬误的驳斥：

上帝能否创造一块他自己举不起来的石头？如果上帝能够创造这样一块石头，那么他不是万能的，因为有一块石头他举不起来；如果上帝不能创造这样

---

① 斯大林. 斯大林选集（上卷）[M]. 北京：人民出版社，1979：176.

一块石头，那么他不是万能的，因为有一块石头他不能创造；上帝或者能创造这样一块石头或者不能，所以上帝不是万能的。

这个驳斥，具体运用了假言选言推理（二难推理）中的简单构成式，使"上帝万能"的主张者或信奉者们陷于左右为难、进退两难的困境，无论他们对于"上帝能否创造一块他自己举不起来的石头"作何回答，最终都不得不面对"上帝不是万能的"这个无法回避的必然的结论。

尽管谬误与诡辩只能迷惑、欺骗人于一时，终究会被人们所识破和抛弃，但我们必须把握正确的论证方法，才能有力地驳斥谬误与诡辩。

第四，实践检验真理离不开逻辑论证。

实践是检验真理的唯一标准。用逻辑论证冲击甚至取代实践检验无疑是错误的。但这绝不是说，实践检验真理就完全不需要逻辑论证了。大量事实说明，实践对真理进行检验的过程，也是不断地对真理进行论证的过程。在坚持实践是检验真理的唯一标准的前提下，坚持科学的逻辑论证，可以使人们在认识真理的道路上少走弯路，可以使经验上升为严谨的理论体系，使我们的认识更深刻、更系统。

第二节　论证的规则

论证的规则与论证的构成密切相关。任何一个论证，都是由论题、论据和论证方式三个部分组成的。而论证的规则，无非就是关于论题的规则、关于论据的规则和关于论证方式的规则。

这里介绍的主要是传统逻辑所提出的论证规则。

一、关于论题的规则

关于论题的规则有如下两条。

1. 论题必须清楚、确切

所谓论题必须清楚，指对论题的意义必须清晰解读：论题断定了什么，是怎样断定的，断定到什么程度，都应该了然于心。否则，就会犯"论题不清"的错误。

"论题不清"的错误可以有两种表现形式：一是对别人的论题不清楚，二是对自己的论题不清楚。但无论是对别人的论题不清楚还对自己的论题不清楚，反映在语言表达中，往往都会程度不同地出现离题万里、不着边际、雾里看花、言不及义、东拉西扯、不知所云等现象。存在"论题不清"错误的文章或讲话，有时甚至连作者、说者自己也不清楚自己在写什么、在说什么。这样的论证，以其昏昏，又怎么能够使人昭昭呢？

所谓论题必须确切，指对论题的意义必须确切把握，尤其是在论题可能产生歧义的情况下，更须注意消除歧义。否则，就会犯"论题歧义"的错误。

论题清楚、确切要求论题不可含混不清，不应当有歧义，不能模棱两可，更不能自相矛盾。例如：

某市法院在公开审理黄某某贪污一案时，被告人的辩护律师在法庭上就做了这样长达一个多小时的"辩护"：他从被告人黄某某在参加工作之前，是如何地勤俭好学、热爱集体，又是如何通过各种关系参加了工作；又从她参加工作后怎样由勤杂工变成营业员，谈到她对本单位的贪污盗窃活动，如何由"看不惯"到"跟着干"。在一一陈述了这个单位的各种贪污盗窃现象后，又从这个单位的管理如何混乱，谈到领导的官僚主义如何严重。最后还谈到司法机关去被告家中没收赃物时，这个单位的领导和群众还如何不理解，等等，发言者口若悬河，听者也感到津津有味，可是，论证者在这里要论证的是什么问题呢？他为被告辩护的是什么呢？恐怕谁也搞不清。从逻辑的观点看，这种论证就犯了"论题不清"的逻辑错误。

又如，有的辩护律师在为被告人辩护时，提出"被告应当从宽处理"（司法界也有这么一个口号：坦白从宽，抗拒从严）。用这样的判断做论题，也是"论题不清"的表现。因为，我国《刑法》中属于"从宽"的处理规定，只有从轻、减轻和免除处罚等规定，并无笼统的"从宽处理"的规定。在具体案件中，律师辩护必须表达清楚到底是哪一种"从宽"，否则其论题就含混不清了。

《吕氏春秋·淫辞》中记载了战国时期的一件外交官司：

空雒之遇，秦、赵相与约。约曰："自今以来，秦之所欲为，赵助之；赵之所欲为，秦助之。"居无几何，秦兴兵攻魏，赵欲救之。秦王不悦，使人让赵王曰："约曰，'秦之所欲为，赵助之；赵之所欲为，秦助之。'今秦欲攻魏，而赵因欲救之，此非约也。"赵王以告平原君，平原君告公孙龙。公孙龙曰："亦可以发使以让秦王曰：'赵欲救之，今秦王独不助赵，此非约也。'"

问题在于这个条约之措辞本身就是含混不清的，它只笼统规定一方想干什么，另一方就要予以支持，给以帮助，而没有规定碰到双方的意图相矛盾时应该怎么办。公孙龙就钻了条约措辞含糊不清的空子，以其人之道还治其人之身的方法，使秦国处于既去攻魏又去救魏的尴尬境地。

2. 论题必须保持同一

所谓论题保持同一，指同一论证过程中，论题始终保持前后一致，贯彻论证的始终。否则，就会犯"变换论点"或"偷换论题"的错误。这种错误可以表现为完全跑题和局部跑题两种类型。在辩论中，可能表现为双方"你说你的，我辩我的"。

论题是否保持同一，是论证中是否遵守了同一律的具体表现。违反这条规则的逻辑错误称为"转移论题"。

所谓"完全跑题"，指实际论证的论题与本来应该论证的论题相去甚远，意思几乎完全变了。例如：

公诉人："所有证据都证明被告受贿了 105300 元，被告，你承认受贿的款项吗？"

被告："有的人受贿的钱财更多，你们为什么不起诉他？"

公诉人："请你不要转移话题，请你直接回答你承不承认我们指控你的受贿款项。"①

被告没有直接回答公诉人的问题，而是偷换为另一个问题。

所谓"局部跑题"，指实际论证的论题与本来应该论证的论题部分吻合但并不等值。通常表现为"论证过多"和"论证过少"两种类型。如果实际论证的论题大于本来应该论证的论题，就叫做"论证过多"；相反，如果实际论证的论题小于本来应该论证的论题，就叫做"论证过少"。比如原论题是"李某的行为构成犯罪"，而实际论证的却是"李某的行为构成故意犯罪"，这就犯了"论证过多"的错误。论证过多的结果是事倍功半，甚至劳而无功，是一种精力和智力的浪费；有些时候还可能将一个正确的论题变换为一个错误的论题。比如论证"吸烟有害健康"，这个论题就是一个完全正确的论题，也比较容易论证；但是如果变成了"吸烟必将致癌"，则论证难度大大提高，而且这个论题本身恐怕也很难成立。又如推举某人为三好学生，可是举荐材料上却只有论证当事人学习好的事例，其他方面则完全空缺。从论证的角度看，这样的举荐材料就犯了"论证过少"的错误。"论证过少"的错误也是应该尽量避免的。因为这种论证的论题小于本来应该论证的论题，因此即便论证已经完成，但这种论证是不全面的，是有缺陷的，是不完美的，而且很难使人心悦诚服。

论题不能保持同一的问题既可能出现在一个人自己的论证中，不能保持自身论题的同一，变换了自己的论点；也可能出现在对别人所作论证的理解中，

---

① 关老健. 法理逻辑基础 [M]. 广州：中山大学出版社，2005：85.

不能保持别人论题的同一，变换了别人的论点。后面这种情况，在讨论问题特别是辩论比赛中是经常可以见到的，而且通常是将对方原本正确的论点歪曲为错误的甚至是荒谬的论点，然后进行批驳。其实所批驳的并非对方真正的论点，而是批驳者自己编造并且强加于对方的论点。这种手法就是所谓的"稻草人"手法。例如：

反方：对啊，在建房之前如果我们没有立好一张蓝图的话，那可是违章建筑呀！

正方：立好了蓝图就能盖大楼，那我看以后北京市盖大楼，也不用要砖块，大家铅笔一画，大楼就都盖起来了。（掌声）

反方的意思是说，建房之前必须先立好蓝图，也就是说，强调立好蓝图是建房的必要条件。正方如果遵守论证规则，就应该针对反方的这个观点进行反驳。然而反方的这个观点无疑是正确的，因此也是无法反驳的。于是正方将反方的意思"建房之前必须先立好蓝图"偷换为"立好了蓝图就能盖大楼"，似乎反方在主张立好蓝图是建房的充分条件。这种主张显然荒谬但却并非反方真正的主张。正方这里所采用的，就是"稻草人"手法。但对这种诡辩手法我们一定不能掉以轻心（上例中正方的谬论居然还赢得了掌声呢），必须保持清醒的头脑。又如：

父亲：儿子，你不能抽烟，抽烟有害身体健康！

儿子：老爸，你手里不是还拿着烟吗？

变换论点的错误可能是有意的，也可能是无意的；可以是善意的，也可以是恶意的。如果是有意识地变换论点，通常称为"偷换论题"。也就是说，不是所有的变换论点的错误都可以称做"偷换论题"的。但这决不是说，无意识地变换论点的错误就可以原谅，就可以无所谓了。事实上，无意识地变换论点的错误无论对人还是对己，都是有效论证的大敌，都是应该努力加以防范的。至于善意的变换论点（也不妨称之为"偷换论题"）在日常生活中更是经常可以见到。例如：

2005年2月劳拉在德国访问一个小学的时侯，有孩子问她："第一夫人最重要是做什么事情呢？"她笑着回答："第一夫人最重要的事情是嫁给总统。"

劳拉显然是答非所问，偷换了论题。不过，这种"偷换论题"不但不会受到指责，而且还会被称为机智、幽默和风趣。事实上，媒体的报道就是这样评价劳拉的。

二、关于论据的规则

论据是确定论题为真的依据、根据，如果论据本身不真或其真实性仍不确定，论题就失去了它的支柱；建立在这种论据基础上的论证，当然其说服力也就成问题了。一个正确有效的论证，其论据必须符合下述逻辑要求，遵守下述关于论据的规则。

1. 论据必须是已知为真的判断

这条规则包括两层意思：一是论据必须是真判断，二是作为论据的判断，其真实性必须得到证实，即已知为真。如果用做论据的判断是假的，就犯了"论据虚假"的错误；如果用做论据的判断的真实性尚未得到证实，就犯了"预期理由"的错误。

论据是确定论题真实性的依据、根据，论据真实性是论题真实性的必要条件。如果论据虚假，那么建立在这种虚假论据基础上的论证当然也就难以成立。

怎样认定一个论据的真假呢？一般而言，如果一个论证的内容涉及某个比较专门的领域，那么这个领域的人员无疑是认定该论证中论据真假的最适宜的人选。在辩论比赛中，往往要聘请与辩题内容相关的专业人士或参与评判或充当顾问或做特约嘉宾，其中应该就有这方面的考虑。在司法实践中，所遇到的专业问题，如鉴定结论、评估报告等，就要求出具相关结论或报告的人必须是该领域的专家。相反，如果一个论证的内容并不涉及某个专门的领域，而是比较大众化、社会性的话题，那么一般人依据自身的生活经验和一定的逻辑知识，也是可以对某些论据的真假进行认定的。在司法实践中，对于某些问题，例如，针对刑法中关于主观要件的规定，即能否预见的问题，就涉及是根据专业人士，还是根据一般人的预见能力，抑还是根据当事人个人自己的预见能力作为标准的问题。这对定罪和量刑都有重要的影响。

关于论据虚假的例子，例如：

大街上，一边是环卫工人不停地清扫垃圾，一边是个别人不停地将果皮等杂物随手乱扔。当有人指责这些人的时候，他们竟振振有辞地说："我们不扔，环卫工人不就失业了吗？"

这些乱扔垃圾者的说法中实际上包含着这样一个推论：

如果我们不乱扔垃圾，那么环卫工人就会失业；

环卫工人不能失业；

所以，我们应该乱扔垃圾。

这是一个否定后件式的充分条件假言推理，推理形式有效，然而其大前提"如果我们不乱扔垃圾，那么环卫工人就会失业"是虚假的。因为大前提是一个充分条件假言判断，而这个充分条件假言判断的前件"我们不乱扔垃圾"与后件"环卫工人会失业"之间并不存在任何条件联系，大前提犯了"强加条件"的错误。因此可以认定这个论据是虚假的。又如：

某检察院对被告人王某以故意杀人罪提起公诉，中级法院审理终结，以伤害罪判处王某无期徒刑。检察院认为判决有错误，提起抗诉。辩护律师认为，一审判决认定伤害罪是正确的，其理由有三：其一，被告人王某挑逗侮辱妇女只说明在主观方面有流氓罪的故意；其二，被告人王某虽然带刀，也不能认定是为了杀人；其三，被告人王某对被害人只捅了一刀，没有再捅第二刀。很明显，被告不是要置被害人于死地；况且捅的地方不是要害部位。因此，王某的行为没有杀人的目的。纵观前因后果，认定为伤害致人死亡罪是正确的。

公诉人认为，这三点理由都是虚假的，因为它背离了事实，不能由此必然推出伤害罪的结论。并针对这三点进行了反驳。提出：这起杀人案，以被告人耍流氓为起因，当被告人遭到反抗时，他的流氓犯罪故意便转为杀人的犯罪故意。因此，王某尽管是捅了被害人一刀，这是在杀人故意意识支配下实施的。况且，在司法实践中，杀人行为的性质并不取决于一刀或者多刀，而只根据杀人的故意。而且辩护律师说，王某捅的地方不是要害部位，这与事实不符。①

另外，怎样认定一个用做论据的判断的真实性是否得到了证实呢？这里首先有一个是否诚信的问题。因为一般来说，当人们采用某些判断作为论据进行论证的时候，他应该遵循论据必须真实的规则，自觉地"封杀"那些真实性尚未确证的判断，将它们排斥于论据的大门之外。应该相信，大多数人都是会这样做的。当然，明知某个判断的真实性尚未得到确证还要拿来作为论据使用，甚至编造一些可能发生但实际上却了无根据的事情作为论据使用，这种情况肯定也会有的。例如：

被告梁某某利用职务之便，采用偷拿销售款等手段，贪污销售款800多元。因为，根据多名群众的证言和本院的调查证明，被告的工资并不高，加上其爱人的工资和其他正常收入，每月不过100多元，然而被告的生活却过得相当宽裕，仅近年来购置的物品和估算的生活费用，其支出金额就超出收入金额800多元，本人对此也感到说不清楚，可见这800多元必是贪污所得。②

---

①　秦甫．律师论辩的策略与技巧［M］．北京：法律出版社，2001：410．

②　雍琦．逻辑［M］．北京：中国政法大学出版社，1997：329．

本案中，确定梁某某已构成贪污罪的一个重要论据，就是"被告贪污了销售款 800 多元"，然而这一论据又是如何得出的呢？这是根据被告人梁某某的收入与支出相抵消后的差额而得出的。而这一差额所依据的一个数据，即"估算的生活费用"，其数额本身就模糊，因此影响到支出数额的确定性。既然支出仅仅是一种并无可靠根据的"估计"，以此为根据而推算出的差额，其真实性就不能不令人怀疑。虽然其可能为真，但也有可能为假；至少数额的认定是不可靠的。这样的论证就是犯了"预期理由"的逻辑错误。

在思维实践中，那些以猜测（猜想）、估计、传闻及道听途说得来的判断，作为论据证明论题，都属于这类错误。例如，"这起案件就是某某干的，因为大家都这么说"。

2. 论据的真实性不应依赖论题来证明

论据的真实性当然是需要支持的。作为理论论据，其真实性的支持来自公理、定理、规律、规则以及科学的定义等（当然，真实与否最终还是要看实践）；作为事实论据，其真实性的支持来自客观存在的实际情况。也就是说，论据的真实性必须要在论证之外去寻找，而且归根结底是由社会实践来决定的。如果不是这样，而是在论证内部为论据的真实性寻求支持，那么这种支持其实是毫无意义的，因为这种支持是一种自己对自己的支持，论据真实性的可信度并没有丝毫提高。

在论证内部为论据的真实性寻求支持，具体就表现为用论题来论证论据的真实性。这种用论题来论证论据的真实性的错误就叫做"循环论证"。为什么这种论证是循环的呢？因为当人们用论题来论证论据真实性的时候，不会太直接、太明显、太张扬，而是以一种比较间接、比较隐蔽、比较曲折的循环形式来进行的。例如 1976 年 4 月，广大人民群众在天安门广场集会，悼念敬爱的周恩来总理，遭到"四人帮"的疯狂镇压。一位父亲找到有关部门，质问为什么关押他的儿子：

有关部门：你儿子是反革命。

父　　亲：我儿子为什么是反革命？

有关部门：你儿子发表了自由言论。

父　　亲：我儿子为什么不能发表自由言论？

有关部门：因为你儿子没有言论自由。

父　　亲：我儿子为什么没有言论自由？

有关部门：因为你儿子是反革命。

将这个对话的中间环节省略掉而只保留两头，就成了如下这种形式：

你儿子是反革命，因为……因为你儿子是反革命。

显然，循环论证说了一大串，绕了一大圈，最终又回到了原点，等于什么也没有说。再例如：

在一桩奇案中，被告人实际上是在顶替其父的重伤犯罪行为，谎称自己是犯罪人。检察院依据口供提起公诉。辩护律师在辩护中质问："为何仅凭口供定罪？口供真实吗？"检察官却反驳道："不真实，被告人为什么还要承认呢？"

本案中，检察官以"被告口供真实"与"被告说的话是真的"互为论据，这就犯了"循环论证"的错误。

从某种意义上说，"循环论证"的错误实质上也是一种"预期理由"的错误。因为所谓"预期理由"，指的是用做论据的判断的真实性尚未得到证实。而"循环论证"，指的是用论题来论证论据的真实性。为什么论据的真实性需要论题来论证呢？无非是论据的真实性尚未得到证实，而循环论证又不可能解决这个问题。因此，存在"循环论证"错误的论证，必然也存在"预期理由"的错误。所不同的是，在循环论证中，论证者意识到自己所使用的论据的真实性尚未得到证实，因此想依赖论题来解决问题。可是这样一来，不但"预期理由"的错误没有摆脱，而且又陷入了"循环论证"的错误。

3. 从论据应能推出论题（或论题的否定）

关于论据的前面两条规则，其实都是为了解决一个问题，即论据必须真实。那么，论据真实，就一定能够达到论证的最终目的，确定论题的真实性或虚假性吗？从理论上说，任何真实的判断都是有可能作为论据使用的；然而，并不是所有的真实的判断与所要论证的论题之间都存在逻辑上的必然联系。比如"马是哺乳动物"是一个真判断，以之作为论据，能够证明"第三次世界大战必然不会爆发"吗？

论据必须真实，但仅仅真实还是不够的。除了必须真实外，论据还必须与论题相关，并且能够最终确定论题的真实性或虚假性。否则，就会犯"推不出"的错误。

"推不出"的错误又可以区分为以下几种类型：

（1）论据与论题毫不相干，简称"不相干"。通俗地讲，就是论据虽然真实，但与论题风马牛不相及。例如，某法院在一起伤害案件中对被告做出了"免予刑事处罚"的判决。法院的根据："①被告已经赔偿了受害人的医疗费、营养费；②被告已经被行政拘留了 15 天；③被告打伤了受害人后，并无新的犯罪活动"。这些根据本身可能都是真实的，但这对证明被告应当被"免予刑事处罚"没有法律上的依据。

严格地讲，所谓"不相干"，并不是说论据与论题之间毫无联系。事实上，要想在这个世界上找出完全没有任何联系的两个事物或两种事物情况还真不是一件容易的事。因此"不相干"的论据与论题之间是可以有这样或那样的联系的。论据与论题之间"不相干"的实质在于，不管论据是真是假，都不能确定论题的真实性或虚假性。

这种与论题不相干的论据包括不相干的事例、理论观点、法律条文等。在上例中，某法院对被告做出的"免予刑事处罚"的判决过程中，列举的这些"理由"即使都是真的，也不能推出对被告的"免予刑事处罚"的结论。因为，我国刑法中，没有如此连接理由与结论的规定，所以，这里所列举的论据，对于所要证明的论题来说就是毫不相干的。

（2）论据不是论题的充足理由，简称"论据不足"或"论据不充分"。

论据是真实的，与论题之间也有一定的相关性，是不是就一定能够推出论题，使论题的真实性得以确定呢？也不一定。例如：

飞着的箭是静止的。因为，如果每一件东西在占据一个与它自身相等的空间时是静止的，而飞着的东西在任何一定的霎间总是占据一个与它自身相等的空间，那么它就不能动了。

在这个论证中，"因为"后面的判断都是论据，"因为"前面的判断"飞着的箭是静止的"是论题。应该承认，作为论据的几个判断还是有道理的，应该不存在"理由虚假"或"预期理由"的错误，而且与论题也具有相关性。那么，这些论据能否必然推出"飞着的箭是静止的"这个论题呢？显然是不能的。因为飞着的箭虽然在任何一定的霎间总是占据一个与它自身相等的空间，在那个"一定的霎间"可以认为它没有运动，但既然是"飞着的箭"，那么从前一个"霎间"到后一个"霎间"，这支箭的位置必然会发生变化，也就是说，飞着的箭不可能不动，而是必动无疑。

论据是真实的，与论题之间也有一定的相关性，但却不一定能够推出论题，不一定能使论题的真实性或虚假性得以确定。关键在于，除真实性和相关性外，论据还必须是论题的充足理由。只有这样，才能真正推出论题，才能使论题的真实性或虚假性得以确定。反之，如果论据只有真实性和相关性，但却不是论题的充足理由，同样也是推不出论题的。

论据不充分，由论据的真实性不能必然推出论题的真实性，有以下几种主要表现：

一是推理不合乎逻辑，表现为论据与论题联结而构成的推理形式，不符合有关的推理规则的要求。例如，知识分子不是劳动者。因为直接从事物质生产，为社会提供物质产品的人是劳动者，而知识分子并不直接参与物质生产，也不直接为社会提供物质产品。

这个论证中，论据与论题的联结所构成的推理形式，是一个违反三段论规则的推理，其前提即使为真，也不能必然地推出它的结论。也就是说犯了"推不出"的逻辑错误。

二是"草率证明"，又称"以偏概全"，就是轻率地采用了不完全归纳推理作论证方式而发生的逻辑错误。一般表现为论据仅仅是个别性事例或有限的几个事例，而且并不典型，论证中又未对这样的个别事例做科学分析，便用来证明一个全称判断的真实性。例如，由某个人偶尔犯的小错误，得出这个人已经不可救药，这就是典型的例子。

三是"以相对为绝对"，就是把在一定条件下为真的，或者把在某个特定场合下为正确的判断，视为在任何条件、任何场合下都是真实、正确的判断，并以此作为论据来证明论题而发生的逻辑错误。

吴某经营的皮鞋厂生意兴隆，由此引起了另一皮鞋厂老板王某的嫉妒。于是王某装做一位普通的买主，到吴某的皮鞋厂订购了100双皮鞋，总价值也已写入合同。合同中还写明一个月取货且为真货，若不按时按量交货或货不真，由卖方赔偿总价格50%的损失。吴某如期按合同约定交货。但王某却以吴某违约将其告上法庭。原告王某的代理律师是这样论证的："……我们知道，皮鞋应该是皮制的，其中不能含有其他材料。而被告吴某皮鞋厂的皮鞋用料中有塑料线，而有塑料线的鞋就不是皮鞋，说明这批产品不是真货。因此吴某必须按合同规定赔偿原告损失。"

显然，原告律师的论证犯了"以相对为绝对"的逻辑错误，将"皮鞋是皮制的"观点绝对化，认为皮鞋必须全是皮而不能含有其他材料。

四是"以人为据"，就是以关于某人品质（如某人的道德水准、身份地位、情感意愿等）的评价作为论据，来证明他做出的某个判断的真实性或虚假性而发生的逻辑错误。比如，"某人的观点是正确的，因为某人一贯表现良好"，"某乙的说法是错误的，因为某乙品质恶劣，令人厌恶"等。司法工作中比较常见的是，用关于某人品质优劣的评价，来证明他是否实施某种犯罪行为。当然，如果在法庭上，在对证人的交叉询问中，通过揭示证人品质之优劣，可以动摇证人证言的可信度。这并非犯了"以人为据"的逻辑错误。因此，有学者认为，"以人为据"并不总是谬误，在一定的语境中，这种论证方式可能是合理的或可接受的。又如：

在一起某副县长张某涉嫌贪污受贿案中，被告张某的辩护律师在辩护词中说："我相信法院院长是理论权威，对被告张某贪污招商会汇率价款项 10.01万元的指控是正确的，对被告张某帮李某购车从中贪污 2 万元的指控是尊重事实的。但是被告张某作为副县长，年轻有为，在任职期间曾给该县经济建设做出了许多贡献，请法院依法查明本案，宣告被告无罪……"

此案中，辩护律师以"法院院长是理论权威"来证明"对被告张某贪污款项的指控是正确的"；又以"被告作为副县长，年轻有为"等来希望宣告"被告无罪"，两次犯了"以人为据"的逻辑错误。

三、关于论证方式的规则

前面说过，论证方式实际上是论证中所运用的各种推理形式的总和。因此关于论证方式的规则，就是必须遵守所用到的各种推理的规则。如果论证中运用了某种推理却没有遵守该推理的规则，那么不但这个推理形式是无效的，而且整个论证方式也因之失效，从而导致整个论证不能成立。论证过程中违反关于论证方式的规则所出现的错误，可以统称之为"论证方式失效"（有人称做"推不出"，容易与违反论据的规则所犯的错误发生混淆，因此是不适宜的）。例如：

一名旅客到旅馆投宿。他仔细地查看了房间后，对服务员说："这房间又黑又闷，连个窗户都没有一个，像监牢一样!"服务员也没好气地说："先生，看来你这个人一定当过犯人，要不怎么这样熟悉监牢?"这名旅客听后，与服务员发生了争执，并以服务员对他进行人身攻击，侵害其名誉权，将服务员告上法庭。

本案中，服务员的回答包含了一个充分条件假言推理肯定后件式：

如果当过犯人，就熟悉监狱，

你熟悉监狱；

所以，你当过犯人。

第三节　证明的方法

从这一节开始，分别介绍论证的两种基本类型——证明和反驳。前面两节所介绍的关于论证的定义、构成和规则，对于证明和反驳都完全适用的，因此就不再重复了。这两节主要分析证明和反驳的各种方法。首先来看各种证明的方法。

一、演绎证明、归纳证明和类比证明

根据证明中所运用的推理形式的不同，在传统逻辑中，证明可分为演绎证明、归纳证明和类比证明。

1. 演绎证明

演绎证明是运用演绎推理的有效式，由论据的真实性确定论题真实性的证明。

演绎证明的特点是它的论据往往是一般原理，而论题往往是反映与一般原理有关的特殊场合的命题。在数学和现代逻辑（数理逻辑）中广泛运用的公理法是演绎证明的典型代表，是严格逻辑意义上的证明。但在日常思维和表达中，归纳证明、类比证明及合情证明也是不可或缺的。

例如：

1998 年，美国总统克林顿与白宫实习生莱温斯基制造了一场轰动全球的性丑闻，克林顿也为此险遭弹劾，在那段被他形容为"生命中最灰暗的日子"里，克林顿以访问为名，远度重洋到南非向他仰慕的曼德拉求助脱身之法。曼德拉说出了一段令他意外的话："宽容你的所有批评者吧，只有这样，才能免于走向一切的毁灭！"

上例中曼德拉所说的话，就包含了如下一个演绎推理：

只有这样（宽容你的所有批评者），你才能免于走向一切的毁灭；

你想免于走向一切的毁灭；

所以，你应该宽容你的所有批评者。

不难看出，这个推理是一个肯定后件式的必要条件假言推理，属于演绎推理。因此曼德拉为自己提供给克林顿的建议（你应该宽容你的所有批评者）所作的证明，是一个演绎证明。

演绎推理属于必然性的推理，因此，运用演绎推理的演绎证明，其论据与论题之间的联系是必然的。当论据真实、推理形式有效时，论题的真实性也就具有确定性。因而，演绎证明在理论研究和学科体系的建构中，广泛地应用于各种定理、规则的证明。比如本教材三段论一节中对三段论第一格的规则的证明，就都属于演绎证明。

演绎论证就是引用一般性的原理、原则，并通过演绎推理推出论题真实性的论证。其特点是论据中通常有一个较论题断定范围更为广泛的、一般性的判断，而论题则是较为特殊性的判断。

在司法工作中，人们在确认案件事实的基础上，援用相关的法律规定，从

而做出的关于案件定性判处结论的论证，都属于演绎论证。但需要注意的是，这里的前提条件必须是真实或可接受的。一般情况下，关于案件事实和法律规定本身可能都存在相当大的争论，因而司法实践中所常见的演绎论证多数属于演绎论证模式，并且所得出的结论也需要接受价值判断的检验。

2. 归纳证明

归纳证明就是运用归纳推理的形式，由论据的真实性确定论题的真实性的证明。例如刑事侦查中经常用到的并案侦查，就是用的并案归纳推理。如果我们发现若干案件在某些主要方面相同或相似，于是推知所有这些案子都是同一罪犯所为。并案归纳推理是归纳推理在刑侦中的具体运用。例如：

某地某日下午2时40分左右，发生一起盗窃案。罪犯通过捅门上暗锁入室，盗走财物若干。由于该罪犯为了逃避打击，作案后洒水灭迹，破坏现场，给侦查工作造成了一定的困难。但侦查组通过反复研究罪犯的作案手段，发现该案与当地同年发生的另外五起盗窃案，有许多相似之处：一是犯罪分子选择的作案时间都在上午的8时30分至11时，下午的3时至5时30分，即乘职工上班家中无人之机进行盗窃；二是选择的作案场所都在楼房；三是作案手段多是捅暗锁入室；四是犯罪分子每次偷得存折后，立即去银行取款，而且不将存折上的钱取完；五是从几个储蓄所工作人员反映，几个案件取款人的特征相似，年约十七八岁，且几次取款所留下的笔迹特征，经鉴定完全相同。于是，侦查组做出结论：这几个案子系一人所为。这就是并案归纳推理，从而一举破了几案。①

作为归纳推理，有完全归纳推理和不完全归纳推理的区别。因而归纳证明也可以区分为完全归纳证明和不完全归纳证明。上面这个例子，就属于不完全归纳证明。

正如前面已经介绍过的，完全归纳推理属于必然性推理，而不完全归纳推理属于或然性推理。因此建立在这样两种不同性质推理基础上的证明，也就存在同样性质的区别。理论论证中，完全归纳证明用得较多，而不完全归纳证明用得较少或仅仅只能作为证明的辅助形式，其原因就在于此。在对三段论的规则"两个特称判断作前提推不出结论"的证明，就是运用的完全归纳推理。这个证明的整体框架如下：

三段论两个前提均为特称判断时，无非是三种组合，即：II、IO、OO；

两个前提为II时，………不能得结论；

---

① 吴家麟. 法律逻辑学［M］. 北京：群众出版社，1988：204-205.

两个前提为 IO 时，………不能得结论；

两个前提为 OO 时，………不能得结论；

所以，三段论两个前提均为特称判断时推不出结论。

运用完全归纳证明，一般要经历以下几个步骤：

（1）将论题所涉及的全部可能情况都列举出来；（如上例中的第一句话）

（2）分别对每一种情况进行证明；（如上例中的第二、三、四句话）

（3）归纳总结，论题得证。（如上例中的最后一句话）

归纳证明的特点是用个别来证明一般，由于归纳证明的论据多为反映具体事实的判断，而"事实胜于雄辩"，引用具体事实容易说服他人，因此归纳证明的说服力也可以说是比较强的。

在司法实践中，应当将演绎和归纳证明（或论证）结合起来。办案人员在证明犯罪时，就是先用归纳论证，然后再用演绎论证的。办案人员通常是先确定各种证据与主要事实之间的因果联系，这就是归纳证明，即用单个的事实材料来证明某人的主要犯罪事实的客观存在。这是一种特殊形式的归纳证明，它不同于一般的归纳证明。一般的归纳证明证明的是全称判断，这里证明的是特定对象实施的主要事实的客观存在。这种证明具有完全归纳证明方法的性质，因为证据材料是有限的，我们完全能够收集充分的证据以确定某人犯了罪。在证实了某人的主要犯罪事实后，要进一步确定犯罪的性质，这就必须借助分析和综合，找出该犯罪事实的主要特征，然后借助定罪三段论即演绎推理，以确定其犯罪性质。最后还要借助量刑三段论处以刑罚。这就说明，司法办案过程往往是综合使用归纳与演绎推理之过程。

3. 类比证明

类比证明就是运用类比推理的形式，由论据的真实性确定论题的真实性的证明。一般情况下，类比证明的论题和论据或者都是一般性的原理，或者都是具体性的事实。它是用一种一般来证明另一种一般，或者是一个个别来证明另一个个别。类比证明既不是用一般来证明个别，也不是用个别来证明一般，而是由此证彼，由此及彼，这是类比与演绎和归纳之区别。

中国古代常用的比附、类比的方法来判案决狱，如西汉的董仲舒所提出的"春秋决狱"就是典型。这一方面是法治不健全的表现，另一方面也表明了儒家经典所具有的尊崇地位。当然，其中不乏牵强附会，生搬硬套之情形，因而不足为法。到了后来，判例就成了法庭判案和评论刑狱的依据。如后晋和凝、和峤的《疑狱集》中记载：

宋何承天为行军参军时，鄢陵县吏孙满射鸟误中直帅。虽不伤，处弃市。

承天议曰："狱贵情断，疑则从轻。昔有惊汉文帝乘舆马者，张释之以犯跸罪罚金。何者？明其无心于惊马也，故不以乘舆之重加以异制。今满意在射鸟，非有心于中人也。按律过误伤人三岁刑，况不伤乎！"

此案中，何承天用类比证明的方法对原判决表示异议，他引用了西汉时的一个案例来证明对孙满判刑太重了。一个人惊了汉文帝的马，张释之只不过以违反御驾经过时行人必须回避的规定的罪名，判处这个人罚金。因为张释之认为这个人不是故意在惊吓御马，所以从轻发落。这个案例历来为人所称道。现在孙满的用意在射鸟，而不是故意射人。按刑律规定，过失伤人才判三年徒刑，而孙满并没有造成伤害的结果，反而被判处死刑，当然是既不合理又不合法了。何承天的评论是有说服力的，他把类比证明和演绎证明有机地结合起来，既在讲道理，引律文，又在讲故事，做类比，有理有据，令人信服。他先提出"狱贵情断，疑则从轻"的一般性论据，又引用了张释之断狱的著名故事，再援引刑律的规定，最后把故事和今事、律文和判决进行了类比，从而使演绎推理的证明力和类比推理的启发性得到了有机的结合。

又如中国古代一位妇女杀夫后烧房焚尸的断案故事（详见本书第 198 页）。在该案中，很重要的一步就是用类比推理。从活猪被烧死后口中有灰，推想到：人被活活烧死后也会口中有灰（当然，该案还用到了探究因果联系方法中的求异法，也用到假言推理、选言推理等推理方法）。该证明用到了四种推理方法，虽然其中有类比、归纳等或然性推理，但由于它们是和必然性推理方法相结合，并且环环相扣，从而使这个证明具有了论证性和说服力。

合理的反驳是驳斥诡辩的有效手段。例如，1936 年"七君子事件"的法庭辩论中，国民党的检察官指控"七君子"打电报勾结张学良兵变。作为被告之一的邹韬奋质问："我们打电报请张学良抗日，起诉书说我们勾结张学良、杨虎城兵变，我们发了同样的电报给国民政府！……"检察官诡辩说："因为你们给张学良的电报引起了西安事变，给国民政府的电报并没有引起兵变。"作为被告之一的史良（亦为律师）就成功地运用了类比论证进行反驳道："比如一爿刀店，买了刀的人也许去切菜，也许去杀人，检察官的意见，是不是买了刀的杀了人要刀店负责？"①

引用历史故事或著名判例作为论据，对人们很有启发作用，这是类比证明的优点。但是，在审判案件的时候，单用类比证明是不行的（在大陆法系国

---

①　王政挺. 中外法庭论辩选萃［M］. 北京：东方出版社，1990：232.

家)。与不完全归纳推理一样，类比推理也属于或然性推理。因此，运用了类比推理的类比证明，其结论的可靠性也是有限的。然而尽管如此，建立在类比推理基础上的类比证明的方法在现实生活中却具有相当重要的作用。特别是在对某个事物情况或某个道理进行说明而一时难以奏效的时候，类比证明的方法往往可以发挥其他方法无法取代的作用。

然而应该指出的是，类比证明的方法毕竟是建立在类比推理这个或然性推理基础上的，因此也不能将它的作用估计得太高而到处乱用。在实际运用中，还是应该以事件自身的逻辑论证为主，类比证明的方法也是可以用的，有些时候甚至可以说是必须用的，但它只是事件自身的逻辑证明的一个补充，而绝不应该取代事件自身的逻辑证明。

二、直接证明和间接证明

根据证明方法的不同，证明可分为直接证明和间接证明。

（一）直接证明

直接证明就是由论据的真实性直接确定论题真实性的证明。绝大多数的证明都属于这一类，所以直接证明是最重要、最常用的一种证明方法。在司法工作领域，人民检察院的起诉书和人民法院的判决书，都要提出法律论据和事实论据，都必须运用直接证明的方法。

直接证明的特点是论题直接从论据中推导出来。

（二）间接证明

间接证明是通过论据的真实性确定其他判断的虚假性，从而确定论题真实性的证明。由于论题的真实性不是直接地而是间接地由论据的真实性来确定的，因此称做间接证明。或者说，间接证明不是用论据来直接证明论题本身，而是去否定其他一些命题，这些命题与原论题有这样的关系：只要确立了这些命题的虚假性，就能引出原论题的真实性。这里的"间接"，是绕个弯子的意思。

间接证明有两种方法：反证法和选言证法（或排除法）。

1. 反证法

反证法是通过论据的真实性确定与论题具有矛盾关系或下反对关系的判断（即反论题）的虚假性，从而确定论题真实性的证明。

运用反证法进行证明，一般要经历以下几个步骤：

（1）确认论题：　　　　　　　　　　　　　　　　　　　　p

（2）确认反论题（论题的矛盾关系或下反对关系的判断）：　非 p

(3) 确定反论题为假：   非非 p

(4) 根据排中律，确定论题为真：   p

其中在用论据的真实性确定反论题"非 p"为假时，通常使用否定后件式的充分条件假言推理。设论据为 q，则此推理的形式如下：

如果非 p，则 q

非 q

─────────

非非 p

运用反证法时应注意以下两个问题：

第一，反论题（非 p）与论题（p）之间的关系必须是矛盾关系或下反对关系。由此才能根据排中律由"非 p"之假，必然推出"p"真。

第二，在确定反论题（非 p）为假时，如果使用了否定后件式的充分条件假言推理，那么"非 p"应是"q"的充分条件。因为只有这样，才能由否定后件"q"，进而否定前件"非 p"，从而过渡到对"p"的肯定。

略举几例。

例① 巴基斯坦故事片《人世间》中，主人公拉基雅在冷酷的社会里受尽了折磨，她丈夫恶贯满盈，最后被人枪杀。凶手是拉基雅吗？连拉基雅自己也认为，丈夫是她打死的，因为她在她丈夫倒下时一连开了五枪。老律师曼索尔则认为：拉基雅不是凶手（A），她是无辜的。曼索尔用了反证法来证明他的观点：

如果拉基雅是凶手（$\neg$A），那么，她打出的五发子弹至少有一发打中她丈夫（B_1）。而现场检查，拉基雅的五发子弹都打在了对面墙上（$\neg B_1$）（所以$\neg$A 假）。

如果拉基雅是凶手（$\neg$A），那么，子弹一定是从正面打进她丈夫身体的（B_2），因为拉基雅是面对面向她丈夫开枪的。但是经法医检验，尸体上的子弹是从背后打进去的（$\neg B_2$）（所以，$\neg$A 假）。

曼索尔用两个充分条件假言推理的否定后件式有力地论证了"拉基雅不是凶手"（$\neg$A 假即 A 真）的论题，解救了这位善良的妇女。

例② 1980 年 12 月 6 日晚，冯某（男，20 岁，临时工）见母亲与邻居杨某某在院内对骂，即从屋中拿出菜刀，乘杨不备，照其头部连砍两刀。经诊断，杨头部外伤（头皮、颅骨砍伤），中度脑震荡。对这个案子，有人说，冯某用菜刀猛砍他人的要害部位，是间接故意杀人的行为，应定杀人罪。办案人员认为，冯某没有杀人故意，为了证明这个论题，他们先假设反论题真，即冯某有杀人故意，然后根据反论题进行推论，即如果冯某有杀人故意，那么他使用一斤半重的菜刀（比一般菜刀重半斤），猛砍两刀，被害人的颅骨将被劈开。但从后果看，只造成外伤和中度脑震荡，可见冯某有杀人故意是错误的。根据排中律便可推出原论题"冯某没有杀人的故意"是正确的。

例③ 对"三段论第一格的小前提是肯定判断"的证明就可以采用反证法。证明如下：

如果三段论第一格的小前提是否定判断，那么，它的结论就只能是否定判断；如果结论是否定判断，则结论中的谓词即大词就必然周延；如果大词在结论中周延，那么它在大前提中也就必须周延；如果大词在大前提中周延，则大前提就只能是否定判断。这样，两个前提都是否定判断，根据三段论规则，不可能得必然性结论。可见，三段论的小前提不能是否定判断，因而只能是肯定判断。

这个证明就是通过对反论题"三段论第一格的小前提是否定判断"的否定，就是在一个接一个地引申出推断的基础上，通过否定最后一个推断，进而层层地否定其前件而实现的。

反证法在数学证明中也经常用到。

2. 选言证法

选言证法就是在包括论题所表示的情况在内的全部可能情况中，先用论据的真实性确定其他各种可能情况为假，从而确定论题所表示的情况为真的证明方法，也叫"选言排他论证法"，或称为"淘汰法"、"穷举法"或"排除法"等。比如下面这个事例：

日本日铁公司按协议给上海宝山钢铁总厂寄来一箱资料。原定寄6份，随寄清单上也写明为6份。但上海方面开箱后，却发现只有5份。于是双方再度交谈。日方声称："我方提供给贵方的资料，装箱时要经过几关检查，决不会漏装。"上海方面则表示："我方收到资料，开箱时有很多人在场，开箱后当众清点，发现少了1份。经过多次核实，我方才向贵方提出交涉。现在有三种可能：一、日方漏装；二、途中散失；三、我方开箱后丢失。如果途中散失，则外面的木箱应当受到损坏，现在木箱完好无损，这一可能可以排除。如果我方丢失，那木箱上印的净重应当大于现有资料净重，而事实是现有5份资料的净重与木箱所印净重正好相等，因此，我方丢失的可能性也应排除，剩下只有一个可能。即日方漏装。"日方无话可说，只得补齐了材料。

这个事例中就包含着一个选言证法的运用。中方所要证明的论题是缺失资料为日方漏装。在证明过程中，中方人员首先就资料缺失的原因提出了三种可能性的分析（其中一种可能性就是论题所表示的情况——日方漏装），并且使用论据的真实性确定其他各种可能情况为假。既然其他各种可能情况为假，那么剩下的唯一情况（论题所表示的情况）当然就是真的了。

运用选言证法进行证明，一般要经过以下几个步骤：

（1）确认论题：　　　　　　　　　　　　　　　　　　　　　　p

（2）确认并列出包括论题所表示的情况在内的全部可能情况：

p 或者 q 或者 r

（3）确定论题所表示的情况之外的其他可能情况为假：　非 q、非 r

（4）根据排中律，确定论题为真：　　　　　　　　　　　　　p

选言证法实际上运用了否定肯定式的选言推理，其推理形式如下：

p 或者 q 或者 r

非 q、非 r

————————————

p

运用选言证法时必须注意，列出包括论题所表示的情况在内的各种可能情况必须是全部的可能情况（亦即子判断必须穷尽）。如果列举的各种可能情况不能确保是全部的可能情况而有所遗漏，那么这个论证就不具有必然性，论题就不能真正得到证明。当然，在司法实践中，有时穷尽一切可能是困难的，往往只能做到相对的穷尽。另外，在排除其他子判断时还可能出错，可能把不该排除的也排除了。例如，在《尼罗河上的惨案》这部电影里，大侦探波洛在开始时就是把两个真正的杀人凶手排除在嫌疑对象之外了。从表面现象上看，排除这两个人的嫌疑似乎是有充分根据的，但那是一个骗局，后来才被揭穿了。

一般情况下，间接证明在论证理论问题或一般实际问题时，可以单独使用，而在司法工作中，它只起辅助作用，需要与直接证明结合起来进行。

第四节　反驳的方法

广义的论证包括证明和反驳。证明与反驳在论证过程中是密切相关的，前者是立，后者是破，通常我们说有破有立指的就是证明和反驳。如果证明是引用已知为真的判断来确定某一判断的真实性的思维过程，那么反驳就是引用已知为真的判断来确定某一判断的虚假性的思维过程。例如：

牛顿是汞中毒而死的吗？否！

汞中毒的临床表现为四肢无力、痛、手指颤抖、口腔发炎、牙齿脱落。但据《科学的美国人》1981年第15期报告：牛顿在他成年后至死的漫长岁月中，只脱落了一颗牙齿；而且，他生前写的各种文稿、信件中，均没有颤抖的迹象，即根本没有汞中毒的反应。可见，牛顿并非汞中毒而死。①

这就是一个反驳。它通过引用医学上已证明为真的、有关汞中毒临床特征方面的判断，以及关于牛顿生前情况的判断的真实性，进而确定了"牛顿并非汞中毒而死"这一判断为真，由此也就确定了"牛顿是汞中毒而死"这一判断为假。

由于证明是由论题、论据和论证方式三要素构成，因而反驳也可以从这几个方面入手。因而反驳的对象或方面就有：反驳论题、反驳论据和反驳论证方式。

反驳论题是用已知为真的判断确定对方论题的虚假性。这是反驳的主要方面，因为驳倒了对方的论题就等于驳倒了对方的整个论证，所以，这个方面的反驳最有效。

反驳论据是用已知为真的论据确定对方论据的虚假性。但论据虚假并不能证明论题也虚假，而只能使对方的论题失去根据和理由。因此，反驳论据就是"釜底抽薪"，对整个反驳过程来说虽然是必要的，但还不等于把对方的论题也驳倒了，充其量只是动摇了对方的论题。

反驳论证方式是通过指出对方的论据不是论题的充足理由，或揭露对方在论证中所使用的推理形式是无效的。这种反驳方式和反驳论据一样，也只是动摇了对方的论题，不代表就驳倒了对方的论题。

一、演绎反驳和归纳反驳

根据反驳中所运用的推理形式的不同，反驳可分为演绎反驳和归纳反驳。

1. 演绎反驳

演绎反驳就是运用演绎推理的形式来确定某个判断虚假性的反驳。例如：

①有的被告人不是有罪的，例如云南的杜培武是被告人，但却是无罪的（尽管曾被误判为有罪），因此，并非所有的被告人都是有罪的。

②如果孔子神而先知，那么他应该知道颜渊未死；事实上孔子不知道颜渊未死；可见孔子神而先知为谬说。

③并非所有犯罪都是故意犯罪，因为刑法中规定了过失致人死亡罪。

以上三例均为演绎反驳，因为它们都运用了演绎推理。例①运用了演绎推

---

①　雍琦. 逻辑 [M]. 北京：中国政法大学出版社，1997：334.

理中的对当关系推理，由一个特称否定判断（"有的被告人不是有罪的"）的真实性确定了素材相同的全称肯定判断（"所有的被告人都是有罪的"）的虚假性。例②运用了演绎推理中的充分条件假言推理的否定后件式，由两个判断（"如果孔子神而先知，那么他应该知道颜渊未死"、"孔子不知道颜渊未死"）的真实性确定了另一个判断（"孔子神而先知"）的虚假性。例③通过运用对当关系推理，通过"刑法中规定了过失致人死亡罪"（即有的犯罪是过失犯罪）的真，就确定了"所有犯罪都是故意犯罪"为假。

2. 归纳反驳

归纳反驳是运用归纳推理的形式确定某个判断虚假性的反驳。

在司法实践中，归纳反驳主要表现为从个别事物出发，推导出一般性结论的思维方法。例如，在刑事辩护中，律师针对公诉人的指控，以一系列有关具体事实的真实判断和法律条款反驳对方的论题或论据，提出与对方相对立或相矛盾的结论。在民事、行政案件中，也可以在列举若干证据后，综合归纳，对对方当事人或其他诉讼参与人的观点与理由予以有力反驳。例如：

1998年4月18日，被告人曾某的BP机、现金被盗，怀疑系李某所为。同月21日上午，被告人彭某在被告人曾某的药店得知此事后，愿帮忙找回。随后，被告人彭某邀约了阚某，阚某又邀约了丁某、邹某、卢某，由彭某驾驶汽车，曾某带路，但在李某的住处没找到。之后驱车前往某镇星河舞厅找到李某，曾某指认后，阚某等人将李某拉出舞厅推上车，曾某对李某进行殴打。在返回途中，曾某、彭某等人要李某承认偷了曾某的BP机和现金，李某不认，阚某打了李某一耳光，踢了李某一脚，卢某等人对李某进行恐吓，李某被迫下跪承认后，出具了欠曾某1500元的欠条。由彭某起草，李某照抄，限于次日12点钟前在某森林公园交钱。被告等6人将李某带到森林公园茶楼，直到次日上午，李某被公安机关解救。

某区人民检察院起诉书指控，被告人曾某、彭某（其余被告在逃），以勒索财物为目的，绑架他人，其行为已触犯刑律，构成绑架罪，理由是，其行为与绑架罪的构成要件相符；但核心问题是没有证据证明李某偷了曾某的东西，因为李某是在威吓下违心出具欠条的。

担任被告彭某援助律师的辩护人认为，被告彭某的行为，没有构成绑架罪，构成的是非法拘禁罪，为索取债务而非法扣押、拘禁他人。非法拘禁罪和绑架罪的构成要件相近，但不是没有区别，其根本区别点是犯罪动机和目的不同。非法拘禁罪的动机和目的是剥夺他人的人身自由，绑架罪犯罪的动机和目的是勒索财物。本案事实是被告人曾某因BP机和现金被盗，而告知彭某后，用汽车将一行人拉到某镇将其怀疑的偷钱人拉走并拘禁。很明显是为了索取债务，并非凭空勒索他人财物。

庭审焦点最终集中于债务是否存在的问题上。控方认为，债务是假想的，受害人李某是否偷盗没有证据证实，没有明确的债务关系，虽有一个 1500 元的欠条，但是这是在被威逼下被迫承认，属无效民事行为。律师认为，报案材料、被告人曾某的供述及其几个被告人供词，均明确是为了追回丢失的 BP 机和现金而实施的犯罪行为，是以讨债为目的的犯罪。

法院判决认定被告人曾某、彭某之行为构成非法拘禁罪，均被判处有期徒刑 3 年。如果被认定为绑架罪，则应判处 10 年以上有期徒刑，结果期限相差 7 年。被告的辩护律师运用归纳反驳方法依法维护了当事人的权益。①

二、直接反驳和间接反驳

根据反驳是否直接确定被反驳判断的虚假性，反驳可分为直接反驳和间接反驳。

1. 直接反驳

直接反驳是由已知判断的真实性直接确定被反驳判断虚假性的反驳。例如：

美国大律师赫梅尔在一件赔偿案中代表一个保险公司出庭辩护。原告声称："我的肩膀被掉下来的升降机轴打伤，至今抬不起来。"赫梅尔问道："请你给陪审员看看，你的手现在能抬多高?"原告慢慢地将手抬起，举到齐耳的高度，并表现出非常痛苦的样子，以示意不能再举高了。"那么，你受伤以前能举多高呢?"赫梅尔又出其不意地发问。他的话刚落，原告不由自主地一下子将手臂举过了头顶，引得旁听席上一片笑声。原告的赔偿诉求因此不攻自破。

本案中，律师就是通过巧妙地通过原告人自己的表现事实直接反驳了原告自己的谎言。

2. 间接反驳

间接反驳是由已知判断的真实性间接确定被反驳判断虚假性的反驳。具体地说，间接反驳是首先确定与被反驳判断具有矛盾关系或反对关系的判断的真实性，从而间接地确定被反驳判断虚假性的反驳方法。间接反驳又叫"独立论证反驳法"或"独立论证"。

---

① 秦甫.成功律师的 98 种技法［M］.北京：法律出版社，2004：141-142.

这种方法之所以又叫"独立论证反驳法"或"独立论证",是因为运用这种方法进行反驳的过程中,曾经置被反驳判断于不顾,独立地就被反驳判断的矛盾关系或反对关系的判断进行论证,"独立论证"完成之后,最终再来确定被反驳判断的虚假性。也正因为如此,所以这种方法称做"间接反驳"。

例如:

某法院判决孙某某犯伤害致人死亡罪,判处有期徒刑十五年。孙某某不服一审判决,提出上诉。律师在上诉审中为其辩护。其中论点之一辩护如下:

上诉人的正当防卫是为公,值得褒扬,不能斥责为"扰乱社会治安"、"影响了安定团结"。

上诉人一贯关心公益。以介入防卫之事而论,他和张某无特殊感情,与死者周某某等更是素昧平生,无仇无怨。他采取防卫行为的目的是为了维护公共秩序和他人的人身权益,是从"公"出发的。暴徒行凶时,只有上诉人敢冒自身也被暴徒侵害的危险,挺身而出,以正压邪。面对一些"好人怕坏人"的反常局面,对上诉人"见义勇为"的壮举,应该寄予深深的敬重而努力效法。一审既疏于考察上诉人正当防卫的全部事实,又无视社会治安情况的特点,治上诉人以"罪",又斥责他"扰乱社会治安,影响安定团结",实在不当,究竟是谁"扰乱了社会治安"、"影响了安定团结"呢?难道不正是这些行凶的暴徒吗?一审的判决如能成立,那岂不成了坏人行凶逍遥法外,好人仗义应锒铛入狱了吗?

本案中,律师反驳的论题是"被告人的行为是扰乱社会治安,影响安定团结"。律师首先证明被告采取防卫行为的目的是为了维护公共秩序和他人的人身权益,是从"公"出发的,值得褒扬。这是运用间接反驳方法,反驳了一审判决书中的上述论题(接着还运用了归谬反驳法,揭露了该论题的荒谬)。

运用间接反驳的方法进行反驳,一般要经历以下几个步骤:

(1) 确认被反驳判断: p

(2) 确认被反驳判断的矛盾关系或反对关系的判断: 非 p

(3) 确定被反驳判断的矛盾关系或反对关系的判断为真: 非 p 真

(4) 根据矛盾律,确定被反驳判断为假: p 假

直接反驳和间接反驳的区别在于,直接反驳是用论据的真实性直接确定被反驳判断为假,而间接反驳则是先用论据的真实性确定被反驳判断的矛盾关系或反对关系的判断为真,从而间接确定被反驳判断为假。在实际反驳中,这两种方法往往是结合使用的。例如:

我们光荣的红军怎么会让法西斯军队占领了我们的一些城市和地区呢？难道德国法西斯军队真的像法西斯吹牛宣传家所不断吹嘘的那样，是无敌的军队吗？

当然不是！历史表明，无敌的军队现在没有，过去也没有过。拿破仑的军队曾被认为是无敌的，可是这支军队却先后被俄国的、英国的和德国的军队击溃了。在第一次帝国主义战争时期，威廉的德国军队也曾被认为是无敌的军队，可是这支军队曾经数次败在俄国军队和英法军队的手中，终于被英法军队击溃了。对于现在希特勒的德国法西斯军队也应当这样说。这支军队在欧洲大陆上还没有遇到过重大的抵抗。只是在我国领土上，它才遇到了重大的抵抗。既然由于这种抵抗，德国法西斯的精锐师已被我们红军击溃，这就是说，正像拿破仑和威廉的军队曾经被击溃一样，希特勒法西斯军队也是能够被击溃的，而且一定会被击溃。

这个例子的第一段话中首先摆出了需要反驳的判断：德国法西斯军队是无敌的军队。第二段话则是针对这个被反驳的判断进行反驳。其中又可分为两个层次：第一个层次，先用"拿破仑的军队不是无敌的军队"和"威廉的德国军队不是无敌的军队"这两个论据确定了"没有无敌的军队"这个判断为真。"没有无敌的军队"是被反驳判断"德国法西斯军队是无敌的军队"的反对关系的判断。根据对当关系推理，既然"没有无敌的军队"被确定为真，那么"德国法西斯军队是无敌的军队"当然就是假的了。这一层次显然用的是间接反驳。第二个层次，用"希特勒的德国法西斯军队在苏联领土上遇到了重大的抵抗，其精锐师已被苏联红军击溃"这个论据的真实性直接确定被反驳判断"德国法西斯军队是无敌的军队"为假。因此这一层次用的就是直接反驳了。

间接反驳与前面介绍的间接论证中的反证法是有区别的。首先，二者的目的不同。间接反驳旨在确定某一判断的虚假性，而反证法旨在确定某一判断的真实性。其次，二者理论根据不同。间接反驳是通过确定被反驳判断的矛盾关系或反对关系的判断为真，再根据矛盾律，确定被反驳判断为假；而反证法则是通过确定反论题（被反驳判断的矛盾关系或下反对关系的判断）为假，再根据排中律，确定论题真。

三、归谬法

归谬法是根据某种假定必然导致明显的荒谬结果，从而否定假定的逻辑方法。请看下面这个例子。

在一起共同抢劫犯罪案件的法庭辩论中，辩护人在案件的定性上与公诉人没有争议，但是对这个抢劫案件谁是主犯有不同看法。公诉人指出："被告人徐某是该抢劫案的一名主犯。"辩护人不同意这个指控，并运用归谬法进行反驳。如果被告徐某是该抢劫案的主犯，那么他应组织领导了这次抢劫行动，或者在这次抢劫行动中起主要作用。而事实是被告人徐某是在另一被告马某提出抢劫之后才产生犯意，并且另外两位同案人也是马某邀约并由马某具体分工，作案工具也是马某提供。徐某在具体抢劫行动中既没有组织领导，也不起主要作用。所以，认定徐某是该抢劫案的一名主犯不能成立。徐某不是该抢劫案的一名主犯。

此处辩护人运用的就是归谬法，通过指出由反论题所导出的结论的虚假，从而有力驳斥了公诉人关于"被告人徐某是该抢劫案的一名主犯"的指控。

运用归谬法时，一般要经历以下几个步骤：

（1）先作假定，假定需要确定其为假的判断可以成立：   p

（2）显示所作假定（p）必然导致明显荒谬的结果（q）：   p→q

（3）结果明显荒谬必被否定：   非 q

（4）运用否定后件式的充分条件假言推理，否定假定：   非 p

以上几个步骤，最关键的是第二步，即显示所作假定必然导致明显荒谬的结果。所谓显示，就是以所作假定为前件，以明显荒谬的结果为后件，建构一个充分条件假言判断，昭示所作假定一旦成立，必然导致明显荒谬的结果。可以说，这一步是整个归谬法的核心。只要这一步做好了，建构好一个比较理想的充分条件假言判断，那么即便其他几个步骤统统省略，归谬法也是完全可以立得起来的。例如斯大林当年运用归谬法对"语言能够创造物质财富"这个观点的批驳，就是仅仅用了一句表达充分条件假言判断的话：

如果语言能够创造物质财富，那么夸夸其谈的人就是世界上最富有的人了。

而且就是这样一句非常简洁的话，在归谬法的实际运用中还可以进一步简化。例如：

俄国著名作家赫尔岑有一次应邀参加一个音乐会，刚开始不久，他就捂着耳朵打起瞌睡来。女主人问他："先生，难道您不喜欢音乐吗？"

赫尔岑摇摇头，指着正在演奏的乐队说："这种低级轻佻的音乐有什么好听的！"

女主人惊呼道："您说什么？这里演奏的都是流行的乐曲呀！"

赫尔岑平静地反问道："难道流行的东西就是高尚的吗？"

女主人也反问道："不高尚的东西怎么会流行呢？"

赫尔岑听后，微笑着说道："那么，流行感冒也是高尚的啦？"

在这个例子中，女主人最后一句话"不高尚的东西怎么会流行呢？"其意思就是：流行的东西就是高尚的。由于赫尔岑是在女主人说完这句话后紧接着进行归谬法反驳的，因此连先作假定（"如果流行的东西就是高尚的"）这一步也省去了，直接用连词"那么"引申出所作假定必然导致的明显荒谬的结果（"流行感冒也是高尚的"）。

构建充分条件假言判断是归谬法运用中非常重要的一个环节。具体构建需要注意以下两个问题。

（1）p 必须是 q 的充分条件。也就是说，由所作假定（即假定被反驳判断成立）必将导致某个结果（q）。只有这样，"如果 p，那么 q"这个充分条件假言判断才是一个真判断。否则这个充分条件假言判断就是一个假判断。如果出现这种情形，那么建立在这个虚假的充分条件假言判断基础上的归谬法，就没有逻辑有效性可言了。

（2）q 必须明显荒谬。即从所作假定（被反驳判断）引申出的结果必须明显荒谬。而且结果越荒谬越明显，则归谬的效果就会越好。在此基础上，如果能够使明显荒谬的结果跟对方挂上钩，那就更是锦上添花了。因为这样一来，对方自己身陷其中，在原来明显荒谬的基础上又平添了一分尴尬，归谬效果自然更不待言。请看下面这个例子：

西楚霸王项羽尚武好剑，人所共知，还有个癖好鲜为人知，那就是生性喜欢树。

相传有一次，他得知邻居要将院子里的一棵大树砍掉，便前去劝阻。他先问主人为什么要将一棵好端端的大树砍掉。主人回答说："整个院落方方正正，像个'口'字，院子里有棵树，即'口'中有'木'，岂不是'困'字！困字可不吉利呀！"

项羽听后，笑了笑，说："院子像个'口'字，院中有人，即'口'中有'人'，乃一'囚'字。照你的说法，'困'字不吉利要把树砍掉，那'囚'字更不吉利，那人将作何处置呢？

主人听完，连声赞道："讲得好！讲得好！"于是放弃了砍树的念头。

在这个例子中，引申出的荒谬结果直接指向邻居自己："囚"字更不吉利，邻居本人就得把头砍了。尽管项羽说得比较含蓄，但邻居岂能听不出来？所以他只好连声称赞，并且放弃了砍树的念头。

使用归谬法的现实意义在于，被反驳判断虽然存在谬误，但是谬误往往并不明显，甚至根本看不出来。然而任何一个判断，只要其中存在谬误，那么这种谬误都是可以通过显现、引申、衍化、扩张而被暴露、被放大的。从一定意义上讲，运用归谬法的关键就是要做好这种显现、引申、衍化、扩张的工作，将隐藏在被反驳判断中的谬误予以暴露和放大。仍以项羽及其邻居为例。邻居之所以要砍树，乃因为院落像个"口"字，院里有树，即"口"中有"木"，是个"困"字，不吉利。这种测字迷信，一般人也许不以为然。然而讲迷信的人不但不以为非，恐怕还会觉得很有道理，至少这位邻居对此就是深信不疑的，否则好端端一棵树为什么要将它砍掉呢？如果就"困"字本身的解读与这位邻居理论，大概不会有什么效果。项羽所做的工作无非就是将邻居这种测字术中隐藏的谬误予以显现、引申、衍化、扩张，由"困"字不吉利因此要砍树，引申到"囚"字更不吉利，因此应该杀人这个明显荒谬的结果，从而使邻居心悦诚服，最终放弃了砍树的念头。

归谬法的拉丁原文是 reductio ad absurdum，意即"推出荒谬"。因此可以认为，q 必须明显荒谬这个要求，是归谬法精髓的直接体现。

根据从被反驳的判断中引申出的结果的不同，归谬法可以区分如下三种类型。

第一种，从被反驳的判断中引申出假判断。例如：

大文学家欧阳修，一次同苏东坡说起一件事：有一个病人，医生问他得病的原因，病人说：乘船时遇上大风，受惊吓而得病。医生便根据他得病的原因，用被汗水浸透了的舵把上刮下的木屑入药，为他治病，喝下去果然就好了。

苏东坡说：如果这样用药对头的话，那就能会推导出一系列的荒唐结论来。如用笔墨烧灰给读书人喝下去，不就可以治昏惰病了吗？推而广之，那么，喝一口伯夷（孤竹君之子，与其弟互相推让王位）的洗手水，就可以治疗贪心病了；吃一口比干（商纣王淫乱，比干谏而死）的残羹剩汁，就可以治好拍马屁的毛病了；舔一舔勇将樊哙的盾牌，就可以治疗胆怯病了；闻一闻古代美女西施的耳环，就可以除掉严重的皮肤病了？

苏东坡非常巧妙地运用了归谬反驳，使欧阳修也无可奈何，只好一笑了之。

第二种，从被反驳的判断中引申出与其自身矛盾的判断。例如：

19世纪，英国一些宿命论者纷纷编造历书，到处欺骗百姓。在伦敦，有个名叫巴尔特利日的占星家，尤为诡计多端，常常吹嘘他的占星计算法如何灵验，以此迷惑人心，骗钱坑人，著名的讽刺大师和小说家斯威夫特对这些骗术十分憎恶。有一次，斯威夫特仿效巴尔特利日的占星计算法，编写了一部《预言》历书。在这部书中，他预言巴尔特利日将于 1908 年 3 月 29 日半夜 11 点钟得寒热病死亡。到了这一天，他又写了关于巴尔特利日死亡的报告，随后，他便发表了殡葬的消息。安然无恙的巴尔特利日得知此事后，气得暴跳如雷，但又不得不到处辟谣，极力说明自己还活着。可是，斯威夫特却向公众证明：他是按照巴尔特利日的占星计算法得出的结论，即使不能应验，错误也在巴尔特利日和他的荒谬占星术上。①

从此，巴尔特利日声名狼藉，人们再也不相信他的占星计算法了。巴尔特利日的失败既说明了谎言只能欺骗人们一时，也说明了逻辑力量的强大，巴尔特利日很大程度上是被归谬法无可辩驳的力量所打倒。当然，也说明了斯威夫特反驳手段的高明。

又如：

古希腊学者克拉底鲁宣称："我们对任何事物所作的肯定或否定都是假的。"亚里士多德反驳说："克拉底鲁的话等于说：'一切命题都是假的'，而如果一切命题都是假的，那么，这个'一切命题都是假的'命题也是假的。"

在这个例子中，亚里士多德运用归谬法对克拉底鲁进行反驳，由克拉底鲁的判断"我们对任何事物所作的肯定或否定都是假的"出发，引申出与这个被反驳判断自身相矛盾的判断。

第三种，从被反驳的判断中引申出两个相互矛盾的判断。例如：

亚里士多德认为：物体自由下落的速度与其重量成正比。伽利略反驳说：如果一块石头 A 加在一块重石头 B 上让它们自由下落，那么根据"物体越重下落速度越快"的判断，就会导致如下两个矛盾的结论：一是（A+B）比 B 重，因此，（A+B）的下落速度比 B 快；一是速度慢的 A 拖住速度快的 B，会降低 B 的下落速度，因此，（A+B）的下落速度比 B 慢。这样，从"物体自由下落的速度与其重量成正比"的判断出发，引申出了两个相互矛盾的判断，因此，物体自由下落的速度与其重量成正比的说法是不能成立的。

在这个例子中，伽利略运用归谬法对亚里士多德"物体自由下落的速度与其重量成正比"的主张进行反驳，由亚里士多德的主张出发，引申出两个相互矛盾的判断，从而对该主张进行了有力的批驳。

归谬反驳的方法在办案中有其重要的作用，对于那些错误言论、错误推断，律师可以运用这一有力武器，予以反击和揭露。当然，这里的先决条件

① 秦甫. 成功律师的 98 种技法 [M]. 北京：法律出版社，2004：152.

是，我们要善于发现对方论辩中的谬误，然后予以反驳。如果能够在对方的论证中发现谬误，也就为成功运用归谬法进行反驳奠定了基础。谬误有哪些，它的特征是什么，如何辩谬，我们将在后面的章节中为大家介绍。

以上三种类型中，第一种应该说是最为普遍的。其余两种，特别是第三种则较为少见。但无论哪一种类型，实际上都是就假定（被反驳判断）所引申出的结果（即"p→q"中的"q"）而言的。引申出的结果是假判断也好，是与被反驳判断自身矛盾也好，还是一对相互矛盾的判断也好，归根结底都是引申结果明显荒谬的体现。

关于归谬法究竟是证明方法还是反驳方法，一直是有争议的。其实归谬法既可用于证明，也可用于反驳。区别仅仅在于如何作假定。如果用于证明，则要假定反论题（即论题的矛盾关系的判断或下反对关系的判断）成立，反论题由于导致荒谬结果从而被否定，于是论题得证。反之，如果用于反驳，则要假定论题（即被反驳判断自身）成立，论题由于导致荒谬结果从而被否定，于是反驳成功。归谬法两种用法的不同目的、不同假定、不同推导公式以及不同结果的比较可以列表如下：

归谬法两种用法的比较

比较项目　　　　　用法	用　于　证　明	用　于　反　驳
目　　的	证明 p	反驳 p
假　　定	假定非 p	假定 p
推导公式	如果非 p，那么 q 非 q 所以，p	如果 p，那么 q 非 q 所以，非 p
结　　果	p 被确定为真	p 被确定为假

必须说明的是，当归谬法用于证明时，往往是与反证法交织在一起的。同一个具体事例，有人说是用了归谬法，有人说是用了反证法，其原因就在于此。例如：

社会主义制度比旧制度要优越得多。如果不优越，那么旧制度不可能被推翻，新制度也不可能建立。

这个例子，比较多的意见认为是用了反证法，也有意见认为是用了归谬法。说它用了反证法，是因为这个例子的目的是要证明"社会主义制度比旧制度要优越得多"，而在证明过程中，则是首先确定反论题（"社会主义制度不比旧制度优越"）为假，再根据排中律，从而确定论题为真。说它用了归谬法，是因为这个例子完全具备归谬法运用的要件：先作假定（假定"社会主义制度不比旧制度优越"），然后由假定导出荒谬结果（"旧制度不可能被推翻，新制度也不可能建立"），最终否定所作的假定。应该承认，两种说法都是有道理的，而且这两种看似冲突的说法完全可以统一起来。

从整体上看，这个例子的确是一个证明，而且可以说是用了反证法；而在反证中确定反论题为假时，又的确使用了归谬法。这个事例其实就是归谬法用于证明的一个比较典型的例子。

如果回顾以上关于归谬法所列举的事例，会发现绝大部分归谬法的运用都是针对判断的：用于证明，则是确定某个判断的真实性，用于反驳，则是确定某个判断的虚假性。而事实上，归谬法不但可以用于判断，而且也完全可以用于推理或论证，特别是用于反驳一个形式无效的推理或论证。当归谬法用于反驳一个无效推理或论证的时候，往往结合了类比方法的运用，这就是最后将要介绍的类比归谬法。

这里，顺便讨论一下反驳与证明的关系。

反驳与证明虽然都属于论证，但它们之间是有区别的。证明是确定某个判断的真实性，反驳则是确定某个判断的虚假性；证明的作用主要在于探求真理，反驳的作用则主要在于驳斥谬误。

然而反驳与证明毕竟都属于论证，因而又是密切相关的。事实上，确定了某个判断的真实性，也就确定了与该判断具有矛盾关系或反对关系的判断的虚假性。也就是说：证明了某个判断，也就意味着反驳了与该判断具有矛盾关系或反对关系的判断。反之，确定了某个判断的虚假性，也就确定了与该判断具有矛盾关系或下反对关系的判断的真实性。也就是说：反驳了某个判断，也就意味着证明了与该判断具有矛盾关系或下反对关系的判断。可见证明和反驳是可以相互转化的：一个证明完全可以理解为一个反驳，一个反驳也完全可以解释为一个证明。反驳与证明之间并不存在一条不可逾越的鸿沟。

正因为如此，所以反驳与证明具有互通性。这种互通性主要体现在三个方面：（1）结构互通。它们都由论题、论据、论证方式三部分构成。（2）规则互通。前面所介绍的论证的规则，对证明和反驳都是完全适用的。（3）方法互通。许多方法，往往既可用于证明，也可用于反驳。归谬法就是最典型的例子。当然，在介绍这些方法的时候，不得不将它们归入反驳或是证明。但如果因此得出结论：是论证方法就不是反驳方法，或者，是反驳方法就不是论证方法，那就未免有些绝对了。

第五节 对论证的反驳及其方法

一、怎样反驳论证

前面已经提到，反驳可以是对一个判断的反驳，也可以是对一个论证的反驳。本章前面几节所说的反驳，都是指对判断的反驳。这一节，专门讨论对论证的反驳及其方法。

首先必须明确的是，反驳论证与反驳判断是两种不同性质的反驳。反驳一个判断，是确定该判断的虚假性；而反驳一个论证，则是要确定该论证不能成立。

一个论证能否成立的关键，在于是否遵循论证的规则。遵循论证的每一条规则，是一个论证能够成立的充分而且必要条件。也就是说，如果要想确定一个论证能够成立，就必须确定该论证遵循了论证的每一条规则；反之，只要发现论证的规则（哪怕只是一条规则）没有得到遵守，则该论证就不能成立。因此，反驳一个论证，无非就是寻找并确定该论证违反论证规则的错误。论证的规则主要涉及三个方面：论题的规则、论据的规则和论证方式的规则。因此反驳论证，就可以从三个方面进行，即反驳论题、反驳论据和反驳论证方式。

反驳论题，就是确定对方的论证违反了论题的规则：或违反"论题必须清楚、确切"的规则，犯了"论题不清"或"论题歧义"的错误；或违反"论题必须保持同一"的规则，犯了"变换论点"或"偷换论题"的错误。

反驳论据，就是确定对方的论证违反了论据的规则：或违反"论据必须是已知为真的判断"的规则，犯了"论据虚假"或"预期理由"的错误；或违反"论据的真实性不应依赖论题来论证"的规则，犯了"循环论证"的错误；或违反"从论据应能推出论题"的规则，犯了"推不出"的错误。

反驳论证方式，就是确定对方的论证违反了论证方式的规则：在论证中运用了某种推理却没有遵守该推理的规则，犯了"论证方式失效"的错误。

正如前面已经指出的，在反驳一个论证的时候，只要发现论证的规则（哪怕只是一条规则）没有得到遵守，则该论证就不能成立，那么该论证也就被驳倒了。

必须强调指出，驳倒了对方的论据（即确定对方论证违反了论据的规则，犯了"论据虚假"、"预期理由"、"循环论证"或"推不出"等错误），驳倒了对方的论证方式（即确定对方论证违反了论证方式的规则，犯了"论证方式失效"的错误），都不意味着驳倒了对方的论题，更不意味着对方的论题一定就是虚假的。

这是因为，首先，一个论证在使用论据中违反规则出现错误，并不等于该论证的论题也一定违反规则出现错误；同样，一个论证在使用论证方式中违反规则出现错误，也不等于该论证的论题也一定违反规则出现错误。因此，驳倒了对方的论据或驳倒了对方的论证方式，都不意味着驳倒了对方的论题。

其次，驳倒了对方的论据或驳倒了对方的论证方式，只能说明对方论证不能成立，只能说明对方的论题尚未得到有效的论证，或者说，还是一个待证的论题，而不能说明对方的论题就一定是虚假的。事实上，即使对方的论据或论证方式都出了问题，都被驳倒了，但对方的论题本身却完全可能还是真的。关于这个问题，如果联系第三章第一节关于前提、推理形式和结论三者之间关系的阐述，也许就更容易理解了。根据该节的有关内容，如果综合考虑前提的真与假、推理形式的有效与无效和结论的真与假，可以有八种组合。其中除前提真、推理形式有效和结论假不可能出现外，其他七种情况都是有可能出现的，即：

（1）前提真，推理形式有效，结论真；

（2）前提真，推理形式无效，结论真；

（3）前提真，推理形式无效，结论假；

（4）前提假，推理形式有效，结论真；

（5）前提假，推理形式有效，结论假；

（6）前提假，推理形式无效，结论真；

（7）前提假，推理形式无效，结论假。

在可能出现的这七种情况中，第（1）种前提真，推理形式有效，结论当然真。此外第（2）、（4）、（6）种情况中，或推理形式无效，或前提假，或前提假并且推理形式无效，然而结论却都是真的。如果说，推理的前提相当于论证的论据，推理的结论相当于论证的论题，推理形式相当于论证方式，那么（2）、（4）、（6）这三种情况也就意味着：论证方式无效，或论据假，或论据假并且论证方式无效，然而论题却可以还是真的。也就是说，驳倒了对方的论据或驳倒了对方的论证方式，并不等于对方论题本身也一定是虚假的。因此，所谓"驳倒了对方的论据或论证方式，对方的论题也就不攻自破"的说法是没有根据的。

也许有人会问，反驳一个论证，就是确定该论证违反了论证的规则，只要能够确定一个论证违反了任何一条论证的规则，则该论证就不能成立，就等于驳倒了该论证，那么，这是不是说，反驳对方作为论题的判断，确定其虚假性就没有必要也没有意义了呢？当然不是。

其实，反驳一个论证与反驳一个作为论题的判断，这是两个虽然相互关联但却不一样的问题。前者旨在确定一个论证违反了论证的规则，后者旨在确定一个作为论题的判断的虚假性。这两件工作完全可以同时开展，齐头并进。关键是不能将它们混为一谈，也不能用其中一个而取代另一个。

从某种意义上说，反驳对方作为论题的判断，确定其虚假性不但不是没有必要和没有意义，而是更有必要、更有意义。因为论题是一个论证所要确定其真实性的判断，是一个论证的灵魂和统帅。如果能够将一个论证的论题驳倒，暴露其虚假性，就意味着这个论证没有了灵魂和统帅。因此有一种意见认为，只有将一个论证的论题驳倒了，确定了其虚假性，才是真正彻底驳倒了一个论证。这种意见应该说还是有道理的。但是如果因此否定反驳论证（即确定论证不能成立）的价值和意义，那就不应该了。

二、反驳推理或论证的方法——类比归谬法

前面已经说明，反驳论证可以从三个方面进行，即反驳论题、反驳论据和反驳论证方式。比较而言，反驳论题和反驳论据容易进行说明也容易见到成效，而反驳论证方式就不一样了。因为反驳论证方式需要分析论证中所运用的各种推理形式，指出它们违反了什么推理规则，犯了什么错误。而这样枯燥的理论分析，特别是在很多人眼中非常陌生的名词、术语，即使不会把人吓跑，也会令人大倒胃口的。因此，关于怎样反驳论题和论据的内容，这里就省略了，而重点说明怎样反驳论证方式，集中介绍反驳论证方式的一种非常有效的方法，即类比归谬法。

所谓类比归谬法，是假定被反驳推理或论证成立并且比照被反驳推理或论证类比引申出一个明显荒谬的推理或论证，从而否定被反驳推理或论证的方法。由于在这种方法中既可以看到类比推理的影子，又可以看到归谬法的运用，故称类比归谬法。请看下面两个例子：

①美国逻辑学家贝尔克因为反对一位参议员而遭到该参议员的图谋陷害。当时共产党在美国是非法的，这位参议员便处心积虑地将贝尔克说成是一个共产党人。参议员说："所有的共产党人都反对我，你也反对我，所以你是共产

党人。"贝尔克则反驳道："所有的鹅都吃白菜，你也吃白菜，那么你也是鹅了。"

②加拿大外交官切斯特·朗宁曾经在中国湖北生活过，小时候还吃过中国奶妈的奶。后来他在加拿大参加竞选时遭到一些人的反对。反对者的办法是证明朗宁有中国人的血统，而根据当时加拿大的法律，朗宁若有中国人的血统，那他参加竞选的资格就成了问题。反对者是这样证明的："朗宁是喝中国人的奶长大的，他身上一定有中国人的血统。"朗宁则毫不含糊地反驳道："说这些话的人都是喝牛奶长大的，这么说，那他们身上一定有牛的血统了。"

③古希腊的故事：在雅典有位年轻的演说家，他能言善辩，四处奔走，到处发表演说，雄心勃勃地猎取功名利禄。有一天，他父亲跟他说："孩子，你这样下去不会有好结果的。你说真话吧，富人会恨死你；你说假话吧，贫民会不拥护你。可是你既要演讲，就得或讲真话，或讲假话，所以不是遭到富人的憎恨，就是遭到贫民的反对啊！"儿子听了，笑着反击父亲说："爸爸，我会有好结果的。因为，如果我说真话，那么贫民就会赞颂我；如果我说假话，那么富人就会赞颂我。虽然我演说不是说真话，就是说假话，但这不是贫民赞颂我，就是富人赞颂我啊！"

④在一件离婚案件中，女方提出要求离婚的理由是，"被告（男方）不会过日子，性格合不来，每月都要为给父亲的生活费大吵一场"。

男方辩说："这怎么能怪我呢？如果我钱给多了，她就说我大手大脚，不顾自己的家，胳膊肘往外拐；如果我钱给少了，她又说我小气，给她丢人。所以我无论多给钱，还是少给钱，她都不满意。"

女方代理律师进行了反击："你（指男方）钱给多了，势必影响自家的生活，这是你的不对。你钱给少了，势必影响父亲的生活，这也是你的不对。所以，你无论是多给钱，还是少给钱，都是你的不对。"

这四个例子中，都使用了类比归谬法。先来看第一个例子。参议员的陷害与贝尔克的反驳有许多共同点：都是推理，也都是三段论推理，而且都是三段论推理第二格，但都违反了三段论"中项至少周延一次"的规则，都犯了"中项不周延"的错误。参议员可以推出贝尔克是共产党人的结论，因此贝尔克也可以推出"该参议员是鹅"的结论。比照类比推理的定义（根据两类事物或情况在一系列属性上相同从而推出其他属性也相同），这个例子应该说是完全符合的。再来看其中的归谬法。贝尔克是在参议员讲完之后紧接着进行反驳的，但是贝尔克并没有直接去反驳对方，而是采取了一种似乎是默认对方说法的态度，实际上也就是假定对方的说法成立，然后由这种假定出发，引申出

"该参议员是鹅"这个显然荒谬的结果。由于结果如此荒谬，因此假定该参议员说法成立就是错误的，即该参议员的说法不能成立。所谓归谬法，就是假定被反驳的说法成立并且根据这种假定必然导致荒谬结果从而否定该假定的方法。据此也不难看出，这个例子完全具备归谬法的上述特征。上述分析，也完全适用第二、第三和第四个例子，因此就不赘述了。

事实上，类比归谬法在综合运用类比方法和归谬法的时候，是有主次之分的。为了说明这一点，不妨将上述例①中贝尔克反驳的结构予以完全的展示：

如果按照参议员先生的说法：所有的共产党人都反对他，我也反对他，所以我是共产党人。那么我也完全可以说："所有的鹅都吃白菜，你也吃白菜，那么你也是鹅了。"然而我这样说显然是不符合事实的，是荒谬的。因此参议员先生的说法也是不符合事实，同样是荒谬的。

可以看出，这里实际上运用了充分条件假言推理的否定后件式，是归谬法的典型范式；而类比方法则只是存在于这个结构中的一个局部，即只是用于构建作为推理前提的充分条件假言判断，而这种方法的整体逻辑框架则是归谬法。因此应该说，类比法和归谬法在类比归谬中的地位和作用并不是平分秋色，而是有主有次的：是以归谬法为主，类比法为辅；以归谬为中心，而类比法则是服务这个中心并为其作铺垫的。简言之，是归谬为体，类比为用。

如果上述说法成立，那么类比归谬具有必然性的性质也就不言而喻了。然而这决不意味着类比法在类比归谬中的地位和作用就无足轻重了。诚如上面所言，类比法在类比归谬中的作用集中体现在构建一个充分条件假言前提，而这个假言前提真实与否，将直接决定归谬法赖以成立的充分条件假言推理是否正确。如果归谬法赖以成立的推理是错误的，那么归谬法即便具有逻辑上的必然性，其论证的可靠性也就值得怀疑了。因此，类比法虽然在类比归谬中只是处于次要位置，但这仅仅只是说，它不能改变类比归谬具有必然性的事实，而类比归谬最终能否获得成功的运用，类比法在构建充分条件假言前提中的作用是至为重要的。

那么，怎样才能确保运用类比法构建出一个真实的充分条件假言前提并且使类比归谬的运用获得最好的效果呢？毫无疑义，这个充分条件假言前提首先必须是真实的，前件必须是后件的充分条件，即前件必须蕴涵后件。在类比归谬中，作为前提的充分条件假言判断，其前件实际上就是需要予以反驳的对方的推理或论证，其后件实际上就是反驳者依据类比法所构建的与对方的推理或论证极其类似的某个推理或论证。为了确保我们所构建的推理或论证与对方的推理或论证真正做到极其类似，一种最可靠的办法就是让两者属于同一种类型，并且所存在的问题或所犯的错误也属于同一种类型。比如贝尔克所构建的推理与参议员的推理就同属三段论推理第二格，而且都违反了三段论"中词至少周延一次"的规则，都犯了"中词不周延"的错误。这样一来，反驳者所构建的推理或论证不但做到了与对方的推理或论证极其类似，而且实际上就是同一种类型。在这种情况下，作为前件的对方的推理或论证当然就是作为后件的反驳者所构建的推理或论证的充分条件了。

在实际运用中，类比归谬法可以将对方逼进死胡同并且还无法自救，因为你所构造的推理或论证跟他的推理或论证在形式上如此相似或者干脆就是如出一辙。对方如果不同意你的推理或论证，势必要否定他自己的推理或论证；反之，如果对方坚持自己的推理或论证，就势必要承认你的推理或论证，而你的推理或论证又是他无论如何不愿意接受的。类比归谬反驳错误推理或论证的高妙，尽在于此。

类比归谬法的主要用途和重要价值就是用于反驳错误的推理或论证。对于一个错误的推理或论证，当然可以而且也应该从逻辑上进行分析，判定其推理类型，指出其所犯的错误。比如贝尔克可以这样反驳："参议员先生，你用了一个三段论推理，违反了三段论'中词至少周延一次'的规则，犯了'中词不周延'的错误。所以你的推理或论证是不能成立的。"不难看出，这样反驳是完全正确的，而且很多时候或场合（比如学习和研究逻辑、参加逻辑考试），这样的逻辑分析无疑是题中应有之义。然而在许多情况下，对错误的推理或论证如果仅仅只是从逻辑上进行分析，往往效果不佳，甚至根本就行不通。比如你所面对的人群没有学过逻辑或者根本不懂逻辑，你的逻辑分析很可能就是对牛弹琴。又比如在激烈的辩论场合尤其是辩论比赛中，面对错误的推理或论证，你只会从逻辑上进行分析，那么听众中即便有些人能够听懂你所说的，恐怕也难免枯燥之感；至于那些听不懂的，更是如坠云雾之中。此情此景，哪里还有什么效果可言呢？在这种情况下，类比归谬就可以大显身手了。虽然使用这种方法不能对错误推理或论证进行深入的逻辑分析，但是对于错误的推理或论证，却能起到有效的揭露作用、遏制作用和打击作用，而且通俗生动，具有强烈的现场效果。正因为如此，许多运用类比归谬反驳错误推理或论证的经典案例被人们津津乐道、广为传诵。其中最著名的就数逻辑史上脍炙人口的"半费之讼"了：

古希腊著名辩者普罗泰戈拉曾教欧提勒士学法律。双方合同约定：毕业时欧氏付普氏一半学费，欧氏毕业后第一次出庭打官司赢了再将另一半学费付清。但欧氏毕业之后一直不出庭打官司，当然也就未付另一半学费。普氏等不及了，就到法庭将欧氏告了。在法庭上，普氏对欧氏说："如果今天你打赢了官司，那么按照合同，你应付清我另一半学费；如果今天你打输了官司，那么按照法庭判决，你也应付清我另一半学费；你今天或者打赢官司或者打输官司，总之，你都应付清我另一半学费。"普氏刚刚说完，欧氏便开口回应道："如果今天我打赢了官司，那么按照法庭判决，我不应付清你另一半学费；如果今天我打输了官司，那么按照合同，我也不应付清你另一半学费；我今天或者打赢官司或者打输官司，总之，我都不应付清你另一半学费。"

对于这场诉讼，不但逻辑史上众说纷纭，在现实生活中也是仁者见仁，智者见智。有说老师普氏错的，有说学生欧氏错的，也有说老师和学生都是错的。的确，如果孤立地去看老师或学生的说法，显然都是有毛病的，而且毛病的性质也是完全一样。普氏和欧氏使用的都是二难推理，而且都是二难推理的简单构成式，如果从推理形式上分析，应该说是没有什么问题的。问题在于普氏和欧氏都犯了一个共同的错误，即在同一个推理或论证中使用了两个不同的根据：一个是他们之间的合同，一个是法庭的判决，而这两个根据恰恰又是不相容的。由于在同一个推理或论证中使用了互不相容的两个根据，于是老师普氏推出了学生无论打赢还是打输官司都应付清另一半学费的结论，而学生欧氏则推出了自己无论打赢还是打输官司都不应付清另一半学费这个完全相反的结论。因此如果孤立地看，师生二人的说法都是有错误的。

然而有一点是不容忽视的，那就是师生二人虽然都犯了同一种类型的错误，但老师犯错在先，学生犯错在后。以学生欧氏如此敏捷、机智的应对来看，如果说他没有发现老师普氏的错误，而是简单机械地重复了老师的错误，恐怕无论如何也是解释不通的。如果承认欧氏确实发现了普氏的错误，那么毫无疑义，欧氏在法庭上对普氏的回应，就是自觉运用类比归谬的一次非常成功的反驳。这个反驳完整的逻辑结构应该是这样的：

如果你可以在同一个二难推理中使用这样两个根据推出我无论打赢或者打输这场官司都应付清你另一半学费的结论，那么我也可以在同一个二难推理中使用这样两个根据推出我无论打赢或者打输这场官司都不应付清你另一半学费的结论。如果你认为我这样推理并且推出这样的结论都是错误的，那么你同样的推理并且推出的结论是不是也都有问题呢？

由于欧氏是在普氏讲完话后紧接着进行反驳的，所以很多内容就略去不提了，只是将模拟普氏的错误推理作了清晰的表达。事实上，学生欧提勒士对老师普罗泰戈拉的回应，与前面提到的切斯特·朗宁对反对者的回应以及贝尔克对参议员的回应一样，都是运用类比归谬法对错误推理进行反驳，而且都是采用省略形式，只是保留了模拟对方错误推理的部分。可是非常奇怪的是，人们对切斯特·朗宁和贝尔克使用这种归谬法是津津乐道，赞赏有加，对于他们为了反驳对方而模拟对方的错误推理（即从对方的错误推理引申出来的错误推理）没有一个人说半个"不"字，可是对于使用同样方法的欧提勒士却是横加指责，一定要将欧提勒士所模拟的错误推理从类比归谬的完整链条中分离出来分析说："喔！老师的推理是错误的，学生的推理也是错误的呀！"殊不知，学生的错误推理是从老师的错误推理中合乎逻辑地引申出来的。这个引申出来的模拟推理当然是错误的，惟其如此，被模拟推理的错误才能够如此清晰地暴露在光天化日之下。

☞思考题

1. 人们对事物情况以及事物情况之间关系的认识用为论据时属于什么论据？

2. 怎样理解论证与推理的对应性和差异性？

3. 怎样理解论证在认识世界和改造世界中的作用？

4. 为什么说关于论据的规则与充足理由律的要求是完全一致的？

5. 运用完全归纳证明，一般要经历哪几个步骤？

6. 法庭辩论可以运用类比证明吗？如果可以，那么类比证明与事件自身的逻辑论证是一种什么关系？

7. 运用反证法进行证明，一般要经历哪几个步骤？

8. 运用选言证法进行证明，一般要经历哪几个步骤？

9. 运用归谬法时，一般要经历哪几个步骤？其中最关键的是哪一步？

10. 归谬法既可用于证明也可用于反驳，区别仅仅在哪一步？

11. 如何认识证明与反驳之间的关系？

12. 反驳论证，可以从哪三个方面进行？

13. 为什么驳倒了对方的论据或对方的论证方式都不意味着驳倒了对方的论题，更不意味着对方的论题一定就是虚假的？

14. 怎样看待与评价"半费之讼"中的是非曲直？

☞练习题

一、分析下列论证的结构：指出其论题、论据和论证方式。

1. 在一次由于严重违章，造成数十万元重大损失的公诉案件中，公诉人对毫不在乎的该厂厂长说：作为一个工厂的负责人，如果你知道并支持这种违章操作，那么根据法律规定，你应负刑事责任；如果你不知道这是违章操作，那么就是严重的官僚主义和玩忽职守，根据法律规定也是要负刑事责任的。不管你知道还是不知道这是违章操作，总之，作为工厂负责人，你都逃脱不了刑事责任。

2. 有个袋子里有绿、蓝、红三种颜色的玻璃球 100 只。求证，这些玻璃球中至少有一种颜色的玻璃球不少于 34 只。

证明：设"这些玻璃球中至少有一种颜色的玻璃不少于 34 只"是假的。如果它是假的，那么，这三种颜色的玻璃球相加之和最多只有 99 只。这样，就与给定的条件有矛盾。因此，上述假设是不能成立的。根据排中律，可以证明论题是真的。

3. 联合调查组深入调查后认定唐记合、唐球真不是杀人凶手。如果唐记合、唐球真是杀人凶手，那就应该与被害人的一贯指证相符，即作案人一老一少，老的讲客家话，少的穿黄色衣服。经查实，唐记合（父亲）根本不会讲客家话，唐球真（儿子）从未穿过黄色衣服。

4. 被告杨某某与死者彭某某是夫妻关系，是共同生活在一个家庭内的成员。杨正是利用这一特殊关系，对彭经常打骂。这一情节，具备了虐待罪所具有的第一个特征：犯罪人与被害人之间，必须具有一定的亲属关系或抚养关系，并且是共同生活在一个家庭内的成员。……虐待罪的第二个特征是犯罪人的行为是经常性的、一贯性的行为，而且是故意的行为。这种行为在手段上是多种多样的，如殴打、冻饿、侮辱、限制行动自由等。它使受害人在肉体上、精神上经常遭受折磨和痛苦，身心遭到严重的摧残。杨某某对其妻经常打骂，较重的就有六次。恶劣的是把她右脚打伤后还推出门外，任其仅穿短裤、汗衫冻了一个多小时。……由于经常地遭受折磨、摧残，才促使女方走上跳楼一死的绝路。她是在被告一边打，一边揪着头发和手往里屋拖，邻居赶来拉开后，"哭着直奔厨房西边的凉台上跳楼"而死的。女方的死与其夫杨某某的虐待行为有着直接的关系，这正是虐待罪所具备的第三个特征。由此可见，被告杨某某虐待妻子致死，就其行为已构成虐待罪。

5. 人类所认识的客观事物，从宏观天体到微观粒子，都具有一定的结构。

太阳系的九大行星和小行星，为什么都在自己固定的轨道上运动，每时每刻，每个星体都各处于一定的位置上？这是因为由它们所组成的太阳系的整体是一个有序结构。而在银河系中，太阳系又是这个大系统中的一个要素。银河系是一个约有 1500 亿颗恒星和大量星云所组成的恒星系，各层次之间同样不是杂乱无章，而是有其一定结构的。银河系中心区的球形部分称为银核，周围有旋臂，是一个由恒星组成的扁平圆盘，所有恒星都按照自己的轨道和速度运动着。

不仅宏观天体存在一定的结构，而且微观物质也有其内部结构。原子也是一个系统，它包含着复杂的内部结构，是系统的无限层次中的一级结构。原子中又存在着质子、电子、中子，这些并称为基本粒子。在宇宙射线和高能原子实验中发现的各种基本粒子达三百多种。现代基本粒子的研究又表明基本粒子确实不"基本"，同样是有结构的，故不再称"基本粒子，而只称"粒子"。

处于宏观天体与粒子中间的地球、生物以至分子等这些不同层次的系统，都无例外地存在着一定的结构。

6. 子路曰："卫君待子而为政，子将奚先?"子曰："必也正名乎!"子路曰："有是哉，子之迂也，奚其正?"子曰："野哉由也! 君子于其所不知，盖阙如也。名不正则言不顺，言不顺则事不成，事不成则礼乐不兴，礼乐不兴则刑罚不中，刑罚不中则民无所措手足。故君子名之必可言也，言之必可行也。君子于其言，无所苟而已矣。"

7. 《资治通鉴》中记载了唐太宗与魏徵的一次对话：

唐太宗问魏徵："人主何为而明，何为而暗?"魏徵回答说："兼听则明，偏信则暗。昔年尧经常清楚地了解底下的民情，所以能及时知道苗民叛乱的消息并给予平息。舜有四只眼睛，看事物非常清楚，所以共工、鲧和欢兜的叛逆行为瞒不过他。但秦二世偏信赵高，结果遭到满门被诛戮的灾祸；梁武帝偏信朱异，因而受台城之辱；隋炀帝偏信虞世基，所以招致彭城阁之变。"

二、指出下列证明或反驳中所采用的证明或反驳方法。

1. 一位年轻妇女分娩后，丈夫听说生的是女孩，竟劈脸给妻子一巴掌。因为他认为"妻子生女孩有罪"。有人反驳说："如果论'罪'，倒是应该狠狠掌丈夫的嘴巴! 因为从科学的观点来看，生男生女，主要由父方的染色体决定；如果生女有罪，不生女只生男，人类怎样繁衍? 如果生女有罪，不知这位丈夫的外祖母是否也包括在罪人之列?"

2. 秦苻融为冀州牧，有老妪于路遇劫贼，路人为逐擒之。贼反诬路人，时已昏黑，莫知其孰是，乃俱送之。

融见而笑曰："此易知耳，可二人并走，先出凤阳门者非贼。"既而还入，融正色谓后出者曰："汝真贼也，何诬人乎?"贼遂服罪。盖以贼若善走，必不被擒，故知不善走者贼也。(《晋书·苻融传》)

3. 山右民妇有外遇，久之为夫所觉，尚隐忍未发也。妇微窥其意，告于所私，谋毙之。一夕，其夫醉卧，遂以帛勒其项，已气绝矣! 复恐迹彰，自焚其舍；尸通身焦黑，颈项模糊；方喜得计，报官验视。妇抢地哀号泣诉。官曰："尔非与夫同室耶?"曰："然。""然则曷为夫死而尔生?"曰："火起时因其醉卧，推之不醒，及焰炽，不得已舍之出走，故免予难。"官曰："此系死后被焚，非生前之故。"妇抗词不屈。官曰："是无难辨。视尔夫死两手握拳，如果焚在生前，虽醉人亦必以手护痛。今紧握其拳，其为死后不能运动可知。如不吐实，不汝宥也。"一面饬殓，仍带妇至署。严鞠之，妇不能隐，遂并逮奸夫，正其罪。(《折狱龟鉴补》卷二)

4. 毛泽东在《中国革命战争的战略问题》一文中，在谈到中国革命战争只能由无产阶级及其政党来领导时指出："中国资产阶级虽然在某种历史时机可以参加革命战争，然而由于它的自私自利性和政治上经济上的缺乏独立性，不愿意也不能领导中国革命战争走上彻底胜利的道路。中国农民群众和城市小资产阶级群众，是愿意积极参加革命战争，并愿意使战争得到彻底胜利的。他们是革命战争的主力军；然而他们的小生产的特点，使他们的政治眼光受到限制（一部分失业群众则具有无政府思想），所以他们不能成为战争的正确的领导者。因此，在无产阶级已经走上政治舞台的时代，中国革命战争的领导责任，就不得不落到中国共产党的肩上。"

5. 青年阿姆斯特朗被告图财害命。证人说：10月18日晚11时，他在草堆后面，亲眼看到被告人在离草堆二三十米远的地方向被害人开枪，因为月光照在被告人脸上，所以他看清楚了作案人就是被告。被告人声称蒙冤，却有口难辩。林肯接手此案担任被告人的辩护律师，在作了大量调查取证工作后，发现证人是彻头彻尾的骗子。林肯在法庭上说，证人一口咬定10月18日11点，他在月光下认清了被告人的脸。可是10月18日那天是上弦，到了晚上11点，月亮早已下山了，哪里还有月光？退一步说，证人对时间记不得那么精确，即使时间稍提前，但那时月光应是从西往东照，草堆在东，大树在西，如果被告人脸朝大树，月光可以照到脸上，可是证人根本看不到被告人的脸。如果被告人朝着草堆，那么月光只能照到被告人的后脑勺，证人又怎样看到月光照到被告人的脸上呢？又怎样能从二三十米远的地方看清被告的脸呢？证人被问得张口结舌，无地自容。法庭最后宣判，被告无罪释放。

第十一章　法律论证

在上一章中，我们探讨了论证的一般原理，本章主要介绍法律论证的有关内容，主要包括法律论证的特征、常见方法、评价标准以及法律辩论或论辩的技巧与方法。

第一节　法律论证概述

一、法律论证的概念

法律论证，即法律适用中的论证，是指在法律适用过程中，通过给出一定的根据和理由来对某种法律决定的合法性、合理性、正当性以及可接受性所进行的论证。法律论证作为论证的特殊形式，具备论证的一般特征，同时也具有自身的特点。与一般论证相比，法律论证的特殊性主要表现为以下几个方面：

首先，语境不同。法律论证所处的语境是法律适用领域，因此，法律论证的主体、客体及其相应的制度约束就与一般论证有所区别。法律论证的主体主要涉及法官、诉辩双方、当事人等；而一般论证主体一般没有限制。法律论证的客体主要围绕的是解决相关的法律决定的合法性、合理性和正当性问题。法律论证所处的背景具有高度的制度性，也就是说，法律论证要受到相应司法体制、司法制度与司法程序的制度约束，要按照相应的"规则"来进行。

其次，约束力不同。法律论证具有相应的约束力，法官所做的法律论证具有明显的约束力，而其他法律论证的主体也必须通过法律论证以表达自身的合法性和合理性及正当性诉求，不能主观臆断，否则将要承担不利的法律后果。

再次，实践性要求不同。法律论证属于一种实践理性，不属于纯粹的思维领域，它深刻地影响到人们的社会行为，并最终影响到整个社会秩序的构建。而一般论证完全可能成为纯思辨的形式。例如，人们可以不停息地探讨笛卡儿的"我思故我在"命题和"上帝是万能的"命题，而不考虑它与社会实践的任何直接联系。

最后，法律论证具有开放性和交互性的特征。法律论证由于法律领域本身所具有的不确定性特征的影响，因而想要一劳永逸地解决相关法律决定的确定性问题一般不太现实（但法官和其他法律实践的主体又不能不做出相应的决定），因而法律论证具有开放性的特征，法律论证存在着错误和不当的可能，故诉讼制度相应有一审、二审和再审及申诉等规定。而一般论证的开放性特征不如法律论证明显。同时，法律论证还具有交互性特征。法律论证一般表现为对话特征，甚至有人将法律论证称为法律论辩。在哲学的语言学转向和哈贝马斯等人的共识理论的影响下，法律论证的对话特征在当代法律制度中具有更为重要的地位和影响。通过交互性的论证，法律论证的主体更容易达成一致，从而实现最大程度的合理性。通过交互性的论证所得到的法律决定，也具有更大的可接受性。

二、法律论证的构建

法律论证的构建是指通过一定的方法与步骤将法律论证的相关材料组织成为一个有论证性的系统或体系的过程。法律论证的构建涉及论证结构这一复杂的论证理论问题，在此仅以两种在现当代法律论证理论中有突出影响的理论代表进行简要介绍。

（一）图尔敏论证结构理论

图尔敏论证结构理论也称为论证图解或论证图示理论。① 图尔敏论证结构理论和佩雷尔曼的新修辞学论证理论都是对现代数理逻辑在应对日常自然语言论证之不足的挑战和对策，他们都认为现代数理逻辑不能提供适当的论证理论。相应地，图尔敏和佩雷尔曼也就成为非形式逻辑最重要的理论先驱。图尔敏认为，论证应当以法律互动对话为模式，而不是以抽象的几何或数学系统为模式，论证最好被解释为由根据（或事实，Data）支持的主张（Claim）、依赖于正当理由（Warrant）的推理组成。正当理由本身可能需要"支援"（Backing）支撑。对主张的支持常受到限制（Qualifiers），要认识到可能存在的反驳（Rebuttal）情形。图尔敏的批评，否定了逻辑史中"形式有效性"的优越地位。

---

① Stephen E. Toulmin. *The Uses of Argument*. Cambridge Press，1958：97-118.

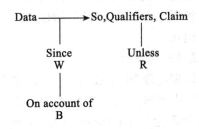

该模式包括6个组成部分：（1）主张，即在论证中需要证明的结论；（2）根据，即作为论证基础的事实或理由；（3）正当理由（担保或保证），即连接根据与主张的桥梁；（4）支援性陈述，即通过回答对正当理由的质疑而提供附加的支持；（5）限制，正当理由和根据对主张或结论的支持度；（6）反驳，即阻止从理由得出主张或结论的因素。

以许霆案为例（详见本书第276页），该案判决后在社会上引起强烈反响，该案的法律适用也备受社会的指责。若仅从形式法律推理或论证的角度来看，广州市中级人民法院的判决是符合法律规定的。在该案判决的论证中，判决的根据或事实（图尔敏模式中的D）是没有问题的，即许霆盗窃金融机构这一案件事实已被证实；判决结论（图尔敏模式中的C）是构成盗窃罪，处无期徒刑，剥夺政治权利终身，并处没收个人全部财产。其中的正当理由（图尔敏模式中的W）是《刑法》第二百六十四条。限制词（图尔敏模式中的Q）是应当。这里的支援（图尔敏模式中的B）是《刑法》第二百六十四条对侵犯财产权的惩戒，没有这种惩戒，就很难落实对财产权的保护。而R则是由犯罪事实到判决结论之支持所存在的可能的反对意见。在本案中，我们认为定罪论证问题就出在量刑问题上。因为，刑法的一个基本原则是罪责刑相适应原则，刑罚的轻重应当与犯罪的社会危害性、应当承担的刑事责任相适应，而且还应当考虑到犯罪人的主观恶性及人身危险性等因素。而由许霆案的案件事实来看，许霆之所以犯罪，一个不可否认的客观事实是银行的ATM取款机存在故障，在这个问题上难道银行就没有一点责任，而让所有的"恶果"都由许霆来承担吗？换句话说，从常理来看，我们能有多少人在这么大的诱惑面前无动于衷呢？其次，许霆还存在一个酌定从轻的情节，那就是许霆曾经主动询问归还钱款的事实。这也说明许霆的主观恶性和人身危险性不大。总之，一审量刑明显过重。

需要注意的是，图尔敏论证图示理论的影响主要在于该理论对形式演绎逻辑在论证理论之中心地位的挑战上，该理论对后来的非形式逻辑等论证理论或论辩理论主要起到了一种理论先驱或理论启蒙的意义，而后来的逻辑学家一般并未优先采用他的论证模式。

（二）阿列克西的法律论证理论

阿列克西的法律论证理论是 20 世纪 70 年代及其以后占有重要地位的法律论证理论。其思想主要集中于阿列克西 1978 年的著作《法律论证理论：作为法律证立理论的理性论辩理论》（*A Theory of Legal Argumentation：A Theory of Rational Discourse as Theory of Legal Justification*）（1989 年英文版）。① 在该书中，阿列克西提出了普遍实践论辩理论和法律论辩理论。该书的第一部分，他探讨了关于规范证立的理论，对包括斯特文森、维特根斯坦、奥斯丁、黑尔、图尔敏和拜尔、哈贝马斯、埃尔朗根学派和佩雷尔曼等人的相关理论进行了评述。在第二部分，他提出了包括一系列规则和论述形式的普遍实践论辩理论。在第三部分，他提出了他自己的法律证立理论，并相应描述了普遍规则和形式如何在法律论证中使用等问题。这里只对法律论辩的规则和形式进行介绍。

1. 内部证成的规则和形式

1.1 形式

1.1.1 最简单的形式

（J.1.1）（1）（x）（Tx→ORx）

　　　　（2）Ta

　　　　（3）ORa　　　　　　　　　　　　　　　　　　　　（1），（2）

1.1.2 最普遍的形式

（J.1.2）（1）（x）（Tx→ORx）

　　　　（2）（M^1x→Tx）

　　　　（3）（x）（M^2x→M^1x）

　　　　　　　⋮

　　　　（4）（x）（Sx→M^nx）

　　　　（5）Sa

　　　　（6）ORa　　　　　　　　　　　　　　　　　　　　（1）-（5）

1.2 规则

---

① 该书的中译本可参见［德］罗伯特·阿列克西. 法律论证理论——作为法律证立理论的理性论辩理论［M］. 舒国滢，译. 北京：中国法制出版社，2002.

（J.2.1）欲证立法律判断，必须至少引入一个普遍性的规范。

（J.2.2）法律判断必须至少从一个普遍性的规范连同其他命题逻辑地推导出来。

（J.2.3）每当对于 a 是否为 T 或者 M_i 产生疑问时，均必须提出某个规则，对该问题做出决定。

（J.2.4）需要尽可能多地展开逻辑推导步骤，以使某些表达达到无人再争论的程度，即它们完全切合有争议的案件。

（J.2.5）应尽最大可能陈述逻辑的展开步骤。

2. 外部证成的规则和形式

2.1 经验论证的规则和形式

这适用于（6.1）之规则。特殊的规则和形式没有详述。

2.2 解释的规则和形式

2.2.1 语义学解释的形式

（J.3.1）基于 W_i，R′必须被接受为是对 R 的解释。

（J.3.2）基于 W_k，R′可能不被接受为是对 R 的解释。

（J.3.3）因为 W_i 和 W_k 均不成立，所以，R′可能接受为是对 R 的解释，也可能不接受为是对 R 的解释。

2.2.2 发生学解释的形式

（J.4.1）（1）$R'\left(=I\dfrac{R}{W}\right)$ 是立法者意图所在。

　　　　　（2）R′

（J.4.2）（1）立法者根据 R 来追求目标 Z。

　　　　　（2）$\neg R'\left(=I\dfrac{R}{W}\right)\neg Z$

　　　　　（3）R′

2.2.3 目的论解释的基本形式

（J.5）（1）OZ

　　　　（2）$\neg R'\left(=I\dfrac{R}{W}\right)\neg Z$

　　　　（3）R′

2.2.4 历史、比较和体系解释的形式没有详细列出。

2.2.5 规则

（J.6）任何属于解释规准的论述形式，必须达到饱和。

（J.7）那些表达受法律的文义或历史上的立法者意图之约束的论述，比其他论述具有优位，除非能够提出合理的理由说明其他的论述被赋予了优位。

（J.8）各种不同形式的论述的分量，必须根据权衡轻重的规则来加以确定。

（J.9）一切属于解释规准而又能够尽可能被提出的论述形式，都必须予以考量。

2.3 教义学论证的规则

（J.10）任何教义学语句，当它受到怀疑时，必须应用至少一个普遍实践论述来加以证立。

（J.11）任何教义学语句，必须能够既经得起狭义体系的检验，也经得起广义体系的检验。

（J.12）当能够使用教义学论述时，则必须使用之。

2.4 判例适用的最普遍规则

（J.13）当一项判例可以引证来支持或反对某一裁决时，则必须引证之。

（J.14）谁想偏离某个判例，则承受论证负担。

2.5 特殊的法律论述形式

2.5.1 形式

（J.15）（1）（x）（OGx→FX）

　　　　（2）（X）（¬Fx→¬OGx）　　　　　　　　　　　　　　　　（1）

（J.16）（1）（x）（Fx ∨ Fsimx→OGx）

　　　　（2）（x）（Hx→Fsimx）

　　　　（3）（x）（Hx→OGx）　　　　　　　　　　　　　（1），（2）

（J.17）（1）O ¬Z

　　　　（2）R′→¬Z

　　　　（3）¬R′

2.5.2 规则

（J.18）各种特殊的法律论述形式必须达到饱和。①

所谓的内部证立是指法律决定可以通过前提逻辑地导出的证立。而外部证成是指前提不能逻辑地推导出结论，从而需要首先使前提的可接受性得到支持。

根据阿列克西的观点，内部证立是法律论证的基本点，并因此成为法律论

---

① ［德］罗伯特·阿列克西. 法律论证理论——作为法律证立理论的理性论辩理论［M］. 舒国滢，译. 北京：中国法制出版社，2002：369-373.

证理论的中心议题。外部证成的基本问题是内部证立中使用的论述根据法律标准是否可以接受。

从某种角度来看，阿列克西的内部证立与我们通常所说的形式法律推理相对应，而外部证成则与实质法律推理相对应。但这并不是说，阿列克西的法律论证理论的提出就没有价值。由于阿列克西所提出的内部证立和外部证成均具有相对成体系的特征，因而更具有理论和实践价值。而我们通常所说的形式法律推理与实质法律推理，一般都缺乏系统和体系的特征，其中不乏模糊、不一致甚至矛盾的地方。

首先我们对内部证立进行考察。内部证立最简单的形式具有下面的结构：

(J.1.1) (1) $(x)(Tx \rightarrow ORx)$

　　　　(2) Ta

　　　　(3) ORa 　　　　　　　　　　　　　　　　　　　(1)，(2)

其中（1）是一个普遍的规范，（2）是用于描述规范所描述的法律后果之适用的实际情况，而（3）则是一个判断，是有关法律后果的规范性陈述。这个结构实际上与所谓司法三段论有类似的结构。在刑事法中，不管是在定罪还是量刑过程中，都会经常使用这种内部证立的形式。例如：

（1）以暴力、胁迫或者其他手段强奸妇女的，处3年以上10年以下有期徒刑。（《刑法》第二百三十六条第一款）

（2）某甲以暴力强奸妇女。

（3）某甲应处3年以上10年以下有期徒刑。

（当然，如果某甲是以胁迫方法，或以（类似的）其他手段强奸妇女的，同样应当处以3年以上10年以下有期徒刑，这是因为，该规范实际上是一个具有析取结构的规范判断，只要具备其中之一的情形，就可以做出结论判断）

如果普遍规范（1）应用于事实（2）没有问题时，（J.1.1）才可以适用。但是，规范是否可以适用通常并不清楚，因为，规范本身可能具有复杂的构成因素，也就可以以不同方式进行解释。这是因为规范判断的表述（表达规范的语言本身）可能存在模糊不清的地方，同时规范可能是模棱两可的，另外，规范表述在评价方面可以是开放的，例如像"公平"、"正义"、"诚实信用"、"情节恶劣"、"合理使用"等，这类术语的意义必须和使用它们的语境结合起来才可能加以确定。

对于出现这些模糊不清或开放式术语的情况下，为了确定其准确意义，必须建立一个语义规则。这样一个规则界定了某一复合谓词"M"的属性时，某事物（个人、行为或事件的状态）是"T"：

(x) (Mx→Tx)

当事物是否 M 不清楚时，应提出规则：

(x) (M^1x→Tx)

当事物是否 M^1 不清楚时，应提出规则：

(x) (M^2x→M^1x)

等等。

这个过程可能比较复杂，以完成对某一条款或表述的证立。即：

(J.1.2) (1) (x) (Tx→ORx)

(2) (M^1x→Tx)

(3) (x) (M^2x→M^1x)

$$\vdots$$

(4) (x) (Sx→M^nx)

(5) Sa

(6) ORa   (1)-(5)

例如，在许霆案中，所谓"盗窃金融机构"就存在一定的争议。许霆是从银行有故障的 ATM 机上盗窃钱款的，而 ATM 机是否属于金融机构呢？法律并未规定（当然法律也不可能规定得事无巨细）。因为《刑法》第二百六十四条只规定"……有下列情形之一的，处无期徒刑或者死刑，并处没收财产：（一）盗窃金融机构，数额特别巨大的；……"问题是什么是金融机构？许霆盗窃的地方不属于通常意义上的金融机构，但通过语义解释，由于银行 ATM 机在银行的业务中和柜台没有本质的区别（但仍有区别，那些反对对许霆定罪的人的观点，就是认为 ATM 机与柜台有本质区别，因而不属于盗窃金融机构），所以就存在以下的论证过程：银行 ATM 机属于金融机构，而许霆在 ATM 机上实施了盗窃；所以，许霆盗窃了金融机构。在这个过程中，我们已经诉诸了一个更普遍的规范，即如果某人盗窃了银行 ATM 机，那么某人就盗窃了金融机构。此后的论证就属于最简单的形式了：既然许霆盗窃了金融机构，所以对许霆应当以盗窃罪定罪，并按照盗窃金融机构量刑。①

---

① 无论如何，许霆案最后的判决与一审判决有天壤之别，许霆可能已经得到了公正的审判。但该案仍有值得争论和探讨的地方。

由上例可以看出，在内部证立的过程中，如果对应否使用谓词"T"仍不清楚时，那就需要诉诸一个更普遍的规则。这个过程可能很复杂。当提出这样一个普遍规则时，逻辑有效的论证得以重建。

内部证立规则具有一定程度的合理性，因为它们要求那些仍不清晰的规定应当予以明确：

（J. 2. 3）每当对于 a 是否为 T 或者 M_i 产生疑问时，均必须提出某个规则，对该问题做出决定。

（J. 2. 4）需要尽可能多地展开逻辑推导步骤，以使某些表达达到无人再争论的程度，即它们完全切合有争议的案件。

（J. 2. 5）应尽最大可能陈述逻辑的展开步骤。

内部证立的 5 个规则确保了一定的合理性。但是，整体上的证立的合理性仍依赖于前提（主要是大前提的合理性①）。最后司法决定的合理性仍然要依赖于外部证立。需要注意的是，从法律的一致性、确定性和稳定性价值来看，内部证立是法律论证的主流，而外部证立只是对内部证立的补充。从案件数量上来看，内部证立所解决的案件占主导地位。②

对于外部证立来说，它所解决的恰是内部证立中所使用的各个前提的证立。因为这些前提有许多种类，所以就有不同的证立形式。所谓实证法规则的证立是指出其按照符合法律秩序的有效性标准来进行。有多种程序可在经验前提的证立中显示出作用。其方法包括经验科学法则、合理推测的公理、审判中关于举证责任的规则。另外，所谓法律论证或法律推理（其含义与一般法律论证或法律推理含义不同）被用于证立那些既不是经验性陈述、又不是实证法规则的前提，诸如在公式（J. 2. 1）中的陈述（2）、（3）和（4）。

外部证成（或证立）中，最重要的是第一组规则，该组规则符合用于法律规范解释时的论述形式。这些解释形式包括：语义学解释、发生学解释、目的论解释、历史解释和体系解释。因此，第一组规则实际上是关于法律解释的规则，其所解决的主要是法律规范中的模糊不清与模棱两可及矛盾等问题。阿

---

① 这并未排除对于案件事实的疑问，因为事实的涵摄问题与大前提的证立问题具有同等的重要性。这一方面是叙述的方便，另一方面也是考虑到事实的确认和涵摄问题毕竟与大前提的确立属于不同的研究领域。

② 内部证立中所使用的大前提，由于其评价和价值与整个法律体系的价值和评判相一致，所以可以认为，在内部证立中，对于其大前提的证立属于省略状态。

列克西对解释所采用的符号表述比一般法律解释学论著的表述更为清晰和系统（但对于那些对符号与符号系统缺乏敏感性或系统训练的人来说，也可能是了解其理论的一大障碍），此处不再赘述。

外部证立的第二组规则是关于法律教义学中的陈述的使用。法律教义学的陈述包括法律概念的定义、出现在法律规范中的其他概念的定义、原则的表达等。当证立某一解释时，来自法律教义学的陈述可以有效地使用。阿列克西关于法律教义学的规则主要为：

（J.10）任何教义学语句，当它受到怀疑时，必须应用至少一个普遍实践论述来加以证立。

（J.11）任何教义学语句，必须能够既经得起狭义体系的检验，也经得起广义体系的检验。

（J.12）当能够使用教义学论述时，则必须使用之。

第三组规则与判决先例的使用有关。遵循先例的基本理由是要求我们相同事务应当做相同对待或处理的可普遍化原则。如果有人想制造例外，论证的负担就转移到他的身上。他必须说明为什么这一具体案件不同于先前在这种问题上的判决。对先例的使用，阿列克西提出了两个规则：

（J.13）当一项判例可以引证来支持或反对某一裁决时，则必须引证之。

（J.14）谁想偏离某个判例，则承受论证负担。

当然，阿列克西关于先例的规则仍然不够精细，只是一个粗线条。某人想偏离某个判例总是能找到或多或少的理由，毕竟任意两个案件之间不可能是完全相同的，其间总是存在一定的差别。问题是这种差别是否能够影响对案件的不同处理。在这个问题上，英美法系关于先例的相关规则可能具有更强的可操作性。

对于判例问题，尽管我们国家不属于判例法国家，但遵循相同情况相同处理，类似情况类似处理，不同情况区别对待，对于维护法制的统一性、一致性和可预测性具有不可忽视的影响。但在我国当前的司法实践中，对于同样或类似案件的处理，不仅在不同地区，不同层级的法院，甚至在同一法院的不同时期、不同法官之间，经常出现不同的判决，有时是差别很大的判决，这对于法治的统一和稳定有着较大的负面影响，借鉴判例制度具有一定的现实意义。例如，某一法院或法官在对某一案件做出判决的过程中，应当考虑到上级法院和本级法院的相同或类似案件的判决，如果要做出不同的判决时，应当做出相应的论证，以理服人。

第四组规则是特殊的法律论述形式的规则，被用于解释法律规则的法律方法中，诸如类推论证、反面论证、当然论证和归谬论证等。

反面论证的图式为：

(J. 15) (1) (x) (OGx→Fx)

(2) (x) (¬Fx→¬OGx) (1)

这是一个在逻辑上有效的推理或论证形式（充分条件假言推理否定后件式）。当法官打算让某一案件不受某一特定规则管辖时，可以使用该论证形式。但是，在（1）中必须规定：当且仅当 x 是一个 F 情形时，当下讨论的这个法律后果才应出现。至于情况是否如此，则取决于对它的解释。

类推也可以表述为一个有效的逻辑推论。其公式为（其中 Fsimx 表示 x 相似于某个 F）：

(J. 16) (1) (x) (Fx ∨ Fsimx→OGx)

(2) (x) (Hx→Fsimx)

(3) (x) (Hx→OGx) (1), (2)

阿列克西所举关于类推的例子：

(1) 对于一切 x：如果 x 是一个买卖契约（F）或者一个类似买卖的交换契约（Fsim），那么就应当对 x 适用《德国民法典》第 433 条以下的条文（G）。

(2) 对于一切 x：如果 x 是一个旨在有偿转让某个商业企业的契约（H），那么 x 就是一个类似买卖的交换契约（Fsim）。

(3) 对于一切 x：如果 x 是一个旨在有偿转让某个商业企业的契约（H），那么就应当对 x 适用《德国民法典》第 433 条的条文（G）。 (1), (2)

当对于类推来说，关键不在于从（1）和（2）推论出（3），而在于对（1）、（2）进行证立。而通常情况下，（1）无法从实证法中得出。实证法中通常仅规定下面这种形式：

(1. a) (x) (Fx→OGx)

为得到（1），需要下面这一规则：

(1. b) 从法律的观点看，相同的事件应当有相同的法律后果。

归谬论证的图式为：

(J. 17) (1) O ¬Z

(2) R′→¬Z

(3) ¬R′

该论证图式与类推论证类似，关键问题在于前提（1）和（2）必须被证立。特别是，必须表明 Z 被认为是禁止的，且 R′确实导致了结果 Z。前者可以通过普遍实践论证加以证立，后者仅靠经验论述。另外，如果隐含的假设被明确提出，这些特殊的论述形式能作为逻辑有效的论述形式得到分析。此时，应当将这些论述形式完整起来：

（J.18）各种特殊的法律论述形式必须达到饱和。①

三、论证结构的类型

传统论证的结构是所谓的 PPC 结构，即"前提—前提—结论"的结构，更简单的结构可以称为前提（或理由、论据）—结论（或主张、论点），前提与结论之间的关系是所谓的支持关系。但在实际论证过程中，论证结构往往比较复杂。前提本身可能需要论证加以支持，此时前提本身又成为另一个论证的结论；结论也可能需要若干相关或不相关论证的支持，等等。另外，在实际论证中，论证可能是省略形式，论证中可能存在预设和隐含的前提，对于这种论证，在评价之前就必须对其进行重建。在法律论证中，有时我们需要对方将自己的论证的结构予以展示，从而发现其中所隐含或预设的前提（这可能是对方论证谬误之所在）。

当论证有一个以上的前提时，它们与结论所形成的支持关系的不同决定了该论证的结构特征。一般而言，论证结构存在四种基本类型，这四种基本类型又可以通过组合而形成更为复杂的论证结构。这四种基本的论证结构是线性支持关系，组合式支持关系，收敛式（或聚合式）支持关系和发散式支持关系。②

（一）线性论证

这种论证从前提到结论的支持关系成直线式。当然，其中可能存在两个或两个以上的层次。例如：

某甲已经结婚又与他人登记结婚（1），所以某甲构成重婚罪（2）；某甲构成重婚罪，所以对其应当处以 2 年以下有期徒刑或者拘役（3）。

---

① 以上内容同时参见［荷］菲特丽丝. 法律论证原理——司法裁决之证立理论概览［M］. 张其山等，译. 北京：商务印书馆，2005：106-120.

② 武宏志等. 批判性思维：以论证逻辑为工具［M］. 西安：陕西人民出版社，2005：80-82.

该论证的支持关系（有两层）是，（1）支持（2），（2）支持（3）。结构图如下：

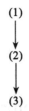

（二）组合式论证

若干互相联系的前提的组合一起支持结论。其中任何一个前提对于结论的确立都是不可或缺的。例如：

某甲虐待家庭成员（1），并且虐待情节恶劣（2），所以某甲构成虐待罪（3）。

其中（3）只能由（1）和（2）的组合得出，（1）或（2）缺少一个，（3）均不成立。结构图如下：

（三）收敛式论证

这种论证是由多个前提分别支持某一结论。例如：

反对克隆人（1）有三个理由。首先，不安全。虽然克隆技术近几年发展迅速，但目前克隆动物的成功率还只有2%左右，贸然用到人身上，克隆出畸形、残疾、夭折的婴儿，是对人的健康和生命的不尊重和损害。科学界普遍认为，由于对细胞核移植过程中基因的重新编程和表达知之甚少，克隆人的安全性没有保障，必须慎之又慎（2）。其次，可能影响基因多样性。克隆人的"闸门"一旦开启，人们很可能会以多种多样的理由来要求克隆人或"制造"克隆人，出现所谓的"滑坡效应"或"多米诺骨牌效应"（3）。最后，有损人的尊严。根据公认的人是目的而非工具以及每个人都享有人权和尊严的伦理原则，生命科学界和医疗卫生界自然也要遵循。克隆人恰恰背离了这些原则（4）。①

该论证中，（1）作为结论，由（2）、（3）和（4）分别支持。收敛式结构如下：

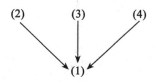

对于收敛式论证来说，可能其中的某一个论证对于结论来说已经是充分的支持关系，这是否意味着论证过多呢？一般认为，对于一个结论，如果能够提出多个独立的论证，那么留给对方的反驳余地就更小；同时，多个论证的提出，往往具有较强的修辞效果；另外，对于收敛式论证来说，其中的一个论证遭到致命打击，并不意味着整个论证的失败。

（四）发散式论证

同一前提集同时支持两个或两个以上的并行的主张，结构上与收敛式论证恰好相反。例如：

现查明，某机关干部胡某近两年受贿 20 万元（1），应当撤销县长职务（2），并移送司法机关依法惩处（3）。②

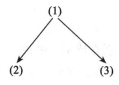

但在实际论证中，由这些基本结构结合起来，可能构成更加复杂的论证结构。

① 沈铭贤．从克隆人之争看生命伦理学［J］．新华文摘，2004（5）；转引自武宏志等．批判性思维：以论证逻辑为工具［M］．西安：陕西人民出版社，2005：81.
② 张大松等．法律逻辑学教程［M］．北京：高等教育出版社，2007：220.

第二节 法律论证的评价

一、论证评价的一般标准①

论证的评价是指根据一定的标准对论证的有效性或合理性及证明力等所进行的判断。因为"坏推理和好推理都是可能的，这一事实构成逻辑之实践方面的基础"（美国思想家皮尔士语）。由于论证的基本构成是前提和结论，所以论证的评价也主要包括两个方面，一是对前提的评价，二是对从前提到结论的推理的评价。其中任一方面不能令人满意的论证都不能称为好的、合理的、有力的或正确的论证。

（一）评价前提

对前提的评价决定前提的真实性或可接受性。一般说来，一个判断的真可以通过以下方式加以确认：一是个人经验；二是引用已被认可的权威；三是内在一致性；四是和已确立的事实（已知为真的事物）相一致。对于前提的真实性的确定首先要确认该前提的属性，即该前提是理论性命题还是经验性命题。对于经验性命题（表达某事态是否存在的命题），可以通过上述一、二和四的方式来确立。而对于非经验性命题（这些前提的真主要取决于其中命题中抽象的概念、命题的理论意义）之真，其确立方式就有所不同。

在法律领域，特别是法律论证领域中，对于经验命题，除了那些描述特殊事态的前提外，经验前提通常是一个归纳论证的结论。描述特殊事态的命题，我们可以通过直接观察来验证。有时这种观察可能依赖于他人的见证。对于这种特殊事态的见证人来说，我们需要询问以下内容（一般在法庭的交叉询问或案件调查阶段进行）：该见证人能直接观察到吗？见证人本人的观察能力如何？见证人与待证事实、案件或案件当事人是否有利害冲突？是否与其他事实相互印证？有无其他的见证人？若干见证人所陈述的命题是否一致？对于归纳结论，需要对获得归纳结论的方式和方法进行考察（该归纳结论是通过简单枚举归纳论证、类比论证、因果论证、诉诸权威论证、滑坡论证或其他的可废

---

① 本部分主要参见武宏志等. 批判性思维：以论证逻辑为工具 [M]. 西安：陕西人民出版社，2005：95-103.

止论证得到的吗?)。① 对于理论性命题，在法律论证中，它们主要起着一般规则的作用。评价一般规则，需要对该规则进行解释，并且需要对解释的合法性、合理性和正当性等进行说明。这属于法律方法论中的法律解释学的范畴。此处不再赘述。

（二）推理评价

推理评价是评价论证的理由或根据对结论或主张的支持力的程度。一般来说，由演绎推理、归纳推理到似真推理（合情推理、可废止推理等）的证明力依次降低。其中，演绎推理能够确保必然或有效的结论（当然，其中前提为真），这一般只在数学和数理逻辑中存在。对于日常自然语言论证来说，该要求太高；归纳强的推理，能够排除合理怀疑；而合情推理则提供了一定的支持力，使得举证责任转移至对方，如果对方不能提出相应的批判性问题，则他应当接受该推理。

二、论证评价的标准

由于形式演绎逻辑在应对日常自然语言论证中遇到很多问题，自 20 世纪70 年代中期开始，非形式逻辑学家对论证评价标准进行了进一步的研究，其中比较有影响的是约翰逊和布莱尔，他们提出了论证评价的 RSA 模式，其中R 指 Relevance，即相关性，S 指 Sufficiency，即充分性，A 指 Acceptability，即可接受性。②

（一）相关性

论证的真前提不一定给结论的可接受性提供充分的支持，甚至根本就没有提供任何支持。这就产生了前提与结论之间的相关性问题。而在形式演绎逻辑中，前提与结论是否相关，不是主要考虑的问题。例如，对于实质蕴涵来说，当前件假或后件真时，该蕴涵都是真的，这就产生了很多悖论，即实质蕴涵悖论。同时，前提与结论没有任何关系的蕴涵，在实际思维中也没有多少实际意义。例如，下面这三个蕴涵式都是真的，"如果雪是黑的，那么布什是美国总

---

① 构成这种论证基础的推理既不同于演绎推理，也不同于归纳推理（概率意义上），多数学者将其归入广义的归纳推理中。也有部分学者，主要是西方的哲学家，例如，皮尔士（溯因推理），弗里曼（诱导推理），莱斯切（似真推理），沃尔顿（假设性推理）等人，认为这属于第三类推理。国内学者中，香港学者於兴中等称之为可辩驳推理，武宏志等称之为合情推理，另有人称之为可废止推理。

② D. N. Walton and A. Brinton eds. *Historical Foundation of Informal Logic*. Aldershot：Ashgate，1997：171-172.

统"和"如果雪是白的，那么布什是美国总统"及"如果雪是黑的，那么普京是美国总统"。但这几个论证由于违背直觉，所以在实际思维中一般不会出现。也就是，在这几个蕴涵式中，前件和后件之间不具有相关性。此处所说的相关性，就是为了解决在一些论证中，尽管提供了"理由"，似乎为结论提供了支持，但实际上它们与结论的可接受性没有关系。例如，通过指出论证者的"人格缺陷"，即品性存在问题，来否定该论证的"人身攻击"，一般来说属于不相关论证。当然，在特殊情况下，例如在法庭对证人进行交叉询问时，这种"人身攻击"可能又是合理的论证形式。

前提要成为接受结论的好的理由，首先必须与结论相关。非形式逻辑中所提出的相关，指的是一种语用相关。相关性是和论证的语境密切相关的，同一个前提对于某个结论来说，在一个语境中是不相关的，但在另一个语境中又可能是相关的。例如，前例中所提出的"人身攻击"论证，其中所提出的论证者的"品性"问题一般与对该论证的结论是不相关的，但在法庭中对证人进行交叉询问时，又可能是相关的。

一般而言，演绎推出（排除乞题或循环论证）是达到相关性的一种较为理想的方式，其中的前提对于结论来说，不仅是相关的，而且还是充分的，这就为结论提供了比较理想的好理由（也由于这一点，有人认为，充分性要求实际上已经暗含了相关性的要求，因为如果前提与结论是不相关的，那么前提对于结论来说也一定是不充分的）。在归纳论证中，相关性来自于基本假设：一直以来显现的规则性将继续发挥作用。合情论证（似真或假设性论证）中的论据和作为结论的假设的相关性更取决于具体语境。例如，诉诸权威的论证一般来说属于合情论证，如果诉诸的权威是适当的话。但如果所诉诸的权威并不满足合情论证所要求的批判性条件（例如，所诉诸的权威并非是该领域的权威（如引用爱因斯坦广义战争与和平的言论作为反战的权威就不具有权威性，因为爱因斯坦只是物理学上的权威）；所诉诸的权威的观点与该领域其他权威的观点不一致而又没有合理消除的；所诉诸的权威不是真正的权威；权威的观点和该领域中已为大家所认可的那些知识不一致等），那么诉诸权威的论证就不是合理的，就可能是不相关的。

另外，相关性有两种，一种是局部相关，一种是整体或全局相关。局部相关是指单个论证中前提对于结论的相关性，而整体相关是指某个前提与整个论证目的相关。

（二）充分性

在论证中，我们不仅仅要提供真实与相关的前提或理由，而且还要求我们

347

所提供的理由能够为结论提供充分的支持，也就是说，能够让我们对结论的支持达到比较高的程度，此时结论极有可能为真，或者我们有信心接受该结论，而对不接受该结论我们没有信心。充分性有三个维度，一是是否提供了适当类型的证据（即论据、前提或理由）？二是是否充分提供了该类证据？三是（可以称为辩证或论辩相关性）论证者是否对反对意见进行了适当的处理或解决。

在法律论证中，这涉及不同法律事务领域中的证明标准问题。对于定罪来说，这种充分性必须达到"排除合理怀疑"的程度；对于民事审判来说，特别是对于一般的民事赔偿来说，则只要达到"优势"的程度即可（即相信的程度超出不相信的程度）。

（三）可接受性

可接受性是论证理论中与传统逻辑中的可靠性概念中的"真"这一要求相对应的概念。这是因为"真"的要求对于论证来说并不是非常理想的概念。因为"真"这个要求对于论证来说既可能太强，又可能太弱。因为在实际论证中，即使是好论证也很难做到前提必然为"真"。典型的情形是关于一个行为或社会政策的建议，刑事判决等，在做出相关的决定时，其前提有时并不能确定为"真"，而此时又不能不做出决定，此时，要求好论证前提为真是不现实的。例如，没有证明犯罪嫌疑人或被告人有罪的证据（即不能确定这些证据为"真"），仍然要做出犯罪嫌疑人或被告人无罪的决定。"真"这一要求又可能太弱，因为，"真"还必须"知道"其为"真"，否则，这个"真"也是没有意义的。

当然，理由的可接受性可能不属于逻辑，至少不属于形式逻辑中的问题（形式逻辑就是只考虑思维的形式而不考虑思维的内容的逻辑）。但对于论证来说，这就是一个非常重要的问题了。因为，一旦发现论证的理由（即证据、根据或前提）虚假或不可接受，那么论证所使用的推理形式不管有多好，结论也得不到充分的支持。在实际论证中，除非特殊情况，例如，在反证法中，前提要求为真，或至少是可接受的（当然，在反证法中，是先假设某个命题为假，最后得出结论认为，该命题为假是不可能的，由此推知该命题为真，这种用法属于特例）。在实际论证中，可接受的前提要么是真的前提，要求是具有较大似真性的前提。只不过对于具有较大似真性的前提，应当允许对方质疑。如果对方不质疑，他就应当接受该前提。如果对于所质疑的，提出具有似真前提的一方不能给出适当的回应，则该方应当收回该前提。当然，可接受的前提还包括被对方所承认的命题。

可接受的前提主要包括：为经验证据证明了的事实；公理、原理和公式；

公共知识（法律法规、政府公报与文件、法院裁判文书）；恰当的权威等。不可接受的前提主要包括：与前述可接受前提相矛盾的陈述；先验为假的陈述（如自身存在矛盾的陈述）；前提之间不一致；含糊或歧义的陈述；需要结论支持的陈述，等等。这些都可能成为证据。

实际论证中，可接受的前提（或证据）可能来源于：

1. 公理、原理和公式（先验为真）

2. 官方证明

官方证明包括法律法规、政府公报和政府文件及由政府授权所编辑的一切文献（这涉及社会生活的方方面面，如统计公报、审计报告、新闻发言人的发言、通告、公告、出生证、工商登记簿、婚姻登记簿、行政契约等）。

官方证明通常具有极其重要的地位，它们具有公信力，人们可以对之具有信赖利益。但这不意味着人们应不加分析地接受它们，它们也有出错的可能。

3. 法院裁判所认定之证据

法院裁判中所认可之证据，一般不需要加以证实即可使用。但仍需要注意，法院所认可的证据也可能被推翻。因为只要是证据，就有可能接受反驳。在实际论证中，如果证据是不可反驳的，那么提出反驳就没有意义。而如果证据是可以反驳的（尽管这种情况较少），但并没有提出反驳，那么应当提出反驳的这一方就应当承担对己方不利的法律后果。

4. 公开出版物

一般包括一般公众可能利用的、官方证明以外的一切文字资料。如《大英百科全书》、《现代汉语词典》、《辞海》、轰动丑闻的杂志、教科书、权威报刊（但不包括所谓的政府控制的报刊）等。对于公开出版物，人们对其的评判也悬殊很大。对有些出版物，人们几乎不加怀疑地接受，而对于某些出版物，人们却怀疑较多。

5. 个人著述

个人著述不同于证人证言。个人著述是指为个人所用而不是为官方所用的一切文字材料。某些个人著述日后可能成为官方证明。例如，遗赠被公证或被法庭检验后就成为官方证明；合同被拿到法院做宣判，成了官方证明；盗窃分子关于盗窃的日记、信件和手机短信等在被司法机关用以确认案件事实时，称为官方证明，等等。因此，个人著述本身可能不构成证据，但个人著述可能成为提供证据的线索。

6. 证人证言

证人证言是最通常的证据来源之一。在法庭上或政府机构面前，证人通常要发誓提供证词（我国没有采用证人发誓的程序，一般只是要求证人签保证书，或者告诉证人做伪证所可能承担的法律后果）。

7. 个人观察

个人观察一般属于经验证据。当个人观察作为证据来源时，必须对它进行批判性检验。在法庭辩论中，个人观察经常使用。律师经常把作案工具出示给法官（或陪审团）看，安排他们察看现场，或让他们看原告的伤情。通过个人观察所提供的证据是由支持某一特殊论点的某个人认真挑选和整理过的，因此，它必须受到谨慎的检验。①

三、法律论证的评价

对于法律论证的评价，与一般论证评价一样，存在不同的评价方法。例如，在传统逻辑与非形式逻辑中都存在的谬误评价方法（存在谬误的论证不是好论证，好论证中不应当存在谬误）。本书将在下一章进行专门探讨。

对于法律论证的评价，我们可以根据法律论证的构成要素分开进行，也可以从总体上对该论证进行评价。对论证要素的评价，其标准和依据可以参考本书第十章。论证评价除了满足上一章和本章前面的相关要求外，还要满足以下要求：

（一）论证的目的要明确：论题的确定性评价

好的论证首先必须是目标明确的论证。论证的广义目标是消除意见分歧或澄清立场（此时尽管没有解决意见分歧，但可以澄清立场，从而达成妥协或相互理解），而狭义的目标是要求论题明确。论题明确主要包括以下内容：

1. 论题必须清晰

论题所针对的问题明确、范围明确，否则可能会产生你辩你的我辩我的之谬误。论题本身也不能隐含矛盾或不一致。

2. 论题应当保持同一

在论证过程中，应当保持论题的同一，否则会犯转移论题或偷换论题的谬误。例如，某律师为偷税案的被告人辩护说：

本案被告人的行为不构成偷税罪，也不必纳税。他为某部门代销商品，是不应该纳税的，而且也不是纳税主体。诚然他也有过错，代销的数量过大，超过了委托数额，同时获利也较大，纳点税也是可以的。

本案律师同时提出了"被告人不应纳税"与"被告人可以纳税"两个相

---

① 李建强等译. 辩论与论辩［M］. 保定：河北大学出版社，1996：134-139.

矛盾的论题，显然，论题是不确定的。①

（二）合理的论证负担：举证责任——谁主张谁举证

由于论证是为了消除分歧或澄清立场，所以，论证的起始状态应当是双方对现状的不满。提出论证就是为了支持己方的主张或立场，此时必须提出相关的证据。对某一主张的证明责任负担问题，遵循着一般的原则：谁主张谁举证。

所谓的举证责任就是要求某一方负担证明责任，否则该方就要承担对其不利的论证后果。举证责任的分配问题，一般基于上述原则，但这个原则只是一个较为笼统的原则。举证责任一般是基于讨论的规则，或先前阶段所达成的一致。同时，举证责任在制度化的环境中就成为高度制度化的体系。

在司法诉讼领域中，举证责任制度均具有相应的制度规定。在刑事诉讼中，控方承担主要的举证责任，证明被告所犯罪行必须达到排除合理怀疑的程度，而辩方一般不承担举证责任（我国刑法中，只有巨额财产来源不明罪的犯罪嫌疑人或被告人才需要自己承担证明巨额财产来源合法的义务，否则就被推定为没有合法来源，从而构成犯罪。这是极其特殊的例外）。在某些国家的刑事法领域，犯罪嫌疑人或被告人甚至还有保持沉默的权利。在民事诉讼中，提出主张的一方只要取得论证的比较优势，即证据优势，就完成了举证责任。

（三）论证的评价要针对不同的听众，即要有针对性

论证不是凭空而发，而是为了说服某些对象即听众的。由于不同听众具有不同的特征（背景和要求不同），因此，论证的针对性就是要求论证能够对所针对的听众产生预期的影响。这是论证在修辞上的要求。

对于论证的针对性问题，论证者需要对其所可能影响的听众有所了解，例如，听众的知识背景和出身背景，要尽量与这些现实或潜在的听众形成"共鸣"。

在法庭上，刑事案件的公诉人和辩护人所面对的听众就是居中裁判的法官（在英美法系，该听众也可能包括陪审团），他们要尽力说服法官相信己方的论证而不相信对方的论证；在民事、行政案件中，原告与被告及其代理人，他们的说服对象也是法官。因此，考虑法官的知识背景、生活阅历、家庭背景、个人爱好、民族、党派、甚至性别，等等，都可能影响到所提出论证的说服力。例如，对于所谓科班出身或学者型（即受过正规法学教育）的法官来说，他更有可能接受具有理论色彩的论证；而非科班出身的法官，可能更容易接受

---

① 张大松等. 法律逻辑学教程［M］. 北京：高等教育出版社，2007：234.

具有较多经验色彩的论证。

（四）论证的语言符合要求：明晰性

符合论证要求的语言应当满足三个要求①：

首先，使用清晰的语言。由于论证所使用的语言是自然语言，而自然语言不像人工语言那样精密，它通常具有多义或歧义性，其中很多词语和句子具有一个以上的意义。论证中出现歧义可能导致两种不利后果，一是导致无意义的论证；二是造成正确论证的假象。论辩双方如果对某一语词的意义理解不同，双方的论辩就可能是不一致的，这样的论辩是没有意义的。例如：

一天，甲向乙借了 200 元钱，并保证说："到了两月时，我会连本带利都还给你。"两个月过去了，乙向甲要钱，得到的回答："要等到两月呀，也就是说要等到两个月亮的时候。"于是，乙将甲告到了法庭。法庭设在湖边。到了晚上，当法庭被火把照得通明的时候，被告和原告都到齐了。于是法官开始对甲进行审问："按照你的条件，所谓的'两月'，是指一年当中的'月'，还是天空中的'月'？"

甲说："天空中月亮的'月'。"

法官指着映入湖水面上的一轮满月的清影，说："这湖里淡黄光辉、圆圆的东西是什么？"

"月亮。"甲答道。

"那是什么？"法官指着天上的月亮问。

"月亮。"甲又答道。

法官放声大笑："湖里有一个月亮，天上有一个月亮，加起来不是两月吗？所以，你必须在今天连本带利把这笔钱还清！"

甲汗流满面，张口结舌，在大庭广众下丢尽了脸面。②

其次，使用精确的语言。语言的精确性要求是针对语言的含混性的。在论证中，对于那些意义含混的语词和语句应当加以澄清，能够予以进行定量描述的要尽量进行定量描述。同时，语言的精确性要求也和使用语言的语境有密切关系。例如，在日常会话中，就不一定要求那么精确，有时含混一点可能还有其他的意义。但在法律语境中，例如，在合同谈判、诉讼事务调解及法律论辩的环境中，就必须尽量使用精确的语言，否则可能带来不利的法律后果。

---

① 武宏志等．批判性思维：以论证逻辑为工具［M］．西安：陕西人民出版社，2005：117.

② 张大松等．法律逻辑学教程［M］．北京：高等教育出版社，2007：230.

最后，使用有针对性的语言。这是论证在修辞上的要求。在法律论证中，一般来说，论证所针对的主要是法官（既是听众，又是裁判者），这就需要考虑法官的个人情况（与论证所要求的针对性相一致）。

第三节　法律辩论与法律论辩①

在现代司法诉讼制度下，法律论证具有深刻的对话特征。现代诉讼制度中的程序主义、辩论主义、言辞主义与对抗制等基本原则与制度，从体制上孕育了法律论证的对话特征，法律论证主要表现为一种互动的言语行为，而不是一种单向度的、独白式的思维形式，所以，法律论证在司法实践中主要体现为一种互动的辩论与论辩形式，这就是法律辩论与法律论辩。法律辩论主要体现为某一主体主动对某一论点所进行的多层次、多方法的论证。而法律论辩则更多地体现为对立的双方主体针对某一论点所进行的多回合的论证。但两者在所运用的法律论证方法上没有本质上的区别。当然，由于在法律辩论和法律论辩中，论辩或辩论主体不是为辩而辩，他们是有目的和针对性的，他们是要说服作为裁判主体的法官（在英美法系中还可能是陪审团），因此，在辩论和论辩过程中，他们必须考虑修辞因素。

一、法律辩论与法律论辩的特征

法律辩论与法律论辩除了具有一般辩论与论辩的共性以外，还具有自身特征。主要表现为以下几个方面：

首先，合法性。法律辩论与法律论辩一般是在法庭中进行的，因此，该辩论与论辩必须与法律相关，即使在讨论案件事实的过程中，该事实也应当属于法律事实，即具有法律意义的事实。同时，法律辩论与法律论辩必须依法进行。法律辩论与法律论辩的启动、进行、终结，以及辩论及论辩的责任负担，都需要严格依据法律规定来进行。

其次，制度性。法律辩论与法律论辩是在高度制度化的语境（主要为法庭上）中进行，所以必然具有制度化的特征。辩论与论辩的程序、规则、胜负判定、发言顺序，等等，都要受到相应制度的约束。

---

① 本部分的有关内容参考了以下著作：张大松等．法律逻辑学教程［M］．北京：高等教育出版社，2007：244-270；李建强等译．辩论与论辩［M］．保定：河北大学出版社，1996：411-419；秦甫．律师论辩的策略与技巧［M］．北京：法律出版社，2001.

再次，修辞性。法律辩论与法律论辩主要是为了说服作为裁判者的法官或陪审团，因此，辩者必须考虑修辞的视角，不仅需要根据事实和法律，而且要注重辩的效果，可以充分利用修辞手段，以达到辩的目的。应当充分利用论证技巧。例如，可以考虑使用所谓的以毒攻毒、先发制人、先声夺人、幽默风趣、以退为进、矛盾或归缪反驳、避实就虚、丢卒保车等修辞技巧。

最后，即时性。法律辩论与法律论辩还有一个需要重视的特征是，这种辩是在法庭审理这一特定的时空条件下进行的，由于现代诉讼制度强调言辞主义的特点，因此，辩要受到时空的限制，具有即时性特征。这就要求辩者具备相应的素质，以达到最大的辩论效果。例如，辩者需要具有一定的机智灵活性、具有一定的全局观、具有一定语言表达能力。

二、法律辩论与法律论辩的常用反驳技巧

在论证的基本原理部分，我们已经结合法律实践提出有关的法律论证方法（包括证明方法和反驳方法），这些方法是法律辩论与法律论辩中的基本方法。同时，考虑到法律辩论与法律论辩中辩的特征，我们还需要掌握一定的辩的技巧。当然，需要注意的是，这些技巧是随着论辩实践的发展而发展的，也需要在论辩实践中才能得到正确的把握。基本的反驳方法在上一章中已经介绍。这里仅仅介绍部分常用的技巧或方法（技巧也属于方法，但具有灵活性的一面）。

1. 事实反驳法

事实胜于雄辩。在辩的过程中，有时讲一大堆的道理，都难以达到辩的目的，而一旦举出一个生动的实例，通俗易懂地表达观点，往往事半功倍，而在反驳中，只要能够找出一个真实的反例，就能轻而易举地驳倒对方。例如：

1988 年 5 月 29 日晚，某县练城乡常庄村放电影。其间，甲村青年郭某某等人与乙村青年段某某发生口角。继而两村青年发生对打，常某喊："快打、快打"，并夺下段某某拿的绳鞭，抓住段某某的头发，侯甲、侯乙即用皮带和拖鞋抽打段某某。常某将段某某摔倒在地后用脚踩着段的头部，用力夺过绳鞭走开。随即侯甲从常某家院墙上扒掉一块整砖，在离段某某 2 至 3 米的东南方向朝段的头部砸去，段"哎呀"一声趴在地上。此时郭某某从旁边过去用槐树棍朝段的背部打七至八下后离去。段某某抢救无效于同年 5 月 31 日凌晨死亡。经法医鉴定和医院证明：被害人段某某为重型颅脑损伤，颅骨骨折，颅内出血造成失血性休克死亡。

公诉人认为在数人殴打被害人段某某中，仅有第一被告人侯甲用砖打击被害人头部。被害人右颞部凹陷性骨折致命一伤系被告人侯甲用砖砸伤。被告人侯甲对此已供认不讳。所以，被告人侯甲对段的死亡应承担责任。其行为已触犯了《刑法》第一百三十四条第二款的规定，构成故意伤害（致死）罪。

某市第一律师事务所律师陈某某出庭辩护。提出的辩护意见主要为：

（1）致段某某死亡的右颞部凹陷性骨折一伤不能确认是被告人侯甲所投一砖造成的。

根据公安机关出具的鉴定书记载，段的头部没有外伤——如表皮擦伤，挫裂伤，挫伤等。卷宗证据证明被告人侯甲是用一块红色机砖向被害人砸去的。整砖是 12 个棱、8 个棱角、6 个平面的长方体。砖打击人的接触点不外乎是砖平面、棱角和棱边三种情况。按一般常识砖的三个部位打击人的头部造成的损伤应有各自不同特征。砖平面着力垂直打击人的头部，其挫裂区常伴有粗糙砖平面所致的点状擦痕；砖平面倾斜打击，可伴有粗糙砖面所致的线条状排列的梳状擦痕；砖平面打击在头部弧度较大的部位，可形成星芒状挫裂伤，创口周围伴有表皮剥脱或砖屑物质遗留；砖平面打击的头部凹凸不平的部位，因受力不均可形成散在的边界不清、形状不规则的皮肤出血。以上是砖平面打击人头部出现的四种情况。被害人生前留平头，头发较短，如果受到砖平面的打击，就一定会在其头部留下以上四种情况中之一种创痕，但受害人头部却无外伤。所以，辩护人认为，"段某某尸体检验鉴定书"第四项死因分析"致伤物质需有一定的重量，着力面较平，如砖的平面足以形成"的结论是错误的。还应该充分注意的是，事后在现场提取的六块红砖，每一块砖的平面都较平整，打击人的颞部不能形成凹陷性骨折，因为，人的颞部较平，如果受到砖平面的打击，致伤物的平面和颞部接触面积较大——平面对平面，作用力平均作用在颞部不能形成凹陷性骨折，凹陷性骨折只能由接触面小，打击力集中并且超过颅骨的弹性极限时，才能造成。砖的 6 个平面中最小的一个平面约为12cm×5cm，而被害人右颞部凹陷性骨折片面积约为 3.2cm×1.6cm，两者面积相差甚远，不能吻合。因此说明"段某某尸体检验鉴定书"断定该致命伤为砖平面造成之结论是错误的。

在得出被害人右颞部凹陷性骨折一伤不是砖平面造成的结论后，辩护人认为有必要对砖的其他部位是否可以造成该伤谈一下看法——这也直接关系到法庭对被告人侯甲行为结果的判定。人的头部头皮脂肪组织很薄，砖的硬度强，砖棱或砖角有一定的尖端，具有类似于锐器的特征。砖棱或砖角打击在人头部如果形成凹陷性骨折，致使物压强很大，头皮必定形成相应的挫裂伤。由于被害人头皮无挫裂伤痕，所以，排除了砖棱或砖角造成的可能性。总之，被害人右颞部凹陷性骨折不是砖造成的。

（2）造成被害人右颞部凹陷性骨折的几种可能性。

被害人右颞部凹陷性骨折无疑是由钝器造成。双方械斗时，向被害人打击的钝器有五种，即砖、拖鞋、皮带、皮鞋及槐树棍。拖鞋质地较软，显然不会造成他人颅骨骨折。皮带打击在被害人的背部（卷宗证据已充分证明），砖造成该伤的可能性前面已经排除。在此仅就皮鞋及槐树棍这两种钝器做出评说。

起诉书叙述有："常某某将段摔倒后用脚踩着段的头部，用力夺过绳鞭走开。"辩护人经过阅卷，发现起诉书对这一事实的叙述淡化了，忽略了对这一情节的重视。综合本案的所有证据及被告人常某某自己的供述，这一情节是这样的：常某某用力将段某某摔倒后，两手拉住段手中的绳鞭，用脚踩住段的头，问段："你丢手不丢？"段说"不丢"，常说"我踩死你也得丢"，并用力夺过绳鞭走开。从常某某供述及证人证言，常某某当天穿的是黑色皮鞋，鞋跟钉有铁质鞋鱼，在踩着被害人的头部与被害人夺绳鞭时，脚上的力量必定集中在脚后跟上。从当时的情况不难判断出常某某用力是较大的。钉有铁质鞋鱼的鞋后跟质地坚硬。如踩在被害人颞部是能够形成凹陷性骨折的，鞋跟是胶质的，具有一定的韧性，可以形成头皮无伤痕但颅骨骨折的情况。因此，与砖相比较造成被害人特定的右颞骨骨折的可能性较大。

起诉书叙述有郭某某"用槐树棍朝段的背部打七至八下后离去"，在场者证明，郭用的是槐树棍，而不是槐树条，槐树棍为圆形棍棒，打在人的身上，则出现条状皮下出血及表皮擦伤，作用力大时可形成条状挫裂伤。由于人背部软组织丰富，或形成条状中空皮下出血，按照当时的情形，郭某某用槐树棍朝段的背部打七八下，就其使用的力度来看必定留下条形伤痕，然而，从段某某的尸体检验鉴定书上看，段的背部、腰部、两腿均无条状伤痕，但是多人证明郭某某确实用槐树棍用力打了段，郭本人也承认。按理讲，当时正是5月下旬，天气已热，被害人又仅穿一件单衣，遭槐树棍抽打，身上必定留下伤痕。在被害人颈部以下无条状伤痕的情况下，自然要考虑到被害人的头部，从尸体检验可以看出被害人头部又确实有多处创伤，而且棍棒又足以造成这些伤痕。槐树棍木质坚硬，具有韧性，作为致伤物，在外力的作用下，打击人的头部可以形成线性骨质。棍端打击头部，由于力量集中，面积小，加上颞部骨质较薄及软组织薄，槐树棍又有一定的韧性，头部容易形成头皮不出现伤痕的凹陷性骨折。砖质体脆硬、无韧性、不易形成头皮无伤，而颅骨骨折的情形。

不可忽视的事实是被告人侯甲用砖砸段之前，段被常某某摔倒在地，段趴在那里没有起来。段身体强壮，即使受了一点轻伤，从当时的心态和处境衡量，段被摔倒后，会迅速爬起来。可是，段趴在那里没起来，有很大可能是身体关键部位受了较重的打击，因此，可否推测段被摔倒时，受到地面物体的垫压，造成右颞部损伤，才没有爬起来，如果这一推测得以验证，段的致命伤就纯属意外造成。

综上所述，本案事实不清。存在有几种钝器打击被害人，而造成其死亡的可能性；被害人头部又确实遭受不少于两次的打击；鉴定书结论错误，被害人死因不明；砖平面无法造成被害人右颞部凹陷性骨折。鉴于以上关键问题，辩护人建议法庭开棺验尸，做出准确的法医鉴定，为确定被告人应负的刑事责任打下良好的基础。

某县人民法院采纳了辩护律师的建议，于1989年5月3日上午在死者的墓地进行了开棺验尸。四位法医经过认真仔细的检验，得出结论：（1）死者段某某生前头部遭受外界打击不少于两次；（2）第一次法医鉴定结论是错误的，段的死是由于头颅遭到外界钝形暴力打击形成严重颅脑损伤继发脑疝而死亡。法医开棺验尸得出的结论说明了辩护人在第一次开庭辩论中发表的辩护论点是正确的，改变了检察院及法院人员过去开庭前片面认为段生前头部仅遭受被告人侯甲所投一砖的打击，别人没有打击死者头部，被告人侯甲是致死他人的唯一凶手等错误看法。

某县检察院第二次起诉时增加了新的被告人郭某某。在分清三位被告人的刑事责任轻重后，按顺序进行了排列，把新增被告人郭某某列为第一被告人，侯甲由第一被告人变为第三被告人，人民检察院认为侯甲应负的刑事责任最轻。①

该案的辩护说明：运用事实论证方法，有助于正确认定案件事实，从而准确地适用法律。

2. 揭示矛盾法

在辩的过程中，只要发现对方的自相矛盾之处，对方的论证自然土崩瓦解。

3. 让步反驳法

让步反驳是一种迂回反驳的方法，是指在辩的过程中，根据情势变化，可以先退下来，承认共识的事实，似乎做了让步，以此取得对方信任，进而提出对方不得不接受的论点。让步反驳也可以是退下来，姑且承认对方的论点为"真"，然后根据这一论点引出荒谬的结论，再证明对方论点的虚假性，也就

① 秦甫. 律师论辩的策略与技巧［M］. 北京：法律出版社，2001：99-103.

是归谬反驳方法。

4. 二难反驳法

二难反驳法是指辩者提出一个只有两种可能性的假言前提，迫使对方做出选择，而其中任何一种都是对对方不利的。例如：

某纺织厂在 1989 年向一家银行贷款 95 万元，因纺织厂效益差，无法归还贷款。1991 年银行与纺织厂将上述贷款办了转贷手续，并将纺织厂的厂房及机器作抵押担保。后纺织厂效益一直不尽如人意。1993 年 2 月某实业公司兼并了纺织厂，实业公司为逃避债务，对纺织厂企业法人营业执照长期不注销，又不年检。银行虽在 1994 年 10 月用挂号信邮寄主张权利函，但收信人仍是纺织厂。这时实业公司向银行郑重声明，不承担纺织厂的债务。为此银行只得打这场官司，遂委托律师代理。

实业公司保留纺织厂企业法人营业执照用意是相当明显的，如果银行承认纺织厂主体资格还存在，那么实业公司就不用承担纺织厂债务；银行如果不承认纺织厂存在，那么从兼并之日起银行的权利已受到了侵犯，到 1995 年 2 月已超过了诉讼时效，实业公司也不用承担纺织厂的债务。总之无论银行是否承认纺织厂的存在，实业公司都不用承担纺织厂的债务。

律师针对实业公司的不良用意，在向纺织厂的登记机构某县工商局查档时，既摘录纺织厂仍未注销的事实，又注明纺织厂已有 2 年以上未经年审的情况，为给实业公司设定相反的二难式打下了伏笔。

果然不出律师所料，法庭上实业公司提出了他们不承担纺织厂债务的二难式理由。如果纺织厂早已被被告兼并，原告在兼并 2 年后才向被告主张权利，已过诉讼时效，原告将败诉；如果纺织厂未被注销，应该是纺织厂做被告，原告诉讼主体错误也要败诉。总之，无论何种情况，原告都要败诉。

律师针对实业公司诡辩式的二难式进行发难，提出：（1）纺织厂至今工商登记未注销，原告向其主张权利，时效从主张权利之日起，依法中断诉讼时效从中断之日起重新计算。这样，原告诉讼并未超过时效；（2）纺织厂已有 2 年以上未向工商局年检，依法视为歇业，原告起诉实业公司也并没有错。总之，无论在诉讼时效上还是诉讼主体上原告都没有错，不会败诉。

案件审理结果，原告胜诉。

5. 易位反驳法

易位反驳法是指调换一下双方的角色，指出在相反的情况下，将会得出什么样的结果。经过双方的角色转换，能设身处地体验到他自己论题错误之所在。如此一来，对方按照设身处地的实际感受冷静思考，承认先前认识上的片面性。否则，对方只会使自己陷入难以自圆其说的尴尬境地。

早年美国纽约有个著名律师叫叶墨兹托，他机敏狡黠，精于办案。一天，一个青年愁容满面来找叶墨兹托。原来，这个青年是纽约郊外某马具店的伙计。他带着省吃俭用攒下的三百元钱进城，准备采购商品去开个小铺子。住进一家小店后，把二百元钱交给店主保管。第二天青年出外看好货后，回店取钱，岂料店主矢口否认存钱之事，还反咬一口说青年是有意诈骗。青年再三申辩，终因存钱时没打收据，无以为凭，悔恨不迭，一筹莫展。绝望中，青年想到了律师，来到叶墨兹托门下求援。叶墨兹托见其言谈朴实，知非虚构，思忖再三，心生一计。

他嘱咐青年："你赶快回店去，对店主说：'刚才我说存钱一事是我记错了，钱还在我箱子里，请原谅。'"

青年依言行事，店主闻言喜形于色。

翌日，叶墨兹托又给青年二百元钱，教他道："你拿这钱去再托店主保管，但须事先暗叫一个可信的朋友在店中占座喝酒，你再当着朋友的面把钱交给店主。"青年又如此这般在店里存了二百元钱。第三天，叶墨兹托授意青年趁没人时向店主索还所存二百元钱。这次店主不敢抵赖。

青年拿回二百元钱后，告诉了叶墨兹托。

叶墨兹托高兴地说："好了！这下不怕他了！你立即叫上昨天喝酒的朋友一起去讨还二百元钱。"青年偕友去索讨，店主说什么也不给。

于是叶墨兹托代青年撰状向法院起诉。法庭经审理，因存钱时有人为证，无可抵赖；而还钱时无人得知，殊难凭信，遂判决店主败诉，令其交还存金二百元，并承担诉讼费二十元。

店主听完判决，连呼："亏了！亏了！"

6. 仿体反驳法

仿体反驳，是提炼出对方推论的基本结构和表达方法，然后用之于另一类事物的推论之中，得出一个能给对方以某种损害的结论，从而产生比较强烈的以其人之道、还治其人之身的效果。大致可分为三种类型。

第一种，诉疑型。要点是（1）先找出与对方利益相关的事例；（2）再采用对方使用的方法解析事例，并仿用对方的表达方式；（3）在论述中掺入疑问语气。例如：

甲：你有点不够朋友。

乙：何出此言？

甲：你在戏院工作，完全有能力给我弄点免费票，可是你从来没做过。

乙：你也有点不够朋友。

甲：我有何错？

乙：你在银行工作，完全有能力给我弄点免费钞票，但你这样做过吗？

第二种，反难型。要点：（1）选择与对方有利害关系的事例；（2）采用对方所使用的方法解析事例，并仿用其表述形式；（3）在论述中强化肯定的口气。例如：

甲：你不要穿高跟鞋，穿高跟鞋的女孩轻浮。

乙：你凭什么这么说？

甲：穿高跟鞋脚尖颤颤，怎么能站稳？一绊到石头，自然就会跌倒，这不是轻浮的表现吗？

乙：你以后不许擦头油，擦头油的男孩滑头。

甲：胡说！

乙：擦上头油头发亮亮，怎么不滑头？苍蝇落在头上会被滑倒，这就是滑头的印证！

第三种，反责型。要点：（1）选择与对方有较强利害关系，并具有可表演性的事例；（2）以意外的可感性活动使对方窘迫；（3）采用对方使用的方法并仿用其表述方法，对感性活动做出解释。例如：

汤姆好开玩笑，平时自恃才思敏捷，常以言辞奚落戏弄他人。有一天约翰逊大叔骑着毛驴到城里去，刚到城里，就碰到汤姆。汤姆有心取笑约翰逊大叔一番，于是老远就冲着约翰逊大叔喊："喂，过来吃点面包吧！"约翰逊大叔忙答谢说："不了，谢谢你了，我要急着去办事呢。"谁知汤姆话锋一转，说道："我哪里是在请你吃面包，我是和你的毛驴说话呢！"约翰逊大叔急忙跳下毛驴，扬其巴掌冲着毛驴的头拍了两下，骂道："出门的时候，我再三问你城里是否有什么亲戚朋友，你斩钉截铁地对我说保证没有。没有亲友，怎么刚入城就有人请你吃饭？"说完，又冲着毛驴的尾部踢了一脚，接着怒冲冲地说："看你以后还敢不敢撒谎骗人，不说人话！"汤姆本欲取笑约翰逊大叔，谁知偷鸡不成反蚀把米，只好自认倒霉，灰溜溜地走了。

7. 比较反驳法

在论辩的过程中，辩者用双方的命题作比较，指出自己的命题优于对方命题的原因所在。

8. 顺水推舟法

顺水推舟法是指顺着对方的话头或观点，把对方攻击你的话转变成攻击他自己的话或观点，以达到回击对方的目的。例如：

我国著名书法家黄绮有幅八尺楹联的书法作品，上面书写着"横看蟹意（上联），静得龟年（下联）"八个大隶书，作品同附160个字行书的题跋。他委托王某装裱，不料，时隔数月，王某告知黄绮楹联丢失。这一作品是黄绮毕生的精品，双方协商未果，黄绮即诉至法院。要求被告王某赔偿。

在是否赔偿的问题上，原、被告双方均无异议。但赔多少，双方却相距甚远。被告王某的代理律师提出：全国书画极具权威的"荣宝斋"出证：中国书法界名望最高的启功先生一幅作品可达1万元，赵朴初先生为9000元，而黄绮的字只值几百元一幅。他又列举了一个事例：中国书协几位副主席的作品在1991年赈灾义卖时，价格最高为800元，黄绮则排于中国书协副主席的最末位。

面对被告代理律师的上述论点，黄绮的代理律师运用了顺水推舟法：

中国书协副主席的排列名次并非作品价值的排列顺序，两者无因果关系。如果以价格来论作品的价值，那么，日本有人出20万元愿购买该联；黄绮的作品在赴日展出时，标价均在360万日元至600万日元之间，其中有幅高达一丈有余的"鹰"字作品，标价为4800万日元，折合人民币240万元（此乃顺水）。

然后律师进一步指出：

用他人作品的售价来鉴定艺术作品的价值并非科学。倘若如此，日本人称黄绮先生为"现代中国书法界之第一人"该当何论？艺术是无价的。该楹联系黄绮先生在30岁时因梦触发灵感而得。抗战期间，楹联虽毁，轶联难望。数十年来，此情不已。其创作经历独特，富有传奇色彩。无疑，这属黄绮晚年创作的精品，精品当然要好于一般作品，几位书协主席义卖作品是否为精品不得而知。更何况，艺术创作不具重复性，艺术创作需要灵感，灵感又不久存。所以，世上只有一幅达·芬奇的《最后的晚餐》，只有一幅王羲之的《兰亭集序》(此乃推舟)。

最终法院采纳了律师意见。

9. 幽默反驳法

幽默反驳法是寓反驳于幽默语言方式之中。幽默反驳，不但可以抵挡对方咄咄逼人的责问，使自己摆脱受窘的困境，而且可以揭露问题的实质，给人一种诙谐风趣、轻松愉快的情趣。例如：

马克·吐温和另外一位作家合作的《镀金时代》问世后，他在回答记者时说了一句："美国国会中有些议员是狗娘子养的。"这引起了某些国会议员的气愤，要求他登报否认自己的言论。数天后，《纽约时报》登出了马克·吐温的一则启事："前日小的在酒席宴上发言，说某些国会议员是'狗娘子养的'，事后有人向我兴师问罪，我再三考虑，觉得此言不确切，故特登报声明，把我的话修改如下，即美国国会中的有些议员不是狗娘子养的。幸祈鉴谅。"

又如：

英国议员乔因森希克斯一次在议会上演说，见丘吉尔频频摇头，大为不满。由此发生了一场辩论：乔因森希克斯（注视丘吉尔）："我想提请尊敬的议员注意，我只是在发表自己的意见。"丘吉尔："我想请演讲者注意，我只是在摇我自己的头。"

三、质询的方法

法庭中辩论或论辩的重要表现形式或环节是质询，对证人进行质询经常采用交叉询问（或质询）方法，这种方法主要是指辩论各方为反驳对方或加强己方而交互进行询问与回答的论辩方法。

（一）质询的功能

质询主要表现为以下几个方面：

1. 有助于明确对方的论点、论据及论据效力

辩论过程中，对手的发言可能有些地方不太明确，可能出于偶然或是故意。而质询就为你提供了一个明确对方问题的好机会。

2. 有助于澄清并强化己方立场

通过澄清论证，或获取新信息，或找出双方的共识，以限定辩论的时空范围，从而推进辩论的深入进行。例如：

问：您方刚才曾经引用过我方一辩对于死刑的看法，是吗？

答：是的。

问：您可以再引述一遍吗？

答：好的。您方一辩曾说："死刑对于制裁犯罪方面毫无效果。"这种说法我方实在不能苟同……

问：好的，谢谢你。我想您方可能听错了，我方一辩是说："死刑的制裁效果并不比无期徒刑的制裁效果显著。"绝对没有说过死刑毫无效果这句话。至于我方之所以反对死刑是基于人道立场，而不是因为制裁效果上的问题。

3. 有助于暴露对方的缺失

如果知道对方论点、论证方式或证据存在缺失或弱点，质询为你提供了一个暴露或揭露该缺失或弱点的极好机会。

问：为了证明你们执法机构争取更大自由的计划的正确，你们声称去年犯

罪率增长了 16%？

答：是的，而且不仅仅去年如此；这是一个稳定的趋势。

问：你的证据来源是？

答：《波士顿环球报》。

问：《波士顿环球报》从哪里得到的数字？

答：[查阅卡片] 从——呃——让我看一看。从联邦调查局，对，从联邦调查局的一份报告里。

问：从联邦调查局的报告里。谢谢，以后我们再谈这个问题。现在……

提问者已经确定了对手根据的来源。在下一次发言中，提问者当然要强调那个证据的缺点。我们都知道，联邦调查局早就警告不要用这些数字进行一年和另一年的比较。

4. 有助于揭露对方的骗局。

利用巧妙的质询技巧，使对方行骗的伎俩现出原形。例如：

律师：医生，从您旁征博引了许多著作，以及您作证的方式，我推断您非常熟悉这个专业的相关文献，特别是关于脑部伤害。

医生：为此我感到很骄傲，我不仅仅有很大的私人图书馆，而且也花了好长时间在维也纳、柏林、巴黎和伦敦的图书馆。

律师：那么您或许读过安德鲁颇受好评的作品《论头部伤害的短期和长期影响》了？

医生（很傲慢地微笑）：噢，我想是的。上个礼拜我就读过这本书。

律师：那么您读过《夏维论脑部外伤》吗？

医生：是的，这本书我详读过好几遍。

律师用同样的语气，不断地询问证人是否读过其他"虚构"的作品，而医生总是回答说"仔细研究过"或"在他的图书馆翻阅过"。最后，律师知道医生已经察觉到这个圈套，话锋一转，以嘲讽的语调问医生是否读过《论脊椎和脊髓伤害》（是该主题的真正经典作品）。这次医生却大笑回答说："我从来没有听说过这本书，我想您也没有吧。"这时，辩方医生迅即出庭为辩方作证，他对陪审团解释说，原告证人宣称熟读过的医学作品，其实是他虚构的。①

5. 有助于"请君入瓮"。

在论辩中，不直接向对方提出明确的问题，而是绕着弯子，让对方不知不

---

① ［美］法兰西斯威尔曼．交叉询问的艺术［M］．北京：红旗出版社，1999：113；转引自张大松等．法律逻辑学教程［M］．北京：高等教育出版社，2007：260．

觉中进入己方所设的圈套中或陷阱中，从而出其不意地取得对对方不利的证据或反驳对方的观点。例如为人熟知的林肯所做的经典辩护：

林肯是美国历史上一位著名的总统，他任总统之前曾以一个辩护律师的身份成功地推翻了一起冤案。林肯的朋友、已经去世的老阿姆斯特朗的儿子小阿姆斯特朗，被人指控谋财害命，并且已被法庭判定有罪。林肯以被告律师的身份提请复审。他在查阅了本案的全部卷宗后发现了其关键证据的虚假，于是为此作了出庭准备。复审中，原告证人仍坚持当初的证词，反驳了他人对其证词的质疑，并发誓是在 10 月 18 日深夜亲眼目睹了小阿姆斯特朗开枪击毙了死者。以下是林肯对原告证人的质询记录：

林肯：你认清了是小阿姆斯特朗吗？

证人：是的。

林肯：你在草堆后面，小阿姆斯特朗在大树下，相距二三十米，你能确定你看清楚了吗？

证人：看得很清楚，因为当时月光很亮。

林肯：你肯定不是从衣着等方面看清的吗？

证人：不是的。我肯定是看清了他的脸，因为月光正好照在他的脸上。

林肯：那么当时的具体时间也能肯定吗？

证人：完全可以肯定，因为我回屋看过钟，是 11 点 15 分。

林肯对众人：我不能不告诉大家，这个证人是个彻头彻尾的骗子！他一口咬定是 10 月 18 日夜里 11 点 15 分在月光下认出了被告的脸，但是 10 月 18 日那天是上弦月，11 点钟月亮早已下山，哪里会有什么月光呢？退一步说，也许证人把时间记错了，是更早一些月亮还没有下山的时候，那么月光就应该是从西向东照射过来的，而草堆在东大树在西，当被告面对草堆时，脸上不可能被月光照到，证人又怎么可能从二三十米外的草堆后面看清楚呢？

原告证人顿时目瞪口呆。在人们的掌声和欢呼中，小阿姆斯特朗被宣告无罪。

又如：

香港电视连续剧《流氓大亨》中，有一段精彩的法庭调查。食品公司经理之养子钟伟舜，贪图富贵，竟用小车撞死亲生父亲，然后到电影院看电影，散场时故意调戏妇女，与人大打出手，被警察拘留。钟伟舜企图制造假象，以便证实生父被杀时他不在现场。钟伟舜终被指控传至法庭，律师步步为营，巧妙地将钟伟舜引入早已设计好的圈套里，逼其回答得自相矛盾，让他在答话中将自己编造的谎言暴露得淋漓尽致。

律师：你能不能再一次肯定，你当晚确定是 9 时 20 分入电影院看的电影？

钟：我记得十分清楚，我肯定是在 9 时 20 分入场的。

律师：好。我再问你，你入场的时候电影开映了没有？

钟：我觉得已经开始了一阵。

律师：这就怪了。我到电影院调查过，该电影院一向习惯 9 时 25 分放映，你 9 时 20 分入场，电影怎么会已经放映了呢？

钟：这……或许我看错表，当时可能是 9 时 25 分。

律师：好，就算你当时看错了表，你是 9 时 25 分入场的，据我调查所知，该电影院习惯在正片放映之前先放 3 分钟广告片，2 分钟预告片，那么请问，当晚电影院放了哪些广告片？

钟：对不起，我对广告片没兴趣。

律师：难道你对赞美自己公司的广告都没兴趣吗？

钟：（迟疑一会），哦，我记起来了，是放了赞美本公司的广告，总之关于我公司的广告太多了，我一时记不清是不是那晚放了。

律师：那又错了。我去电影院调查过，该电影院素来与贵公司没有任何联系，未放映过有关赞美该公司的广告，那次晚上也不例外。我再问你，当晚放映了哪些预告片？

钟：我不记得了。

律师：你对广告没有兴趣，对预告片也没兴趣？

在这场对话中，律师利用一系列调查过的事实材料，充分发挥步步为营、环环相扣，最终让被告人落入圈套，也让法官和听众看出破绽，从而为下一步论证钟伟舜很可能先杀父，再入电影院打下坚实的基础。

（二）质询的方法与技巧

质询作为一种极其重要的辩论形式，是反诘问的基本形式。美国律师爱德华·内纳特·威廉斯曾经对反诘问提出了冷酷而又实用的劝告，这同样适用于质询。他说：

它是一门控制证人的艺术，证人被招来是要伤害你，你要熟练地控制他，使他帮助你实现你的目的。你必须把他当成一位手里拿着刀子来刺杀你的人，而且你必须像在一间黑暗的屋子里一样，和他摸来摸去，谨慎行事。你必须和他一起行动，一起转。你决不要在反诘问过程中进行探测或试验。如果你自己还不知道那个问题的答案，你千万不要问那个问题。如果你确实知道答案，而证人拒绝说出你知道的内容，你可以置他于死地。否则他会置你于死地。千万不要抨击无懈可击之点。如果你找到了一个可击之点，尽量不要让证人觉察，要保持沉着，在作结束性辩论时你再将它向陪审团戏剧性地提出。①

第一，质询的问题应力求简明易懂。

为了使对方听懂问题，很快进入状态，质询时，务必使用简明易懂的词句来表达问题。不着边际的、模棱两可的问题会把对手搞糊涂，也会把法官或陪审团搞糊涂。被提问者可能要求澄清问题，这也会浪费时间或减少所提问题的数量。

第二，提问者应当诱导对手做出简短的回答（尽管提问者并不可能要求一个"是"或"不是"的回答）。

如果对手的回答是合理的，也可以不打断他，但是如果对手唠唠叨叨地回答，这时提问者可以有礼貌地打断他的话，可以说，"谢谢你，我知道了"或"好，谢谢你，已经清楚了"。

第三，提问者应当避免提问开放性的问题（也即对手可以随意回答的问题）。

尽量避免使用"你认为"或"为什么"这样开头的文句，这可能给对手强调自己主张的机会，或会使对手有机会提出支持他们的观点的最佳理由。因此，应当把质询的问题限制在精确的范围内。

第四，提问者不要对被提问者的回答进行回辩。

提问者的目的是为了提出问题并获得答复，从而为真正的辩论做准备。因此，对所做答复的意义应当在陈述性发言中或反驳中进行辩论。

第五，提问者不要提问自己不知道答案的问题，不要试图攻击无懈可击的论点。

提问者自己都不知道答案的问题，可能会给自己带来更大的麻烦。对于对手掌握的那些无懈可击的事实或论点，应当转移攻击点，否则只会让法官或陪审团对这些论点或事实的认识更清楚。也就是说，提问者应当把问题集中于自己有把握取胜的问题上。

第六，提问者要致力于诱导对手进入"二难"或矛盾境地。

这是最佳的提问方式，所取得的效果当然也最显著。

第七，提问者尽量做到诱使对手误认提问的目的。

在法律辩论中，论辩双方在辩论之前一般都要对对手可能提出的问题做出

---

① *Life Magazine*, June 22, 1959: 116. Used by permission of Edward Bennett Williams and Life (Italics added). 转引自李建强等译. 辩论与论辩 [M]. 保定：河北大学出版社，1996：412.

预测，以便有的放矢地做好准备。也有回答者喜欢故弄玄虚，或故意唱反调，此时，可以在询问对方的时候来个将计就计，故意暗示对方我方已经知道的答案，而对方可能做出与暗示相反的答辩，如此正好与提问者所要的答案相一致。事实上，这是一种"欺骗"战术。

第八，尽量减少在专业技术层面上对专家进行质询。

与专家在专业问题上一较长短，很不明智。例如，在医疗、笔迹鉴定、伤残鉴定、弹痕鉴定、DNA 鉴定、精神病鉴定等领域。但是，我们可以对与专业有关的程序方面提出挑战，对于实体问题则可以通过申请其他专家以便与之抗衡。

第九，认真做好摘记。

我们进行询问或质询的目的是为了取得可以在下一次发言中利用的证据。因此，在辩论进行中，特别是在质询过程中，应当认真做好对所提问题和所得到的答复的摘记，不但可用以下一轮发言的基础，也可以在适当时机将询问中尚不清楚的问题重新提出或予以澄清。

（三）答辩或回答者需要注意的问题或可以利用的技巧

1. 回答者应当回答任何合理的提问。但不意味着只能简单地回答"是"或"否"，要防止对方可能设计的复杂问语中所隐含的不能接受的预设，此时，回答者可以不直接回答对方的提问。

2. 回答者需要时刻保持清醒，对手的每一个提问可能都是"致命的"，对手的提问就是为了推翻回答者的论点或提出他自己的论点。因此，最好想着答，而非抢着答。

3. 回答者可以论证自己的答复。这比直接做出答复效果要好得多，当然对手不一定给你这个机会，机会都是争取到的。

4. 回答者应当及时承认不知道某一问题的答案。

5. 回答者不应该试图为一个不可辩护的论点辩护。

不要做无谓的抵抗，宁可放弃一个论点，也不要让提问者经过提问一系列的问题来逼迫回答者做出一系列的认可，这样只能使评判人员（法庭上评判人员即法官或陪审团）对该论点留下深刻的印象。

6. 回答者（包括提问者）均应做到礼貌待人。

在辩论中切忌出现所谓骂人的口头禅，也不要轻易动怒，时刻保持冷静，而尽量让对方，甚至激怒对方，让他首先犯错误。为何不"你做个好人，让你的对手去做坏人"？法官或陪审团会做出公正的评判。

需要注意的是，在法律辩论或法律论辩过程中，不管是质询还是答辩，都不仅仅是"辩"的问题，在问和答之前，做一番认真的准备，把事实问题和法律问题都做好充分准备，甚至准备多套应对方案。对于事实问题，应当注意调查研究，没有调查就没有发言权，而且对于事实，还要善于有选择地加以使用。对于法律问题，也需要认真对待，多角度收集、研究，做到胸有成竹。

☞思考题

1. 法律论证的概念和特征是什么？
2. 法律论证的图尔敏模式的构成是什么？请举例说明。
3. 阿列克西法律论证理论的内部证成和外部证成的主要区别是什么？举例说明。
4. 论证结构主要类型的特征是什么？画出相应的图示。
5. 论证评价的 RSA 模式的含义是什么？
6. 可接受的前提的来源主要有哪些？举例说明。
7. 法律论证评价中应注意哪些问题？
8. 反驳有哪些常用技巧？举例说明。
9. 质询的功能有哪些？
10. 质询中，提问者应该注意哪些问题？
11. 质询中，答辩者应该注意哪些问题？

☞练习题

1. 分析下列律师对证人的质询（或盘问）中所揭露的证人证词的不一致。

律师：在去年 12 月 3 日，大约在傍晚 6 点钟，当你在顺意街从小轿车上下来时，在 100 米开外看到的是这个人吗？

证人：是的，是他。

律师：如果已经是晚上了，在那么远，你还能认出他来吗？

证人：不能，不过当时还有一些太阳光，因此，当我步出汽车时，我能看得很清楚。

律师：那么，当你在那个时间打开车门准备走进你家的前门时，你能看到前门上用黄色粉笔写的几个大字吗？

证人：是的。

律师：你看见了吗？

证人：是的，我看见了。

律师：你能告诉我们写的是什么吗？

证人：不，太暗了，我看不出来。

律师：法官，我的话问完了。

2. 分析一起强奸案中辩护人对被害人的质询中所揭露被害人陈述的不一致之处。

辩护人：为了证实被告人的罪行，我想了解一下被害人与被告人的关系，请法庭允许我向被害人提出一个问题。

审判长：可以。

辩护人：请被害人回答，你与被告人，在案发前就熟悉吗？

被害人：只见过一面，谈不到熟悉。

辩护人：在被告人将你两手捆绑之前，你有没有打过或者掐过被告人呢？

被害人：没有！他身高马大，我怎么敢打他呢？

辩护人：这就怪了！那为什么被告人身上红一块、紫一块呢？

被害人（毫无防范）：那是他身上原来就长的瘢痕。不是我打的，也不是我掐的。

辩护人：你连他身上长什么都知道，证明你对他很熟悉。提问就到这里。

被害人：这……

3. 一个税务案件的被告人，被税务机关鉴定为偷税罪，在法庭调查时，税务局一位 50 多岁的税务人员出庭进行税务鉴定，在其做完鉴定，回答了公诉人的提问后，辩护人与他有如下一段对话，请运用质询的相关知识分析辩护人的询问技巧。

辩护人：请问鉴定人，你在税务机关工作多少年了？

鉴定人：30 年。

辩护人：这么说，你对我国的税收法规以及政策都是非常熟悉了解了？

鉴定人：这是当然的，否则我怎么能搞这个工作？

辩护人：好，现在向你请教几个税务方面的问题。

此时出现一个情况：即鉴定人在思考了一下后，未能直接回答，而从他随身携带的一本书中去寻找答案。

辩护人：请鉴定人注意，对辩护人所提的两个问题，根据你的经历及你刚才的表示，应立即回答而不应翻书。

鉴定人：老天！我们国家的税收法规、政策那么多，我不翻书，怎么能记得住！

辩护人；谢谢鉴定人回答了全部提问！

4. 分析基辛格所用的反驳方法。

基辛格有一次回答记者提出的问题。一位美国记者问他："我们的情况怎样？我们有多少潜艇导弹在配置分导式多弹头？有多少'民兵'导弹在配置分导式多弹头？"

基辛格答道："我不确切知道正在配置分导式弹头的'民兵'导弹有多少。至于潜艇，我的苦处是，数目我是知道的，但我不知道是不是保密的。"

记者急忙回答："不是保密的！"

基辛格反问道："不是保密的，那么，你说是多少呢？"记者无话可说，只能是"嘿嘿"一笑。

5. 试用所学的法律论证知识分析下面这个案例（提示：该案和许霆案极其类似，但结果却悬殊）。

在云南省昆明市开手机店的陈明应和饶金桃夫妇，在一次偶然的机会，发现其所购的电信卡具有反复充值的功能，于是向外进行兜售，直至事发。陈明应夫妇一直认为其所售的电信卡只有三万至四万元，而公安机关先后给出两组所售电信卡的数额，第一次是刚介入案件时，说是 17 万元，但当事人不认可，检察院也觉得需要继续侦查，公安机关第二次根据电信部门所出具的单据认定所反复充值的金额为 40 万元。该案经昆明市盘龙区人民法院一审判决，认定陈明应夫妇犯盗窃罪，均判处有期徒刑 13 年，并均处罚金 5 万元，并责令退赔电信部门 40 万元。对于该案处理，存在着两种截然不同的观点，一种观点，如杨立新和阮齐林教授认为属于盗窃罪，因为当事人明知电信卡可以反复充值，仍向他人推销获利，符合盗窃罪的构成要件；另一种观点，被告人的辩护律师和北京邮电大学的一名（专门研究电信和网络问题的法学）教授认为不应当定盗窃罪，应属于民法中的不当得利，同时，这一种观点还认为电信部门在这个问题上具有不可推卸的责任，如果不是电信部门的网络出了问题，当事人怎么可能做到反复充值，况且当事人对所谓的网络也纯粹是门外汉。对于所谓获利的 40 万元，这一种观点也认为，认定并不合理，因为假设当事人真的售出 40 万元，但实际上主要部分仍处于电信部门的控制之下，并未被当事人或他人消费殆尽。另外，这一种观点还认为，在遇到这种事情的时候，恐怕没有多少人能经受得住考验。（摘自：中央电视台《经济与法》频道，2008 年 8 月 8 日，20：30-20：50时段的节目）

第十二章　谬误理论及其法律适用

很显然有些推理是真正的推理，有些则是似是而非的推理。
　　　　—— ［古希腊］亚里士多德(《辩谬篇》（164a24-25））

诡辩这个词通常意味着以任意的方式，凭着虚假的根据，或者将一个真的道理否定了，弄得动摇了，或者将一个虚假的道理弄得非常动听，好像真的一样。
　　　　—— ［德］黑格尔(《哲学史讲演录》第 2 卷)

　　我爱你
　　所以，我是个情人
　　全世界都爱情人
　　而你是我的全世界——
　　所以
　　你爱我
　　　　——薇薇安（J. G. Vivian）（Joseph Gerard Brennan,
　　　　　　　A Handbook of Logic，1957：187)

第一节　谬误概述

一、剖析谬误是论证批判的重要手段

批判是理性的重要特征。论证是理性的基础，缺乏论证的理性很难令人信服。论证也是批判的基础，没有论证的批判同样没有说服力。由于谬误是思维的障碍，所以，谬误批判是论证批判的重要手段。好的论证可能存在缺点和不足，但它决不是包含谬误的论证。谬误论证的出现，表明对该论证不但应进行批判，而且应在批判的基础上摒弃它。谬误是对论证的强烈批判，是论证致命的缺陷。一般认为，谬误的论证就是尚未提供让人接受某一主张充分支持的论

证。尽管在谬误理论研究领域中，对谬误理论的可行性和发展方向等问题仍存在一定分歧，但谬误理论，特别是逻辑（狭义）谬误理论，已经成为历史悠久、有影响的论证批判手段。由于论证并非总是形式化的，它还涉及语言的表达与使用，涉及语境和背景等因素，因而谬误不仅仅局限于形式逻辑领域，它必然要涉及不是形式逻辑的领域，也就是说，它可能涉及论辩理论（包括辩证法理论和修辞学理论）等非形式逻辑领域，甚至非逻辑领域的理论（如心理学、不属于逻辑学的语言学等）。对论证的批判是谬误理论自亚里士多德以来的重要的学术传统，并且一直连绵不断。现当代社会中的批判性思维（critical thinking）作为思维批判理论在很大程度上也借助于谬误理论，甚至可以说谬误理论体现了批判性思维的灵魂。因为批判性思维就是要进行批判，揭露思维中的错误（不仅仅是论证中的错误，错误也不等同于谬误），改进思维，而谬误理论也是为了揭露错误（这种错误是论证中的错误，而且是严重的错误），从另外一个角度展示合理的论证。因此，谬误理论是重要的论证批判手段。在缺乏成熟论证理论的情况下，谬误理论甚至比一般论证理论在方法论上更重要。这与波普尔（Popper）对于科学理论所强调的证伪比证实方法更重要的思想是一致的。约翰逊（Johnson）指出，作为批判理论的谬误理论，谬误是对好论证的规范或标准的违反，并且以较高的频率发生。约翰逊和布莱尔（Blair）提出了一个 RSA 模式作为框架（RSA 即 Relevant, Sufficient 和 Acceptable）。根据该理论，一个论证必须满足相关性、充分性和可接受性三个准则，谬误的论证违反这些准则中的一个或更多，与之相对应的谬误的基本类型就有三种，即不相关理由、仓促结构和有问题的前提。这种模式得到了相当广泛的接受。菲欧切阿罗（Finocchiaro）也将谬误理论视为批判理论的组成部分。他试图发展出一种与传统处理及其谬误的传统表列相当偏离的综合性的谬误方法，这涉及将谬误研究作为被约翰逊和布莱尔称为"批判理论"或推理评价的谬误研究一部分的问题。他给出的谬误的定义是，谬误本质上是一个命题从其他命题中推出的失败，也就是说，论证是谬误的，当且仅当结论不能从前提中推出。而结论不能从前提中推出的每一个主要理由都将产生一个特定类型的谬误。结论不能得出的理由有六种，所以他的谬误类型就有六种：形式的，解释的，预设的，实证的，语义的和说服的。谬误类型要在辩证交换的语境中理解，并且这种分类的基础是建立在他的其他著作中的批判策略基础上的。因此，这种谬误理论也是一种论证批判理论。谬误理论在 20 世纪 70 年代以后，随着非形式逻辑的产生与发展而得到了复兴，成为非形式逻辑的一个重要组成部分。谬误理论也成为逻辑教科书的重要的内容。这对法律逻辑学也是一样，有学者对谬误理论在法律领域中的应用做了重要探讨。例如，美国法官鲁格罗·亚狄瑟所著的《法律的逻辑——法官写给法律人的逻辑指引》中就利用大量的篇幅对司法实践中的谬误进行了剖析。①

二、谬误的含义与分类

1. 谬误的含义

此处所指的谬误指的狭义上的谬误，即违反思维规律、规则而发生的逻辑错误。广义的谬误指的不符合客观实际的一切认识和言论。

随着非形式逻辑和批判性思维的发展，人们对谬误的认识更加深化，相应地，谬误含义也发生了相应变化。例如，汉布林认为，谬误的标准定义是，"谬误是一种似乎有效而实为无效的论证"。② 但许多常见的谬误却明显超出这个范围。有些情况根本谈不上什么论证问题，例如复杂问语和诉诸暴力，有些情况下，从形式逻辑的角度看，该论证并非不合理，例如，循环论证。另外，在有些情况下，探寻逻辑错误纯属多此一举，例如，诉诸权威论证和诉诸大众论证。而荷兰的语用—辩证学派的观点是，应当建立统一的谬误理论，他们认为，理想的谬误理论应当满足以下要求：一是该理论应当建立区分理性与非理性论证（或论辩）话语的规范。二是它应当提供检验违反规范的标准。三是它应当创立一套解释程序，以确定话语是否符合这些规范。③ 荷兰的爱默伦和荷罗顿道斯特由此创立了语用—辩证法，语用—辩证法整合了辩证论辩观和论辩的语用观。之所以是辩证的，因为它强调，消除主体间的意见分歧应通过有序交换讨论步骤的方法来获得。之所以是语用的，因为这些讨论步骤被描述为具体语境中的言语行为。围绕意见分歧的识别、未表达前提的认定、论辩型式的展现、论辩结构的分析、论辩可靠性的评价以及违反批判性讨论规则所犯谬误的发现，语用—辩证法给出了一整套论证分析与评价的方法。因此，语用—辩证法给出了一个围绕消除意见分歧的批判性讨论的论证评价模型。该模型的核心是与批判性讨论的四个不同阶段（即冲突、开始、论辩和结论等四

---

① ［美］鲁格罗·亚狄瑟. 法律的逻辑——法官写给法律人的逻辑指引［M］. 唐欣伟，译. 北京：法律出版社，2007：161-268.

② Hamblin, Charles L. 1970. *Fallacies*, London：Methuen & Co. Ltd. Reprint, Newport News, Va.：Vale Press, 2004：12.

③ ［荷］弗朗斯·凡·爱默伦，［荷］罗布·荷罗顿道斯特. 论辩　交际　谬误［M］. 施旭，译. 北京：北京大学出版社，1991：114.

个阶段）相结合的批判性讨论的规则。批判性讨论规则一般被概括为十条，依次为自由规则、举证责任规则、立场规则、相干规则、未表达前提规则、出发点规则、论辩型式规则、有效性规则、结束规则和用法规则。① 在语用—辩证法中，谬误被视为对这些规则的违反。例如，第一条规则，即自由规则，指的是论辩双方不得彼此阻止对方自由提出自己的立场，或阻止对方质疑的立场。若违反这一规则会犯的主要谬误有：诉诸暴力谬误、诉诸怜悯谬误和人身攻击谬误等；第二条规则即举证责任规则，指的是如果要求提出立场的一方为自己立场做辩护，他就有辩护的义务。违反这条规则就会犯逃避或转移举证责任的谬误。加拿大的谬误理论家沃尔顿认为，分析和评价谬误中经常遇到谬误的概念问题。在演绎逻辑中，我们可以确定地在无效论证和有错误前提的论证（或未获充分支持）之间做出区分。我们有各种逻辑系统及其相应的规则来支持这种评价。但对于非形式谬误来说，我们却缺乏这种类似的逻辑系统和规则来作为判断某某论证是否谬误的基础。解决这个问题依靠的是论辩型式和对话类型。这些结构为我们提供了判断非形式谬误的框架。但要避免谬误研究中经常面临的一个困境。"这个困境是由两个相对立的谬误概念造成的。一个概念是故意诡辩——在论辩中一个欺骗者对受害人故意运用欺骗性手段。另一个概念可以被称为谬误推理——无效论证，因为该论证未能与前提对结论所容许的某些结构关系（以语义为特征）相适应。"② 沃尔顿谬误的语用论视谬误为阻碍对话前进的具有欺骗性的手段（这些手段主要是论证），这就把谬误和论辩手段联系起来了。但为什么很久都没有产生一个成功的语用谬误概念呢？"问题是他们没有任何一致的、基本的理论或规范基础让使用者能够评价一个确定个案的谬误与否。"③ 沃尔顿能提出谬误的语用论，是因为他有对话类型和论辩型式作为理论和规范基础。因而，沃尔顿谬误或相关理论研究的一个重要特色就是，在提出和解决问题过程中，他会花很大的力气去研究与谬误或论辩有

① ［荷］弗朗斯·凡·爱默伦，［荷］罗布·荷罗顿道斯特．批评性论辩：论辩的语用辩证法［M］．张树学，译．北京：北京大学出版社，2002：173-177；［荷］爱默伦，［荷］汉克曼斯．论辩巧智——有理说得清的艺术［M］．熊明辉，赵艺，译．北京：新世界出版社，2006：179-180.

② Walton, Douglas N. *A Pragmatic Theory of Fallacy*. University of Alabama Press, 1995: 244.

③ Walton, Douglas N. *A Pragmatic Theory of Fallacy*. University of Alabama Press, 1995: 251.

关的对话类型和论辩型式，甚至为此著有专文。① 因此，沃尔顿认为，谬误研究包含规范因素和实践因素。谬误是对论辩手段的错误使用，这种错误使用是对话的规范模式相比较而得出的，因而谬误研究包含有规范因素。由于谬误被认为是一个可以用来使论证者相信他已经收到了一个令人信服或成功论证的起作用的方法，尽管使用这种方法并不当然都起作用，但在实践中，这种方法事实上起着作用。我们要在日常论辩中做好面对谬误的准备，只有这样，我们才能学会如何更好地应对它们。否则，它们会使你措手不及，在竞争性论证中也就更容易成为打败你的工具。因而，谬误研究包含有实践因素。

这种理论之所以本质上是语用的，是因为在评估特定个案时，经常要问的基本问题是对话的语境是什么？根据这种路径，论证的谬误与否经常依赖于讨论的预期目的是什么？

谬误的概念有五句话，"谬误是（1）论证（或至少是意图作为论证）；（2）不符合某种正确标准；（3）在对话语境中使用；（4）但在语境中，由于各种原因它像正确的；（5）是实现对话目的的严重障碍。"② 这个定义即使是第一句也存在争议，因为，在传统处理中就有关于谬误是否论证的疑问，例如，因为不管歧义是否具备论证的形式，但它仍被认为是谬误。而模棱两可之所以成为谬误，是因为看起来是单一论证而实为复合论证。如何处理这些问题，沃尔顿认为，一种路径就是放宽定义，仅要求谬误必须是预期作为论证的对话中的任何移动或行动。一个压缩的定义是"谬误是阻碍对话进行的有欺骗性的坏论证"。③ 有两种子谬误，它们是谬误推理和诡辩。其中，谬误推理是和推理的逻辑形式有关的推理错误。这些形式可以是演绎或归纳的论证形式，也可以是推定推理的论辩型式（形式）。谬误推理之所以是谬误的，主要产生于论证未能满足规定的举证责任。诡辩指的是和对话语境中使用论辩有关的辩证谬误。它们是对话语境中延展了的论证序列，它们的谬误性是通过检验对话轮廓——一个在互相论证中的双方的答复交换相连接的对话移动序列来完成。诡辩是坏论证，因为移动序列揭示了一类有代表性的欺骗性的诡辩手段，

① For example, Douglas Walton. *The New Dialectic: Conversational Contexts of Argument*, University of Toronto Press, 1998; Douglas Walton. *Argumentation Schemes for Presumptive Reasoning*, Lawrence Erlbaum Associates, Inc., 1996.

② Walton, Douglas N. *A Pragmatic Theory of Fallacy*. University of Alabama Press, 1995: 255.

③ Walton, Douglas N. *A Pragmatic Theory of Fallacy*. University of Alabama Press, 1995: 256.

这阻碍了对话的正常进行。典型的情况是，诡辩似乎正确和适当仅仅是因为存在着一个从参与者原先期望参加的对话类型转移到了另一种不同的对话类型。相比之下，谬误推理似乎正确是因为表面上使用了一个（原则上）正确的论辩型式或推理形式。因此，谬误是似乎有效实则无效的概念有保留的必要，但需要精确化。

总体来看，关于谬误的语用观点已经成为谬误理论乃至非形式逻辑中占主导地位的理论。其中荷兰语用—辩证学派和沃尔顿就是其中最主要的代表。

谬误作为思维的疾病，与人类思维的产生一起产生，但并未随着逻辑的完善而消失。谬误理论直到今天仍然是对论证理论的重要补充。

由于对于谬误理论本身存在着较大的争议，有学者认为通过谬误来教授学生如何进行正确论证是不可行的。因为，谬误的表现形式很难有确切的分类，而且在思维实践中也是层出不穷的；并且过分关注谬误的学生，在思维实践中可能变得吹毛求疵。但不管谬误理论受到多大的批判，它仍然是许多逻辑学家关注的对象。只要思维还存在着，谬误就必然与之相伴，所以，剖析谬误的任务就没有终结。从理论上说，谬误是可以认识的，也是可以避免并且必须予以避免的。

2. 谬误的分类

由于谬误涉及论证的语境等语用因素，因此，应当从理论与实践相结合的角度对其分类进行探讨。但是，由于谬误理论本身的不统一，也由于"正确的推理往往只有一个，而错误的推理往往有千万种"，再有，谬误本身也会具有类似于正确推理的形式，由此具有很大的欺骗性（如果是非常简单的错误，一般也欺骗不了人，我们也就没有研究的必要了）。

对于谬误的分类，亚里士多德的分类是将谬误分为两类，一类是与语言有关的谬误，一类是与语言无关的谬误，并相应列出了十三种谬误。但到了20世纪70年代，有许多学者认为谬误的总数至少有一百种以上。虽然大家对于某个论证是否谬误通常能够达成共识，但如何称呼它或描述其特征，还是因人而异。逻辑学家德·摩根在其1847年的著作《形式逻辑》中曾指出："世界上根本没有一种分类系统可以界定人类可能如何犯错；我们甚至怀疑是否可能存在有这种系统。"对谬误的分类存在不小的分歧，到目前为止还没有一个公认的分类。现当代的学者一般是将谬误分为形式谬误和非形式谬误两类。所谓形式谬误是指违反形式逻辑的规律和规则的逻辑错误。在形式谬误的情况下，即使所有的前提为真，这类论证仍可导出错误的结论。只要检验论证的形式或结构就能发现这类谬误。所谓的非形式谬误是无法单纯地从检验论证的形式来发现，而必须通过其他方式才能发现的谬误。它指的是无法适当证明被支持的结论的论证。在至少有一个前提不为真，或是推论不符合规则的情况下，这个论证就含有非形式谬误。非形式谬误又称实质谬误。

谬误对于思维的危险主要在于它虽然是错误的思维方式，但却看似正确。正如亚里士多德所述，"有些推理是真的，有些看似真的却是错的，事实就是这样。论证是这种情形，其他地方也有这种情形，在真与假之间有一定的相似程度"。（亚里士多德《辨谬篇》）

我们将在本章对在法律实践中所可能遇到的谬误进行描述。当然，这种描述不可能是全面的。

由于形式谬误所描述的是在思维形式的推导过程中直接违反演绎推理规则的谬误，在法律领域中主要涉及违反三段论规则的谬误，如四词项谬误，中词不周延，大词扩大和小词扩大等；有违反充分条件假言推理规则的肯定后件式谬误与否定前件式谬误，违反必要条件假言推理规则的肯定前件式与否定后件式谬误；有违反相容选言推理规则的肯定否定式谬误等。形式谬误在法律领域中一般问题不大，在法律思维中，困难的是如何获得大小前提，以及如何由大小前提的结合推出适当的结论。这其中所遇到的纯粹的形式谬误并不多见。在法律思维领域中，我们所需要特别注意的主要是那些非形式的谬误。对于形式谬误，此处不再赘述。

第二节　非形式谬误（实质谬误）

非形式谬误主要是关于其前提的内容或语境。非形式谬误本身的内容及其表述在学界并不统一，下面的分类只是分类的一种方式而已。

一、非形式谬误的分类

第一类：不相关证据的谬误。

1. 不相关的谬误，即"结论不相关"谬误，通常指的是不相关的结论。

2. 分散注意力的谬误，主要包括：人身攻击谬误；复杂问语谬误；乞题谬误；诉诸无知谬误；诉诸权威谬误；诉诸怜悯谬误；诉诸流行意见谬误等。

第二类：不充分证据的谬误。

1. 跳跃结论的谬误：（1）偶然性谬误；（2）逆偶性谬误。

2. 因果谬误：（1）以先后为因果的谬误；（2）混淆原因和结果的谬误；（3）"三人为虎"谬误。

第三类：语言学的谬误。

1. 含混笼统的谬误。

2. 歧义的谬误：（1）字词的歧义；（2）语句的谬误。

3. 组成的谬误。

4. 分割的谬误。

5. 断章取义或恶性抽象的谬误。

非形式谬误并不能简单地通过检验论证结构的形式来发现，一般通过两种方式来加以检验，一是检验论证的语境，这包括论证的主体（即是谁提出论证，向谁提出论证）、论证的目的、当事人所承诺的命题、制约该论证的准则等。语境是论证的整体环境。第二种方式是检验论证的内容或实质。要注意论证中语言表达的方式、语词的意义、语词的歧义和含混等。

在剖析非形式谬误的过程中，有两条基本的准则：

一是论证中的词项必须定义清楚且不含混，在前提与结论中必须保持统一、固定和明确的含义；

二是论证要求结论不是前提所假设的，而是从前提中推论得到的。

二、不相关谬误

不相关与转移注意力的谬误是指那些没有把握论证的重点，或是在论证某个论题时诉诸情感、暴力、无知等与论证无关的情形。①

1. 结论不相关谬误

结论不相关谬误是没有把握论证重点的谬误，实际就是离题的问题。在司法实践中，特别是律师在辩护过程中，经常使用的一个策略就是避重就轻，由对己方最有力的问题方面入手，这就有可能犯离题的谬误。

结论不相关谬误，指在论证中，所证明的结论与所要证明的结论不一致。特别是当所证明的结论与所要证明的结论只有细微的差别时，这种论证的心理说服力就比较明显。

在论证中，论证者致力于驳倒改变或歪曲了的论题，这种做法又称为稻草人谬误（因为稻草人比真人更轻薄也更脆弱，更容易击倒）。

这种谬误比较常见，其形成的理由主要表现为，一是对方的观点比较深奥，反驳者没有把握住其论题，而只是表面上的了解，而因此形成曲解式的批

---

① ［美］鲁格罗·亚狄瑟. 法律的逻辑——法官写给法律人的逻辑指引［M］. 唐欣伟，译. 北京：法律出版社，2007：167-168.

评。二是对方表达不清楚，以至于造成批评者的误解，从而犯这种谬误（当然，责任主要在于被批评者）。三是批评者故意将对方的论题加以曲解，因此使一些原本既不了解对方论题的读者或听众，对被批评者形成一种错误的假象，甚至认为对方真的如反驳者所描述的那样。

针对这种谬误，首先我们需要尽量以宽容原则去理解对方的论题，尽量避免以自我为中心或以自己的偏见强加于对方，其次在论证中，所使用的语言要清楚、明确，避免误导。

在司法实践中，造成这种结论不相关的谬误，可能是由于司法工作者不小心混淆造成的，也可能是故意采用这样的策略以欺骗对手或法庭。此时的目的一般是为了转移论题，以掩饰其立场薄弱的困境。

2. 分散注意力的谬误

从某种角度上看，分散注意力的谬误仍然是某种程度的不相关谬误，因为这种谬误是论证转移到其他不相关、非理性且经常是情绪化的事物上。这些谬误包括人身攻击的谬误、复杂问语的谬误、乞题谬误、诉诸无知谬误、诉诸权威的谬误、诉诸传统的谬误、诉诸暴力的谬误，等等。

（1）人身攻击谬误

该谬误是指，在一个论证中，其前提只涉及此人物的人格及外在环境的状况，即只以上述两因素为依据，将论证从对手的论点上转移到对手身上，不去否证对方主张的内容，反而去攻击提出主张的人。

主要有三种形式，一是直接的人身攻击，通常通过指称对方人格中的缺点来进行，如对方的名声、人格或个人缺点。这种人身攻击只是想要逃避举证责任。在法庭上，诉辩双方都会犯这种谬误。诉辩双方经常会有意无意地提出对方人格上的缺点来支持自己的观点或反驳对方的观点。很显然，提出人身攻击的人是想让第三方相信，由于被攻击者是个有缺点的人，例如，是个坏人，贪污犯，道德品质败坏，所以，被攻击者所提出的观点或论证也是不可信的。

第二种形式是境况的或环境上的人身攻击。这种攻击是说，由于对方的所处的环境或境况如何如何，所以对方必定在某个问题上会有某种观点，而这种观点在此论证中是对对方不利的。例如，某人主张应当对房地产信贷执行较为宽松的政策，对手就提出，那是因为某人拥有大量房地产企业的股票或者在房地产企业任职等情况，所以某人的观点是不可信的。这种情况就可能构成人身攻击的谬误（一般情况下，如果对方在论证过程中应当表明自己的身份而没有表明时，这种攻击就是合理的攻击，反之就构成人身攻击谬误）。第三种是试图指出对方的言行矛盾，以诋毁其可信度。这种现实或历史的言行矛盾，在拉丁文中称为"你也是"（tu quoque）。

这里举一个经典个案进行分析。这个个案在沃尔顿著作中先后出现了多次。在《非形式逻辑：批判性论辩手册》（1989）中的第145页，在《谬误的语用论》（1995）中的第37页，在《人身攻击论证》（1998）中的第32页，沃尔顿针对境况的人身攻击论证举了以下这个例子。

一个因其为自己在打猎中的娱乐或消遣而牺牲无知动物的狩猎者被指责为残暴，他回答其批评者说："为什么你吃无害家畜的肉呢？"

如前所述，狩猎者通过引用批评者自己特殊的境况（是肉食者）来反驳批评者。这个例子是境况的人身攻击论证，因为，狩猎者断定批评者语用不一致，因此批评者关于狩猎者残暴的论点应被驳回。

这个多次出现的个案中，如果批评者事实上是一个肉食者，并未否定食肉，那么，作为肉食者，他指责狩猎者的残暴是否表明了他是不一致的呢？一般认为并非如此。因为批评者（很可能）自己不是一个狩猎者，他批评狩猎者为了娱乐而加入到这个残暴的运动中，这不存在不一致问题。对这个个案，德·摩根和怀特莱（Whately）都做过有价值的讨论。这个个案确实说明了，尽管对行为的陈述在境况的人身攻击论证中确实起到了重要作用，但在这里，行为所蕴含的论证者的承诺却是有问题的。行为可以使一个人承诺某项政策，但也可能不是这样。对一个做法可以有不同程度的卷入，这些不同程度蕴含了不同的承诺种类。因此，行为在适当情况下可以成为确定论证主体目的和动机的基础。目的和动机也能揭示人的品性和承诺的重要方面。因此，攻击某人的语用不一致可以成为人身攻击论证。

人身攻击的论证在法律领域中，完全可能成为合理的论证方式。这在证据法中表现得最为突出。在《美国联邦证据法》第六百零七条中，就允许采用证人负面人格和偏见的证据，以攻击证人的可信力。当然，这种情况下法官必须平衡采用这种证据，否则可能会出现不当使用甚至滥用的可能。

（2）复杂问语的谬误

复杂问语是指，在讨论问题时，将若干不同的问题未加以区分而形成单一的问题，经常使被问者很难简单地回答"是"或"否"，或者说是把一个包含数个问题的质询改写成一个问句方式的论证。

复杂问语一般发生在以下情况：一是同时问两个或两个以上的问句，而只要求一个答案；二是用一个问题诱导出另一个待证明的问题；三是问题本身有错误的预设；四是问句本身是复杂问句，却要求一个简单的答案。最经典的问题为："你停止打你老婆了吗？"而且要求回答是或不是。如果回答是，则表示你停止打老婆，但却表示你过去打过老婆，现在才停止；如果回答不是，则表示你不但过去打老婆，而且现在还在继续打。很显然，无论回答是或不是，都隐含了一个前提或假设，即你过去打过老婆。如果你过去并没有打过老婆，则你就无法回答了，因为既不能说是，也不能说不是。此时这个问语就是复杂问语的谬误。又例如，司法人员在询问或讯问过程中，可能会问这样的问题，例如，"你偷过东西后是晚上十点回到家的吧?"若被问者并未盗窃，则他根本无法回答是或不是。因为回答是或不是，都表示被问者盗窃了，而事实上他却没有盗窃。

针对复杂问语，如果被问者并不认可其中所隐含的前提或假设，可以拒绝回答这个问题，或者要求问者澄清，或者指出其所隐含的前提或假设的虚假性。

当然，当这个隐含的前提或假设存在时，复杂问语并不是谬误。当司法人员确实已经掌握被问者所犯的不法行为时，使用复杂问语可能起到很强的威慑作用（但如果被问者未曾有过该行为时，该提问可能成为复杂问语的谬误）。

（3）乞题谬误

乞题谬误是指，将有待证明的结论在前提中先予假定，也称为循环论证。最简单的表现形式是，因为 A 真，所以 A 真。较为复杂的形式，因为 A 为真，所以 B 为真，因为 B 为真，所以 C 为真，因为 C 为真，所以 D 为真，因为 D 为真，所以 A 为真。在 A 为真到 A 为真中间可能有很复杂的过程，但总是把待证的结论 A 当作前提，加以假定其为真，而形成了封闭的循环圈。例如：为什么上帝是存在的呢? 因为圣经是这么说的，为什么圣经说的就是真实的呢? 因为圣经是上帝说的话。

（4）诉诸无知的谬误

诉诸无知的谬误是指，对于命题 A，既不能证明其为真，也不能证明或检验其为假，却下结论说 A 命题为真或为假。可分为两种形式，一种是，因为不能证明 A 为真，所以 A 为假；一种是，因为不能证明 A 为假，所以 A 为真。

在法律领域中，与诉诸无知的论证（需要注意的是，诉诸无知并非都是谬误）有关的是无罪推定原则（即在法律上，因为不能证明他有罪，所以他无罪），却是合理的论证。因为在法律上只能区分有罪与无罪。而不能要求每个人去证明自己的无罪或清白。用公式表示如下：

①A 没有被证明有罪，因此……

②A 没有犯罪（即无罪）。

（5）诉诸权威的谬误

该谬误是指，对于 C 而言，E 是 C 心目中的权威，当 E 断定 A 时，C 就相信 A 是真的。例如，我们经常遇到的亚里士多德如是说，爱因斯坦如是说，老师如是说，主席或总统或上级如是说，校长或主任如是说。如果认为这些人所说的都是绝对真理，就犯了诉诸权威的谬误。

权威指的是可靠的信息来源，具体包括某一特定学科领域的专家，以及另外一些其意见值得被接受、被引证或请教的人。所谓诉诸权威的论证，就是根据某一领域具体权威的意见，进而断定某一观点的可接受性。其形式可以表示如下：

E 是 D 领域的权威，

E 断定 A 是真的，

A 属于 D 领域的命题，

所以，A 是真的。

在评价诉诸权威的论证之可靠性时，以下五个批判性问题需要考虑：

问题 1：E 是 D 领域的真正权威吗？

问题 2：E 确实断定 A 为真吗？

问题 3：A 和 D 领域有关吗？

问题 4：如果在 D 领域的权威不止一位，那么，A 和其他权威的观点相一致吗？

问题 5：A 和 D 领域中已为大家所认可的那些知识相一致吗？①

引用权威进行论证本身并没有错，但当该论证的结论仅仅是根据一种权威，而这种权威无法合理证明其在该领域具有权威性，或者无法支持其结论时，就会产生谬误。这往往是通过以下方式得以实现，一是当 E 确实有许多的优点，但 E 也肯定有一些缺点。如果对 E 盲目崇拜，或进行美化，以至于忽略或美化了他的缺点，那么就犯了谬误。二是如果缺乏批判性精神，只是不加反省或不加批判地接受现成的理论，甚或盲目接受别人的成果。三是忽略了论证的重要性。四是通过人为的力量控制教育内容及大众传媒使价值一元化，从而将某些历史或现代人物或某些著作奉为至高无上的权威。

在司法领域中，诉诸权威主要表现为对专家意见的处理上。如果在司法中遇到专业问题，则往往需要专家出场，提供其专家意见，例如鉴定结论等。但如果违反以上五个批判性问题中的一个以上，那么同样犯了诉诸权威的谬误。

---

① Walton, Douglas N. *Argumentation Schemes for Presumptive Reasoning*, Lawrence Erlbaum Associates, Inc., 1996: 65.

在最高人民法院对于民事诉讼和行政诉讼的证据规则的规定中，可以看到对鉴定结论和专业人员意见（即专家意见，属于权威范畴）的相关规定。例如，《最高人民法院〈关于行政诉讼证据若干问题的规定〉》第三十条、第三十二条、第四十七条、第四十八条、第六十二条都对如何正确使用专家意见即权威意见提出了具体的要求。这是我国证据法所取得的一大进步。当然，这其中仍有完善的必要。例如，该证据规则的规定与上述沃尔顿关于诉诸权威论证的批判性检验问题相对比，可以看到对我国的证据法规定得仍然比较原则性。

（6）诉诸怜悯的谬误

诉诸怜悯的论证或谬误在诉讼过程中经常出现。法官或陪审团之所以接受某个论证，经常是因为说话者诉诸怜悯，而不是因为论证的力量。自古以来，在法庭上，这种情况对于犯罪嫌疑人或被告人是常见的。

所谓诉诸怜悯的论证是指，通过诉诸听者的同情心、利他心和慈悲心，从而接受论证者所提出的论题的论证。例如：

一个实际上没有上一节课并且在课外什么材料也没有掌握的学生跟我说，如果他这门课不过的话，他很可能被征召入伍。

另一个例子：

如果我这门课程不能得 A，那么我就上不了法学院，我的学业计划就全被毁了。①

在法庭上的例子，例如：

带着被告人穿着很差的妻子进入法庭，旁边围着穿得破破烂烂的可怜的孩子，辩护律师对陪审团说，"如果你们把我的委托人送上电椅（即判死刑，采用电击方式执行，笔者注），那么你们就使这个可怜的妇女成了寡妇，使这些无辜的孩子成了孤儿，他们做了什么使他们受此惩罚？"②

又如：

一个因为杀了双亲的年轻人正在接受审判。辩护律师向陪审团说："你们怎么可能判处这个年轻人刑罚呢？一方面，他不知道他在干什么。而且，如果你们给他定罪的话，那么结果将目不忍睹。你们能想象送一个孤儿去监狱将会

① Walton, Douglas N. *A Pragmatic Theory of Fallacy*. University of Alabama Press, 1995：42.

② Walton, Douglas N. *Appeal to Pity*：*Argumentum Ad Misericordiam*（*Sunny Series in Logic and Language*）. State University of New York Press, 1997：12.

是什么样子吗?"①

有一句关于这方面的至理名言,"当法律于你不利时,就去辩论事实;当事实于你不利时,就诉诸一切能取信于陪审团的方法"。律师丹诺(Clarence Darrow)在为一个政府官员奇德(Thomas Kidd)辩护(涉嫌一起共谋犯罪案)时,走向陪审团说:

我不是为奇德来恳求你们,而是为了千千万万个人,从很久很久以前到未来,这个世界千千万万个被掠夺和虐待的人而恳求你们。我为那些夙兴夜寐的人们恳求你们,他们把自己的生命、力气和辛劳,奉献给有钱的人和大人物。我为那些把生命给了现代黄金之神的妇女们而恳求你们,为了那些已经出生和还没有出生的孩子们恳求你们。②

柏拉图在《辩护篇》中记录苏格拉底在受审时的自我辩护,也是一则很精彩的"诉诸怜悯"的例子。

或许你们里面有人很讨厌我,想到他为了类似的甚至更微不足道的案子,哭哭啼啼地乞求法官,他把孩子们都带到法院来,以及亲朋好友,场面令人动容;而有生命危险的我,是不会干这种事的。他会想到这个对比,而说我的坏话,很愤怒地投票,因为他以这个理由讨厌我。如果你们里面真有这样的人——我不敢说到底有没有——我大概会用荷马的话回答他:"朋友,我是个人,是个有血有肉的生物,而不是木石。"我也有家庭,我也有孩子,啊,雅典人,我有三个孩子,有一个快成年了,其余两个还小;而我不会把他们带来这里,以请求你们判我无罪。③

需要注意的是,诉诸怜悯的论证并不都是谬误。例如,在法庭上,通过诉诸怜悯,可能会对法官在做出量刑或处罚方面产生影响。但处罚本身不是目的,处罚的目的是为了恢复被破坏了的法律关系,或是为了改造当事人,以使其改恶从善。由此,考虑当事人令人同情的处境,从有利于对当事人的改造和法律关系的恢复的角度来看,这种诉诸怜悯就是合理的。一般来说,诉诸怜悯的论证的力量主要来自心理上的力量。这种力量有时会超过逻辑的力量。例

---

① Walton, Douglas N. *Appeal to Pity: Argumentum Ad Misericordiam (Sunny Series in Logic and Language)*. State University of New York Press, 1997: 30.

② Iving M. Copi. *Introduction to Logic*, 7th ed., 1986: 95 (I. Stone, Clarence Darrow for the defence, 1941).

③ Iving M. Copi. *Introduction to Logic*, 7th ed., 1986: 96 (I. Stone, Clarence Darrow for the defence, 1941).

如，在举行慈善募捐活动中，这种诉诸怜悯就更为常见了。悲伤的情境，血腥的场面，等等，都是极其有力的说服力量。

（7）诉诸流行意见的谬误

诉诸流行或大众意见的论证的型式（或形式）为：

如果某个参考群体的大多数人都视 A 为真，那么就存在一个有利于 A 的推定，

某个参考群体的大多数人都视 A 为真；

所以，存在一个有利于 A 的推定。

一旦得到更客观地解决问题的更坚实的证据，这个论证实际上并不总是很可靠，经常受到限制与废止。当对于某个问题可能有若干个不同意见时，诉诸流行或论证经常是采取谨慎行动的较好的尝试。因此，该论证形式并不是在本质上就是谬误的论证形式。与该论证形式相匹配的批判性问题如下：

①所引用的参考群体是否视 A 为真实的？

②是否有其他支持 A 不是真实的假定的相关证据？

③有什么理由认为这个大多数意见很可能是真的？

因此，很显然，诉诸流行意见的论证在本质上是假设性的。论证形式"每个人相信 A，所以 A 是真的"是演绎无效的。

如果违反了上述批判性问题之一，那么就犯了诉诸流行意见的谬误。例如：

共和党支持对美国宪法的反堕胎修正案的政纲的事实并不构成参议员戴维斯，一个任职六次的共和党参议员，支持该修正案的好的理由。对自己政党组织的忠诚不应当在表达某人在这个问题上的观点的过程中起任何重要的作用。因此，建立在这个考虑基础上的诉求很可能是个不相关的诉求。一个正当的诉求应当以需要该修正案的可能理由为焦点。①

这里仅仅列出了与法律有关的不相关谬误的部分。当然，对于其中有些谬误到底属于哪一类也存在一定争论。不过，这不是讨论的重点，我们的目的主要是提出有关谬误的特征，以供反驳这些谬误。

三、不充分证据的谬误

1. 跳跃结论的谬误

---

① Walton, Douglas N. *A Pragmatic Theory of Fallacy*. University of Alabama Press, 1995: 224.

亦称过早下结论的谬误，也有人称之为不充分统计的谬误，是指在没有获得足够或充分的基本资料，以用来担保一个推广，就仓促做该项归纳推广，虽然这些基本资料和结论是有密切关系，但是却没有必然的关系。可分为两种情况：一是结论是以一种通则化的形式出现，亦即以普遍命题或全称命题的形式出现；二是结论只是以单称命题出现或对特称事例的描述。第一种情况即以偏概全。在日常生活中，我们常常会听到所谓"女人是祸水"，"男人都不是好东西"，往往都是发生于男女失恋及夫妻失和的时候所形成的情绪语言或气话。还有什么"自古红颜薄命"，"自古英雄出少年"等。但实际上不尽是如此，而且反例也不少。

对于第二种情况，当我们吃了某一篮子二十个橘子中的十五个，都很甜，即过早下结论说，第十六个或第十七个橘子一定是甜的。当然，如果我们说这一篮子的每个橘子都是甜的，则犯了以偏概全的谬误。但要注意的是，如果我们由此得出结论说，第十六个或第十七个橘子很可能是甜的，那么我们并没有犯该谬误。① 这种谬误即以偏概全的谬误。

（1）偶然的谬误（偶然性的谬误）

偶然的谬误（或称之为以全概偏的谬误）是指，在一个论证中，有意无意地把一个或一些原本可为一般人所接受的较普遍的原理，应用或推论到某些事例上，而这些事例偏偏不是这个较普遍的原理所原本计划包含的例证，或说不是这个原理所能应用的个案，如果我们如此应用普遍原理去推论出或应用到上述不恰当的个案或事例，那么这个论证就犯了偶然的谬误。

由于一般性的规则都有其例外，在法律领域中更是如此。在法律领域中，当我们把一般性规则适用于特殊的情况时，会发生所谓"偶然性谬误"。一般性规则之所以无法适用，是因为情境的"偶然性"或例外性的事实。所谓的偶然性谬误，就是把一般性规则应用在规则的例外。

律师必须对一般性规则的例外（或偶然性）很熟悉。因为在法律规则中，找到对手所建立的一般性规则的例外，是攻守成功的重要前提。例如，刘邦在入咸阳的时候，提出"杀人者死"，但其规定相当模糊，而现代法律的规定就详细得多了。如果是在进行正当防卫和紧急避险或意外事件或法院执行死刑判决等，那么杀人者不但不会死，反而是应当做"杀人"的事。而且，这种例外情况，法律尽管已经规定得很详细，但仍没有到达绝对确定的程度。学校门口竖立的牌子上写着"禁止机动车入内"，这是一个一般性的规则。但是该规

---

① 杨士毅. 逻辑与人生：语言与谬误 [M]. 台北：书林出版有限公司，1998：284.

则就存在着很多例外情况。如修剪花木的车辆，救人的120救护车，救火的消防车，为维修道路或校舍等设施的工程车辆，学校的公务用车，等等，这些车辆进入校园就是该规则的例外，而该规则很难就这些例外事项做出完全的规定。我国宪法规定了公民在法律面前人人平等，包括公民在升学、就业、政治权利等方面。但就拿受教育权来说，既然在受教育方面是平等的，那为什么上大学，上何类大学仍需要参加高考并且入学分数还很悬殊呢？为什么有人上班坐公交车，而有人上班却坐轿车（国家来买单）呢，如此等等。

（2）逆偶性谬误

逆偶性谬误（以偏概全的谬误）是指不够严谨或太快地做了普遍化的归纳，也就是用不适当的例外，去反驳或推论出一个未经限制的一般原则或原理。该谬误一般发生于我们以不恰当的事例或个案去建立一般性的规则的时候。这种谬误经常发生于案件和教室里，又称"选择性例证的谬误"，就是想要建立归纳的一般化时，却列举了不具代表性的事例；或是事例不充足，当有一两个例子符合某个规则时，就立刻说可以建立一般性规则。以偏概全是一种不充分的统计，即量之不足所导致的，但其所引用的例子仍然确实是结论所要概括的事例，并不是不适当的事例。例如，鸦片可以治疗鸦片瘾，可减轻痛苦，因此，我们要全面废除禁止使用鸦片的法律或鼓励人们要吸鸦片，以减轻痛苦，增加快乐。很显然，"治疗鸦片瘾"只是鸦片之作用的特例。

这个问题的特别形式称为统计样本的谬误。当样本数越大时，就可以减少样本误差的几率。但光是数目的大小，还不能保证不会出现误差。例如：

经典的例子就是《读者文摘》在1936年做的总统大选的预测。超过1000万份的问卷寄出，有2 367 523份回收，其中大部分支持共和党的总统候选人兰登（Alf Landon）。这项民意调查预测共和党候选人可以获得370张总统候选人票，而民主党的罗斯福只有161张。可是当真正的选举结果揭晓时，罗斯福赢得523票，兰登只赢得8票。这到底哪里出错了呢？《读者文摘》寄出问卷的地址是来自杂志订户、电话簿和汽车登记簿名册。但是杂志、电话和汽车在1936年的美国并不是随机分布的。[1]

这份民意调查使《读者文摘》的销售成绩一落千丈（当时十分畅销），在后来好多年仍然成为笑柄。

---

[1] David Hackett Fisher. *Historians' Fallacies*. 1970：106-107. 转引自［美］鲁格罗·亚狄瑟. 法律的逻辑——法官写给法律人的逻辑指引［M］. 唐欣伟，译. 北京：法律出版社，2007：227.

2. 因果谬误

又称错误原因的谬误，是指在论证中将不是原因的东西当做原因。主要表现为两种形式，一是以先后为因果的谬误，二是混淆原因与结果的谬误。

（1）以先后为因果的谬误

该谬误的拉丁文是 post hoc ergo propter hoc，其英文翻译为 after this therefore on account of this，the after-so because fallacy，其中文可译为"在此之后，因此之故"。当我们仅仅因为某个事件发生在另一个事件之前，就推论说前者为因，后者为果，就犯了该谬误。历史上，有许多不科学的迷信都是犯此谬误而形成的。例如，"乌鸦叫，灾祸到"，"喜鹊叫，贵人到"，闪电是打雷的原因，每逢哈雷彗星接近地球，就发现地球上有些不幸的事件发生，于是有人下结论说，彗星光临是祸患的原因，因此彗星又被人称为扫把星，这也是犯了该谬误，等等。

著名哲学家大卫·休谟很早就提出：

只因为一个事件在某一个时刻时，比另一个事件早发生，便称该事件为因，另一事件为果，这是不合道理的。他们的关联可能是任意的且偶然的。①

例如：

盖尼诉佛克曼

Gainey v. Folkman

114F. Supp. 231，237（D. Ariz. 1953）

所以本案裁定时的具体问题是，"灰尘"真的对原告造成损害吗？

而这又必须先回答另外一个问题：在 1952 年的灰尘或雾中有足够的化学物质漂散到原告的农场中，被牛只或紫色苜蓿芽吸收，而使农场的作物歉收吗？

就如上所说，1951 年的灰尘，对人及恒温动物并没有发现任何有害的中毒结果。许多原告找来的证人的证词，包括牧场经理人的太太，都犯了"在此之后，职是之故"的逻辑错误。唯一证明有直接影响的证词是，证人作证表示灰尘里的化学物质使他们眼睛产生剧痛。但是每个提供这样证词的人，也

---

① David Hume. *An Enquiry Concerning Human Understanding*. Ed. Eric Steinberg，1977：27（originally published 1748）. 转引自［美］鲁格罗·亚狄瑟. 法律的逻辑——法官写给法律人的逻辑指引［M］. 唐欣伟，译. 北京：法律出版社，2007：232.

立刻同意这种不舒服是短暂的而且很快就没有了。①

（2）混淆原因与结果的谬误

该谬误即通常所说的"倒因为果"或"倒果为因"的谬误，指的是在论证中，误将原因视为结果，将结果视为原因。

例如，因为他当了院长，所以他很有领导才能。但实际上，很有领导才能仅仅是当上领导的必要条件，但未必是充分条件，也就是说，不见得有领导才能，就能当上院长，甚至不排除他是靠溜须拍马当上院长的。

有人说，网络毒害了青少年，败坏了社会公德。而实际上，网络是现代科技的重要体现，对于社会发展所起的作用也是有目共睹的。虽然有许多青少年由于沉溺于网络之虚拟世界而不能自拔，但网络是否毒害青少年的罪魁祸首呢？青少年沉溺于网络世界的原因可能还是多方面的，单单归咎于网络本身是远远不够的。而应当以正确的态度、适当的监管手段来处理这个问题。

3."三人为虎"谬误（或称为两个错误形成正确的谬误或大谎言谬误——fallacy of big lie）

该谬误是指，因为某个论题或陈述重复地被断言、被宣传，久而久之人们即认为这些陈述为真。

有人很喜欢这么一句话：重复就是真理。一个观念通过大众传媒的宣传、反复的强调后，即使是谎言，也会使某些人深信其为真。例如，曾子的母亲本来非常相信自己的儿子绝对不会杀人，但还是经不住别人三番五次的警告，终于落荒而逃。她就犯了该谬误。

四、语言学的谬误（语意不清的谬误）

逻辑推理与论证一般预设词项必须定义清楚且不含混，用在前提和结论时，也要自始至终表达统一的、固定的、明确的意义。论证中所使用的语言必须清楚、明确，不能含混不清，不能有歧义，更不能模棱两可。如果在论证中违反这些相关要求，就会犯语言学方面的谬误。主要包括模棱两可，语句暧昧或含混笼统，歧义的谬误，组成的谬误，分割的谬误，恶性抽象的谬误，断章取义的谬误等。

1. 含混笼统的谬误

该谬误指的是，当一个语词的应用范围或指称的对象与意义缺少截然明确

---

① ［美］鲁格罗·亚狄瑟. 法律的逻辑——法官写给法律人的逻辑指引［M］. 唐欣伟，译. 北京：法律出版社，2007：235.

的界限时，或其范围太大而丧失了此语词的实际作用时，该语词就为含混笼统。也就是当我们使用一个字或词时，没有明确指出其界限、范围或程度。例如，我们日常经常说的，某人很有钱，某人很高大，某人很帅，某人是个好人，某人是个坏人，两国元首进行了富有成效的交谈等，其中所谓的"有钱"、"高大"、"很帅"、"好人"、"坏人"和"富有成效"等词语如果没有界定清楚或缩小到更具体的范围，则显得过于含混笼统。当然，有时模糊含混也有模糊含混的好处，例如，上例中的"富有成效"就是一例，这很容易为双方所接受，避免尴尬局面的出现。当含混笼统的词语严重阻碍了论证的正确进行时，就犯了含混笼统的谬误。

在法律领域中，也有很多这样的含混笼统的词语。例如，所谓情节严重、恶贯满盈、手段残忍、社会危害性大等。在具体个案中，应尽可能予以明确。

明确的方法主要有以下几种：

一是给词语下明确的定义。定义是明确词语含义的重要方法。定义的相关内容已如前述。

二是对词语进行科学的分类。

三是尽可能加以定量。例如，贪污受贿的数额与量刑之间应当有一个相对明确的定量标准。对于各类犯罪情节及其手段能够量化的予以量化。这样，有利于实现裁决的可预测性和明确性要求。

四是所用语言尽可能规范，也就是说尽量使用"法言法语"。

2. 歧义谬误

歧义一般指，一个词语同时具有多种意义。如果在论证中，由于词语的歧义，而导致命题意义的不清晰，或导致论证的无效或不合理，就构成歧义的谬误。该谬误是使用的词项不明确、含混，或是意指多个概念，而无法从定义或语境决定是哪一个。

可以将该谬误分为两种，一是字词的歧义，二是语句的歧义（即模棱两可）。

（1）字词的歧义

字词的歧义所形成的谬误大致可分为两种，一是由于把原始义与衍生义相混所形成的，二是由于同音异形异义所形成的。

由于语言本身是发展变化的，因此，字词可能会随着社会的发展变化而使其原先的意义发生改变，即增添了新的意义，这种增添了的意义就是字词的衍生意义。有时，原始意义与衍生意义之间可能有相当大的差异，褒贬也可能悬殊很大。如果将两者混淆，就可能形成谬误。例如，"小姐"一词一般指所谓的大家闺秀，至少是对年轻女性的尊称，但如今，特别是在沿海发达地区或稍大一点的城市，"小姐"在很大程度上已经变成贬义词。如到那些地方去，必须慎重使用。近年来发生了很多以婚姻为手段的诈骗案，多是以女人与某男结婚为前提，要求男方给付大量财物，"新娘"结婚后不久即想方设法逃之夭夭，让男方"赔了夫人又折兵"，这种女人被称为"鸽子"，而鸽子的原始义仅是一种鸟而已，将利用婚姻骗取钱财的女人称为"鸽子"，鸽子就有了新的衍生义，用"鸽子"女来骗钱的过程称为"放鸽子"。又如，

张客啬很慷慨地对李美丽说："本来想请你看《乱世佳人》，这部电影实在很好看，而且那位'佳人'跟你一样长得非常秀气美丽，天晓得，西门町'黄牛'满街跑，排了半天，竟然买不到票……怎么不把黄牛抓起来……"李美丽说："好可惜！西门町有黄牛在跑，真是难得一见，我只在乡下看过水牛；这次，你又黄牛了，下次，你约我看电影，若再黄牛，今生今世就不再理你了！"①

同音异形异义相混的谬误，例如，

在法庭上，法官宣判后对老妇人说："你上不上诉？"老妇人答曰："我都八十八了，怎么也爬不上树了！"法庭内一片哄笑。

原来，老妇人将"诉"和"树"搞混了。两者仅是同音（实为近音，但平仄不同）异义之词。

与此类似的谬误是将多义词的不同意义混淆了。例如，曾经发生过这样的案例。

某人看到网上有人兜售便宜的"笔记本"，价值二千元左右，于是就汇款订购。等货物一到，开箱一看，竟然是纸质的笔记本（即 notebook），哪里是什么笔记本电脑。回函质询，对方理直气壮地说："我们卖的是笔记本，给你发去的也是笔记本，没什么不对啊！"

（2）语句的歧义

语句的歧义也称为模棱语句，指一个语句有两个或两个以上的意义，如果因此而引起意义的误导，就形成了语句歧义的谬误。此处的语句的歧义，主要是指由于语法和修辞上的不当而产生的语句歧义，不包括由于语句中的词语本身的歧义而造成的语句歧义。语句的歧义就包括，标点符号位置不同或因为重音不同及其强调部分不同而造成的谬误。常见的例子有：

①下雨天留客天留客不留。

---

① 杨士毅. 逻辑与人生：语言与谬误 [M]. 台北：书林出版有限公司，1998：172.

②男人没有了女人就会迷失。

③路不通行不得在此小便。

④传说唐伯虎在一个土财主的母亲祝寿时，写下了戏弄土财主的对联："这个女人不是人，九天仙女下凡尘；儿孙个个都是贼，偷得蟠桃奉至亲。"当读第一句时，土财主一家人个个怒目圆睁，这分明是在骂人呢。可看到第二句时，就转怒为喜。等看了第三句时，又受不了了，但看到第四句时，又乐了。

还有一个有趣的例子：

有位船长滴酒不沾，但是大副却经常喝得酩酊大醉。有一天，大副又喝得烂醉如泥。船长更加不高兴了，就马上在记事簿上写着："大副今天酗酒。"大副酒醒，一看船长如此打报告，于是不甘示弱地写下了："船长今天没有酗酒。"①

逻辑学家都喜欢的一个例子：

他说："帮我套上马鞍。"结果他们就在他身上套上了马鞍。

修饰语放错位置：

人类学被定义为"拥抱女人的男人的科学"（the science of man embracing woman，包括男人以及女人的科学）。

语句的歧义也可能是由于省略结构的结果：

在第二次世界大战时，我们看到有海报要大家"节省肥皂且浪费纸"（Save Soap and Waste Paper，节省肥皂和废纸）。

又如下面的例子也是语句歧义：

新政的措施理所当然很受欢迎，因为很多男人得到工作和女人。（The measures of New Deal were understandably popular, for many men received jobs, and women also. 其正确意义应当为：新政的措施理所当然很受欢迎，因为很多男人都得到工作，女人也是一样。）

柯立芝女士为船命名启用。她的臀部曲线使热情的群众赞不绝口。（The ship was christened by Mrs. Coolidge. The lines of her bottom were admired by an enthusiastic crowd. 正确意义是，柯立芝女士为船命名启用。船底的外形使热情的群众赞不绝口。）②

3. 组成的谬误

---

① 杨士毅. 逻辑与人生：语言与谬误 [M]. 台北：书林出版有限公司，1998：176.

② [美] 鲁格罗·亚狄瑟. 法律的逻辑——法官写给法律人的逻辑指引 [M]. 唐欣伟，译. 北京：法律出版社，2007：256-257.

组成的谬误（也称为合成的谬误，组合的谬误，合谬等）在于从集合里的一个元素的性质不当推论到集合本身的性质。该谬误的论证主张说，若个别部分为真，整体就为真。柯比和柯恩说，该谬误涉及两种类型之无效论证："从整体里的组成部分的属性，谬误推论到整体本身的属性"和"从集合的个别元素或成员的属性，谬误推论到集合本身或全体元素的属性。"①

例如，名震欧亚非的拿破仑，当年率兵征战埃及后，就记有广为后世赞颂的经典智慧与谋略，且深得恩格斯的好评。恩格斯在《反杜林论》中引拿破仑自述说：

两个马木留克兵绝对能打赢3个法国兵；100个法国兵与100个马木留克兵势均力敌；300个法国兵大都能战胜300个马木留克兵，而1000个法国兵总能打败1500个马木留克兵。金字塔附近的马木留克兵，身强体壮，骑术精良，但纪律性差，协调性弱，只擅长单打独斗，不擅配合作战。法国兵则相反。体力稍逊，骑术不及，但纪律严明，善于协调配合，尤其擅长集团作战。拿破仑深知这一点。作战中就竭力避免与马木留克兵单打独斗，而总是以集团和整体相对，从而让对方一再尝"优势化劣势"的苦果。

也就是说，虽然单个的法国兵不是马木留克兵的对手，但法国兵的组合却发生了质的变化。如果认为，既然单个的法国兵不是马木留克兵的对手，那么法国兵的集合也就不是马木留克兵的对手，那就犯了组成的谬误。

又如，因为甲乙二人都是乒乓球单打冠军，所以甲乙二人组合后参加双打比赛，一定可以获得双打冠军，也同样犯了组成的谬误。

在法律里，这种混淆通常是指从个例不当推论到通则，根据全体的组成部分的属性进而主张全体本身的属性。例如，"本案被告很有钱，因为他有捷豹跑车"。"费城到处都有抢案。我光是在《市场街报》上就读到三起抢案。"②

4. 分割的谬误

分割的谬误是指，因为全体具有某性质，所以构成有机全体中的每一个部分、每一个成员或个体也必然具有该性质，这就犯了分割的谬误。

该谬误也有两个形式，一是认为全体的性质也是组成部分的性质，二是认为集合的性质也是该集合的元素的性质。

例如，因为甲乙是乒乓球双打冠军，因此甲乙每个人若参加单打比赛也必

---

① Iving M. Copi &Carl Cohen. *Introduction to Logic*, 9th ed., 1994：148.

② ［美］鲁格罗·亚狄瑟. 法律的逻辑——法官写给法律人的逻辑指引［M］. 唐欣伟，译. 北京：法律出版社，2007：259.

然是单打冠军，就犯了这个谬误。又如某地很穷，所以某地的每一个人都很穷；美国很富有，所以每个美国人都富有；某乐团是全国一流的乐团，所以其中的大小提琴手、指挥、钢琴手等都是全国一流的；某大学全国有名，所以她的每个老师都很有名等。

5. 断章取义或恶性抽象的谬误

把一个字词、陈述从语境中抽离或孤立抽出来，因而改变或误导了原文的意义，就犯了断章取义或恶性抽象的谬误。

司法工作者如果将一般规则作为绝对的加以遵从，没有注意到可能的例外情况，就可能犯这个谬误。或者从对方的整体文本中只抽出对自己有利的部分加以陈述，也会犯此谬误。例如，赠与合同一般属于实践合同，因为，《中华人民共和国合同法》第一百八十六条第一款规定："赠与人在赠与财产的权利转移之前可以撤销赠与。"但如果将这个原则作为没有例外的原则，就忽略了例外情况，也就犯了断章取义的谬误。因为，《中华人民共和国合同法》第一百八十六条第二款还规定"具有救灾、扶贫等社会公益、道德义务性质的赠与合同或者经过公证的赠与合同，不适用前款规定。"律师在实际的诉讼实务中，经常利用这种手段，以求获得陪审团或法官的认同。这也是一种转移论题的手段，因此，此时的律师可能同时犯了稻草人谬误。

☞思考题

1. 如何理解谬误的含义？
2. 非形式谬误的主要类型有哪些？
3. 用实例说明不相关谬误的各种表现。

☞练习题

试分析以下案例中所犯的谬误。

1. 从前有个县官为了笼络人心，当众跪着对天赌咒："我若贪赃枉法，接受钱财，右手接，则左手烂，左手接，则右手烂。"

当地有个横行霸道的地主，被人告发，拿了一百两纹银来贿赂他。县令伸手要接银子，但又想到赌过咒，便叫那个财主把银子塞进他的袖筒里。

财主走后，县令夫人问他何故如此？他答道："这样既得了银子，又免得烂手，岂不是两全其美。"

2. 在某件离婚案件的审理中，法官问女方："你为什么要提出与男方离婚？"女方："法官先生，我与他没有共同语言。"法官："你没说真话，你不是说他与你是同一个地方的人吗？怎么没共同语言？"

3. 据《法制日报》2004 年 11 月 16 日报道，在北京市朝阳区某大学任教的孟老师，因为在学校全体大会上曾要求校领导公开经济收入，并称"如果不敢做就说明领导有贪污嫌疑"。学校党委认为孟老师此举是"对他人的人身攻击和侮辱诽谤"，是"公然对抗组织，无视党的组织纪律，无视事实依据，无视学校大局"，因此孟老师受到党内通报批评处分，并被停职。

4. 伽利略讲过一件事：一个学生告诉老师，他用天文望远镜看到了太阳上的黑点。这位老师说：我的孩子，你回家去吧，这些黑点不在太阳上而在你的眼睛里，因为亚里士多德从来没有这样说过。

5. 在篮球俱乐部里，一位足球爱好者说："公牛队今年恐怕没有足够的优秀球员来赢得 NBA 的总冠军。"一位篮球爱好者说："瞧你那倒霉的面相，也来谈公牛队的输赢？"

6. 某地曾发生过这样一起案件：被告某甲与某乙旧历除夕在供销社住宿值班，深夜抓获了一名进入店内的行窃者，由某乙帮助将行窃者捆绑起来后，某甲又脱去行窃者的棉袄，用花枪杠、方木棍等毒打。天亮后，某甲才得知行窃者是一名外地流窜来的精神病人。后经有关部门决定，用汽车将此人载离现场，弃置在一片荒郊野地，后被过路群众发现，在送往医院途中死亡。后经尸检证实，死者是因多处受伤后，连冻带饿使伤势加重而死。法院审理后，认定被告某甲的行为构成伤害罪，判处其有期徒刑 3 年，缓刑 3 年。请用谬误理论知识分析辩护律师的辩护词：

……被告是共产党员，分销店组长。新年和春节前，该单位领导就多次开会，要求加强保卫，不得麻痹。被告以店为家，带头值班，认真执行上级指示。而死者是什么情况呢？1979 年就曾在某地作案被抓，以后又窜来本地多处盗窃。……当他深夜来到被告值班处进行盗窃时，这对值班人员无疑是一次考验，是贪生怕死、弃店而逃呢，还是假装睡觉、装听不见呢。但是不，被告没有这样做，他恪尽职守，挺身而出，为保卫国家财产而奋勇捉贼。这种精神是值得提倡的，在当前社会治安情况还没有根本好转的时候，尤其应该如此。

7. 据某报报道：在美国休斯顿举行的一场男子棒球比赛中，酒吧舞女罗伯特突然冲入运动场内，先后和两名运动员亲吻，致使比赛被迫中断。为此，罗伯特被指控扰乱社会秩序而受审。当地著名律师理查德·海恩斯为罗伯特出庭辩护，提出"罗伯特是受了地球引力的影响所致，本人没有过错，不应为此承担有关责任"。海恩斯律师在法庭上辩护说："由于罗伯特身体比例不均匀,上重下轻,在靠近栏杆时受地心引力的作用未能站稳而跌入球场,在警察追赶她时,她只好跑到运动员那里以寻求保护。"海恩斯律师的辩护不仅使法庭目瞪口呆,而且罗伯特本人也苦笑不已。

8. 在某经济合同纠纷案件的法庭辩论中,原告方有如下一段辩论,请用谬误理论知识分析。

为期 5 年的联营合同,还不到 1 年就让被告方单方解除了,我方要求被告方赔偿未来 4 年的联营利润损失。以第 1 年已经获得的联营利润分红 2 万元为年利润基础,4 年共计 8 万元,被告方应予赔偿。道理很简单,母鸡是要生蛋的,打死鸡人家不要你赔鸡已算宽容,要你赔几个蛋不算过分吧?

9. 被告吴某某,21 岁,因欲与同厂女工游某某恋爱遭拒绝,心怀不满,遂持刀去游某某车间,趁游某某上班不注意时,当众故意刺伤游某某面部,使游某某面部多处受伤、血流不止。经群众及时送医院治疗后,游某某面部仍留有 6.5cm×5cm 的伤疤。法庭审理时,被告的辩护律师提出:"被告吴某某很年轻,根据《刑法》第十四条第三款之规定,法庭应从轻处罚。"辩护人又提出起诉书关于"被告故意毁人容貌、致人重伤"的认定,反驳说:"所谓毁人容貌,就是使人血肉模糊、面目全非。而被告吴某某虽然刺伤了游某某的面部,但最大的伤疤也才只有 6.5cm×5cm,并未使其血肉模糊、面目全非。因此,被告吴某某的行为还说不上是毁人容貌。"(本案中的《刑法》指我国 1979 年刑法,新《刑法》对应条文是第十七条第三款)

10. 秘鲁小说《金鱼》中有这样一段故事:

瓜达卢佩号渔船船长因走私大麻而贿赂一个船工。那船工不肯干,于是双方引起争执,继而发生搏斗,结果船长失足落海,被鲨鱼吞噬。船长老婆向法院控告船工"谋害"船长。"谋害"就应有"谋害"动机,于是在法庭开审时,庭长问船工:

"你对被害人是否早就怀恨在心?"

"他不是被害人。因为这并不是一桩犯罪行为。"船工纠正他的说法,说:"这是一件意外事故。"

"你只要回答问题,不得无礼。这里使用什么词是我的事。你被控告杀人,不管是不是有罪。"

"我从来没有想到过是否怀恨在心,先生!"

经过审问和辩护以及律师提供的证据,最后庭长宣判:"未能证实被告曾有杀害船长企图。"

练习题参考答案

第 一 章

一、选择题

1. B　2. B　3. C　4. D　5. B　6. C　7. B、C

二、1. 凡 S 不是 P，"凡……不是……"是逻辑常项，"S、P"是变项。

2. 要么 p，要么 q（"不是……就是……"是表示不相容选言判断），"要么，要么"是常项，"p、q"是变项。

3. "凡 S 不是 P"（或"凡 S 是非 P"），"凡……不是……"（或"凡……是……"）是逻辑常项，"S、P"是变项。

4. 凡 S 是 P，"凡……是……"是逻辑常项，"S、P"是变项。

5. 如果 p，那么 q，"如果……那么……"是逻辑常项，"p、q"是变项。

6. 有的 S 是 P，"有的……是……"是逻辑常项，"S、P"是变项。

7. 或者 p，或者 q，"或者……或者……"是逻辑常项，"p、q"是变项。

8. 只有 p，才 q，"只有……才……"是逻辑常项，"p、q"是变项。

9. "如果非 p，那么非 q"并且 q，所以 p，"如果……那么……并且、非、所以"是逻辑常项，"p、q"是变项。

10. 有的 S 不是 P，"有的……不是……"是逻辑常项，"S、P"是变项。

11. 并非"p"（设"凡 S 是 P"为命题变项"p"），"并非"是逻辑常项，"p"是变项。

三、略

第 二 章

一、1. 从内涵方面；2. 先从内涵方面，后从外延方面；3. 从内涵方面；4. 从内涵方面；5. 从外延方面。

二、1. 普遍概念、正概念；2. 普遍概念、正概念；3. 单独概念、正概念；4. 普遍概念、正概念；5. 均是普遍概念、正概念；6. 普遍概念、负概念；普遍概念、正概念。

三、1、3、5、6、是集合概念；2前为集合概念，后非集合概念；4 为非集合概念。

四、1~6 题略。

7. 具有相容关系，即同一、真包含、真包含于和交叉四种外延关系。图略。

8. S 与 P 可能具有全异、真包含和交叉三种外延关系。图略。

9. S 与 P 可能具有真包含于和交叉两种外延关系。图略。

10. S 与 P 可能只具有全异关系。

五、1. "工厂"，可概括为 "产业"，可限制为 "武汉的工厂"。

2. "国家"，可概括为 "事物"，可限制为 "发展中国家"。

3. "法律"，可概括为 "规范"，限制为 "中国的法律"。

4. "犯罪"，可概括为 "违法行为"，可限制为 "过失犯罪"。

5. "司法机关"，可概括为 "机关"，可限制为 "中国的司法机关"。

6. "违法行为"，可概括为 "行为"，可限制为 "犯罪"。

六、1. 错误。违反 "定义项不得直接或间接包含被定义项" 的规则，犯 "循环定义" 的错误。

2、5、8 题错误。违反 "定义项不得直接或间接包含被定义项" 的规则，犯 "同语反复" 的错误。

3. 错误。违反 "定义必须清晰明白" 的规则，犯 "定义含混"（或 "定义不清"）的错误。

4、9 题错误。违反 "定义一般不能使用否定形式" 的规则，犯 "定义否定" 的错误。

6. 错误。违反 "定义必须相应相称" 的规则，犯 "定义过窄" 的错误。

7、11 题错误。违反 "定义必须清晰明白" 的规则，犯 "以比喻代定义" 的错误。

10. 正确。

七、1. 错误，不是划分而是分解。

2. 错误。违反划分应当 "相应相称" 的规则，犯 "多出子项" 的错误。

3. 正确。

4、5、6 题错误。违反划分必须 "根据同一" 和 "相互排斥" 的规则，

犯 "混淆根据"（或称 "划分标准不一"）和 "子项相容" 的错误。

八、略

九、1. C；2. A；3. C；4. A；5. B；6. C；7. A；8. B；9. A；10. B、D；11. A、B、C、D；12. C；13. A、E；14. A、B、C；15. A、B、C、E；16. A、E；17. B、E；18. A、C；19. D；20. B；21. D；22. B、D；23. A、D。

第 三 章

一、1. 祈使句，不表达判断。

2. 陈述句，表达判断。

3. 陈述句，表达判断。

4. 反问句，表达判断。

5. 疑问句，不表达判断。

6. 感叹句，不表达判断。

7. 陈述句，表达判断。

8. 祈使句，不表达判断。

二、1. 如果 p 那么 q。　　　5. 所有 S 是 P。

2. 所有 S 是 P。　　　　　6. 只有 p 才 q。

3. 并非 p。　　　　　　　7. 如果 p 那么 q。

4. 只有 p 才 q。　　　　　8. 并非 p。

三、1. 凡 P 是 M，S 是 M。所以，S 是 P。

2. 如果 p，那么 q。因为 q，所以 p。

3. 如果 p，那么 q。所以，如果非 q，那么非 p。

4. 凡 M 是 P，S 是 M。所以，S 是 P。

5. 所有 P 是 M，S 是 M。所以 S 是 P。

6. 如果 p，那么 q。因为 q，所以 p。

7. 凡 M 是 P，S 不是 M。所以 S 不是 P。

8. 除非 p，则非 q。q，可见 p。

9. 如果 p，则 q。所以，q，则 p。

10. 凡 P 一定是 M，S 可能是 M，所以，S 可能是 P。

题 5 与题 1、题 6 与题 2 的形式结构相同。

四、1. SAP，主词周延，谓词不周延。

2. SIP，主谓词都不周延。

3. SEP，主谓词都周延。

4. SAP，主词周延，谓词不周延。

5. SOP，主词不周延，谓词周延。

6. SEP，主谓词都周延。

五、题1与题4 I真，则A、O真假不定，E假。

2. A真，则E假、I真，O假。

3. E真，则A假、O真、I假。

六、1. 已知"所有商品都有商标"为假，不能推论"所有商品没有商标"为真，但能推出"有些商品没有商标"为真。

2. 已知"有的罪犯不是初犯"为假，能推论"有些罪犯是初犯"为真和"所有罪犯不是初犯"为假。

3. 已知"凡金属都不是液体"为假，能推论"有些金属是液体"为真，但不能推论"有些金属不是液体"为真。

4. 已知"有些金属没有光泽"为假，能推论"所有金属都有光泽"为真，但不能推论"所有金属都没有光泽"为真。

七、1. 有效式，其形式为：SEP→PES 是有效式。

2. 有效式，其形式为：SAP→SIP。

3. 非有效式，其形式为：¬SAP→SEP，根据对当关系，由 SAP 假能推出 SEP 真假不定，不能必然推出其仅仅为真。

4. 非有效式，其形式为：SOP→POS。违反换位规则"前提中不周延的词项，在结论中不得周延"（"程序法"在前提中作为特称判断的主项是不周延的，在结论中作为否定判断的谓项却变得周延了）。

八、1. 大前提：追求真理的人是实事求是的人；小前提：有些实事求是的人是司法工作者；结论：有些司法工作者是追求真理的人。大词：追求真理的人；小词：司法工作者；中词：实事求是的人。属于第四格，推论非有效，因为它违反了三段论规则："中词在前提中至少要周延一次"的规则，犯了"中词不周延"（其中词"实事求是的人"在大前提中作为肯定判断的谓词与在小前提中作为特称判断的主词都是不周延的）。

2. 大前提：企业管理人员要学习经济法律；小前提：我不是企业管理人员；结论：我不需学习经济法律。大词：学习经济法律；小词：我；中词：企业管理人员。属于第一格，非有效，犯了"大词扩大"的错误。因为违反了三段论第三条规则："在前提中不周延的项在结论中不得周延"，而"学习经济法律"在大前提中作为肯定判断的谓词是不周延的；而在结论中它作为否定判断的谓词，却变得周延了。

3. 大前提：刑法是法律；小前提：民法不是刑法；结论：民法不是法律。大词：法律；小词：民法；中词：刑法。非有效，中词一次也不周延。属于第一格，非有效，犯了"大词扩大"的错误。因为违反了三段论第三条规则："在前提中不周延的（词）项在结论中不得周延"，而"法律"在大前提中作为肯定判断的谓词是不周延的；而在结论中它作为否定判断的谓词，却变得周延了。

4. 大前提：正当防卫不是应当负刑事责任的行为；小前提：应当负刑事责任的行为不是合法行为；结论：正当防卫是合法行为。大词：合法行为；小词：正当防卫；中词：应当负刑事责任的行为。非有效，违反了"两个否定前提不能必然得出结论"的规则。

九、1. ①由题设"大词在结论中不周延"，可知：结论必为肯定判断，因为大词在肯定判断谓项的位置。既然结论必为肯定判断，那么，根据三段论的第四条规则："前提有一否定，结论必否定"，可知：大前提和小前提必为肯定判断。

②由题设可知，大词在前提中周延，由①得知大前提是肯定判断；又由于特称肯定判断的主、谓词都不周延，因此大前提只能是全称肯定判断（因为，只有全称判断的主词才是周延的）。

2. 证明：①如果结论是否定的，说明大词（即结论中的谓词）是周延的（因为否定判断的谓词是周延的）；②如果大前提为 I，由于 I 的主、谓词都不周延，大词在大前提也不周延，这就违反了三段论"前提中不周延的（词）项在结论中不得周延"的规则，犯了"大词不当周延"（或"大词扩大"）的错误，所以，大前提不能是 I。

3. 不能。如果三段论小词、大词、中词均周延，根据直言判断词项周延理论，只有全称否定判断的主、谓词周延，如此，两个前提必为全称否定判断，这就会违反三段论一般规则："两个否定前提不能得出结论"，所以，一个三段论小词、大词、中词不得全部周延。

4. 一个三段论大前提是否定的，则小前提肯定且结论否定（两个否定前提不能得出结论，前提有一否定，结论必否定）；中词在大前提中不周延，可以推出大前提是 MOP；根据中词在前提中至少周延一次的规则，可知小前提为 MAS；S 在前提中不周延，在结论中也不能周延，所以结论是 SOP。由此可知，该正确三段论是第三格 OAO 式。

5. 证明：设一有效三段论的小前提为 O 判断，则此三段论要么是第一格、要么是第二格、要么是第三格、要么是第四格。

如果该三段论为第一格，因小前提否定则结论否定，结论中的大词则是周延的；根据三段论第三条规则（"在前提中不周延的词项在结论中不得周延"；亦即"在结论中周延的词项在前提中必须周延"）大词在大前提中必须周延，即大前提应否定（由于在第一格中，中词处在大前提的主项位置上，大词处在谓词位置上，若要周延就必须否定，因为只有否定判断的谓词才是周延的），而大小前提均为否定的三段论无效，故不可能是第一格。

依同理，可证该三段论不是第三格。

如果该三段论为第四格，那么其小前提的主词（中词）是不周延，而根据三段论规则："中词在前提中至少要周延一次"，那么大前提的谓词，也就是中词必须周延，如此大前提则必须为否定（由于在第四格中，中词处在大前提的主词位置上，大词处在谓词位置上，若要周延就必须为否定，因为只有否定判断的谓词才是周延的）。大小前提均否定，三段论无效，故不可能是第四格。

因此该三段论为第二格。

6. 证明：设一个第四格的三段论大前提为 O 判断，则大词在前提中不周延；而前提之一否定结论须否定，故结论中大词周延。这样，就犯了"大词扩大"的错误。所以第四格的大前提不能是 O 判断。

设一个第四格的三段论小前提为 O 判断，则中词在小前提不周延；因而中词应在大前提中周延，大前提须否定，而两否定前提推不出结论，故第四格小前提也不能是 O 判断。

7. 证明：设如果一个第四格的三段论的小词在结论中周延，那么其小词在小前提中也必须周延，因而小前提必须否定，根据三段论第五条规则其结论也得是否定的。

因小词在结论中周延，则结论为全称，故结论为全称否定判断（E），而大小前提均为全称；前已证小前提否定，则小前提为全称否定判断（E）；小前提否定，则大前提应为肯定，前已证大前提为全称，故大前提是全称肯定判断（A）。

8. 证明：

第一，先证明（1）、（2）、（3）、（4）是第一格三段论有效的充分条件。

①由于（1），则中词至少周延一次；

②由于（2）与（4），则前提中至多有一否定，并且前提中若有一否定，根据三段论第五条规则，则结论否定；

③由（3）与（4），则不出现小词或大词扩大的情况。

综上，（1）、（2）、（3）、（4）是第一格三段论有效的充分条件。

第二，再证明（1）、（2）、（3）、（4）是第一格三段论有效的必要条件。

①设（1）不成立，即大前提为特称判断，则中词在大前提中不周延，故中词在小前提中应周延，小前提为否定；小前提否定，则结论否定，结论中大词周延，那么大前提亦否定，而两否定前提推不出必然结论。故（1）是第一格三段论有效的必要条件。

②设（2）不成立，则小前提否定；按规则结论也是否定，大词在结论中周延，则大词在前提中周延，大前提为否定，而两个否定得不出必然结论。故（2）是第一格三段论有效的必要条件。

③设（3）不成立，则小词扩大，推理无效。故（3）是第一格三段论有效的必要条件。

④设（4）不成立；即有两种情况：第一种情况是大词在前提中不周延，却在结论中周延，这就犯了"大词扩大"的错误；第二种情况是大词在前提中周延，在结论中却不周延，这样，前提之一（大前提）否定而结论却肯定，这也违反了三段论的一般规则。故（3）是第一格三段论有效的必要条件。

9. 证明：

（1）C 或为肯定或为否定；

（2）若 C 为肯定，则 A 与 B 均肯定，D 为否定；"D 并且 A→C"由一肯定一否定前提推出肯定结论，此三段论无效。

（3）若 C 为否定，则 A 与 B 一肯定一否定。若 B 肯定，则 D 否定，则 D 与 A 均否定，以 D 与 A 作前提的三段论无效。若 B 否定，则 D 肯定；D 与 A 均肯定，由 D 与 A 作前提推出一否定结论 C，此三段论无效。

10. AB 两前提要么均肯定，要么一肯定一否定，要么均否定；

（1）若 AB 均肯定，则 C 必肯定，D 与 C 矛盾，则 D 否定，因而 ABD 中两个肯定。

（2）若 AB 中一肯定一否定，则 C 必否定，D 与 C 矛盾，则 D 为肯定，因而 ABD 中两个肯定；

（3）若 AB 均否定，则三段论无效。

故 ABD 中肯定判断必为两个。

11. 证明：由（1）与（3）可推出，"P 真包含于 M"（4）。

由（2）与（3）可推出："S 与 M 交叉"（5）。

由（4）与（5）可推出 SOP 真，则 S 与 P 的关系有三种可能：

①S 与 P 全异；②S 与 P 交叉；③S 真包含 P。

由已知 S 不与 P 全异；也不与 P 交叉；故 S 真包含 P。

十、1. "推选"是非对称、非传递、非自返的；2. "蕴涵"是反对称、传递、自返的；3. "拥护"是非对称、非传递、非自返的；4. "喜爱"是非对称、非传递、非自返的。

十一、1. C；2. B；3. A；4. B；5. C；6. D；7. C；8. C；9. C；10. C；11. D；12. C；13. B；14. D；15. B；16. E；17. D；18. A；19. B；20. D；21. C；22. A；23. C；24. D；25. D；26. B。

第 四 章

一、1. 联言判断，p∧q∧r

2. 相容选言判断，p∨q

3. 充分条件假言判断，p→q

4. 联言判断，p∧q

5. 不相容选言判断，不是 p，就是 q

6. 充分条件假言判断，p→q

7. 联言判断，p∧q

8. 不相容选言判断，p∨q

9. 必要条件假言判断，p←q

10. 联言判断，p∧q

11. 相容选言判断，p∨q

12. 充分条件假言判断，p→q

二、1. p 应取假值

2. p 应取真值

3. p 应取假值

4. p 应取真值

三、1. 联言推理的组合式，有效。

2. 必要条件假言推理，非有效，否定后件不能否定前件。

3. 相容选言推理，非有效，肯定一部分子判断，不能否定另一部分子判断。

4. 充分条件假言推理，非有效，肯定后件不能肯定前件。

5. 不相容选言推理肯定否定式，有效。

6. 相容选言推理，非有效，肯定一部分子判断，不能否定另一部分子判断。

7. 不相容选言推理肯定否定式，有效。

8. 充分条件假言推理，非有效，否定前件不能否定后件。

9. 联言推理的分解式，有效。

10. 类似假言易位推理，非有效，充分条件假言判断肯定后件不能肯定前件。

11. 必要条件假言推理肯定前件不能肯定后件。

12. 必要条件假言联言推理，非有效，肯定前件不能肯定后件。

四、1. 不能必然推出，"外文系四年级学生"这一信息在前提中并未出现。

2. 加上①，不能推出结论，相容选言推理肯定一部分子判断，不能否定其余子判断。

加上②，能推出结论："这份统计表的错误是由于材料不可靠，或者抄写有错误。"

加上③，能推出结论："这份统计表的材料计算有差错。"

3. 加上"p"这一前提，不能推出结论，相容选言推理肯定一子判断不能否定其余子判断；如加上前提"非p"，能推出结论：q或r。

4. 乙的思考不合逻辑，充分条件假言推理否定前件不能否定后件。

5. 总体上是一个选言推理否定肯定式，其前三个子判断的否定是充分条件假言推理的否定后件式。

6. 乙之"并非物美价廉"，意为"物不美或价不廉"；丙误解为："既贵，质量又不好"。

五、1. 如果医生能治病，就不必求神保佑。既然打点香烛，求神保佑，可见，不必请医（白花钱）。

2. 如果作案，就有作案时间，经查，嫌疑人都没有作案时间。可见，他们都不是作案人。

3. 如自缢身亡，则绳迹淤血，所以，如果死者绳迹不淤血，则他不是自缢身亡的。

4. 如果海水由蓝变绿，就有高度密集的海藻；如果海藻高度密集，就有鱼；如有一种鱼，就会引来更多的鱼。可见，如果海水由蓝变绿，则有许多鱼。

5. 如果艾伦遵杜勒斯之命去见埃及总统，纳赛尔会将他赶出办公室；

如果他拒绝杜勒斯之命，杜勒斯也会将他赶出办公室。艾伦或遵杜勒斯之命去见埃及总统，或拒绝杜勒斯之命；所以，艾伦或被纳赛尔赶出办公室，或被杜勒斯赶出办公室。

6. 如果客观条件已经成熟，而主观方面也作了充分的努力，那么工作一定能够成功。所以，如果客观条件已经成熟，而工作却没有能成功，那么主观方面的努力不充分。

六、1. 等值。

    2. 等值。

    3. 等值。

    4. 差等关系。

    5. 等值。

    6. 等值。

七、1. 将 A、B、C 三判断分别形式化为：$p \rightarrow \neg q$、$p \vee q$ 与 $p \wedge \neg q$。

p	$\neg q$	$p \rightarrow \neg q$	$p \vee \neg q$	$p \wedge \neg q$
1	1	1	1	1
1	0	0	1	0
0	1	1	1	0
0	0	1	0	0

据表可知，当 A、B、C 三判断恰有两真时，"甲懂英语"为假，"乙不懂英语"为真，故甲乙均不懂英语。

2. 将 A、B、C 三判断分别形式化为 $\neg p \leftarrow q$、$p \wedge q$、$p \vee q$。

p	q	$\neg p$	$\neg p \leftarrow q$	$p \wedge q$	$p \vee q$
1	1	0	0	1	1
1	0	0	1	0	1
0	1	1	1	0	1
0	0	1	1	0	0

据表，当 A、B、C 恰有两假时，"甲村所有人家有彩电"为假，"乙村所

有人家有彩电"亦假，故不可断定"甲村所有人家有彩电"，但可判定"乙村有些人家没有彩电"。

3. 将甲、乙和丙三判断分别形式化为 p→q、¬p←q 和 p↔¬q。

p	q	¬p	¬q	p→q	p←q	p↔¬q
1	1	0	0	1	0	0
1	0	0	1	0	1	1
0	1	1	0	1	1	1
0	0	1	1	1	1	0

据表，甲、乙、丙三判断不同 0，故丁的话不能成立。

4. 将甲、乙、丙的话形式化为 p∨q、¬p→¬q、p→¬q。

p	q	¬p	¬q	p∨q	¬p→¬q	p→¬q
1	1	0	0	1	1	0
1	0	0	1	1	1	1
0	1	1	0	1	0	1
0	0	1	1	0	1	1

据表，当李平是大学生而王卫不是大学生时，丁的话成立。

5. 将甲、乙、丙的话形式化为 p∧¬q、p∨¬q、p→¬q。

p	¬q	p∧¬q	p∨¬q	p→¬q
1	1	1	1	1
1	0	0	1	0
0	1	0	1	1
0	0	0	0	1

据表，当小陈是木工、小李不是电工时，丁的话不能成立。

6. 将甲、乙、丙的要求形式化为 p→q、p←q、p∨q。

p	q	p→q	p←q	p∨q
1	1	1	1	1
1	0	0	1	1
0	1	1	0	1
0	0	1	1	0

据表，让小丁与小马均去疗养，可同时满足甲、乙、丙的要求。

八、1.①根据已知，如果甲的前半句话为真，即"A 是律师"，那么乙的猜测完全错了，"A 是律师"就为假；如果甲的后半句话为真，即"B 是法官"。

②如果"B 是法官"为真，则丙的后半句话为假，且前半句话为真，即"A 是检察官"。

③如果"A 是检察官"为真，则乙的前半句话为假，后半句话就为真："C 是律师"。

2.①设 C 为真，则 A、B、C 均真，不符合题设条件，故 C 假，而 A 与 B 为真；

②如果设 A 与 B 均真而 C 假，则¬r∨¬s 为真。

3.①设（4）真，则（1）真，与题设不符，故（4）假，"小周学日语"（5）为真；

②（5）真，则（2）真，根据题设（1）、（3）均假；

③（1）假，则"小周与小陈均学日语"（6）；

④（3）假，则"小刘或小陈不学日语"（7）；

⑤由（6）与（7）可推"小刘不学日语"（8）。

故小周、小陈学日语，小刘不学日语。

4.①甲或是第一或不是第一；若甲是第一，则（1）、（2）均真，不合题设；故"甲不是第一"且（3）为真；

②（3）真，根据题设，则（1）与（2）均假，因而乙是第二（4）、丙是第三（5）、甲不是第一（6）；

③由（4）、（5）、（6）可推甲、乙、丙和丁的名次依次为第4、2、3、1名。

5.①由（1）、（2），可推出（6）："或甲或乙或丙不是罪犯"（必要条件假言推理否定前件式；否定联言得选言）；

②由（4）、（5），可推出（7）："乙是罪犯"（充分条件假言推理否定后件式；联言判断的一个子判断是假的，其整个联言判断就是假的）；

③由（3）、（7），可推出（8）："甲是罪犯"（充分条件假言推理否定后件式；联言判断的一个子判断是假的，其整个联言判断就是假的）；

④由（6）、（7）、（8），可推出（9）："丙不是罪犯"（相容选言推理否定肯定式）。

九、单项选择题

1. C；2. D；3. C；4. A；5. C；6. D；7. D；8. D；9. D；10. D；11. D；12. E；13. C；14. C；15. D；16. A；17. B；18. C；19. D；20. D；21. D；22. D；23. D；24. D；25. B；26. A；27. D；28. C；29. B；30. D；31. D；32. D；33. C。

第 五 章

一、题1、2、9、17违反同一律，犯"混淆概念"的错误。题3不违反。题4、5违反同一律，犯"转移论题"的错误。题6、7、8违反"矛盾律"，犯"自相矛盾"的错误。题10、11、14、16违反排中律，犯"两不可"的错误。题12、13、15不违反。

二、1. 解析：根据已知，金匣与银匣上的话相互矛盾，根据排中律，相互矛盾的思想不可同假，必有一真。又根据已知的条件："这三句话中只有一句为真话"，那么铅匣上的话必为假话；既然铅匣上的话："肖像就在此匣（铅匣）中"为假，因此就可推出：肖像就在铅匣中！

此题的解题思路是，充分运用排中律可以由假推真的功能，它包括三个步骤：第一步，根据已知的条件，先找出相互矛盾的判断；第二步，根据排中律确定相互矛盾的由假推真的功能（即相互矛盾的判断——即金匣和银匣是相互矛盾的判断——它们不可同假就必有一真），因此根据已知条件，它们以外的第三个判断就是假的；第三步，在第二步的基础上，再结合剩下的已知条件推出正确答案。

2. 解析：乙和丁的话相互矛盾，根据矛盾律，其中必有一假。依据已知条件，甲和丙说的就是真话，那么丙是案犯（甲的话），并且丁是主犯；最后我们根据充分条件假言推理的肯定前件式可以推出："丁肯定是主谋"。

3. 解析：乙和丁的话相互矛盾，根据排中律，其中必有一真。依据已知条件，可推出：甲和丙说的都是假话，即甲说的话："我不是罪犯"是假的，那么甲就是罪犯；丙说的话："乙是罪犯"是假的，那么乙就不是罪犯。所以甲是罪犯，丁说的是真话。

4. 他们师徒都在诡辩，都违反了"同一律"。老师的"打赢了"是按照判决，徒弟的"打赢了"是判决，"打赢了"前后的含义是不同的。在两人的辩论中，都对是否应付另一半学费这同一问题采用了不同的标准：合同和判决。哪个标准在哪种情况下对自己有利就采用哪个标准，把不同的标准混为一团（例如普罗泰戈拉就犯了"偷换概念"的逻辑错误。他把合同中规定的"欧提勒士毕业以后第一次出庭帮人打官司"偷换成了"帮任何人打官司"），这违反了"同一律"。其解决办法是在两个标准中选择一个，以便在同一个标准、同一个概念或同一个论题下讨论问题，解决纷争。大多数人倾向于司法判决。这种观点比较普遍。它看似有理，但却是错误的。这是因为：（1）"两个标准"是本案本来就有的，并非人为捏造，所以师徒二人的辩论在理论上是可能的；（2）在法庭上为自己辩护（怎么对自己有利就怎么说，怎么对自己有利就怎么做）是允许的，合理的。至于其解决办法，如果以判决为准，那么判决又以何为据呢？当然只能是合同。如此一来，既否定合同又依据合同，岂不是自相矛盾吗？如何解决这个矛盾呢？他们没有下文。

5. 被告犯了有两处逻辑错误：

第一，违反同一律，犯了"偷换论题"的错误。证人说，不熟悉这个照相机的人就打不开这个照相机。这个判断蕴涵着"谁能打开照相机谁就熟悉这个照相机"，而被告却把它偷换为"谁能打开这个照相机，照相机就是谁的"。

第二，被告违反充足理由律，犯了"推不出"的错误。从推理的角度看，审判长和被告都应用了一个充分条件假言推理。根据充分条件假言推理的规则，否定后件就能否定前件，但肯定后件不能肯定前件。

审判长应用的推理是有效的推理：如果照相机是你的，你就能把它打开；所以，如果你不能把它打开，那就证明照相机不是你的。这是有效性的假言推理，合乎否定后件进而否定前件的推理规则。

而被告应用的推理是错误的，犯了"推不出"的错误：

如果照相机是我的，我就能把它打开；所以，如果我能把它打开，那就证明照相机是我的。这是一个充分条件假言推理，违反了"肯定后件不能必然肯定前件"的推理规则。审判长敏锐地觉察到这一点，因而指出："不对，打开了，并不能证明它一定是你的。"后来被告未能打开照相机，迫使他不得不低头认罪。这就更加证实了审判长的推理是正确的，并充分暴露了被告进行诡辩的伎俩。

6. 尽管宋玉是个颇有名气的"辞赋家",但从逻辑上看他又是一个"诡辩家",这是因为他写的此文根本就不讲逻辑,违反了充足理由律的要求:

第一,犯"理由虚假"的错误,他以"登徒子是个好色之徒"这个虚假前提作为论证"自己不好色"(即反诬说他好色的登徒子)的理由。

第二,他又犯了"推不出"的错误。尽管它用了"登徒子和他貌丑的妻子关系很好"这个论据虽然真实,但从中根本不能推出"登徒子好色"的结论。

针对宋玉的诡辩,毛泽东指出:"宋玉攻击登徒子的这段话,完全属于颠倒是非的诡辩。"他十分风趣而幽默地说:"从本质看,应当承认登徒子是好人。娶了这样丑的女人,还能和她相亲相爱,和睦相处。照我们的看法,登徒子是一个爱情专一的、遵守《婚姻法》的模范丈夫,怎能说他是'好色之徒'呢?"(转引自《毛泽东读史》,载《光明日报》,1991 年 10 月 22 日)毛泽东认为,登徒子是蒙受不白之冤,应当为他"正名平反":他把宋玉视为得意的论据,作为反面教材(玩弄诡辩术)的典型。

三、1. C;2. C、D;3. D;4. B;5. B;6. D;7. C;8. C;9. B;10. B;11. D、E;12. A、B;13. A;14. A、C、D、E;15. D(分析:观察 A、B、C、D、E 各个选项,只有 D 与题干陈述的材料无关,因此 D 不构成法官的假定。所以选 D);16. E(分析:题干对医生的判定是不全面的,因而不能支撑题干的观点,犯了"虚假理由"的逻辑错误。选项 E 则正确地评价了医生,成功地削弱了题干的观点);17. D(分析:题干陈述的论据是事实,但并不能有效地推出题干的结论,正如 D 选项表达的那样,去大学附属医院就诊的病人病情重得多,因此,抢救病人的成功率不能成为大学医院和其他医院医疗护理水平的比较因素,本题的正确答案是 D)。

第 六 章

一、第 5、6 题能够用完全归纳推理得出,第 1~4 题均因涉及无限类而不能用完全归纳得出。

二、第 1~3 题结论不正确,犯"轻率概括"的错误;第 4 题能推出。

三、1. 简单枚举归纳推理

2. 主观概率推理

3. 统计概率推理

4. 统计概率推理与主观概率推理

5. 统计概率推理

四、1. 由对青年农民心理素质的调查推论到当代农民，这个统计概率所选择的样本过于褊狭。

2. 从问卷调查获得的答案归纳不出该结论。

五、1. 求同法；2. 求同求异并用法；3. 共变法；4. 共变法。

六、1. C；2. D；3. E；4. B；5. D；6. E；7. A；8. E；9. B；10. E；11. D；12. E；13. B。

第 七 章

一、第 1、2 题均为正类比，是根据两类对象共有某些属性而推测其共有另一属性。

二、类比方法。

三、1. 简单回溯；2. 复杂回溯。

四、假说：褐飞虱可能是卵过冬。

推理方法：如果 p 那么 q。q，可见 p。

五、1. C；2. B；3. D；4. E。

第 八 章

一、1. ◇p；2. ¬◇p；3. ¬□p；4. □p；5. ¬◇p；6. □p。

二、1. □¬p⇒¬◇p；有效。

2. ◇（p∨q）↔◇p∨◇q；有效。

3. □p→¬◇¬p；有效。

4. 9 必然大于 6，所以，"9 大于 6"是必然的。□p⇒□p；有效。

5. p→□q⇒¬q→□¬p；有效。

6. ◇p⇒¬◇¬p；无效。

7. □p⇒◇p；有效。

三、1. □¬p 真假不定；◇p 真假不定；◇¬p 为真。

2. □p 为假；□¬p 为真；◇¬p 为真。

3. □p 为假；◇p 为假；◇¬p 为真。

4. □p 为假；□¬p 真假不定；◇p 真假不定。

四、1. □（MAP）∧SEP⇒□（SEM）有效。

2. ◇（MAP）∧SAM⇒□（SAP）无效。

3. ◇（MAP）∧SAM⇒◇（SAP）有效。

4. □（MAP）∧SAM⇒□（SAP）有效。

5. ◇（MAP）∧SAM⇒◇（SAP）有效。

五、1.（1）假；（2）真；（3）假；（4）真；（5）真；（6）假。

2.（1）真；（2）真；（3）假；（4）真假不定。

3. 答案为（3）。

4. 设：p：外地人所为的刑事案件；

q：刑事案件中有抢劫案。

根据题干，则 p 与 q 的外延关系有三种情况：交叉关系、全异关系或真包含关系：则（1）□p，真假不定。（2）p∧□q，真假不定；（3）p∧◇q，真。（4）p∧□¬q，真假不定。（5）p∧¬◇¬q，真假不定。（6）p∧¬◇q，假。

第 九 章

一、1. 必须判断，Op；2. 禁止判断，Fp；3. 禁止判断，Fp；4. 允许判断，Pp；5. 允许判断，Pp；6. 允许判断，Pp；7. 禁止判断，Fp；8. 允许判断，Pp；9. 必须判断，Op；10. 禁止判断，Fp。

二、1. 差等关系规范推理，Op → Pp，正确；2. 复合规范推理，(p←q) ⇒Pp，正确；3. 广义模态推理，◇¬p⇒◇p，错误；4. 对当关系规范推理，Fp⇒¬Op，正确；5. 对当关系规范推理，¬Pp⇒Fp，正确；6. 复合规范推理，O（p∧q）∧（¬p∨¬q）⇒P（p∧q），正确。

三、1. □（MAP）∧SEP⇒□（SEM），必然三段论，正确；2. P（MAP）∧SAM⇒P（SAP），允许三段论，正确；3. F（MAP）∧SAM⇒F（SAP），禁止三段论，正确；4. P（MAP）∧SAM⇒P（SAP），允许三段论，正确；5. P（MAP）∧SAM⇒O（SAP），混合三段论，错误。

四、1. 根据规范逻辑方阵，可知：（1）假；（2）真；（3）假；（4）真。

2.（2）正确。

3.（1）真；（2）假；（3）真；（4）真；（5）真；（6）真；（7）真。

4.（1）正确；（2）错误；（3）错误；（4）正确；（5）错误；（6）

错误。

5. 正确的是（1）（3）（5）（6）。

第 十 章

一、1. 该论证的论题：工厂负责人应当负刑事责任。论据：作为一个工厂的负责人，如果你知道并支持这种违章操作，那么根据法律规定，你应负刑事责任；如果你不知道这是违章操作，那么就是严重的官僚主义和玩忽职守，根据法律规定也是要负刑事责任的；工厂负责人或者知道或者不知道这是违章操作。论证方式：二难推理的简单构成式。

2. 论题：袋子里的玻璃球中至少有一种颜色的玻璃球不少于 34 只。论据：一个袋子里绿、蓝、红三种颜色的玻璃球 100 只。论证方式是：反证法。

3. 论题：唐记合、唐球真不是杀人凶手。论据：被害人的指证（即作案人一老一少，老的讲客家话，少的穿黄色衣服）和查证的事实（即父亲唐记合根本不会讲客家话，儿子唐球真从未穿过黄色衣服）。论证方式：反证法。

4. 论题：被告杨某某虐待妻子致死的行为已构成虐待罪。论据：被告杨某某与死者彭某某实际夫妻关系这一情节，具备了虐待罪所具有的第一个特征：犯罪人与被害人之间，必须具有一定的亲属关系或抚养关系，并且是共同生活在一个家庭内的成员；虐待罪的第二个特征：……恶劣的是把她右脚打伤后还推出门外，任其仅穿短裤、汗衫冻了一个多小时；……由于经常地遭受折磨、摧残……这正是虐待罪所具备的第三个特征（注意：本例中作为前提的刑法规范命题被省略了）。论证方式：充分条件假言推理的肯定前件式。即（根据刑法规定）如果被告具备虐待罪所具有的三个特征，那么被告就构成虐待罪。而本案杨某某具备这三个特征；所以，被告杨某某虐待妻子致死的行为已构成虐待罪。或者该例也可分析为三段论（定罪三段论），形式：凡是具备虐待罪所具有的三个特征的行为就是虐待罪，本案杨某某虐待妻子致死的行为具备虐待罪所具有的三个特征；所以，被告杨某某虐待妻子致死的行为构成虐待罪。

5. 论题：人类所认识的客观事物，从宏观天体到微观粒子，都具有一定的结构。论据：太阳系的九大行星和小行星……所有恒星都按照自己的轨道和速度运动着；不仅宏观天体存在一定的结构……故不再称"基本粒子"，而只称"粒子"；处于宏观天体与粒子中间的地球、生物以至分子等这些不同层次的系统，都无例外地存在着一定的结构。论证方式：完全归纳推理。

6. 论题：君子必也正名。论据：名不正则言不顺……君子于其言，无所苟而已矣。论证方式：假言联锁推理（纯假言推理）（即名不正则言不顺……刑罚不中则民无所措手足；所以，名不正则民无所措手足。此结论省略）和充分条件假言推理的否定后件式（民不应无所措手足，所以，应正名。其中前面省略的结论是这个推理省略的前提）。

7. 论题：人主兼听则明，偏信则暗。论据：昔年尧经常清楚地了解底下的民情……所以招致彭城阁之变。论证方式：简单枚举归纳推理（其中根据尧和舜的情况论证了兼听则明；根据秦二世、梁武帝和隋炀帝的情况论证了偏信则暗）。

二、1. 直接反驳和归谬反驳。本例要反驳的论题是"妻子生女孩有罪"。首先根据科学原理，证明生男生女是由男方决定的（不是由妻子决定，当然妻子无罪），因此，并非"妻子生女孩有罪"。其次，利用归谬反驳，如果生女有罪，不生女只生男，人类就不能繁衍（人类不繁衍明显是荒谬的）；如果生女有罪，那么这位丈夫的外祖母也是罪人（要这位丈夫承认其外祖母是罪人恐怕他也难以接受）。

2. 直接反驳。如果贼善走，则必不被擒；贼若不善走，则贼被擒。此人不善走，所以此人是贼。

3. 反证法。证明的论题：夫系死后被焚，非生前之故（即不是焚在生前）。论证过程：假设夫焚在生前，那么夫就会以手护痛，就不会紧握其拳；而现在夫死两手握拳；所以，夫不是焚在生前。（此题若从另外一个角度看，也可分析为间接反驳，请试着分析）

4. 选言证法（或称为排除法）。

5. 反驳的论题是"证人亲眼看到被告人在离草堆二三十米远的地方向被害人开枪（因为月光照在被告人脸上，证人看清楚了作案人是被告）"。直接反驳的方法。从总的推理方法看，此处林肯用了二难推理的简单构成式，即在10月18日晚上11点，按照证人所描述的事实情况，当时并没有月光，因此，证人就不可能借助月光看清被告人的脸；在10月18日晚上11点稍前一点时间，按照证人所描述的事实情况，当时有月光，但证人只能看到被告人的后脑勺，即证人不可能看到被告人的脸。或者在11点或者在11点稍前，证人都不可能看到被告人的脸。

第十一章

1. 不一致之处：证人说的"是的，我看见了"和证人说的"不，太暗了，我看不出来"。

2. 不一致之处：被害人说的"只见过一面，谈不到熟悉"和被害人说的"那是他身上原来就长的瘢痕。不是我打的，也不是我掐的"。正如辩护人所指出的，被害人连被告人身上长什么都知道，证明被害人对被告人很熟悉。

3. 提问者在质询时应致力于诱导对手进入"二难"或矛盾境地。辩护人一步一步诱导鉴定人，特别是当问鉴定人"这么说，你对我国的税收法规以及政策都是非常熟悉了解了？"时，就已经给对方准备好了"陷阱"，在"引君入瓮"。于是辩护人通过质询关于税务方面的问题，最终导致鉴定人不得不承认自己对我国的税收法规以及政策不是非常熟悉，从而陷其于矛盾境地。

4. 基辛格博士运用了归谬反驳的反驳方法。基辛格对于记者的提问不便于回答，他先是承认他知道关于潜艇配置分导式弹头的"民兵"导弹的数量，但不知道是不是保密（基辛格博士不可能不知道那是保密的），因此，他是在委婉地告诉记者这是保密的，他不能把数量说出去。而当记者说这不是保密的时候，基辛格的反驳技巧就充分显示出来了。这个归谬反驳的过程如下：记者认为这个问题不是保密的；基辛格的反驳就是，先假定这个命题可以成立（即这个问题不是保密的），既然这不是保密的，那么记者就应当知道数量。既然记者知道数量，那么你就能够说出是多少。而记者肯定是不知道的，当然说不上来，因此，该结论（即记者知道数量）明显是荒谬的。所以，这个问题不是保密的就是假的。记者也只能自我解嘲，"嘿嘿"一笑。

5. 提示：关于用电信卡通过反复免费充值（这主要是由于电信部门的程序出了问题而使陈明应夫妇有机可乘）而获得利益是否属于刑法中所规定的"盗窃公私财物"的范畴，刑法没有具体规定（也不可能有这么具体的规定），因此，这就要求遵守关于法律论证的内部证立和外部证立的相关要求。该案首先需要解决的是内部证立所需要的大前提（即法律规范判断），这是外部证立的目的所在。而外部证立则要求法官在案件事实和法律规范之间进行"往返顾盼"，以确定案件事实的性质与法律规范的正确含义。外部证立不是说法官就可以跳出法律体系做出相关决定，此时，法官仍需要受到法律体系的约束（既包括具体的法律规范，更包括法律规范及其整个法律体系所蕴含的一般法律原则、法律精神乃至社会的公平正义等），判决应当与法律规范（如果偏离，则需要承担特殊的论证责任)、法律原则、法律精神、公共利益、社会公德、公平正义理念等保持一致和协调，至少不能相冲突。外部证立就是要把法官的判断建立在案件事实、法律规范（既包括具体规范也包括法律原则等抽象的规范）和社会的普遍价值追求相一致的基础之上。在完成这一步骤以后，内部证立就获得了可以适用的前提（当然，在简单案件中，通过纯粹的内部证立就能做出适当的结论)。对于该案的理解，可以参考广东省广州市中级人民法院刑事判决书（2008）穗中法刑二重字第2号。

第 十 二 章

1. 歧义谬误。

2. 歧义谬误。将共同语言（志同道合之意）和说同一种语言混为一谈。

3. 结论不相关。

4. （滥用）诉诸权威谬误。

5. 人身攻击谬误。

6. 辩护律师犯了结论不相关谬误（"推不出"）和人身攻击两个谬误。

7. 结论不相关谬误（"推不出"），也是一种颠倒黑白、强词夺理的诡辩手法。海恩斯律师意图通过颠倒黑白，以混淆是非、蒙骗法官和公众，不顾最起码的事实和常识。

8. 结论不相关（机械类比）的谬误。

9. 歧义谬误。错误地将刑法中关于可以或应当从轻或减轻处罚等情节的刑事责任年龄的规定和"很年轻"等同起来。将"毁人容貌"曲解为"血肉模糊、面目全非"既是犯了歧义谬误，又偷换了概念，也是一种强词夺理的诡辩手法。

10. 复杂问语谬误。庭长在审问中使用了一个其中包含了两个假设（或预设）的复杂问语，一是"船长是被害人"，二是被告人"对船长早就怀恨在心"。如果只简单地回答"是"或"否"，那么都承认了"船长是被害人"和"对船长早就怀恨在心"。而船工的回答并不是答非所问或偷换论题，而是正确地纠正了复杂问语中的错误或不存在的"预设"，使庭长套供的伎俩落空。

图书在版编目(CIP)数据

法律逻辑学导论/张斌峰,李永铭,李永成,张莉敏编著.—武汉:武汉大学出版社,2010.3(2024.8 重印)
创新思维法学教材
ISBN 978-7-307-07529-0

Ⅰ.法… Ⅱ.①张… ②李… ③李… ④张… Ⅲ.法律逻辑学—高等学校—教材 Ⅳ.D90-051

中国版本图书馆 CIP 数据核字(2009)第 232628 号

责任编辑:胡 荣 责任校对:黄添生 版式设计:马 佳

出版发行:**武汉大学出版社** (430072 武昌 珞珈山)
(电子邮箱:cbs22@ whu.edu.cn 网址:www.wdp.com.cn)
印刷:武汉邮科印务有限公司
开本:720×1000 1/16 印张:26.75 字数:476 千字 插页:2
版次:2010 年 3 月第 1 版 2024 年 8 月第 10 次印刷
ISBN 978-7-307-07529-0/D·968 定价:48.00 元